FRENCH
MADE SIMPLE
Revised Edition

BY

EUGENE JACKSON, A.B.

Chairman of Foreign Languages (Ret.)
Samuel J. Tilden High School, Brooklyn, N.Y.

AND

ANTONIO RUBIO, Ph.D.

Late Chairman, Dept. of Modern Languages
DePaul University, Chicago, Ill.

MADE SIMPLE BOOKS

DOUBLEDAY & COMPANY, INC.
GARDEN CITY, NEW YORK

ISBN: 0–385–08691–1

LIBRARY OF CONGRESS CATALOG CARD NUMBER: 73-9033

COPYRIGHT © 1957, 1974 BY DOUBLEDAY & COMPANY, INC.

ABOUT THIS BOOK

French for Tourist, Traveler, and Business Man

Do you wish to attain rapidly and easily the ability to pronounce French well, to engage in everyday conversation, to read simple French texts—in short, do you wish to acquire enough knowledge of French to meet your needs as tourist, traveler, or businessman in a French-speaking country? FRENCH MADE SIMPLE is the book for you.

The bilingual text which eliminates the burdensome and time-consuming looking up of words in the dictionary, the dialogues dealing with common topics, the word building exercises, the French questions and the answer-key for self-checking, all these will enable you to attain your goal pleasantly and effectively.

The important words and expressions and many cultural facts are easily remembered because they appear naturally in a series of conversations between the French teacher Mr. Picard and his pupil Mr. Davis, a businessman of New York, who like you is about to take a trip to France and wishes to be able to get along in French.

French for Students

Do you wish a thorough grounding in the French language for secondary school or college? FRENCH MADE SIMPLE will enable you to attain your goal. The essential grammatical facts of French grow naturally out of the conversation and reading texts. The facts are clearly explained. Non essentials are omitted. The numerous illustrative drills and exercises, and the answer key for self-checking will enable you to gain a thorough knowledge of the elements of French and lay the foundation for advanced study of the language.

FRENCH MADE SIMPLE thus meets the needs of the self-learner, whether his aim is the practical conversation and comprehension ability needed by the tourist, traveler, or business-man, or a thorough grounding in the fundamentals of the French language desired by the high school or college student. It can also serve as an excellent refresher course for those who already have had some study of the language.

French Text for Classroom Use

Although primarily designed for self-study, FRENCH MADE SIMPLE can serve as a textbook in French classes in secondary schools or college. The material is practical; the conversational approach is simple and interesting; and the cultural aspects are closely integrated with the language elements. The book offers an easy method for acquiring vocabulary, everyday expressions, and even grammatical facts which are generally a bugbear to students. FRENCH MADE SIMPLE is a refreshing change from the conventional textbook with its academic approach and over-emphasis on grammar.

—Eugene Jackson
—Antonio Rubio

TABLE OF CONTENTS

CHAPITRE 1 (UN)—CHAPTER 1

MEET THE FRENCH LANGUAGE

1. *French is no stranger.*

On beginning your study of the French language you will be surprised to learn that you already know, or can make a good guess at the meaning of thousands of French words. For there are some 4000 words which are of the same spelling and meaning in French and English, and thousands more of the same meaning which differ only slightly in spelling. Of course the pronunciation of the French words differs greatly from that of the corresponding English words.

There are also a considerable number of words borrowed directly from the French without any change in spelling and with little or no change at all in pronunciation.

Here are a few examples of words alike or very similar in French and English:

a. words spelled alike and having the same meaning but different in pronunciation:

vain	fruit	danger	nation	absent	station	excellent
page	image	humble	nature	avenue	question	important
train	table	public	voyage	action	original	diligent
place	index	bureau	client	cousin	accident	intelligent

b. words of the same meaning, slightly different in spelling and different in pronunciation:

riche	oncle	balle	objet	scène	hôtel	brun	bleu
rich	*uncle*	*ball*	*object*	*scene*	*hotel*	*brown*	blue
salade	madame	touriste	sévère	rivière	parfum	mètre	poste
salad	*madam*	*tourist*	*severe*	*river*	*perfume*	*meter*	*post*
difficile	famille	qualité	liberté	docteur	acteur	enveloppe	signe
difficult	*family*	*quality*	*liberty*	*doctor*	*actor*	*envelope*	*sign*
visiter	excuser	arriver	entrer	désirer	commencer	dîner	inviter
to visit	*to excuse*	*to arrive*	*to enter*	*to desire*	*to commence*	to dine	*to invite*

c. words borrowed directly from the French with no changes in spelling and only minor changes in pronunciation. These words contain some good clues to French pronunciation:

café	garage	ennui	lingerie	château	coquette	nouveau-riche
route	chauffeur	encore	ensemble	bouquet	rendez-vous	laissez-faire
rôle	liqueur	chemise	consommé	matinée	coup d'état	savoir-faire
rouge	à propos	routine	à la carte	entrée	sabotage	table d'hôte

There are some French words whose appearance is deceiving. Thus: demander means *to ask* or *ask for*, not *to demand*. You must be on the watch for such deceivers.

2. *French and English pronunciation differ greatly.*

The similarities between French and English in vocabularies will be of great help to you in learning French. However, French and English pronunciation are very different, so that you must learn not only to pronounce the French words correctly, but to understand them when you hear them. As in English there are many silent letters, and some sounds, particularly the vowel sounds, are spelled in various ways. You will have little difficulty with the spelling if you practice writing as well as saying new words and exercises. The most important words appear many times in this book, which will also aid you greatly in remembering pronunciation, meaning and spelling.

In Chapter 2, the pronunciation of the French sounds and their spelling is explained in detail. The description of the sounds and the pronunciation key should enable you to pronounce them quite well. If possible you should get some French-speaking person to help you with your pronunciation, for it is important for you to hear the sounds correctly spoken and to have your own pronunciation checked.

You can improve your pronunciation and understanding of the spoken word by listening to French recordings and radio broadcasting in French. The "commercials" are particularly valuable for this purpose, because they contain so much repetition and emphatic expression. At first a few minutes of listening each day will suffice. As you progress in your study of French you should increase the amount.

3. French is spoken by many people.

French is spoken not only by the 42,000,000 people of France. The language of about one half of the population of Belgium and about one fifth of that of Switzerland is French. In Morocco and Algeria, French is spoken by considerable groups of people. In the Western Hemisphere, French is the language of the inhabitants of Quebec in Canada and of the people of French Guiana and Haiti.

For many years French was the sole language of diplomacy and the favorite foreign language among educated people in European countries. It is today the most useful single language for the tourists and commercial travelers who are flocking to Europe in ever greater numbers.

A knowledge of French is not only of great practical value. In addition it opens the door to a better and deeper understanding of the great French people, their culture, art, literature, science and way of life.

CHAPITRE 2 (DEUX)

FRENCH PRONUNCIATION

In Part 1 of this chapter you will learn the elements of French pronunciation. The words used to illustrate the French sounds need no translation, for they have the same or almost the same spelling as corresponding English words of like meaning, such as you have met in Chapter 1. As you learn the correct French pronunciation of these words, you are without further effort gradually adding to your French vocabulary.

The description of each French sound is accompanied by a pronunciation key, which indicates the nearest English equivalent of that sound. This key will be used freely throughout the book to ease your way in the pronunciation of new words, phrases and sentences.

In Part 2 and Part 3 of this chapter you will practice correct French pronunciation in words and expressions useful for the traveler, and in short easy dialogues.

PREMIÈRE PARTIE (FIRST PART)

French Sounds Illustrated in Familiar Words

Pronounce each sound and the words which illustrate it three times. Stress (emphasize) lightly the syllable in heavy type in the pronunciation key of each word. Note well:

The last syllable and only the last syllable of French words is stressed.

a(a) madame (ma-dam) French a is generally like *a* in *cat*. Key symbol a. See Diagram 1. Occasionally French a is like *a* in *father*. Key symbol ah.
PRACTICE:
balle (bal) place (plas) salade (sa-lad) table (tabl) garage (ga-razh) classe (klahs)
NOTE: French r is trilled as in the telephone operator's *thrrr-ee*.
French g before e or i equals *s* in *measure*. Symbol zh.

i(ee) difficile (dee-fee-seel) French i equals *ee* in *feet*. Symbol ee. See Diagram 2. Practice:
riche (reesh) image (ee-mazh) famille (fa-meey) Paris (pa-ree)

NOTE: French ch equals *sh* in *short*. Symbol sh. French ll is usually pronounced like *y* in *yes*. Symbol y.

FRENCH VOWEL SOUNDS
With Nearest English Equivalents and Pronunciation Key

1

a is like *a* in *cat*. Key symbol (a).
balle (bal). See Note 1 below.

2

i is like *ee* in *feet*. Key Symbol (ee).
riche (reesh), Paris (pa-ree). See Note 2.

3

é is like *a* in *hate*. Key symbol (ay).
café (ka-fay), matinée (ma-tee-nay).

4

è is like *e* in *there*. Key Symbol (eh).
scène (sehn), sévère (say-vehr).

5

o is like *u* in *but*. Key Symbol (u).
poste (pust), poème (pu-ehm). See Note 3.

6

ou is like *oo* in *boot*. Key Symbol (oo). route (root), touriste (too-reest).

NOTE 1. French a is sometimes like *a* in *father*. Key Symbol (ah). classe (klahs).

NOTE 2. Stress (emphasize) slightly the last syllable in French words of more than one syllable. The last syllable is indicated by heavy type in the pronunciation key.

NOTE 3. French o is sometimes like *o* in *note*. Key Symbol (oh). hôtel (oh-tel).

11

é(ay)   café (ka-fay) French é is like *a* in *hate*. Symbol ay. See Diagram 3. The mark over this letter (´) is called the acute accent. Practice:

matinée (ma-tee-nay)   qualité (ka-lee-tay)   papier (pa-pyay)   désirer (day-zee-ray)

NOTE: French -er at the end of a word often equals é (ay). The -r is silent. French qu always equals *k*. French c equals *s* before **i** or **e**; French c is like *k* before any other letter except ch as above in riche.

è(eh)   scène (sehn) French è is like *e* in *there*. Symbol eh. See Diagram 4. The mark over this letter (`) is called the grave accent. Other spellings of this sound are **ai** and **ê**. The mark (^) is called the circumflex accent. Practice:

mètre (mehtr)   crème (krehm)   fête (feht)   laissez-faire (leh-say-fehr)

e(uh)   chemise (shuh-meez) French e without any accent mark is pronounced like *e* in *father,* when it ends the first syllable of a word. Symbol uh. Practice:

menace (muh-nas)   cheval (shuh-val)   regard (ruh-gar)   venir (vuh-neer)

At the end of a word, e without accent mark is silent except in words of one syllable. Practice:
le (luh)   je (zhuh)   me (muh)   ne (nuh)   ce (suh)   de (duh)   que (kuh)

e without accent mark is often pronounced like é (ay) or è (eh). Practice:
et (ay)   assez (a-say)   pied (pyay)   effet (ay-feh)   dessert (day-sehr)   est (eh)   elle (ehl)

o(u)   poste (pust) French o is like *u* in *but*. Symbol u. See Diagram 5. Practice:
objet (ub-zheh)   poème (pu-ehm)   effort (ay-fur)   original (u-ree-zhee-nal)

ô(oh)   rôle (rohl) French ô is like *o* in *note*. Symbol oh. Other spellings of this sound are **au** and **eau**.
hôtel (oh-tehl)   au revoir (oh-ruh-vwar)   rose (rohz)   chapeau (sha-poh)

NOTE: French **oi** equals *wa*. French **h** is always silent.

ou(oo)   route (root) French ou is like *oo* in *boot*. Symbol oo. See Diagram 6. Practice:
rouge (roozh)   routine (roo-teen)   touriste (too-reest)   coup d'état (koo-day-ta)

NOTE: *Final consonants* (except **c, f, l, r**) *in French are usually silent*. bouquet (boo-keh), Paris, (pa-ree), regard (ruh-gar); but chef (shehf), hôtel (oh-tehl).

u(ü)   bureau (bü-roh) French u is like *ee* spoken with lips held firmly in a small circle as for whistling. Symbol ü. See Diagram 6. Practice:
nature (na-tür)   public (pü-bleek)   avenue (av-nü)   excuser (ehks-kü-zay)

eu(eu)   liqueur (lee-keur) French eu is like *u* in *urge*. It is the sound eh spoken with lips firmly rounded on a somewhat larger circle than for French **u**. Symbol eu. Practice:
docteur (duk-teur)   acteur (ak-teur)   professeur (pru-feh-seur)   monsieur (muh-syeu)

French Nasal Vowel Sounds

In syllables ending in **n** and **m**, the n and m are not pronounced. Instead the preceding vowel sound is nasalized as described below. There are four nasal vowel sounds in French. As you will note, each has a number of spellings. In the pronunciation key ñ indicates that the preceding vowel sound is nasalized.

an(ahñ)   piquant (pee-kahñ) Say the English syllable *ahn* as in *want* loudly.

Mouth wide open. Hold the tongue down with a flat stick so that it cannot rise for the **n,** and try to say *ahn*. An excellent French nasal an, symbol ahñ, results. Now practice the sound without using stick. Be sure to keep tongue down. Other spellings of the nasal sound an (ahñ) are **am, en, em**. Practice:
France (frahñs)   danger (dahñ-zhay)   encore (ahñ-kur)   absent (ap-sahñ)
ensemble (ahñ-sahñbl)   rendez-vous (rahñ-day-voo)   enveloppe (ahn-vuh-lup)

on(awñ)   consommé (kawñ-su-may) Say the English sound *awn* as in *dawn*. Hold the tongue down with a flat stick, so that it cannot rise for the **n** and try to say *awn*. An excellent French nasal **on,** symbol awñ results. Practice the sound without using stick. Another spelling of the nasal **on** is **om**. Practice:
oncle (awñkl)   nation (nah-syawñ)   station (stah-syawñ)   question (kehs-tyawñ)

in(añ)   **lingerie** (lañ-zhuh-ree) Say *an* as in the English word *ban*. Hold tongue down with flat stick so that it cannot rise for the *n,* and try to say *an*. The French nasal **in,** symbol añ, results. Practice the sound without using stick. Other spellings of the nasal **in** are **im, ain, aim, ein, oin.** Practice:

index (añ-**dehks**)   **vain** (vañ)   **train** (trañ)   **important** (añ-pur-**tahñ**)

intelligent (añ-teh-lee-**zhahñ**)   **américain** (a-may-ree-**kañ**)   **meringue** (muh-**rañg**)

un(euñ)   **brun** (breuñ) Pronounce the nasal sound **in** (añ). For the nasal sound **in** (añ) the corners of the lips are drawn back as in a smile. Round the lips as in Diagram 5 and try to say **in** (añ). The result is a good French nasal **un,** symbol euñ. Another spelling of the nasal **un** (euñ) is **um** (euñ). Practice:

un (euñ)   **brʋn** (breuñ)   **parfum** (par-**feuñ**)   **humble** (euñbl)   **Verdun** (vehr-**deuñ**)

Summary of French Vowel Sounds

Letters:	**a**		**é**	**è**	**e**	**o**		**ou**	**u**	**eu**	**au (eau)**	**oi**
Symbols:	a	ah	ay	eh	uh	u	oh	oo	ü	eu	oh	wa

NOTE 1: French **a** is generally like *a* in *cat*. Symbol a. Sometimes French **a** is like *a* in *father*. Symbol ah.

NOTE 2: French **o** is generally like *u* in *but*. Symbol u. Sometimes it is like *o* in *wrote*. Symbol oh.

Summary of French Nasals

Letters:	**an (am, en, em)**	**in (im, ain, aim, ein, eim)**	**on (om)**	**un (um)**
Symbols:	ahñ	añ	awñ	euñ

Summary of French Consonants

Most French consonant sounds are like the corresponding English consonant sounds. The following, however, need special attention:

c before **e** or **i** is like *s* in *see*. **difficile** (dee-fee-**seel**)

c before any other letter (except ch) is like *k*. **café** (ka-**fay**)

ç with cedilla is always like hissing *s*. **français** (frahñ-**seh**)

ch is like English *sh*. **riche** (reesh)

g before **e** or **i** is like *s* in *measure*. **rouge** (roozh)

g before any other letter is like *g* in *goat*. **garage** (ga-**razh**)

h is always silent. **hôtel** (oh-**tehl**)

j is like *s* in *measure*. **je** (zhuh)

ll is usually like *y* in *yes*. **famille** (fa-**meey**)

r is trilled as in *thrrr-ee*. **Paris** (pa-**ree**)

qu is always like *k*. **bouquet** (boo-**keh**)

gn is like *ny* in *canyon*. **espagnol** (ehs-pa-**nyul**)

DEUXIÈME PARTIE (deu-zyehm par-**tee**) SECOND PART

The second and third parts of this chapter contain important words and expressions of common usage. If you follow carefully the instructions for pronunciation practice, you will acquire many of these without difficulty. *Do not try to memorize all of them at this point as they will appear again in later chapters when you will have the opportunity to learn them thoroughly.*

Some Useful Words and Expressions for the Traveler

A. Practice the French aloud. Stress slightly the key syllables in heavy type.

1. **Pardon** (par-**dawñ**)
2. **S'il vous plaît** (seel-voo-**pleh**)
3. **Monsieur** (muh-**syeu**); **Madame** (ma-**dam**) **Mademoiselle** (mad-mwa-**zehl**)
4. **Où est l'hôtel. . . ?** (oo eh loh-**tehl**)
5. **Combien coûte le livre, etc.?** (kawñ-byañ koot luh **leevr**)

1. I beg your pardon.
2. Please; if you please
3. Mr., sir; Mrs., madam. Miss, young lady
4. Where is the hotel. . . ?
5. How much does the book, etc. cost?

6. **Je voudrais . . .** (zhuh-voo-**dreh**)
7. **Merci beaucoup** (mehr-see boh-**koo**)
8. **Il n'y a pas de quoi** (eel-nee-ya-pah-duh-**kwah**)
9. **C'est trop cher** (seh-troh-**shehr**). **Très cher** (treh-**shehr**)
10. **bon marché** (bawñ-mar-**shay**)
    meilleur marché (meh-yeur-mar-**shay**)

6. I should like . . .
7. Many thanks
8. Don't mention it, *or* You are welcome.
9. It's too dear. Very dear.
10. cheap
    cheaper

Combien coûte. . . .? (kawñ byañ koot. . . .?)

B. Read each heading aloud, completing it with the words listed under it. Thus:

Combien coûte le chapeau? Combien coûte la chemise? etc.

1. **le chapeau** (luh sha-**poh**)   the hat
2. **la chemise** (la shuh-**meez**)   the shirt
3. **la blouse** (la **blooz**)   the blouse
4. **la robe** (la **rub**)   dress
5. **la montre** (la **mawntr**)   the watch
6. **le parapluie** (luh pa-ra-**plüee**)   umbrella
7. **le parfum** (luh par-**feuñ**)   the perfume
8. **la cravate** (la kra-**vat**)   the necktie
9. **l'automobile** (lu-tu-mu-**beel**)   the automobile

Pardon, monsieur. Où est. . . . , s'il vous plaît?
(par-dawñ, muh-**syeu**). (oo eh. . . . , seel voo **pleh**?)

1. **la rue Drouot** (la rü droo-**oh**)   Drouot Street
2. **l'avenue de la République** (lav-nü duh la ray-pü-**bleek**)   Republic Avenue
3. **la place de la Concorde** (la plas duh la kawñ-**kurd**)   Concord Place
4. **la gare du Nord** (la gar dü **Nord**)   The North Station
5. **L'Hôtel Albert** (loh-tehl al-**behr**)   The Albert Hotel
6. **le boulevard Saint Michel** (luh bool-var sañ mee-**shehl**)   The Saint Michel boulevard
7. **le bureau de poste** (luh bü-roh duh **pust**)   the post office
8. **la salle d'attente** (la sal da-**tahñt**)   the waiting room
9. **le lavabo** (luh la-va-**boh**)   wash room

Je voudrais. . . . (zhuh voo-dreh . . .)

1. **une chambre avec bain** (ün shahñbr a-vehk **ban**) a room with bath
2. **de l'eau chaude** (duh-loh-**shohd**) some hot water
3. **des serviettes de bain** (day sehr-vyeht duh **bañ**) some bath towels
4. **la carte** (la **kart**)   the menu
5. **l'addition** (la dee-**syawñ**)   the bill
6. **la revue** (la ruh-**vü**)   the magazine
7. **le journal** (luh zhoor-**nal**)   the newspaper
8. **du savon** (dü sa-**vawñ**)   some soap
9. **téléphoner** (tay-lay-fu-**nay**)   to telephone
10. **changer de l'argent** (shahñ-zhay duh lar-**zhahñ**) to change money

C. Practice aloud many times the numbers 1 to 21.

1. **un** (euñ), **une** (ün)
2. **deux** (deu)
3. **trois** (trwah)
4. **quatre** (katr)
5. **cinq** (sañk)
6. **six** (sees)
7. **sept** (seht)
8. **huit** (üeet)
9. **neuf** (neuf)
10. **dix** (dees)
11. **onze** (awñz)
12. **douze** (dooz)
13. **treize** (trehz)
14. **quatorze** (ka-turz)
15. **quinze** (kañz)
16. **seize** (sehz)
17. **dix-sept** (dee-**seht**)
18. **dix-huit** (deez-**üeet**)
19. **dix-neuf** (deez-**neuf**)
20. **vingt** (vañ)
21. **vingt et un** (vañ tay **euñ**)

TROISIÈME PARTIE (Trwah-zyehm par-**tee**) THIRD PART
Liaison (lee-eh-**zawñ**) Linking

The final consonant of a French word is generally silent. However, when the next word begins with a vowel or **h**, the final consonant is usually pronounced and linked to the next word unless there is a natural pause.

Final s and x, when linked, are pronounced like z; final f like v; and final d like t.

Comment allez-vous?	trois arts	dix ans	neuf amis	le grand homme
(ku-mahñ ta-lay-**voo**)	(*trwah* **zar**)	(*dee* **zahñ**)	(*neu va*-**mee**)	(luh grahñ **tum**)
How are you?	three arts	ten years	nine friends	the great man

Élision (ay-lee-**zyawñ**)   Elision

The letters e and a of the words le, la, je, me, te, se, de, ne, que, are dropped before words beginning with a vowel or an h (usually) and are replaced by an apostrophe. This process is called elision. Thus:

le + oncle becomes l'oncle (**lawñ**kl)   the uncle
le + hôtel becomes l'hôtel (loh-**tehl**)   the hotel
la + école becomes l'école (lay-**kul**)   the school
je + ai becomes j'ai (zhay)   I have
que + avez-vous? becomes qu'avez-vous? (ka-vay-**voo**)   What have you?

The Stress in French Words and Sentences

1. In French all the syllables of a word are spoken with equal force except the last. The last syllable of the word is stressed (emphasized) slightly.

général (zhay-nay-**ral**)   madame (ma-**dam**)   chauffeur (shoh-**feur**)   répéter (ray-pay-**tay**)

2. In short sentences all the syllables are spoken with equal force except the last. Only the last syllable of the sentence is stressed.

La leçon est difficile. (la luh-sawñ eh dee-fee-**seel**)   The lesson is difficult.

3. In longer sentences, the last syllable is stressed in clauses and in other groups of words which make sense together.

Dialogue 1 (dya-**lug**)

Directions for Study.

1. Read the French text silently, sentence by sentence, using the English translation to get the meaning.
2. Read the whole French text aloud three or more times, using the pronunciation key as an aid. Stress lightly the key syllables in heavy type.

Comment Allez-Vous (ku-mahñ ta-lay **voo**)?   How are you?

1. — **Bon jour, monsieur Picard. Comment allez-vous?** (Bawñ-zhoor, muh-syeu pee-**kar**. Ku-mahñ ta-lay-**voo**?)

1. Good-day, Mr. Picard. How are you?

2. — **Très bien, merci. Et vous?** (Treh byañ, mehr-see. Ay **voo**?)

2. Very well, thank you. And you?

3. — **Très bien, merci.** (Treh **byañ**, mehr-**see**)

3. Very well, thank you.

4. — **Au revoir, monsieur Picard.** (Oh ruh-**vwar**, muh-syeu pee-**kar**)

4. Good-bye, Mr. Picard.

5. — **Au revoir, Philippe.** (Oh ruh-**vwar**, fee-**leep**)

5. Good-bye, Philip.

Dialogue 2

Parlez-Vous Français? (par-lay-voo frahñ-**seh**)   Do You Speak French?

1. — **Parlez-vous français, Jeanne?** (Par-lay voo frahñ-**seh**, **zhahn?**)

1. Do you speak French, Jane?

2. — **Oui, monsieur, je parle français.** (Wee muh-**syeu,** zhuh parl frahñ-**seh**)

2. Yes, sir, I speak French.

3. — **Est-ce que François parle français?** (Ehs-**kuh** frahñ-swah parl frahñ-**seh?**)

3. Does Frank speak French? (*Lit.*[1] Is it that Frank speaks French?)

4. — Oui, madame, il parle bien le français. (Wee, ma-dam, eel parl byañ luh frahñ-seh)

5. — Est-ce que Louise parle français? (Ehs-kuh loo-eez parl frahñ-seh?)

6. — Non, madame, elle parle anglais. (Nawñ, ma-dam, ehl parl ahñ-gleh)

NOTE 1. *Lit.* is an abbreviation of *literally*, that is: *word for word.*

4. Yes, madam, he speaks French well.

5. Does Louise speak French? (*Lit.* Is it that Louise speaks French?)

6. No, madam, she speaks English.

Dialogue 3

Les Jours De La Semaine (lay zhoor duh la suh-mehn)   The Days of the Week

1. — Écoutez, Jacques! Combien de jours y a-t-il dans une semaine? (Ay-koo-tay zhahk! Kawñ-byañ duh zhoor ee ya-teel dahñ zün suh mehn?)

2. — Il y a sept jours dans une semaine. (Eel ya seh zhoor dahñ zün suh mehn)

3. — Bien. Donnez-moi les noms des sept jours, s'il vous plaît? (Byañ. Du-nay-mwa lay nawñ day seh zhoor duh la suh-mehn, s'eel voo pleh)

4. — Dimanche, lundi, mardi, mercredi, jeudi, vendredi et samedi. (Dee-mahñsh, leuñ-dee, mar-dee, mehr-kruh-dee, zheu-dee, vahñ-druh-dee ay sam-dee)

5. — Très bien. Écoutez, Georges! Quel jour de la semaine sommes-nous? (Treh byañ. Ay-koo-tay zhurzh! Kehl zhoor duh la suh-mehn sum-noo?)

6. C'est aujourd'hui lundi. (Seh-toh-zhoor-düee leuñ-dee)

7. — Très bien, George. (Treh byañ zhurzh)

1. Listen James! How many days are there in a week?

2. There are seven days in a week.

3. Good. Give me the names of the seven days of the week, please. (*Lit.* if it pleases you)

4. Sunday, Monday, Tuesday, Wednesday, Thursday, Friday and Saturday.

5. Very good. Listen, George! What day of the week is today? (*Lit.* What day of the week are we?)

6. Today is Monday.

7. Very good, George.

CHAPITRE 3 (TROIS)

You now have a good working knowledge of French pronunciation and are ready for a more intimate study of the language. Practice the pronunciation aids after each conversational text and follow all directions for reading aloud and speaking. Remember: the only way you can learn to speak a language is by speaking it.

This chapter will introduce you to Mr. Davis, a New York businessman who is as eager as you are to learn French. You will also meet his congenial teacher, Monsieur Picard, a Frenchman living in New York. As he teaches Mr. Davis he will also teach you in a pleasant and interesting way.

So Bonne Chance (*Good Luck*) and *Bon Voyage* (*Happy Voyage*) as you accompany Mr. Davis on the road which leads to a practical knowledge of the French language.

Comment étudier le texte   How to study the text

Read the French text silently, referring to the English only when necessary to get the meaning.

Cover up the English text and read the French text silently.

Study the "Pronunciation and Spelling Aids" and the sections "Building Vocabulary" and "Locutions Françaises" which follow the text.

Then read the French text aloud, pronouncing carefully.

Do the exercise "Completion of Text."

Proceed to "Grammar Notes," etc.

Follow these instructions with the conversational texts in succeeding chapters.

Qui Est Monsieur Davis?

1. Monsieur Davis est un commerçant américain.
2. Il demeure dans une petite ville dans les environs de New York.
3. Il y a six personnes dans la famille Davis: le père, Monsieur Davis; la mère, Madame Davis; deux fils, et deux filles. Monsieur Davis est un homme de quarante ans. Madame Davis est une femme de trente-cinq ans.
4. Les fils s'appellent[1] Phillipe et Henri. Les filles s'appellent Rosette et Annette.
5. Monsieur Davis demeure dans une maison particulière.
6. Dans la maison il y a cinq pièces: le salon, la salle à manger, et trois chambres à coucher. Il y a aussi la cuisine et la salle de bain.
7. Le bureau de Monsieur Davis est dans la rue Whitehall.
8. Il est au vingtième étage d'un gratte-ciel.
9. Les lundis, les mardis, les mercredis, les jeudis, et les vendredis, Monsieur Davis prend le train pour arriver à son bureau en ville.
10. Toute la journée il travaille diligemment dans son bureau.

NOTE 1. s'appellent (sa-pehl) *Lit.* call themselves

Who is Mr. Davis?

1. Mr. Davis is an American business man.
2. He lives in a small town in the suburbs of New York.
3. There are six persons in the Davis family: the father, Mr. Davis; the mother, Mrs. Davis; two sons, and two daughters. Mr. Davis is a man forty years of age. Mrs. Davis is a woman of thirty-five years.
4. The sons are named[1] Philip and Henry. The daughters are named Rosie and Annie.
5. Mr. Davis lives in a private house.
6. In the house there are five rooms: the living room, the dining room, and three bedrooms. There are also the kitchen and the bathroom.
7. The office of Mr. Davis is on Whitehall Street.
8. It is on the twentieth floor of a skyscraper.
9. On Mondays, Tuesdays, Wednesdays, Thursdays, and Fridays, Mr. Davis takes the train in order to reach his office in the city.
10. All day he works diligently in his office.

Pronunciation and Spelling Aids

A. Practice Aloud:

1. un commerçant américain
   (euñ ku-mehr-sahñ ta-may-ree-**kañ**)
2. dans les environs
   (dahñ lay-zahñ-vee-**rawñ**)
3. dans une petite ville
   (dahñ zün puh-teet **veel**)
4. trois chambres à coucher
   (trwah shahñbr za koo-**shay**)
5. il est au vingtième étage
   (eel eh toh vañ-tyehm ay-**tazh**)
6. diligemment
   (dee-lee-zha-**mawñ**)

B. Remember: s, when linked, becomes z. les environs (lay zahñ-vee-**rawñ**)

Building Vocabulary

A. **La Famille** (la fa-meey)   The Family

le père (pehr)   the father
la mère (mehr)   the mother
le fils (fees)   the son
la fille (feey)   the daughter
le frère (frehr)   the brother
la soeur (seur)   the sister
l'oncle (lawñkl)   the uncle
la tante (tahñt)   the aunt
le cousin (koo-zañ)   the cousin (*m*)
la cousine (koo-zeen)   the cousin (*f*)

l'enfant (lahñ-fahñ)   the child
le garçon (gar-sawñ)   the boy, the waiter
la jeune fille (zheun feey)   the girl
le monsieur (muh-syeu)   the gentleman, Mr., Sir
messieurs (may-syeu)   gentlemen
la dame (dam)   the lady
Madame (ma-dam)   Mrs., Madam
l'homme (lum)   the man
la femme (fam)   the woman
les parents (lay pa-rahñ)   the parents

B. **Les Pièces de la Maison** (lay pyehs duh la meh-zawñ)   The Rooms of the House.

le salon (sa-lawñ)   living room
la chambre à coucher (shahñbr a koo-shay)   bedroom

la cuisine (küee-zeen)   kitchen
la salle à manger (sal a mahñ-zhay)   dining room
la salle de bain (sal duh bañ)   bath room

Locutions Françaises (lu-kü-syawñ frahñ-sehz)   French Expressions

1. **il y a** (eel ya)   there is, there are
2. **y a-t-il?** (ya-teel)   is there? are there?
3. **par coeur** (par keur)   by heart
4. **toute la journée** (toot la zhoor-nay)   all day

Exercise No. 1—Completion of Text

For maximum benefit follow these instructions carefully in all "Completion of Text" exercises.

Complete each sentence by putting the English words into French. Where you can, do this from memory.

If you do not remember the words refer to the French text. There you will find the words in the order of their appearance. You have only to reread the text to find them easily.

When you have completed each sentence with the needed words, read the complete sentence aloud in French.

It will be a great help to your memory if you write each completed sentence. This is true for all exercises.

The correct French words for the "Completion of Text" exercises are in the "Answers" section of this book, along with the answers to all other exercises. Check all your answers.

Exemple (ehg-zahñpl) Example: 1. Qui est Monsieur Davis?

1. (Who) est Monsieur Davis?
2. Il est un (business man) américain.
3. Il demeure (in) une petite ville.
4. (There are) six personnes dans la famille.
5. Monsieur Davis est le (father).
6. Madame Davis est la (mother).
7. Les (sons) s'appellent Philippe (and) Henri.
8. Les filles (are named) Rosette (and) Annette.
9. Il y a (five rooms) dans la maison.
10. Il y une (kitchen) et une (bathroom).
11. Le (office) est dans la (street) Whitehall.
12. (It is) dans un gratte-ciel.
13. Il est au (twentieth) étage.
14. Monsieur Davis travaille (all day).

Grammar Notes

1. The Definite Article.

Note the four ways in which the definite article *the* is expressed in French.

With Singular Nouns

Masculine:	le père	le fils	le frère	l'oncle	l'homme	l'enfant
Feminine:	la mère	la fille	la soeur	la tante	la femme	l'enfant

With Plural Nouns

Masculine:	les pères	les fils	les frères	les oncles	les hommes	les enfants
Feminine:	les mères	les filles	les soeurs	les tantes	les femmes	les enfants

The definite article in French is le (luh), la, l', les (lay).

le is used with a masculine singular noun. la is used with a feminine singular noun. l' is used with any noun that begins with a vowel or h (usually). les is used with any plural noun, masculine or feminine.

When the s of les is linked with the following noun, it is pronounced like z. Thus:

les enfants (lay-zahñ-fahñ), les hommes (lay-zum)

2. The Gender of Nouns.

Nouns are either masculine or feminine. This is true for thing-nouns as well as for person-nouns.

Masculine:	le salon	le train	le gratte-ciel	l'étage	le père
Feminine:	la chambre	la maison	la cuisine	la ville	la mère

Learn the gender of thing-nouns as they occur.

3. The Plural of Nouns.

Note the singular and plural of the following nouns:

le salon	la chambre	le fils	l'enfant	le bureau
les salons	les chambres	les fils	les enfants	les bureaux

The plural of nouns is usually formed by adding s to the singular. The added s is not pronounced. If a noun already ends in s in the singular, it remains unchanged in the plural. Learn exceptions as you meet them. Thus:

le bureau   les bureaux.   Nouns ending in eau add x to form their plural.

4. The Indefinite Article.

Note how the indefinite article *a (one)* is expressed in French.

Masculine:	un père	un fils	un salon	un train	un homme
Feminine:	une mère	une fille	une ville	une rue	une femme

un (euñ) *a, one* is used with a masculine noun.
une (ün) *a, one* is used with a feminine noun.

Exercise No. 2. Replace the English words *the* and *a (one)* by le, la, l', les, un or une as required

Exemple: 1. La famille Davis demeure à New York.

1. (The) famille Davis demeure à New York.
2. New York est (a) grande ville.
3. (The) gratte-ciel est dans (the) rue Whitehall.
4. (The) père est Monsieur Davis.
5. (The) mère est Madame Davis.
6. Annette est (one) fille.
7. Philippe est (one) fils.
8. (The) chambre à coucher est grande.
9. (The) maison est (a) maison particulière.
10. (The) homme est dans (the) salon.
11. (The) enfant est dans (the) bureau.
12. Il y a (one) soeur et (one) frère.

Exercise No. 3. Change the following nouns to the plural.

Exemple: la salle   les salles

1. la chambre
2. la mère
3. la pièce
4. le fils
5. l'homme
6. le salon
7. l'Américain
8. l'étage
9. le bureau
10. la personne
11. l'oncle
12. l'enfant
13. le commerçant
14. la rue
15. l'avenue

5. Some Common Verbs.

il est (eel eh) he is
est-il? (eh-teel) is he?
il demeure (duh-meur) he lives (dwells)
demeure-t-il? (duh-meur-teel) does he live?

il prend (prahñ) he takes
prend-il? (prahñ-teel) does he take?
il travaille (tra-vahy) he works
travaille-t-il? (tra-vahy-teel) does he work?

Exercise No. 4 Translate into French

1. Mr. Davis is an American business man.
2. He lives in (à) New York.
3. There are six persons in the family.
4. He lives in a private house.
5. There are five rooms in the house.
6. Mr. Davis is the father.
7. Mrs. Davis is the mother.
8. The office is in Whitehall Street.
9. Mr. Davis takes the train.
10. He works in the office.

Exercise No. 5—Questionnaire

Read silently each French question and answer, noting the English meaning.
Read aloud each French question and answer twice, without referring to the English.

Questions (kehs-tyawñ) Questions et and Réponses (ray-pawñs) Answers

1. Qui est Monsieur Davis?
   Il est commerçant à New-York.
2. Est-il Américain?
   Oui, monsieur, il est Américain.
3. Où demeure Monsieur Davis?
   Il demeure dans les environs de New York.
4. Combien de personnes y a-t-il dans sa famille?
   Il y a six personnes dans sa famille.
5. Comment les fils s'appellent-ils?
   Il s'appellent Phillipe et Henri.
6. Comment les filles s'appellent elles?
   Elles[2] s'appellent Rosette et Annette.
7. Combien de pièces y a-t-il dans la maison de Monsieur Davis?
   Il y a cinq pièces.

1. Who is Mr. Davis?
   He is a businessman in New York.
2. Is he an American?
   Yes sir, he is an American.
3. Where does Mr. Davis live?
   He lives in the suburbs of New York.
4. How many persons are there in his family?
   There are six persons in his family.
5. What are the names of the sons?[1]
   They are named Philip and Henry.[1]
6. What are the names of the daughters?[1]
   They are named Rosie and Annie.[1]
7. How many rooms are there in Mr. Davis' house?
   There are five rooms.

8. **Y a-t-il aussi une cuisine et une salle de bain?**
Oui, monsieur, il y a aussi une cuisine et une salle de bain.

9. **Dans quelle rue est le bureau de Monsieur Davis?**
Il est dans la rue Whitehall.

10. **Comment travaille-t-il?**
Il travaille diligemment.

8. Are there also a kitchen and a bathroom?
Yes sir, there are also a kitchen and a bathroom.

9. In what street is the office of Mr. Davis?
It is in Whitehall Street.

10. How does he work?
He works diligently.

NOTE 1. *Lit.* How the sons (daughters) do they call themselves? They call themselves, etc.
NOTE 2. ils = they (*masculine*)   elles = they (*feminine*)

Learn these question words:

qui (kee) who?   **comment** (ku-mahñ) how?
où (oo) where?   **combien de** (kawñ-byañ duh) how many?

CHAPITRE 4 (QUATRE)

Pourquoi Est-ce Que M. Davis Étudie Le Français?
Why is Mr. Davis studying French?

1. **M. Davis est importateur.**

2. **Il importe des objets d'art et des articles divers de France et du Maroc.**

3. **Au printemps M. Davis va faire un voyage en France. Il désire visiter son représentant à Paris. Il désire parler français avec lui.**

4. **Il désire aussi visiter des endroits intéressants en France. Il compte aussi aller au Maroc et peut-être en Corse.**

5. **M. Davis sait lire un peu le français. Mais il ne parle pas français. C'est pourquoi il étudie la langue française.**

6. **M. Picard est le professeur de M. Davis.**

7. **M. Picard, un ami de M. Davis, est Français. C'est[1] un homme de quarante-cinq ans.**

8. **Tous les mardis et jeudis les deux messieurs ont rendez-vous, presque toujours chez M. Davis. Là ils parlent français.**

9. **M. Picard est un bon professeur.**

10. **M. Davis est très intelligent et il apprend rapidement.**

11. **Pendant la première leçon il apprend par coeur ce dialogue:**

12. **— Bonjour, M. Picard. Comment allez-vous? — Très bien, merci. Et vous? — Très bien, merci.**

13. **M. Davis apprend aussi des salutations et des adieux.**

14. **Bonjour.**

15. **Bonsoir.**

16. **Adieu. Au revoir. À bientôt. À tantôt. À demain.**

1. Mr. Davis is an importer.

2. He imports art objects and various articles from France and from Morocco.

3. In the spring Mr. Davis is going to make a trip to France. He wants to visit his agent in Paris. He wants to speak French with him.

4. He also wants to visit some interesting places in France. He also expects to go to Morocco and perhaps to Corsica.

5. Mr. Davis knows how to read French a little. But he does not speak French. That is why he is studying the French language.

6. Mr. Picard is Mr. Davis' teacher.

7. Mr. Picard, a friend of Mr. Davis, is a Frenchman. He is a man forty-five years of age.

8. Every Tuesday and Thursday the two gentlemen have an appointment, almost always at Mr. Davis' house. There they speak French.

9. Mr. Picard is a good teacher.

10. Mr. Davis is very intelligent and he learns rapidly.

11. During the first lesson he learns this dialogue by heart:

12. Good-day, Mr. Picard. How are you? — Very well, thank you. And you? — Very well, thank you.

13. Mr. Davis also learns some salutations and some farewells.

14. Good-day. (*Also* good-morning, good-afternoon).

15. Good-evening. (*Also* good-night).

16. Good-bye. Until we meet again. So long. See you soon. Until tomorrow.

NOTE 1. **C'est** is used instead of il (elle) est *he (she) is,* when a modified noun follows. You will learn more later about the use of C'est.

Pronunciation and Spelling Aids

A. Practice Aloud:

1. importateur
(añ-pur-ta-**teur**)
2. représentant
(ruh-pray-zahñ-**tahñ**)
3. des salutations
(day sa-lü-tah-**syawñ**)
4. messieurs
(may-**syeu**)
5. La France
(frahñs)

6. Le Maroc
(ma-**ruk**)
7. des adieux
(day za-**dyeu**)
8. des objets d'art
(day zub-zhay-**dar**)
9. des endroits intéressants
(day zahñ-drwa-zañ-tay-reh-**sahñ**)

B. Remember: The cedilla under ç indicates that the ç is pronounced like s. **français** (frahñ-**seh**)

The names of countries, cities, people, are capitalized. Adjectives of nationality, languages, days of the week and months, are written with small letters.

la = the   là = there   ou = or   où = where

Building Vocabulary

A. Synonyms (Words of Like Meaning)

le professeur professor, teacher in a college or secondary school.

le maître (mehtr) **la maîtresse** (meh-trehs) teacher in an elementary school.

B. Antonyms (Words of Opposite Meaning)

1. **grand** big **petit** small
2. **bon** good **mauvais** bad
3. **ici** here **là** there

4. **l'homme** man **la femme** woman
5. **rapidement** rapidly **lentement** slowly
6. **l'importateur** importer
l'exportateur exporter

C. Quelques Langues d'Europe (deu-**rup**) Some Languages of Europe.

1. **le français** (frahñ-**seh**) French
2. **l'anglais** (ahñ-**gleh**) English
3. **l'espagnol** (ehs-pa-**nyul**) Spanish

4. **l'italien** (ee-ta-**lyañ**) Italian
5. **l'allemand** (lal-**mahñ**) German
6. **le russe** (rüs) Russian

Locutions Françaises

1. **Bonjour** (bawñ-**zhoor**) Good morning (day)
2. **Bonsoir** (bawñ-**swar**) Good evening (night)
3. **Au revoir** (oh ruh-**vwar**) Good-bye
4. **À bientôt** (a byañ-**toh**) See you soon
5. **À tantôt** (a tahñ-**toh**) So long
6. **Adieu** (a-**dyeu**) Good-bye
7. **À demain** (a duh-**mañ**) Until tomorrow
8. **au printemps** (oh prañ-**tahñ**) in the spring

9. **peut-être** (peu-**tehtr**) perhaps
10. **par coeur** (par **keur**) by heart
11. **c'est pourquoi** (seh poor-**kwa**) that's why
12. **chez** (shay) **M. Davis**
at the house of Mr. Davis
13. **Comment allez-vous?** How are you?
14. **Très bien, merci.** Very well, thank you.

Exercise No. 6—Completion of Text

Follow carefully the instructions given in Exercise No. 1.

1. (Who) **est M. Davis?**
2. **Il est** (an importer).
3. **Il importe des** (art objects).
4. (In the spring) **va faire un voyage.**
5. (He wants) **visiter son représentant.**
6. **Il désire** (to speak) **français avec lui.**
7. **Il compte** (also) **aller au Maroc.**
8. (But) **il ne parle pas français.**

9. (That is why) **il étudie la langue.**
10. **M. Picard est** (the teacher) **de M. Davis.**
11. **Il est** (a friend of Mr. Davis).
12. **Les deux messieurs ont** (an appointment).
13. (They speak) **français.**
14. **M. Davis apprend** (rapidly).
15. **Il est** (very intelligent).
16. **M. Picard est** (a good teacher).

Grammar Notes

1. Use of des (day)   some

des objets d'art (day zub-zhay-dar)   some art objects
des maisons (day meh-zawñ)   some houses
des endroits (day zahñ-drwa)   some places
The word *some,* before a plural noun, may be expressed by des.

The word *some* may be omitted in English, but des is never omitted in French. Thus:
des objets d'art   some art objects *or* art objects

Quelques (kehl-kuh) is also used for *some,* in the sense of *several* or *a few:* quelques langues   some (several) languages

2. Some Common Verbs

il est (eel eh) he is	il compte (eel kawñt) he expects
est-il? (eh-teel) is he?	il apprend (eel a-prahñ) he learns
il n'est pas (eel neh pah) he is not	il sait (eel seh) he knows, *or* he knows how
il va he goes, is going	ils ont (eel zawñ) they have
va-t-il? does he go, is he going?	ont-ils? (awñ-teel) have they?
il parle (eel parl) he speaks	aller (a-lay) to go
parle-t-il? (parl-teel) does he speak?	parler (par-lay) to speak
il ne parle pas (eel nuh parl pah) he does not speak	visiter (vee-zee-tay) to visit
il désire (eel day-zeer) he wants	lire (leer) to read
il étudie (eel ay-tü-dee) he studies	faire (fehr) to make

A hyphen is required in the question form. Thus:

est-il?   is he?　　ont-ils?   have they?　　sait-il?   does he know?

If the verb ends in e or a the letter t must be inserted between the verb and the subject pronoun. Thus:

parle-t-il?   does he speak?　　étudie-t-il?   does he study?　　va-t-il?   does he go?

Another way of forming a question is by placing Est-ce que (Is it that . . . ?) before the subject:

Est-ce qu'il apprend? = Apprend-il?　　Est-ce qu'ils ont? = Ont-ils?

To form the negative of a verb, place ne directly before the verb and pas directly after the verb:

il *ne* parle *pas*   he does not speak　　il *ne* sait *pas*   he does not know
ne becomes n' before a verb that begins with a vowel or h (usually).
il n'étudie (nay-tü-dee) pas　　il n'apprend (na-prahñ) pas

3. Omission of the Indefinite Article.

The indefinite article (un, une) is omitted with nouns for professions or nationalities after the verb *to be.* If, however, the noun is modified, the definite article is not omitted.

Il est professeur.   He is a teacher. *but*
C'est un bon professeur.   He is a good teacher.

Exercise No. 7. Complete the following sentences with the correct verb form.

Exemple 1.   Qui est M. Davis?

1. Qui (is) M. Davis?
2. (Is he) importateur?
3. (He does not speak) français.
4. (Does he speak) anglais?
5. (He learns) rapidement.
6. (He wants) faire un voyage.
7. (He is not studying) l'espagnol.
8. (He knows how) lire un peu.
9. (Have they) rendez-vous?
10. (He expects) visiter Paris.
11. Il va (to make) un voyage.
12. Il ne sait pas (to speak) français.

Exercise No. 8. Select from Column II the word groups that best complete the sentences begun in Column I.

Exemple: 1d.   M. Davis désire parler français avec son représentant à Paris.

I	II
1. M. Davis désire parler français	a. des salutations et des adieux.
2. Il sait lire	b. de France et du Maroc.
3. Il est très intelligent. C'est pourquoi	c. chez M. Davis.
4. Il importe des objets d'art	d. avec son représentant à Paris.
5. Les deux messieurs ont rendez-vous	e. de quarante ans.
6. M. Picard est un homme	f. un peu le français.
7. M. Davis apprend aussi	g. il apprend rapidement.
8. Le bureau de M. Davis n'est pas	h. dans la famille de M. Davis.
9. Il y a cinq personnes	i. Philippe, Henri, Rosette et Annette.
10. Les enfants de M. Davis s'appellent	j. dans la rue Wall.

Exercise No. 9. Find the corresponding French words in the Reading Text or "Building Vocabulary." Write them. Say them aloud.

1. French (lang.)	6. the office	11. a little	16. but	21. some articles
2. the Frenchman	7. almost	12. there	17. where	22. some places
3. thank you	8. always	13. from, of	18. good	23. That is why
4. also	9. very well	14. here	19. bad	24. How are you?
5. perhaps	10. rapidly	15. big	20. with	

Exercise No. 10—Questionnaire

Follow the instructions given in Exercise No. 5.

Questions et Réponses

1. Qui est le professeur?
   M. Picard est le professeur.
2. Parle-t-il français?
   Oui, monsieur, il parle français.
3. Qui est le commerçant?
   M. Davis est le commerçant.
4. Parle-t-il français?
   Non, monsieur, il ne parle pas français.
5. Où est le bureau de M. Davis?
   Il est dans la rue Whitehall.
6. Est-il importateur d'automobiles?
   Non, monsieur, il n'est pas importateur d'automobiles.
7. Apprend-il rapidement ou lentement?
   Il apprend rapidement.
8. Quand ces messieurs ont-ils rendez-vous?
   Ils ont rendez-vous tous les mardis et les jeudis.
9. M. Davis est-il intelligent?
   Il est très intelligent.
10. Pourquoi étudie-t-il le français?
    Parce qu'il désire faire un voyage en France.

1. Who is the teacher?
   Mr. Picard is the teacher.
2. Does he speak French?
   Yes, sir, he speaks French.
3. Who is the business man?
   Mr. Davis is the business man.
4. Does he speak French?
   No, sir, he does not speak French.
5. Where is Mr. Davis' office?
   It is in Whitehall Street.
6. Is he an importer of automobiles?
   No, sir, he is not an importer of automobiles.
7. Does he learn rapidly or slowly?
   He learns rapidly.
8. When do these gentlemen have an appointment?
   They have an appointment every Tuesday and Thursday.
9. Is Mr. Davis intelligent?
   He is very intelligent.
10. Why is he studying French?
    Because he wants to make a trip to France.

Learn: quand (kahñ)?   when?   pourquoi (poor-kwa)?   why?   parce que (pars-kuh)   because

CHAPITRE 5 (CINQ)

Dans Le Salon De Monsieur Davis

1. C'est mardi le 5 (cinq) janvier, 1956.

2. Il est 8 (huit) heures du soir.

3. M. Davis est assis dans le salon de sa maison. M. Picard est assis près de lui.

4. M. Picard dit à M. Davis,—Autour de nous il y a beaucoup de choses: dans la maison, dans la rue, dans le bureau, dans le parc, dans la ville, et à la campagne.

5. Aux États-Unis et en Angleterre il faut savoir les noms des choses en anglais. En France il faut savoir les noms des choses en français.

6. Nous sommes dans le salon de votre maison. Dites-moi, s'il vous plaît, qu'est-ce que c'est que ça?

7. — C'est un piano. Ma femme joue bien du piano. Elle chante bien aussi.

8. — Très bien. Et qu'est-ce qui est[1] sur le piano?

9. — Une lampe et un cahier de musique.

10. — Et qu'est-ce qui est au mur au-dessus du piano?

11. — C'est le portrait de ma femme.

12. — Excellent. Dites-moi, s'il vous plaît, les noms d'autres objets dans le salon, et dites-moi où ils sont.

13. — Avec plaisir.

14. — La bibliothèque est devant une fenêtre. Le miroir est entre les fenêtres. Le bureau est près de la porte. Une chaise est près du bureau. Sur le bureau il y a un crayon, un stylo, des papiers et des lettres. Il y a des livres sur la petite table.

15. — Très bien. C'est assez pour aujourd'hui. Au revoir, M. Davis.

16. — À jeudi, M. Picard.

1. It is Tuesday, January 5, 1956.

2. It is 8 o'clock in the evening.

3. Mr. Davis is seated in the living room of his house. Mr. Picard is seated near him.

4. Mr. Picard says to Mr. Davis, "Around us there are many things: in the house, in the street, in the office, in the park, in the city, and in the country."

5. In the United States and in England it is necessary to know the names of things in English. In France it is necessary to know the names of things in French.

6. We are in the living room of your house. Tell me, please, what is that?

7. It is a piano. My wife plays the piano well. She also sings well.

8. Very good. And what is on the piano?

9. A lamp and a music book.

10. And what is on the wall over the piano?

11. It is the portrait of my wife.

12. Excellent. Tell me, please, the names of other objects in the living room and tell me where they are.

13. With pleasure.

14. The bookcase is in front of a window. The mirror is between the windows. The desk is near the door. A chair is near the desk. On the desk there are a pencil, a fountain pen, some papers and some letters. There are some books on the little table.

15. Very good. That's enough for today. So long, Mr. Davis.

16. Until Thursday, Mr. Picard.

NOTE 1. qu'est ce qui est? or qu'est-ce qui se trouve? (*Lit.* What finds itself?)

Pronunciation and Spelling Aids

A. Practice Aloud:

1. Monsieur Davis est assis dans le salon de sa maison.
   (muh-syeu Davis eh ta-see dahñ luh sa-lawñ duh sa meh-**zawñ**)
   Monsieur Picard est assis près de lui.
   (muh-syeu pee-kar eh ta-see preh duh lüee)

2. dans la ville (dahñ la veel)

3. en France (ahñ frahñs)

4. en Angleterre (ahñ nahñ-gluh-tehr)

5. autour de nous (oh-toor duh noo)

B. Remember: Final x and s are linked to the vowel beginning the next word and are pronounced as z.
   aux États Unis (oh zay-ta zü-nee)

Building Vocabulary

A. Dans Le Salon (dahñ luh sa-lawñ)   In the Living Room

1. le bureau (bü-roh)   desk, office

2. la chaise (shehz)   chair

3. le cahier de musique (ka-yay duh mü-zeek) music book

4. **le crayon** (kreh-yawñ) pencil
5. **la fenêtre** (fuh-nehtr) window
6. **la lampe** (lahñp) lamp
7. **la lettre** (lehtr) letter
8. **le miroir** (mee-rwar) mirror
9. **le papier** (pa-pyay) paper
10. **le piano** (pya-noh) piano

11. **la porte** (purt) door
12. **le portrait** (pur-treh) portrait
13. **le stylo** (stee-loh) fountain pen
14. **la table** (tabl) table
15. **la bibliothèque** (bee-blee-u-tehk) bookcase

B. Some Common Prepositions

1. **à** to, at, in, on
2. **en** in, into
3. **de** (duh) of, from
4. **autour de** (oh-toor duh) around
5. **avec** (a-vehk) with
6. **au-dessus de** (oh-duh-sü duh) above, over
7. **près de** (preh-duh) near

8. **chez** (shay) at the house of
9. **entre** (ahñtr) between
10. **dans** (dahñ) in, inside of
11. **devant** (duh-vahñ) before, in front of
12. **derrière** (deh-ryehr) behind
13. **sous** (soo) under
14. **sur** (sür) on, upon

Locutions Françaises

1. **le cinq janvier**
(luh sañk zhahñ-vyay) January 5
2. **Il est huit heures**
(eel eh üee teur) It is 8 o'clock
3. **beaucoup de choses**
(boh-koo duh shohz) many things
4. **il faut** (eel foh) it is necessary
5. **dites-moi** (deet-mwa) tell me

6. **qu'est-ce que c'est que ça?**
(kehs kuh seh kuh sa) what is that?
7. **qu'est-ce qui?** (kehs kee) what?
8. **elle joue du piano**
(ehl zhoo dü pya-noh) she plays the piano
9. **C'est assez** (seh ta-say) It's enough
10. **pour aujourd'hui**
(poor oh-zhoor-düee) for today

Exercise No. 11—Completion of Text

1. **Le monsieur** (is seated) **dans le salon.**
2. **Il y a** (many things) **dans la rue.**
3. (It is necessary to know) **les noms des choses.**
4. **Dites-moi,** (what is that?)
5. **Ma femme** (plays) **bien du piano et** (sings) **bien.**

6. **Le portrait est** (over the piano).
7. **Un miroir est** (between) **les fenêtres.**
8. **Sur le bureau il y a** (some letters).
9. (That's enough) **pour aujourd'hui.**
10. (Until Thursday), **M. Picard.**

Grammar Notes

1. **The Contractions du, des, au, aux**

de (of, from) plus le (the) becomes du (of, from the)
de (of, from) plus les (the) becomes des (of, from the)
à (to, at, in, on) plus le (the) becomes au (to, at, in, on the)
à (to, at, in, on) plus les (the) becomes aux (to, at, in, on the)

Où est le bureau *du* commerçant?
Mme. Picard est une amie *des* enfants.
M. Picard parle *au* commerçant.
Le maître parle *aux* garcons.

Where is the office *of the* merchant?
Mrs. Picard is a friend *of the* children.
Mr. Picard is speaking *to the* merchant.
The teacher is speaking *to the* boys.

de la, de l', à la and à l' never contract. Thus:

Le salon *de la* maison est grand.
Il sait le nom *de l'*hôtel.
Charles va *à la* fenêtre.
La mère parle *à l'*enfant.

The living room *of the* house is large.
He knows the name *of the* hotel.
Charles is going *to the* window.
The mother is speaking *to the* child.

2. Possession.

In French possession is indicated by a phrase with **de**, never by an apostrophe:
la maison du professeur   the teacher's house, the house of the teacher
l'oncle de Marie   Mary's uncle, the uncle of Mary.

Possession is also expressed by a phrase with the preposition **à**:

À qui est ce bureau?	Whose office is this?
	(*Lit.* To whom is this office?)
Ce bureau est au docteur.	It is the doctor's office.
	(*Lit.* This office is to the doctor.)

Exercise No. 12. Use **du, de l', de la, des; au à l', à la, aux,** as required.

Exemple: Le salon du professeur est grand.

1. Le salon (of the) professeur est grand.
2. M. Davis parle (to the) professeur.
3. M. Picard est le maître (of the) garçons.
4. C'est un ami (of the) commerçant.
5. Charles va (to the) oncle.
6. L'enfant va (to the) fenêtre.
7. La mère parle (to the) enfants.
8. Le portrait est (on the) mur.
9. Il ne parle pas (to the) homme.
10. Où est la maison (of the) tante?

Exercise No. 13. Complete in French. First review "Building Vocabulary B."

Exemple: 1. Au-dessus du piano il y a un portrait.

1. (Above the) piano il y a un portrait.
2. L'automobile est (near the) maison.
3. (On the) bureau il y a beaucoup de lettres.
4. Le miroir est (above the desk).
5. Une petite table est (between the) fenêtres.
6. Il y a des chaises (around the) table.
7. Qu'est-ce qui[1] est (behind the) porte?
8. Qu'est-ce qui est (in front of the) piano.
9. Qu'est-ce qui est (in the) cuisine?
10. M. Davis est (with) M. Picard (in the) salon.

NOTE: 1. Qu'est-ce qui (kehs-kee) = what?   (*subject of a verb*)

Exercise No. 14—Questionnaire

1. Qui est assis dans le salon?
2. Qui est assis près de lui?
3. Y a-t-il beaucoup de choses autour de nous?
4. Est-ce que Madame Davis chante bien?
5. Qui joue bien du piano?
6. Où est le cahier de musique?
7. Où est le portrait de Madame Davis?
8. Qu'est-ce qui est devant une fenêtre?
9. Où est le miroir?
10. Où est le bureau?
11. Qu'est-ce qui est près du bureau.
12. Où y a-t-il des livres?

RÉVISION (REVIEW) 1

CHAPITRES 1–5 PREMIÈRE PARTIE

Each Review Chapter will begin with a summary of the most important words and expressions that have occurred in the chapters reviewed. Check yourself as follows:

1. Cover up the English words on the right of the page with a piece of paper or blotter. Read one French word at a time aloud and give the English meaning. Uncover the English word of the same number in order to check.

2. Cover up the French words. Say aloud, one at a time, the French for each English word. Uncover the French word to check.

3. Write the words you have difficulty in remembering, three or four times.

Révision de Mots (Review of Words)

NOUNS

1. l'ami (m)	16. la fille	32. l'oncle	1. friend (m)	16. daughter, girl	32. uncle
2. l'amie (f)	17. la jeune fille	33. le papier	2. friend (f)	17. girl	33. paper
3. le bureau	18. le garçon	34. le père	3. office, desk	18. boy, waiter	34. father
4. les bureaux[1]	19. l'homme	35. la personne	4. offices, desks	19. man	35. person
5. la campagne	20. le jour	36. la porte	5. country	20. day	36. door
6. la chaise	21. la lampe	37. la rue	6. chair	21. lamp	37. street
7. la chambre à coucher	22. la langue	38. la salle à manger	7. bedroom	22. language	38. dining room
	23. la leçon			23. lesson	
8. la chose	24. la lettre	39. la salle de bain	8. thing	24. letter	39. bathroom
9. le commerçant	25. le livre		9. business man	25. book	
10. le crayon	26. la dame, madame	40. le salon	10. pencil	26. lady, madam, Mrs.	40. living room
11. la cuisine	27. le monsieur	41. la soeur	11. kitchen	27. sir, Mr.	41. sister
12. l'enfant	28. les messieurs	42. le stylo	12. child	28. gentlemen	42. fountain pen
13. la famille	29. la mademoiselle	43. la tante	13. family	29. young lady, Miss	43. aunt
14. la femme	30. la mère	44. le voyage	14. wife, woman	30. mother	44. voyage
15. la fenêtre	31. le miroir	45. la ville	15. window	31. mirror	45. city, town

NOTE 1: When the noun has an irregular plural, the plural is given.

VERBS

1. aller	11. il demeure	21. il va	1. to go	11. he lives	21. he goes
2. apprendre	12. il désire	22. va-t-il?	2. to learn	12. he wants	22. does he go?
3. faire	13. il étudie	23. il y a	3. to do, make	13. he studies	23. there is (are)
4. lire	14. elle joue	24. y a-t-il?	4. to read	14. she plays	24. is (are) there?
5. parler	15. il parle	25. il faut	5. to speak	15. he speaks	25. it is necessary
6. visiter	16. parle-t-il?	26. il est	6. to visit	16. does he speak?	26. he is
7. savoir	17. il ne parle pas	27. est-il?	7. to know (how)	17. he does not speak	27. is he?
8. il apprend	18. il prend	28. il n'est pas	8. he learns	18. he takes	28. he is not
9. elle chante	19. il sait	29. ils ont	9. she sings	19. he knows	29. they have
10. il compte	20. il travaille	30. dites-moi	10. he intends	20. he works	30. tell me

ADJECTIVES

1. assis	5. divers	9. petit	1. seated	5. various	9. little, small
2. autre	6. grand	10. peu de	2. other	6. big, large	10. little, few
3. beaucoup de	7. intéressant	11. premier	3. much, many	7. interesting	11. first
4. bon	8. mauvais	12. tous	4. good	8. bad	12. all

ADVERBS

1. aujourd'hui	5. ici	9. presque	1. today	5. here	9. almost
2. assez	6. là	10. rapidement	2. enough	6. there	10. rapidly
3. bien	7. lentement	11. très	3. well	7. slowly	11. very
4. diligemment	8. peut-être	12. toujours	4. diligently	8. perhaps	12. always

PREPOSITIONS

1. à	6. dans	11. entre	1. to, at, on	6. in, inside of	11. between
2. au-dessus de	7. de	12. pour	2. over, above	7. of, from	12. for
3. autour de	8. derrière	13. près de	3. around	8. behind	13. near
4. avec	9. devant	14. sous	4. with	9. in front of	14. under
5. chez	10. en	15. sur	5. at the house of	10. in, on	15. on, upon

QUESTION WORDS

1. qui?	5. combien de?	9. quand	1. who (subject)?	5. how many?	9. when?
2. qui est-ce qui?	6. comment?	10. qu'est-ce que c'est que ça?	2. who (subject)?	6. how?	10. what is that?
3. qu'est-ce qui?	7. où?		3. what (subject)?	7. where?	
4. combien de?	8. pourquoi?		4. how much?	8. why?	

CONJUNCTIONS

1. et	2. ou	3. mais	4. parce que	1. and	2. or	3. but	4. because

FRENCH EXPRESSIONS

1. à demain	9. au printemps	1. until tomorrow, goodbye	9. in the spring
2. à bientot	10. aux États-Unis	2. see you soon, goodbye	10. in the U.S.
3. à tantôt	11. c'est assez	3. so long, goodbye	11. that's enough
4. au revoir	12. c'est pourquoi	4. 'til we meet again	12. that's why
5. Bonjour	13. Comment allez-vous?	5. Good morning (afternoon)	13. How are you?
6. Bonsoir	14. par coeur	6. Good evening (night)	14. by heart
7. à la campagne	15. s'il vous plaît	7. in the country	15. please
8. en ville	16. toute la journée	8. in (to) the city	16. all day

DEUXIÈME PARTIE

Exercise 15. From Group II select the antonym (opposite) for each word in Group I.

I

1. bon	5. au-dessus de	9. Bonjour
2. oui	6. beaucoup de	10. le garçon
3. ici	7. le père	11. la ville
4. petit	8. derrière	12. la femme

II

a. devant	e. non	i. là
b. la campagne	f. l'homme	j. sous
c. la jeune fille	g. mauvais	k. peu de
d. Bonsoir	h. grand	l. la mère

Exercise 16. Complete the following sentences in French.

1. **M. Davis travaille** (all day).
2. **Dites-moi,** (please).
3. (Perhaps) **il est au bureau.**
4. (Good-evening) **monsieur.**
5. **M. Davis va** (to the city).
6. (That is why) **il étudie le français.**
7. How are you?
8. (Where) **demeure-t-il?**
9. What is this?
10. (Who) **est commerçant?**
11. (What) **est au mur?**
12. (When) **va-t-il en ville?**

Exercise 17. Select the group of words in Column II which best completes each sentence begun in Column I.

Exemple: (ld) Dans la famille Davis il y a six personnes.

I

1. **Dans la famille Davis**
2. **La maison de M. Davis**
3. **M. Davis prend le train**
4. **Il étudie le français**
5. **Il travaille toute la journée**
6. **Il sait lire un peu le français**
7. **Il apprend rapidement**
8. **Pendant la première leçon**
9. **Tous les mardis et jeudis**
10. **La femme de M. Davis chante bien**
11. **M. Davis va faire un voyage**

II

a. **il apprend les salutations et les adieux.**
b. **et elle joue bien du piano.**
c. **parce qu'il est très intelligent.**
d. **il y a six personnes.**
e. **en France et peut-être au Maroc.**
f. **est dans les environs de New-York.**
g. **mais il ne parle pas le français.**
h. **dans son bureau.**
i. **pour arriver à son bureau en ville.**
j. **les deux messieurs ont rendez-vous.**
k. **parce qu'il désire voyager en France.**

Exercise 18. Complete these sentences in French.

1. **L'automobile est** (in front of the house).
2. **Les chaises sont** (around the table).
3. **La bibliothèque est** (near the door).
4. **M. Davis est assis** (behind the desk).
5. **La lampe est** (on the piano).
6. (The boy's books) **sont sur la petite table.**
7. (The girl's mother) **est en ville.**
8. (The children's teacher) **est Français.**
9. **Le portrait de Madame Davis est** (on the wall).
10. (To whom) **est l'automobile?**

Exercise 19. Translate into French:

1. Who is Mr. Davis?
2. He is an American business man.
3. Where does he live?
4. He lives in the suburbs of New York.
5. Why is he learning French?
6. He wants to make a trip to France.
7. Who is his (son) teacher?
8. His teacher is Mr. Picard.
9. Why does he learn rapidly?
10. He learns rapidly because he is intelligent.

11. How many children are there in Mr. Davis' family?
12. There are four children.

13. How many rooms are there in Mr. Davis' house?
14. There are five rooms, a bathroom and a kitchen.

Dialogue 1

Read each dialogue silently several times, using the English translation to make certain of the meaning. Practice the French text aloud many times. Follow this procedure with all dialogues.

Où Est La Rue Scribe?

1. Pardon, monsieur, où est la rue Scribe?
2. Continuez tout droit, mademoiselle.
3. Est-ce que c'est loin?
4. Non, mademoiselle, c'est à trois rues d'ici.
5. Merci beaucoup, monsieur.
6. De rien, mademoiselle.

1. Pardon me, sir, where is Scribe Street?
2. Continue straight ahead, Miss.
3. Is it far?
4. No, miss. It's three blocks from here.
5. Thank you very much, sir.
6. Don't mention it, Miss.

Dialogue 2

Où S'Arrête L'Autobus?

1. S'il vous plaît, monsieur, où s'arrête l'autobus?
2. Il s'arrête au coin là-bas, mademoiselle.
3. Merci beaucoup, monsieur.
4. Il n'y a pas de quoi.

1. Please sir, where does the bus stop?
2. It stops at the corner over there, miss.
3. Thank you so much, sir.
4. Don't mention it. (You're welcome.)

LECTURE (READING SELECTION)

Exercise No. 20—How to Read the Lectures

1. Read the passage silently from beginning to end to get the meaning as a whole.
2. Reread the passage looking up any words you may have forgotten, in the French-English dictionary at the end of this book. There are a few new words in the Lectures of the Review Chapters and the meaning of these is given in footnotes.
3. Read the passage silently a third time. Then translate it and check your translation with that given in the answers section of the appendix.
4. Follow this procedure in all succeeding Lectures.

Monsieur Davis Apprend Le Français

Monsieur Davis est un commerçant américain qui importe des objets d'art de France. C'est pourquoi il désire faire un voyage en France au printemps. Il désire parler avec son représentant. Il désire aussi visiter des endroits intéressants en France. Mais il ne sait pas parler français.

Monsieur Davis a un bon professeur. C'est un Français qui habite New York et qui s'appelle Monsieur Picard. Tous les mardis et jeudis le professeur prend le train pour aller chez son élève.[1] Là les deux messieurs parlent un peu en français. Monsieur Davis est très intelligent et il apprend rapidement. Pendant la première leçon, par exemple, il apprend par coeur les salutations et les adieux. Il sait déjà[2] dire: "Bonjour. Comment allez-vous? À bientôt, et À demain." Il sait déjà dire en français les noms de beaucoup de choses qui[3] sont dans son salon, et il sait répondre correctement aux questions, "Qu'est-ce que c'est que ça? et Où est. . . . ?" Monsieur Picard est très content des progrès[4] de son élève et il dit,—Très bien. C'est assez pour aujourd'hui. À tantôt.

NOTES: 1. chez son élève   to the home of his pupil
2. déjà   already
3. qui   which, *relative pronoun*
4. très . . . progrès   very satisfied with the progress

CHAPITRE 6 (SIX)

Les Verbes Sont Importants, Monsieur

1. M. Davis et M. Picard sont assis dans le salon chez M. Davis. M. Picard commence à parler. M. Davis [1]l'écoute avec attention.

2. — Vous savez déjà que les noms des choses et des personnes sont importants. Mais les verbes sont importants aussi. Il n'est pas possible de former une phrase sans les verbes. Il n'est pas possible non plus de causer sans les verbes.

3. — Nous allons étudier des verbes d'usage courant. Je vais vous[1] poser des questions. Vous allez répondre aux questions.[2]

4. Si vous ne savez pas la réponse, dites, s'il vous plaît, "Je ne sais pas."

5. — Très bien, dit M. Davis. Je vais dire, "Je ne sais pas," si je ne sais pas la réponse.

6. — Est-ce que vous êtes commerçant?

7. — Oui, monsieur, je suis commerçant; je suis importateur d'objets d'art et d'autres articles variés de France et du Maroc.

8. — Et pourquoi est-ce que vous étudiez le français?

9. — J'étudie le français parce que je désire faire un voyage en France pour faire visite à mon représentant à Paris. Je désire parler en français avec lui. Il ne parle pas anglais.

10. — Comptez-vous visiter d'autres pays?

11. — Je compte visiter aussi le Maroc et peut-être la Corse.

12. — Quand est-ce que vous partez en voyage?

13. — Je pars le 31 (trente et un) mai.

14. — Est-ce que vous allez voyager en bateau ou en avion?

15. — Je vais voyager en avion parce que c'est le plus rapide.

16. — Combien coûte le trajet?

17. — Je ne sais pas. Je vais prendre des renseignements demain et je vais retenir ma place.

18. — Excellent, monsieur. Vous apprenez le français rapidement.

19. — Merci. Vous êtes trop aimable.

20. — Pas du tout. C'est la vérité. Eh, bien, ça suffit pour aujourd'hui. À bientôt.

21. — A jeudi prochain.

1. Mr. Davis and Mr. Picard are seated in the living room at Mr. Davis' house. Mr. Picard begins to speak. Mr. Davis listens to him[1] attentively.

2. You know already that the names of things and of persons are important. But verbs are important too. It is not possible to make a sentence without verbs. It is not possible either to talk without verbs.

3. We are going to study (practice) some verbs of common usage. I am going to ask you[1] some questions. You are going to answer the questions.[2]

4. If you don't know the answer, please say, "I don't know."

5. "Very good," says Mr. Davis. "I am going to say, 'I don't know,' if I don't know the answer."

6. Are you a business man?

7. Yes, sir, I am a business man; I am an importer of art objects and of various other articles from France and from Morocco.

8. And why are you studying French?

9. I am studying French because I want to make a trip to France in order to pay a visit to my agent in Paris. I want to speak with him in French. He does not speak English.

10. Do you expect to visit other countries?

11. I expect to visit Morocco also and perhaps Corsica.

12. When are you leaving on your trip?

13. I am leaving on the 31st of May.

14. Are you going to travel by boat or by plane?

15. I am going to travel by plane because that is the quickest (way).

16. How much does the passage cost?

17. I don't know. I am going to get information tomorrow and I'll make a reservation. (*Lit.* I'm going to reserve my seat.)

18. Excellent, sir. You are learning French rapidly.

19. Thank you. You are too kind. (You flatter me.)

20. Not at all. It is the truth. Well, that's enough for today. So long.

21. Until next Thursday.

NOTE 1. le(l') *him, it;* and **vous** *you,* are object pronouns. Object pronouns usually precede the verb.
2. *Lit.* to answer *to the* questions.

Pronunciation and Spelling Aids

Practice Aloud:

1. attention (a-tahñ-syawñ)
2. nous allons étudier (noo za-lawñ zay-tü-dyay)
3. je ne sais pas (zhuh nuh seh pah)
4. vous êtes (voo zeht)
5. je suis importateur (zhuh süee zañ-pur-ta-**teur**)
6. d'autres articles (doh-truh zar-teekl)
7. c'est le plus vite (seh luh plü veet)

Building Vocabulary

A. Quelques Pays d'Europe. (kehlkuh pay-ee deu-rup)   Some Countries of Europe

1. l'Angleterre (lahñ-gluh-tehr)   England
2. la Belgique (behl-zheek)   Belgium
3. l'Allemagne (lal-man yuh)   Germany
4. la France (frahñs)   France
5. l'Espagne (leh-span-yuh)   Spain
6. l'Italie (lee-ta-lee)   Italy
7. la Suisse (süees)   Switzerland
8. la Russie (rü-see)   Russia

B. Les Pays de l'Amérique du Nord (la-may-reek dü nur)   The Countries of North America

1. les États Unis (leh zay-ta-zü-nee)
the United States
2. le Mexique (mehk-seek)
Mexico
3. le Canada (ka-na-da)
Canada
4. aux États Unis (oh-zay-ta zü-nee)
in *or* to the United States
5. au Mexique
in *or* to Mexico
6. au Canada
in *or* to Canada

Locutions Françaises

1. pas . . . non plus (nawñ plü)   not . . . either
2. d'usage courant (dü-zazh koo-rahñ)
of common usage
3. poser des questions   to ask questions
4. faire visite à   to pay a visit to
5. en bateau (ahñ ba-toh)   by boat
6. en avion (ahñ na-vyawñ)   by airplane
7. prendre des renseignements (prahñdr day rahñ-seh-nyuh-mahñ)   to get information
8. retenir une place (ruh-tuh-neer)
to reserve a seat
9. pas du tout (pah-dü-too)   not at all
10. ça (*or* cela) suffit   that's enough

Exercise No. 21—Completion of Text

1. Les verbes (are important), monsieur.
2. Nous allons étudier (some verbs).
3. (Why) étudiez-vous le français?
4. (Because) je désire faire visite à mon représentant.
5. Je désire parler (with him).
6. Je compte visiter (other countries).
7. Allez-vous voyager (by boat or by plane)?
8. (How much) coûte le trajet?
9. Vous apprenez (very rapidly).
10. (That's enough for today.)

Grammar Notes

1. About Verb Endings

The infinitive is the base form of the verb. In English it is expressed by *to*. Thus: *to* speak, *to* learn, etc
The infinitive of all French verbs ends in -er, -ir, -re, or -oir. Thus:

parler   to speak   partir   to leave   apprendre   to learn   savoir   to know

That part of the verb which remains after the ending is removed is called the stem. Thus: **parl-, part-, apprend-** and **sav-** are the stems of parler, partir, apprendre and savoir.

Learn the present tense of the verb **parler** to speak. Note carefully the endings which are added to the stem **parl-**.

2. Present Tense of parler to speak. Regular -er Verb.

je	parle (parl)	I	speak	nous	parlons (par-lawñ)	we speak
tu	parles (parl)	you	speak	vous	parlez (par-lay)	you speak
il	parle (parl)	he	speaks	ils	parlent (parl)	they (*m*) speak
elle	parle (parl)	she	speaks	elles	parlent (parl)	they (*f*) speak

a. The endings of a regular -er verb in the present tense are:
Singular -e -es -e   Plural -ons -ez -ent
All the endings are silent except -ons and -ez.

b. The pronoun **vous** (voo), like English *you*, is used both in the singular and plural. It is the polite **or** usual form of address. Thus:
Parlez-vous français, monsieur?   Do you speak French, sir?
Vous parlez bien, mesdames.   You speak well, ladies.

The pronoun tu (tü) is used in addressing a near relative, an intimate friend, or a child. It is the familiar form of address. Thus:

Tu parles trop haut, mon enfant.   You speak too loudly, child.

c. The present tense may be translated in three ways:

I speak, I am speaking, I do speak,   You speak, you are speaking, you do speak, etc.

3. The Imperative or Command Forms of parler.

parle, mon enfant speak, child parlons let us speak parlez, monsieur (messieurs) speak, sir (gentlemen)

The imperative forms are like the corresponding present tense forms, except that: the pronouns tu, nous and vous are omitted; and the familiar singular is parle instead of parles.

4. The Interrogative.

As you have already noted there are two ways of forming the interrogative; by placing Est-ce que? (*Is it that?*) before the subject of the sentence; or by placing the subject after the verb (inverted form of question). The inverted form is rarely used with je.

Question with est-ce que	*Inverted form of question*	
est-ce que je parle?	————	do I speak?
est-ce que tu parles?	parles-tu?	do you (*fam.*) speak?
est-ce qu'il parle?	parle-t-il?	does he speak?
est-ce qu'elle parle?	parle-t-elle?	does she speak?
est-ce que nous parlons?	parlons-nous?	do we speak?
est-ce que vous parlez?	parlez-vous?	do you speak?
est-ce qu'ils parlent?	parlent-ils?	do they (*m*) speak?
est-ce qu'elles parlent?	parlent-elles?	do they (*f*) speak?

Note the two ways of forming a question when there is a noun subject.

Est-ce que M. Davis est commerçant?
M. Davis est-il commerçant?

Is Mr. Davis a merchant?

5. The Negative.

The negative is formed by placing ne before the verb and pas after the verb.

Il *ne* parle *pas* anglais. He does not speak English.

Est-ce qu'il *ne* parle *pas* anglais? }
Ne parle-t-il *pas* anglais? Does he not speak English?

Ne parlez *pas* trop haut. Do not speak too loudly.

6. Regular -er Verbs like parler.

The vast majority of verbs in French are regular -er verbs like parler. You are already familiar with the following:

causer to chat	je cause, etc.	écouter to listen	j'écoute, etc.
compter to expect	je compte, etc.	étudier to study	j'étudie, etc.
commencer to begin	je commence, etc.	importer to import	j'importe, etc.
coûter to cost	il coûte	jouer to play	je joue, etc.
demeurer to live	je demeure, etc.	travailler to work	je travaille, etc.
désirer to want	je désire, etc.	visiter to visit	je visite, etc.

Exercise No. 22. Complete each of the following verbs with the correct ending.

Exemple: j'étudie   I study, I am studying

1. j'étudi___	5. je travaill___	9. nous caus___	13. vous commenc___
2. ils ne parl___ pas	6. demeur___ -vous?	10. vous étudi___	14. import___ -t-il?
3. nous compt___	7. il écout___	11. elles demeur___	15. Qui parl___?
4. elles désir___	8. il ne coût___ pas	12. elle ne visit___ pas	16. Les enfants jou___

Exercise No. 23. Change the following sentences into the negative:

Exemple: Henri ne joue pas bien du piano.

1. Henri joue bien du piano.
2. Paul étudie le français.
3. Nous parlons espagnol.
4. Ils écoutent avec attention.
5. Mes enfants, jouez dans le salon.
6. Elle désire aller en Europe.
7. Qui étudie l'anglais?
8. Nous travaillons toute la journée.
9. Elle compte aller au Maroc.
10. Vous travaillez diligemment.

Exercise No. 24. Practice aloud the following brief dialogues:

1. — Parlez-vous français, Jean?
   — Oui monsieur, je parle français.
   — Marie parle-t-elle français?
   — Non, monsieur, elle ne parle pas français.
2. — Qui joue du piano?
   — Annette joue du piano.
   — Ne joues-tu pas du piano, Rosette?
   — Non, je ne joue pas du piano.
3. — Est-ce que les garçons étudient la leçon?
   — Non, il n'étudient pas la leçon.
   — Est-ce qu'ils jouent dans la rue?
   — Oui, ils jouent dans la rue.
4. — Qui est le professeur de M. Davis?
   — M. Picard est son professeur.
   — N'est-il pas Français?
   — Si,[1] il est Français.

NOTE 1. Use si in answer to a negative question instead of oui.

Exercise No. 25—Questionnaire

1. Où est-ce que les messieurs sont assis?
2. Qui commence à parler?
3. Qui écoute avec attention?
4. Qui pose les questions?
5. Qui est-ce qui[1] répond aux questions?
6. Est-ce que les verbes sont importants?
7. M. Davis importe-t-il des objets d'art?
8. Parle-t-il français?
9. Pourquoi étudie-t-il le français?
10. Quels pays[2] est-ce qu'il compte visiter?
11. Est-ce qu'il va voyager en bateau ou en avion?
12. Est-ce que M. Davis apprend rapidement ou lentement?

NOTE 1. qui est-ce qui? *who?* is a longer form of qui? *who?* 2. what countries.

CHAPITRE 7 (SEPT)

La Famille De M. Davis

1. C'est jeudi, le 14 janvier. Il est 8 (huit) heures du soir.

2. M. Picard sonne à la porte chez M. Davis. La bonne ouvre la porte et dit, — Entrez, monsieur. Passez au salon, s'il vous plaît.

3. Dans le salon M. Davis attend M. Picard. Quand il arrive, M. Davis dit, — Bonsoir. Comment allez-vous?

4. — Comme ci, comme ça. Et vous? Et la famille?

5. — Quant à moi, ça va très bien, mais ma fille Annette est malade. Elle est enrhumée.

6. — Je le[1] regrette beaucoup. Avez-vous d'autres enfants?

7. — Bien sûr. J'ai quatre enfants, deux garçons et deux filles. Nous sommes six dans notre famille.

8. — Comment vos enfants s'appellent-ils?

1. It is Thursday, January 14. It is 8 o'clock in the evening.

2. Mr. Picard rings the bell (*Lit.* at the door) of Mr. Davis' house. The maid opens the door and says, "Come in, sir. Please go in to the living room."

3. In the living room Mr. Davis is waiting for Mr. Picard. When he arrives Mr. Davis says, "Good evening. How are you?"

4. So so. And you? And the family?

5. As for me, I'm fine. But my daughter Annie is ill. She has a cold.

6. I'm very sorry.[1] Have you any other children?

7. Certainly. I have four children, two boys and two girls. We are six in our family.

8. What are the names of your children?

9. — Ils s'appellent Philippe, Jean, Rosette et Annette.

10. — Quel âge ont-ils?

11. — Philippe a dix ans. Il est l'aîné. Jean a huit ans. Rosette a six ans. Annette est la plus jeune. Elle a cinq ans.

12. Ils vont tous à l'école excepté Annette.

13. Les deux messieurs causent un peu plus. Ensuite M. Davis invite M. Picard à visiter son bureau lundi prochain à midi et demi. M. Picard accepte l'invitation avec plaisir.

14. À neuf heures M. Picard dit,—À tantôt.

15. M. Davis répond,—À lundi à midi et demi.

9. Their names are Philip, John, Rosie and Annie.

10. How old are they?

11. Philip is ten years old. He is the oldest. John is eight years old. Rosie is six years old. Annie is the youngest. She is five years old.

12. They all go to school except Annie.

13. The two gentlement chat a while longer. Then Mr. Davis invites Mr. Picard to visit his office the following Monday at 12:30 P.M. Mr. Picard accepts the invitation with pleasure.

14. At 9 o'clock Mr. Picard says, "So long."

15. Mr. Davis answers, "Until Monday at 12:30 P.M."

NOTE 1. *Lit*. I regret it very much. le equals *him* or *it*. le is an object pronoun and usually precedes the verb.

Pronunciation and Spelling Aids

A. Practice Aloud:

1. passez au salon (pa-say zoh sa-**lawñ**)
2. quand il arrive (kahñ-teel a-**reev**)
3. comme ci comme ça (kum see kum sa)
4. elle est enruhmée (ehl eh tahñ-rü-may)

5. d'autres enfants (doh-truh zahñ-**fahñ**)]
6. lundi prochain (leuñ-dee pru-**shañ**)
7. l'aîné (leh-**nay**)
8. la plus jeune (la plü **zheun**)

B. Final **d** when linked with the next word is pronounced as *t*. Thus:
       quand il (kañ teel)   apprend-il (a-prahñ-**teel**)

C. sur = on   sûr = sure   à = to, at, on.   a (as in il a) = has. The accent marks (^ `) are used here to indicate a difference in meaning, *not* in pronunciation.

Building Vocabulary

A. Most French words ending in -tion (syawñ) and sion have corresponding English words ending in *-tion* and *-sion*.

la nation (nah-syawñ)	l'élection	la situation	l'observation
la prononciation	l'attention	l'obligation	l'invitation
la continuation	la direction	l'invention	la révolution
l'expression	la profession	la concession	l'obsession

B. The ending -ment (mahñ) is equal to the ending *-ly* in English.

rapidement	rapidly	certainement	certainly	généralement	generally
diligemment	diligently	probablement	probably	facilement	easily

Locutions Françaises

1. comme ci, comme ça   so so
2. quant à moi (kahñ ta mwa)   as for me
3. ça va très bien.   I'm fine.
   (*Lit*. It goes very well)
4. Elle est enrhumée.   She has a cold.
5. Je le regrette beaucoup.   I'm sorry.
   (*Lit*. I regret it very much)
6. bien sûr (byañ sür)   surely

7. Quel âge avez-vous?   How old are you?
   (*Lit*. What age have you?)
8. J'ai quinze ans.   I am fifteen years old.
   (*Lit*. I have fifteen years)
9. Comment s'appellent-ils?   What are their names?
   (*Lit*. What do they call themselves?)
10. Ils s'appellent . . .   Their names are . . .
   (*Lit*. They call themselves)

Exercise No. 26—Completion of Text

1. La bonne (opens) la porte.
2. Elle dit,—(Enter, sir.)
3. (Go) au salon (please).
4. (My daughter) Annette est malade.
5. (Have you) d'autres enfants?
6. Bien sûr. (I have) quatre enfants.
7. (We are) six dans notre famille.
8. Philippe est (the oldest)
9. Il a (ten years)
10. Annette est (the youngest)
11. (They chat) un peu plus.
12. M. Picard (accepts) l'invitation.

Grammar Notes

1. Present Tense of **avoir**   to have

j'ai (zhay)	I have	nous avons (noo-za-vawñ)	we have
tu as (tü a)	you have	vous avez (voo-za-vay)	you have
il a (eel a)	he has	ils ont (eel zawñ)	they have
elle a (ehl a)	she has	elles ont (ehl zawñ)	they have

Interrogative (have I, etc.?)		Negative (I have not, etc.)	
est-ce que j'ai?	avons-nous?	je n'ai pas	nous n'avons pas
as-tu?	avez-vous?	tu n'as pas	vous n'avez pas
a-t-il?	ont-ils?	il n'a pas	ils n'ont pas
a-t-elle?	ont-elles?	elle n'a pas	elles n'ont pas

Negative-Interrogative: **n'a-t-il pas?** has he not?   **n'ont-ils pas?** have they not?

Exercise No. 27. Complete the following in French with the correct form of **avoir.**

1. Combien d'enfants (have you)?
2. (I have) six enfants.
3. Combien de filles (has she)?
4. (She has) trois filles.
5. (Do you have) les livres, Jean?
6. (We do not have) les livres.
7. Annette, (have you) le miroir?
8. (I do not have) le miroir.
9. Les jeunes filles (have they) la balle?
10. (They do not have) la balle.
11. Qui (has) quatre enfants?
12. Mme. Picard (has) quatre enfants.
13. Quel âge (have) vous?
14. (I have) dix ans.
15. Quel âge (have) -elles?
16. Elles (have) vingt ans.

2. Present Tense of **aller**   to go

je vais (zhuh vay)	I go	nous allons (noo za-lawñ)	we go
tu vas (tü va)	you go	vous allez (voo za-lay)	you go
il va (eel va)	he goes	ils vont (eel vawñ)	they go
elle va (ehl va)	she goes	elles vont (ehl vawñ)	they go

Interrogative (do I go? etc.)		*Negative* (I do not go, etc.)	
est-ce que je vais?	allons-nous?	je ne vais pas	nous n'allons pas
vas-tu?	allez-vous?	tu ne vas pas	vous n'allez pas
va-t-il?	vont-ils?	il ne va pas	ils ne vont pas
va-t-elle?	vont-elles?	elle ne va pas	elles ne vont pas

Negative-Interrogative: **ne va-t-il pas?** does he not go?   **Ne vont-ils pas?** Do they not go?

NOTE: The verb aller is frequently used to indicate future time.

Je vais faire un voyage en France.   I am going to (I shall) take a trip to France.
Ils vont apprendre le français.   They are going to (will) learn French.

Exercise No. 28. Complete the following in French with the correct form of **aller.**

1. Où (is he going)?
2. (He is going) à l'hôtel.
3. (Are you going) à la campagne?
4. Non, (we are going) en Europe.
5. Les enfants (do they go) à l'école?
6. Qui (is going) faire visite à son représentant?
7. Où (are you going), mon enfant?
8. M. Davis (is going) faire un voyage en France.

9. (Are you going) **visiter l'Espagne?**
10. (We are not going) **visiter l'Espagne.**
11. **Où** (are you going), **mes enfants?**

12. (We are going) **au parc.**
13. How are you? (*Lit.* How go you?)
14. I am fine. (*Lit.* It goes well.)

3. Present Tense of **être**   to be

je suis (zhuh süee)	I am	nous sommes (noo sum)	we are
tu es (tü eh)	you are	vous êtes (voo-zeht)	you are
il est (eel eh)	he is	ils sont (eel sawñ)	they are
elle est (ehl eh)	she is	elles sont (ehl sawñ)	they are

Interrogative (am I, etc.?)

est-ce que je suis?	sommes-nous?
es-tu?	êtes-vous?
est-il?	sont-ils?
est-elle?	sont-elles?

Negative (I do not, etc.)

je ne suis pas	nous ne sommes pas
tu n'es pas	vous n'êtes pas
il n'est pas	ils ne sont pas
elle n'est pas	elles ne sont pas

Negative-Interrogative: **n'est-il pas?**   is he not?   **ne sommes-nous pas?**   are we not?

Exercise No. 29. Complete the following in French with the correct form of **être**.

1. **Qui** (is) **dans le bureau?**
2. **M. Davis** (is) **dans le bureau.**
3. **Où** (is) **Mme. Davis?**
4. **Elle** (is) **dans le salon.**
5. **M. Picard,** (is he) **Anglais?**
6. **Non, il** (is not) **Anglais.**
7. (Are you) **Français?**
8. **Non,** (I am) **Américain.**

9. **Où** (are) **les enfants?**
10. (They are) **dans la rue.**
11. **Les messieurs** (are they) **assis?**
12. (They are) **assis dans le salon.**
13. (Are you) **commerçants, messieurs?**
14. **Non,** (we are not) **commerçants.**
15. (We are) **professeurs.**
16. (Is he not) **riche?**

Exercise No. 30—Questionnaire

1. **Qui sonne a la porte?**
2. **Qui est-ce qui ouvre la porte?**
3. **Où est-ce que M. Davis attend M. Picard?**
4. **Qui est malade?**
5. **Est-elle enrhumée?**
6. **Combien d'enfants M. Davis a-t-il?**
7. **Combien de personnes y a-t-il dans sa famille?**

8. **Comment les enfants s'appellent-ils?**
9. **Quel âge a Philippe?**
10. **Les enfants vont-ils à l'école?**
11. **Qui est-ce que** (whom) **le commerçant invite à visiter son bureau?**
12. **Est-ce que le professeur accepte l'invitation?**

NOTE: qui *or* qui est-ce qui? = who? (*subject of verb*)
       qui *or* qui est-ce que? = whom? (*object of verb*)

CHAPITRE 8 (HUIT)

Au Bureau De M. Davis

1. Le bureau de M. Davis est au vingtième étage d'un gratte-ciel. Il n'est pas grand mais il est commode. Par deux grandes fenêtres on peut voir en bas la rue Whitehall. Aux murs gris il y a des affiches illustrées et une grande carte de la France.

2. Sur le bureau de M. Davis il y a beaucoup de papiers. Près de la porte il y a un petit bureau avec une machine à écrire. Entre les deux fenêtres il y a une longue table. Sur la table il y a des journaux, des revues, et un joli cendrier.

1. The office of Mr. Davis is on the twentieth floor of a skyscraper. It is not large but it is comfortable. Through two large windows one can see Whitehall Street below. On the gray walls there are some posters and a large map of France.

2. On the desk of Mr. Davis there are many papers. Near the door is a small desk with a typewriter. Between the two windows there is a long table. On the table there are some newspapers, magazines, and a pretty ash tray.

3. M. Davis est assis à son bureau quand M. Picard arrive. Il va a la porte pour le[1] saluer.

4. — Bonjour, Mr. Picard. Je suis très content de vous[1] voir.

5. — Bonjour, Mr. Davis. Comment allez-vous?

6. — Très bien, merci.

7. — Votre bureau est très beau. J'aime bien cette carte de la France, et ces affiches illustrées. Quelles jolies couleurs! À propos, M. Davis, qu'est-ce que vous voyez sur cette affiche là?

8. — Je vois le ciel et le soleil, un château blanc sur une colline, avec un toit rouge et beaucoup de cheminées.

9. — De quelle couleur est le soleil?

10. — Il est jaune et il est immense.

11. — De quelles couleurs sont le ciel, les cheminées et la colline?

12. — Le ciel est bleu. Les cheminées sont noires. La colline est verte. Mon Dieu, il est déjà une heure! C'est assez de couleurs! Je commence à avoir faim. Et vous? N'avez-vous pas faim?

13. — Eh bien, moi aussi, j'ai faim.

14. — Bon. Pas loin d'ici il y a un bon restaurant.

15. — Tant mieux! Allons-y![2]

3. Mr. Davis is seated at his desk when Mr. Picard arrives. He goes to the door to greet him.[1]

4. Good afternoon, Mr. Picard. I am very glad to see you.[1]

5. Good afternoon, Mr. Davis. How are you?

6. Very well, thank you.

7. Your office is very beautiful. I like this map of France and these illustrated posters. What pretty colors! By the way, Mr. Davis, what do you see on that poster?

8. I see the sky and the sun, a white castle on a hill, with a red roof and many chimneys.

9. What color is the sun?

10. It is yellow and it is immense.

11. What colors are the sky, the chimneys and the hill?

12. The sky is blue. The chimneys are black. The hill is green. My goodness! It's already one o'clock. That's enough of colors! I'm beginning to be hungry. How about you? Aren't you hungry?

13. Well, I am hungry, too.

14. Good. Not far from here there is a good restaurant.

15. Good! Let's go there![2]

NOTE 1. **Le** *him* and **vous** *you* are object pronouns. Object pronouns usually precede the verb.

NOTE 2. **y** = *there*. It is used to refer to a place already mentioned, in this case, *to a good restaurant.*

Pronunciation and Spelling Aids

1. Practice Aloud:
   1. deux grandes fenêtres
      (deu grahñd fuh-nehtr)
   2. des affiches illustrées
      (deh-za-feesh zee-lü-stray)
   3. une machine à ecrire
      (ün ma-sheen a ay-kreer)
   4. quelles jolies couleurs
      (kehl zhu-lee koo-leur)
   5. beaucoup de cheminées
      (boh-koo duh shuh-mee-nay)
   6. pas loin d'ici
      (pah lwañ dee-see)

Building Vocabulary

A. Some Common Adjectives

blanc (blahñ) white	beau (boh) beautiful	pauvre (pohvr) poor
noir (nwar) black	joli (zhu-lee) pretty	facile (fa-seel) easy
bleu (bleu) blue	grand (grahñ) big	jeune (zheun) young
gris (gree) gray	petit (puh-tee) small	vieux (vyeu) old
jaune (zhohn) yellow	long (lawñ) long	difficile (dee-fee-seel) difficult
rouge (roozh) red	court (koor) short	malade (ma-lad) sick
vert (vehr) green	riche (reesh) rich	important (añ-pur-tahñ) important
bon (bawñ) good	haut (oh) high	intéressant (añ tay-reh-sahñ) interesting
mauvais (mu-veh) bad	bas (bah) low	assis (a-see) seated

Locutions Françaises

1. **On peut voir** (awñ peu vwar) one can see
2. **à propos** (a pru-poh) by the way
3. **j'aime bien** (zhehm byañ) I like; **j'aime beaucoup** I like very much
4. **de quelle couleur** (duh kehl koo-leur) (of) what color
5. **Il est une heure** (eel eh-tü-neur) It is one o'clock

6. **tant mieux** (tahñ myeu)
   good; so much the better
7. **avoir faim** (a-vwar fañ)
   to be hungry. (*Lit.* to have hunger)

8. **J'ai faim** (zhay fañ)
   I am hungry. (*Lit.* I have hunger)
9. **Mon dieu!** (mawñ dyeu)   Goodness!
10. **moi aussi** (mwa oh-see)   I too

Exercise No. 31—Completion of Text

1. Il y a deux (large) fenêtres.
2. (One can) voir la rue.
3. Sur la table il y a des (newspapers).
4. M. Davis (is seated) à son bureau.
5. Je suis content (to see you).
6. (I like) cette carte.

7. (I see) un château blanc.
8. (What color) est le ciel?
9. Le ciel est (blue).
10. (Goodness!) Il est une heure.
11. (Not far from here) il y a un restaurant.
12. (Good! Let's go there.)

Grammar Notes

1. Agreement of Adjectives.

Adjectives have masculine, feminine and plural forms, and agree in number and gender with the nouns they accompany. Study the following examples which illustrate this agreement, noting especially the feminine and plural forms of adjectives.

le père intelligent	le crayon noir	le stylo bleu
la mère intelligente	la table noire	la carte bleue
les pères intelligents	les crayons noirs	les stylos bleus
les mères intelligentes	les tables noires	les cartes bleues
un exemple facile	l'homme riche	le mur gris
une question facile	la femme riche	la carte grise
les exemples faciles	les hommes riches	les murs gris
les questions faciles	les femmes riches	les cartes grises

a. To make an adjective feminine, add a silent e to the masculine, unless the masculine already ends in e. (riche, facile, rouge, jaune)

b. To make an adjective plural, add -s to the singular, unless the singular adjective already ends in -s. (gris, assis)

2. Position of Adjectives.

In general, adjectives come *after their nouns*. However, here are some common adjectives which usually precede the noun:

bon	good	grand	big, tall	jeune	young	long	long
meilleur	better	petit	small	vieux	old	haut	high, loud
mauvais	bad	beau	beautiful	joli	pretty	gros	big, thick

un bon livre	le mauvais garçon	les hautes collines
une jolie femme	la grande station	les petites jeunes filles

Exercise No. 32. Complete in French with the correct form of the adjective. If the adjective is used after some form of the verb être to be, the adjective must agree with the subject of the sentence.

Exemple 1: Madame Davis est assise dans le salon.

1. Mme. Davis est (seated) dans le salon.
2. Les (little) enfants jouent dans le parc.
3. Mme. Davis est une femme (intelligent).
4. J'aime bien les (pretty) couleurs.
5. M. Davis a un bureau (comfortable).
6. Le château est situé sur une (high) colline.
7. Les murs du bureau sont (gray).
8. Tous les élèves sont (diligent).

9. Avez-vous un (good) stylo?
10. Annette et Rosette sont très (pretty).
11. Il y a beaucoup de (big) parcs à Paris.
12. Où sont les affiches (illustrated)?
13. Il y a une (large) carte au mur.
14. Le ciel est-il (red) ou (blue)?
15. Les cheminées sont-elles (black)?
16. Son grand-père est très (old).

NOTE: Some noun plurals may include both masculine and feminine persons. (les élèves pupils; les étudiants students; les enfants children). In that case the agreeing adjective is in the masculine plural.

3. Some Irregular Adjectives. Note particularly the feminine forms.

a. le bon livre	le long crayon	le beau bureau	le papier blanc
la *bonne* fille	la *longue* table	la *belle* maison	la chaise *blanche*
les bons livres	les longs crayons	les beaux bureaux	les papiers blancs
les *bonnes* filles	les *longues* tables	les *belles* maisons	les chaises *blanches*

b. Note carefully the forms and meanings of the adjective **tout**, and of the question adjective **quel**.

tout le livre	the whole book	quel frère?	which, what brother?
toute la salle	the whole room	quelle soeur?	which, what, sister?
tous les livres	all the books	quels frères?	which, what brothers?
toutes les salles	all the rooms	quelles soeurs?	which, what sisters?

Exercise No. 33. Complete in French with the correct form of the adjective.

Exemple 1: Madame Picard est une **belle** femme.

1. Madame Picard est une (beautiful) femme.
2. Marie est une (good) fille.
3. Les filles de M. Davis sont très (beautiful).
4. Elles ont beaucoup de (good) amies.
5. Voyez-vous les maisons (white)?
6. Où est la (long) table?
7. (Which) homme parle français?
8. (What) jolies jeunes filles!
9. De (what) couleur est la colline?
10. (Which) cendriers avez-vous?
11. M. Davis travaille (all) la journée.
12. Où sont (all) les journaux?

Exercise No. 34. Translate into French.

1. Mr. Davis' office is very comfortable.
2. The windows of the office are large.
3. There are some illustrated posters on the walls.
4. There are some French newspapers on the table.
5. The sky on the poster is blue.
6. The sun is yellow.
7. How are you, Mr. Davis?
8. Very well, thank you.
9. I am hungry.
10. I also.

Exercise No. 35—Questionnaire

1. Où est le bureau de M. Davis?
2. Est-ce que[1] le bureau est grand?
3. Est-ce qu'il est commode?
4. Où est-ce qu'il y a des affiches illustrées?
5. Où est-ce qu'il y a beaucoup de papiers?
6. Où est-ce qu'il y a un petit bureau?
7. Où est-ce qu'il y a une longue table?
8. Qui est assis?
9. De quelle couleur est le soleil sur l'affiche?
10. De quelle couleur sont les cheminées?
11. De quelle couleur est la colline?
12. Est-ce que le ciel est bleu?
13. De quelle couleur est le château?
14. Est-ce que le toit est rouge ou jaune?
15. Est-ce que M. Davis a faim?

NOTE 1. Remember: In any question with est-ce que the word order is *subject — verb*.

CHAPITRE 9 (NEUF)

M. Davis Salue Un Ami À Son Bureau

1. M. Dupont, un ami de M. Davis, demeure à New-York. Cependant il parle bien le français parce que ses parents sont Canadiens. C'est un homme de trente-cinq ans.

2. Il sait que son ami M. Davis apprend le français. Il désire voir si son ami fait des progrès dans ses études. Donc il entre un jour dans le bureau de M. Davis et le salue en français. Voici leur conversation:

1. Mr. Dupont, a friend of Mr. Davis, lives in New York. However, he speaks French well because his parents are Canadian. He is a man thirty-five years old.

2. He knows that his friend Mr. Davis is learning French. He wants to see if his friend is making progress in his studies. Therefore he enters the office of Mr. Davis one day and greets him in French. Here is their conversation:

3. — Comment ça va?

4. — Très bien merci. Et vous?

5. — Comme ci, comme ça. À propos, vous apprenez le français, n'est-ce pas?

6. — Bien sûr. J'apprends à[1] parler, à lire et à écrire le français.

7. — Est-ce que le français est difficile à apprendre?

8. — Eh bien, non. Le français n'est pas difficile à apprendre. J'aime beaucoup la langue française et je l'étudie[2] diligemment.

9. — Qui est votre professeur de français?

10. — M. Picard. C'est un très bon professeur, et de jour en jour je parle, je lis, et j'écris le français de mieux en mieux. J'apprends les mots et les expressions de la vie quotidienne. Je comprends M. Picard quand il parle français, et il me comprend quand je le[2] parle. Le français me plaît beaucoup.

11. — Mon ami, vous parlez français à merveille.

12. — Merci. Vous êtes trop aimable.

13. — Pas du tout. C'est la vérité. Mes amis me disent que vous allez faire un voyage en France cet été. C'est vrai?

14. — Oui. J'espère partir au printemps, le 31 mai. Je vais voyager en avion. Je désire arriver en France le plus tôt possible.

15. — Bon voyage! Et bonne chance! Au revoir, mon vieux.

16. — À tantôt.

3. How goes it?

4. Very well thank you. And you?

5. So so. By the way, you are learning French, aren't you?

6. Of course. I am learning to[1] speak, read and write French.

7. Is French difficult to learn?

8. Well, no. French is not difficult to learn. I like the French language very much and I study it[2] diligently.

9. Who is your French teacher?

10. Mr. Picard. He is a very good teacher, and day by day I speak, read and write better and better. I learn the words and expressions of daily life. I understand Mr. Picard when he speaks French and he understands me when I speak it. I like French very much.

11. My friend, you speak French wonderfully.

12. Thanks. You are too kind.

13. Not at all. It is the truth. My friends tell me that you are going to make a trip to France this summer. Is that true?

14. Yes. I hope to go in the spring, the 31st of May. I am going to travel by plane. I want to arrive in France as soon as possible.

15. Have a good trip. And good luck! Goodbye, old boy.

16. So long.

NOTE 1: The *to* of infinitives (*to* read, *to* write, etc.) is often not translated in the French. However, after some verbs, including apprendre to learn, enseigner to teach, commencer to begin, the *to* is translated by à. Sometimes *to* is translated by de. Il est content de le faire.   He is glad *to do* it.

NOTE 2: le (l') *him, it* la (l') *her, it* and me *me* are object pronouns. Object pronouns usually precede the verb.

Pronunciation and Spelling Aids

Practice Aloud:

1. Cependant il parle bien le français.
   (suh-pahñ-dahñ eel parl byañ luh frahñ-seh)

2. Ses parents sont Canadiens.
   (say pa-rahñ sawñ ka-na-dyañ)

3. Dupont (dü-pawñ)

4. donc (dawñk)

5. C'est un très bon professeur
   (seh teuñ treh bawñ pru-feh-seur)

6. je prends (prahñ), ils prennent (prehn)

Building Vocabulary

Antonyms

1. apprendre to learn, enseigner to teach
2. partir to leave, arriver to arrive
3. beaucoup de choses many things
   peu de choses few things
4. poser une question to ask a question
   répondre à une question to answer a question
5. loin d'ici far from here près d'ici near here

6. le professeur the professor
   l'étudiant the student
7. le maître, la maîtresse the teacher
   l'élève the pupil
8. il est assis he is seated
   il est debout he is standing
9. voici here is (are) voilà there is (are)

Locutions Françaises

1. **faire des progrès** (fehr day pru-greh) to make progress, to progress
2. **voici** (vwa-see) here is, are
3. **n'est-ce pas** (nehs-pah) is it not true? Translated in various ways: isn't he, she, it? aren't you? don't you? etc.
4. **de jour en jour** (duh zhoor ahñ zhoor) day by day
5. **de mieux en mieux** (duh myeu zahñ myeu) better and better
6. **à merveille** (a mehr-vehy) wonderfully
7. **pas du tout** (pah dü-too) not at all
8. **le plus tôt possible** (luh plü toh pu-seebl) as soon as possible
9. **bon voyage** (bawñ vwa-yazh) happy voyage
10. **bonne chance** (bun shahñs) good luck
11. **mon vieux** (mawñ vyeu) old boy

Exercise No. 36—Completion of Text

1. (His parents) **sont Canadiens.**
2. (His friend) **fait des progrès.**
3. (Here is) **leur conversation.**
4. **Vous apprenez le français**, (aren't you)?
5. (I am learning) **à parler français.**
6. **Le français** (is not difficult) **à apprendre.**
7. (I am studying it) **diligemment.**
8. (I like French (*Lit.* French pleases me) **beaucoup.**
9. **Vous parlez français** (wonderfully well).
10. I understand Mr. Picard.
11. (You are) **trop aimable.**
12. (Not at all). **C'est** (the truth).

Grammar Notes

1. Present Tense of **vendre** to sell. Regular -re Verb.

je vends (vahñ)

tu vends (vahñ)

il, elle vend (vahñ)

nous vendons (vahñ-dawñ)

vous vendez (vahñ-day)

ils, elles vendent (vahñd)

Imperative **vends** sell   **vendons** let us sell   **vendez** sell

The endings of regular -re verbs are

singular -s -s —   plural -ons -ez -ent

Other regular -re verbs are:

attendre to wait for, **j'attends,** etc.

entendre to hear, **j'entends,** etc.

descendre to go down, **je descends,** etc.

perdre to lose, **je perds,** etc.

rendre to give back, **je rends,** etc.

répondre to answer **je réponds,** etc.

2. Present Tense of **prendre** to take, **lire** to read, **écrire** to write (Irregular -re Verbs)

I take, you take, etc.

je prends	nous prenons
tu prends	vous prenez
il prend	ils prennent
elle prend	elles prennent

I read, you read, etc.

je lis	nous lisons
tu lis	vous lisez
il lit	ils lisent
elle lit	elles lisent

I write, you write, etc.

j'écris	nous écrivons
tu écris	vous écrivez
il écrit	ils écrivent
elle écrit	elles écrivent

Imperative

prends prenons prenez

Imperative

lis lisons lisez

Imperative

écris écrivons écrivez

Other verbs like **prendre** are:

apprendre to learn **j'apprends, nous apprenons, ils apprennent**

comprendre to understand **je comprends, nous comprenons, ils comprennent**

The most common irregular verbs will appear gradually in the conversation texts and "Grammar Notes." You will learn them as you meet them. A summary of common irregular verbs can be found in the Appendix.

Exercise No. 37. Translate these short dialogues. Then practice them aloud. They will help you to get a "feeling" for the correct use of the verbs.

1. — **Apprenez-vous le français?**

— **Oui monsieur, j'apprends le français.**

— **Est-ce que Charles apprend le français?**

— **Non, il n'apprend pas le français.**

French Made Simple

2. — Écrivez-vous une lettre?
— Je n'écris pas une lettre.
— Qu'est-ce que vous écrivez?
— J'écris la leçon de français.
3. — Que lisez-vous?
— Je lis un journal français.
— Qu'est-ce qu'Anne lit?
— Elle lit une revue française.
4. — Comprenez-vous votre professeur quand il parle rapidement?
— Non madame, mais nous le comprenons bien quand il parle lentement.
5. — Qu'est-ce que M. Davis vend?
— Il vend des objets d'art.
— Vend-il en gros (wholesale) ou en détail (retail)?
— Il vend seulement (only) en gros.
6. — Qui est-ce que M. Davis attend?
— Il attend M. Picard.
— Où est-ce qu'il l'attend?
— Il l'attend dans le salon.

Exercise No. 38. Complete these sentences in French with the correct form of the verb indicated.

Exemple: Nous vendons notre automobile.

1. (We are selling) notre automobile.
2. (We are learning) à parler français.
3. (I understand) le professeur.
4. (They read) les journaux français.
5. (Are you writing) les exercices?
6. Que (are you reading)?
7. (I take) le train en ville.
8. (They are not taking) de train.
9. (We answer) à toutes les questions.
10. Qui (is learning) l'espagnol?
11. (Is he reading) la revue?
12. (They do not understand) la leçon.
13. Mais (we do not write) bien le français.
14. (Let us write) les lettres.
15. Que (do they sell)?
16. (Read) cette lettre, s'il vous plaît.
17. (We are waiting for) nos amis.
18. (Do you hear) le maître?

Exercise No. 39—Questionnaire

1. Qui demeure à New-York?
2. Est-ce que M. Dupont parle bien le français?
3. Est-ce que ses parents sont Américains?
4. Qu'est-ce que M. Dupont sait?
5. Où est-ce qu'il entre un jour?
6. Qui est-ce que (whom) M. Dupont salue en français?
7. Qui apprend à parler, à lire et à écrire le français?
8. Comment M. Davis étudie-t-il?
9. Qui est son professeur de français?
10. Est-ce un bon professeur?
11. Est-ce que M. Davis comprend quand M. Picard parle français?
12. Quels mots et quelles expressions M. Davis apprend-il?
13. Qui va faire un voyage en France?
14. Quand est-ce qu'il espère partir?
15. Qui dit, "Bon voyage et bonne chance?"

RÉVISION 2
CHAPITRES 6-9 PREMIÈRE PARTIE

Révision de Mots (Review of Words)

NOUNS

1. l'an	11. la couleur	21. le nom	1. year	11. color	21. name
2. l'avion	12. l'élève	22. la revue	2. airplane	12. pupil	22. magazine
3. le bateau	13. l'endroit	23. le plaisir	3. boat	13. place	23. pleasure
4. les bateaux	14. les environs	24. le soleil	4. boats	14. suburbs	24. sun
5. la bonne	15. l'étage	25. le printemps	5. maid	15. story, floor	25. spring
6. la carte	16. l'été	26. le toit	6. map	16. summer	26. roof
7. le cendrier	17. l'étudiant	27. le travail	7. ash tray	17. student	27. work
8. le château	18. le journal	28. le trajet	8. castle	18. newspaper	28. passage
9. les châteaux	19. les journaux	29. la vie	9. castles	19. newspapers	29. life
10. le ciel	20. le mot	30. la vérité	10. sky	20. word	30. truth

VERBS

1. aimer	11. écouter	21. voyager	1. to like, love	11. to listen	21. to travel
2. s'appeler	12. entrer (dans)	22. répondre	2. to be named	12. to enter	22. to answer
3. il s'appelle	13. espérer	23. vendre	3. his name is	13. to hope	23. to sell
4. causer	14. étudier	24. dire	4. to chat, talk	14. to study	24. to say, tell
5. commencer	15. jouer	25. écrire	5. to begin	15. to play	25. to write
6. coûter	16. poser	26. voir	6. to cost	16. to ask (question)	26. to see
7. chanter	17. regretter	27. partir	7. to sing	17. to regret	27. to leave
8. demeurer	18. saluer	28. je sais	8. to live, dwell	18. to greet	28. I know
9. demander	19. sonner	29. je ne sais pas	9. to ask	19. to ring	29. I do not know
10. desirer	20. travailler	30. je vais dire	10. to want	20. to work	30. I am going to say

ADJECTIVES

1. blanc	12. commode	23. quel homme	1. white	12. comfortable	23. which man
2. blanche (f)	13. difficile	24. quelle femme	2. white (f)	13. difficult	24. which woman
3. bleu	14. facile	25. quels garçons	3. blue	14. easy	25. which boys
4. gris	15. joli	26. quelles filles (f)	4. gray	15. pretty	26. which girls
5. jaune	16. jeune	27. tout le mur	5. yellow	16. young	27. the whole wall
6. rouge	17. long	28. toute la cuisine	6. red	17. long	28. the whole kitchen
7. vert	18. longue (f)	29. tous les journaux	7. green	18. long (f)	29. all the newspapers
8. beau (bel)	19. malade		8. beautiful	19. sick	
9. belle (f)	20. pauvre	30. toutes les revues	9. beautiful (f)	20. poor	30. all the magazines
10. bon	21. prochain		10. good	21. next	
11. bonne (f)	22. riche		11. good (f)	22. rich	

NOTE: 1. If adjectives are irregular, the masculine and feminine forms are given.

2. bel is used only before a masculine noun beginning with a vowel or h (usually).

un beau portrait   **un bel ami**   **un bel hôtel**   **une belle amie**

ADVERBS

1. déjà	3. trop	5. vite	1. already	3. too much, too many	5. quickly
2. ensuite	4. demain	6. le plus vite	2. then		6. most quickly
				4. tomorrow	

PREPOSITIONS

1. après	2. par	3. pour	4. loin de	1. after	2. by, through	3. for, in order to	4. far from

CONJUNCTIONS

1. cependant	2. donc	3. si	4. que	1. however	2. therefore	3. if, whether	4. that

FRENCH EXPRESSIONS

1. à propos	14. moi aussi	1. by the way	14. I also
2. à merveille	15. pas du tout	2. wonderfully	15. not at all
3. bien sûr	16. demander des renseignements	3. surely	16. to ask for information
4. bon voyage		4. happy voyage	
5. bonne chance	17. poser des questions	5. good luck	17. to ask questions
6. comme ci comme ça	18. répondre aux questions	6. so so	18. to answer questions
7. eh bien	19. partir en voyage	7. well	19. to leave on a trip
8. mon Dieu!	20. le plus tôt possible	8. goodness!	20. as soon as possible
9. de quelle couleur est?	21. quant à moi	9. what color is?	21. as for me
10. de jour en jour	22. elle est enrhumée	10. day by day	22. she has a cold
11. de mieux en mieux	23. voici	11. better and better	23. here is (are)
12. tant mieux	24. j'ai faim	12. so much the better	24. I am hungry
13. en avion	25. Quel âge avez-vous?	13. by plane	25. How old are you?
	26. n'est-ce pas?		26. is it not so; isn't it? etc.

Exercise No. 40. Select the words in Column II which best complete each sentence begun in Column I.

Exemple: 1c: Je suis importateur d'objets d'art de la France et du Maroc.

I	II
1. Je suis importateur d'objets d'art	a. dites, "Je ne sais pas."
2. Je ne comprends pas bien	b. nous allons faire des progrès de jour en jour.
3. Si vous ne savez pas la réponse	c. de la France et du Maroc.
4. M. Picard dit, "Je le regrette beaucoup,"	d. pas loin d'ici.
5. Ils vont en avion parce que	e. quand le professeur parle rapidement.
6. Si nous étudions diligemment	f. du trajet.
7. Quand j'ai faim	g. parce que l'enfant est enrhumée.
8. Il y a un bon restaurant	h. "Comment ça va?"
9. Son ami salue M. Davis et dit,	i. c'est le plus vite.
10. Je ne sais pas le prix	j. je vais au restaurant.

Exercise No. 41. Answer each of the following questions in complete sentences, using the suggested words in the answer. Make the adjectives agree with their nouns in number and gender.

Exemple: De quelle couleur sont les toits? (blanc) Ils sont blancs.

1. Quelle langue parlez-vous? (français)
2. Où demeurent-ils? (aux États-Unis)
3. Qui a faim? (Nous)
4. De quelles couleurs est la revue? (blanc et noir)
5. De quelle couleur sont les maisons? (rouge)
6. Quel age avez-vous? (quinze ans)
7. Qui pose des questions? (les professeurs)
8. Qui répond aux questions? (nous)
9. Qui est-ce que M. Davis attend? (son ami)
10. Qu'est-ce que vous écrivez? (des lettres)

Exercise No. 42. Complete each verb with the correct ending:

1. nous travaill——
2. elles apprenn——
3. vous ne sav—— pas
4. tu écri——
5. ils lis——
6. je ne comprend—— pas
7. il étudi——
8. vous pren——
9. elles attend——
10. vous ne répond—— pas
11. Lis——!
12. N'attend—— pas, M. Picard.

Exercise No. 43. Answer each of the following questions in the affirmative and negative singular.

Exemple 1: Oui, monsieur, j'ai faim. Non, madame, je n'ai pas faim.

1. Avez-vous faim?
2. Êtes-vous enrhumé?
3. Étudiez-vous la leçon?
4. Attendez-vous le professeur?
5. Comptez-vous voyager en France?
6. Apprenez-vous à écrire le français?
7. Lisez-vous la revue?
8. Écrivez-vous la lettre?
9. Comprenez-vous les questions?
10. Acceptez-vous l'invitation?
11. Commencez-vous à lire?
12. Répondez-vous à la question?

Exercise No. 44. You have met the following question pronouns:

1. qui *or* qui est-ce qui?
   who? (*subject of verb*)
2. qui *or* qui est-ce que?
   whom? (*object of verb or with a preposition*)
3. qu'est-ce qui?
   what? (*subject of verb*)
4. que *or* qu'est-ce que?
   what? (*object of verb*)

Supply the correct question pronouns in the French sentences which follow. Remember: que becomes qu' if the next word begins with a vowel or h (usually).

All question pronouns containing est-ce que are followed by the regular word order (*subject — verb*).

1. (Who) sait parler français?
2. (Whom) voyez-vous tous les jours?
3. (Whom) M. Picard voit le mardi et le jeudi?
4. Avec (whom) Madame Davis parle-t-elle?
5. À (whom) parlez-vous?
6. (What) M. Davis apprend?
7. (What) apprenez-vous?
8. (Who) va faire un voyage en France?
9. (What) est sur le toit de la maison?
10. (What) lisez-vous?
11. (What) les enfants lisent?
12. (What) est au mur au-dessus du piano?

Dialogue 1

Quel Autobus Faut-il Prendre?[1]	**What Bus Do I Take?**
1. Excusez-moi, monsieur, quel autobus faut-il prendre pour l'Étoile? (pour le Quai Voltaire)? (pour la Place Vendôme)?	1. Excuse me sir, which bus do I take for the Etoile? (for the Quai Voltaire)? (for the Place Vendôme)?
2. Prenez l'Autobus AS[2], etc. Il s'arrête ici-même, au coin.	2. Take the AS bus, etc. It stops right here at the corner.
3. Merci beaucoup, monsieur.	3. Thank you very much, sir.
4. De rien, monsieur.	4. Don't mention it, sir.

NOTE 1. *Lit.* What bus is it necessary to take? 2. ah ehs

Dialogue 2

Quel Autobus Va A . . . . . ?	**Which Bus Goes To . . . . . . ?**
1. Excusez-moi, monsieur, pouvez-vous me dire quel autobus va à l'Opéra? (au Jardin du Luxembourg)? (au Louvre)?	1. Excuse me sir, can you tell me which bus goes to the Opera? (the Luxembourg Gardens)? (the Louvre)?
2. Je regrette. Je ne suis pas d'ici, monsieur. Je ne sais pas. Mais cet agent au coin va certainement vous le dire.	2. I'm sorry. I am a stranger here, sir. I don't know. But that policeman at the corner will certainly tell you.
3. Merci beaucoup, monsieur. Je vais lui demander.	3. Thank you very much, sir. I am going to ask him.

Exercise No. 45—Lecture 1

M. Davis sait déjà les noms de tous les objets dans sa maison. Maintenant il commence à étudier les verbes parce qu'il désire apprendre à lire, à écrire et à parler en français. Il désire aussi apprendre les nombres en français. Comme[1] il désire faire visite à[2] son représentant à Paris qui ne parle pas anglais, il désire apprendre à parler français le plus tôt possible. Donc il lui faut[3] beaucoup de pratique avec des personnes qui parlent bien le français. Heureusement, il a deux amis français qui sont dans les affaires[4] près de son bureau dans la rue Whitehall.

Un jour M. Davis rend visite à ces messieurs français. Les deux messieurs écoutent avec attention pendant que[5] M. Davis cause avec eux[6] en français. Après dix minutes de conversation, les messieurs posent beaucoup de questions à leur[7] ami, et ils sont très contents de ses[8] progrès.

NOTE 1. **comme** as 2. **faire visite à** to pay a visit to 3. Therefore he needs (*Lit.* it is necessary to him) 4. **être dans les affaires** to be in business 5. **pendant que** while 6. **eux** them 7. **leur** their 8. **ses** his

Exercise No. 46—Lecture 2

Jeudi le vingt-deux avril à neuf heures du soir M. Picard arrive à la maison de son élève, M. Davis. Le fils aîné,[1] un garçon de dix ans, ouvre la porte, et salue le professeur poliment. Ils entrent dans le salon où d'habitude[2] M. Davis attend son professeur.

Mais ce soir il n'est pas là. Mme. Davis n'est pas là non plus. M. Picard est très surpris, et il demande au garçon, — Ou est ton papa? Le fils répond tristement[3] — Papa est malade. Il est au lit[4] parce qu'il est très enrhumé.

Le professeur devient[5] triste et dit, — Quel dommage![6] Eh bien, la semaine prochaine nous allons étudier deux heures. A mardi prochain, alors. Au revoir, mon petit. Le garçon répond, — Au revoir, monsieur.

NOTE 1. **le fils aîné** the oldest son 2. usually 3. sadly 4. **au lit** in bed 5. **devenir** to become; **il devient** he becomes 6. **Quel dommage!** What a pity!

CHAPITRE 10 (DIX)
Dans La Salle À Manger

1. M. Davis et M. Picard sont assis dans la salle à manger chez M. Davis. Sur la table il y a deux tasses et soucoupes, deux verres, des cuillers à thé, des fourchettes, un couteau, un pot à lait, un sucrier, et un plat avec une tarte aux fruits. Les deux messieurs prennent du café avec des gâteaux.

2. M. Davit dit, — Comment trouvez-vous ces tasses et ces soucoupes? —

3. — Je les¹ trouve charmantes, répond M. Picard. Cette tasse blanche ornée de fleurs bleues est de Limoges, n'est-ce pas?

4. — Mais oui. La porcelaine fine de Limoges est célèbre. Il y a plusieurs régions en France connues pour leurs produits céramiques et chaque région a son style individuel. —

5. — Et ce gai petit pot à lait jaune avec des dessins verts, d'où vient-il?

6. — Ce pot à lait est de Vallauris, en Provence. C'est une ville célèbre pour sa poterie. La petite ville de Biot, près de Vallauris, est aussi un centre de l'industrie céramique.

7. — Il y a d'autres régions en France connues pour leurs produits céramiques, n'est-ce pas?

8. — Bien sûr. Il y a surtout la Bretagne. La poterie bretonne est très jolie. La poterie de Normandie est presque aussi jolie.

9. — Je vois que vous connaissez bien votre métier, dit M. Picard.

10. — Mais oui, il le faut, dit M. Davis.

11. — C'est vrai, répond M. Picard. En tout cas, je vois ici beaucoup de beaux échantillons de l'industrie céramique française.

12. — Naturellement. Comme vous dites, c'est mon métier.

13. — J'ai aussi des échantillons de poterie ordinaire pour la cuisine. Cette poterie est généralement très simple en couleur unie, tout en marron, comme ce plat-là près de vous.

14. — C'est un plat simple, mais beau, dit M. Picard.

15. — Voulez-vous encore une tasse de café? Un peu de cette tarte aux fruits?

16. — Merci bien. Tout est délicieux.

1. Mr. Davis and Mr. Picard are seated in the dining room at Mr. Davis' house. On the table there are two cups and saucers, two glasses, some teaspoons, some forks, a knife, a milk pitcher, a sugar bowl, and a plate with a fruit tart. The two gentlemen are having coffee and cakes.

2. Mr. Davis says, "How do you like (*Lit.* find) these cups and saucers?"

3. "I find them¹ charming," answers Mr. Picard. "This white cup decorated with blue flowers is from Limoges, isn't it?"

4. "Yes, indeed. The fine porcelain of Limoges is famous. There are several districts in France known for their ceramic products and each district has its individual style."

5. And this bright little milk pitcher, yellow with green designs, where does that come from?

6. This milk pitcher is from Vallauris, in Provence. It is a town famous for its pottery. The little town of Biot, near Vallauris, is also a center of the ceramic industry.

7. There are other regions in France known for their ceramic products, aren't there?

8. Certainly. There is above all Brittany. Breton pottery is very lovely. The pottery of Normandy is almost as pretty.

9. "I see that you know your trade very well," says Mr. Picard.

10. "Yes indeed; it is necessary," says Mr. Davis.

11. "That's true," answers Mr. Picard. "At any rate, I see here many fine samples of the French ceramic industry."

12. Naturally. As you say, it's my trade.

13. I also have some samples of ordinary pottery for kitchen use. This pottery is usually very simple and all of one color, all in brown, like this dish near you.

14. "It is a simple dish, but it is handsome," says Mr. Picard.

15. Do you want another cup of coffee? A little of this fruit tart?

16. Thanks very much. Everything is delicious.

NOTE 1. **les** *them* is an object pronoun. Object pronouns usually precede the verb.

Pronunciation and Spelling Aids

A. Practice Aloud:

1. **Limoges** (lee-**muzh**)
2. **Vallauris** (va-loh-**rees**)
3. **Provence** (pruh-**vahñs**)
4. **Normandie** (nur-mahñ-**dee**)
5. **Bretagne** (bruh-**tahnyuh**)
6. **bretonne** (bruh-**tun**)
7. **l'industrie céramique** (lañ-dü-stree say-ra-**meek**)
8. **leurs produits** (leur pru-**düee**)
9. **son style individuel** (sawñ steel añ-dee-vee-**düehl**)
10. **tout est délicieux** (too-teh day-lee-**syeu**)

Building Vocabulary

Dans la Salle à Manger (*sal a mahñ-zhay*) In the Dining Room

1. le plat (pla) plate
2. la tasse (tas) cup
3. la soucoupe (soo-koop) saucer
4. le couteau (koo-toh) knife
5. la fourchette (foor-sheht) fork
6. la cuiller (küee-yehr) spoon
7. la cuiller à soupe (soop) soup spoon
8. la cuiller à thé (tay) teaspoon
9. le pot à lait (pu-ta-leh) milk pitcher
10. le sucrier (sü-kree-ay) sugar bowl
11. le verre (vehr) the glass
12. manger (mahñ-zhay) to eat;
    on mange (awñ mahñzh) one eats

Locutions Françaises

1. c'est vrai (seh-vray) certainly
2. comment trouvez-vous? How do you like (*Lit.* find)?
3. surtout (sur-too) above all, especially
4. en tout cas (ahñ too kah) at any rate
5. Il le faut (eel luh foh) it is necessary
6. d'ordinaire (dur-dee-nehr) usually
7. encore une tasse (ahñ-kur ün tas) another, i.e., one more cup
8. autre another, i.e., a different one

Exercise No. 47—Completion of Text

1. (They are having) du café avec des gâteaux.
2. Comment trouvez-vous (these cups)?
3. Cette tasse est ornée de (blue flowers).
4. La poterie fine de Limoges est (famous).
5. (Each region) a son style individuel.
6. La poterie bretonne est (very pretty).
7. La poterie de Normandie est (almost as pretty).
8. (You know) bien votre métier.
9. — (That's true), répond M. Picard.
10. Je vois (many) beaux échantillons.
11. (As you say), c'est mon métier.
12. — (It's a simple dish), dit M. Picard.
13. Voulez-vous (another cup) de café?
14. Merci bien. (Everything) est délicieux.

Grammar Notes

1. The verbs **dire** to say, **voir** to see

I say, you say, etc.

je dis (dee)	nous disons (dee-sawñ)
tu dis (dee)	vous dites (deet)
il dit (dee)	ils disent (deez)
elle dit (dee)	elles disent (deez)

I see, you see, etc.

je vois (vwa)	nous voyons (vwa-yawñ)
tu vois (vwa)	vous voyez (vwa-yay)
il voit (vwa)	ils voient (vwa)
elle voit (vwa)	elles voient (vwa)

Imperative

dis disons dites

Imperative

vois voyons voyez

Exercise No. 48. Practice these questions and answers.

1. Que dites-vous? Je dis: — Non.
2. Que dit-il? Il dit: — Oui.
3. Que dit-elle? Elle dit: — C'est vrai.
4. Que disent-elles? Elles disent: — Ce n'est pas vrai.
5. Dites-moi où vous demeurez. Je demeure dans cette rue.
6. Qu'est-ce que vous voyez au mur? Je vois une carte de France.
7. Voyez-vous le château sur une colline? Nous le voyons.
8. Voit-il son ami Jean le dimanche? Non, il ne le voit pas le dimanche; il le voit le samedi.

Exercise No. 49. Translate into French.

1. we say
2. I see
3. he does not say
4. he says
5. does he say?
6. What do you say?
7. What do you see?
8. they see

9. do you (tu) see?
10. I do not see
11. they are saying
12. What are they saying?

13. she does not see
14. Let's see
15. Tell me.

2. The Demonstrative (Pointing Out) Adjective ce this, that.

Study the following sentences. They show the various forms of the demonstrative adjective **ce.**

Ce garçon apprend le français.	*This (that)* boy is learning French.
Cet article est de la France.	*This (that)* article is from France.
Cet homme est professeur.	*This (that)* man is a teacher.
Cette jeune fille est ma soeur.	*This (that)* girl is my sister.
Ces garçons apprennent le français.	*These (those)* boys are learning French.
Ces jeunes filles sont mes soeurs.	*These (those)* girls are my sisters.

a. ce (*this, that*) is used before masculine singular nouns.
cet is used instead of ce before masculine singular nouns beginning with a vowel or h (usually).
cette (*this, that*) is used before feminine singular nouns.
ces (*these, those*) is used before all nouns in the plural.

b. -ci (contraction of ici *here*) and -là *there*, are added to the noun to distinguish between *this* and *that*, and *these* and *those*, if the meaning is not clear without them. Thus:

ce pot-ci	this pot	cette tasse-ci	this cup	**ces plats-ci**	these dishes
ce pot-là	that pot	cette tasse-là	that cup	**ces plats-là**	those dishes

Exercise No. 50. Complete the following expressions in French.

1. (this) **soir**
2. (these) **couteaux-ci**
3. (that) **portrait-là**
4. (those) **plats-là**

5. (this) **tasse-ci**
6. (that) **étudiant-là**
7. (this) **mot-ci**
8. (that) **fleur-là**

9. (these) **échantillons-ci**
10. (that) **homme-là**
11. (these) **revues-ci**
12. (that) **ami-là**

3. Use of c'est *this is, it is,* instead of il est, elle est.

a. c'est is used before an adjective, when this adjective refers to a thought already expressed in a sentence, and not to a single noun: Thus:

M. Davis étudie le français. C'est vrai.   It's (That's) true.

b. c'est is used for il (elle) est and ce sont for ils (elles) sont, when a modified noun or a proper noun follows: Thus:

C'est une ville célèbre.   It is (this is) a famous town.
Ce sont des portraits de mes enfants.   They are portraits of my children.
C'est M. Picard.   It's Mr. Picard.

Exercise No. 51. Practice these common c'est expressions aloud.

1. C'est assez.   It's enough.
2. C'est bon.   It's good.
3. C'est mal.   It's bad.
4. C'est bien.   It's (that's) all right.
5. C'est ça (cela).   That's it. That's right. O.K.
6. C'est ceci.   This is it.
7. Ce n'est rien.   It's nothing.

8. C'est facile.   It's easy.
9. C'est difficile.   It's hard.
10. C'est ici.   It's here.
11. C'est là.   It's there.
12. C'est près d'ici.   It's near here.
13. C'est loin d'ici.   It's far from here.
14. Ce n'est pas loin.   It's not far.

Exercise No. 52—Questions

1. Où M. Picard et M. Davis sont-ils assis?
2. Qu'est-ce qu'ils prennent?

3. Que dit M. Davis?
4. D'où est la tasse blanche?

5. Quelle porcelaine est célèbre?
6. D'où est le petit pot à lait?
7. Pourquoi la ville de Vallauris est-elle célèbre?
8. Où est la ville de Vallauris?
9. Est-ce que la poterie de la Bretagne est jolie?
10. Qui connâit bien son métier?

11. Qu'est-ce que M. Davis a pour la cuisine?
12. La poterie ordinaire, est-elle simple ou ornée?
13. Est-ce que M. Picard accepte encore une tasse de café?
14. Qu'est-ce qu'il dit?

CHAPITRE 11 (ONZE)

Les Nombres, Toujours Les Nombres

1. — M. Davis, vous savez déjà que les noms des choses et des personnes sont importants. Vous savez qu'il n'est pas possible de former une phrase sans les verbes.

2. — C'est vrai, M. Picard.

3. — Eh bien, monsieur, il y a une catégorie de mots qui est tout aussi importante que les noms et les verbes. En effet, il est difficile d'imaginer notre civilisation moderne sans ces mots. Pouvez-vous devinez à quoi je pense?

4. — Je crois que oui. Vous voulez dire les nombres.

5. — Vous avez raison. Pouvez-vous expliquer comment les nombres sont indispensables pour la vie moderne?

6. — Certainement, rien de plus facile. Nous avons besoin des nombres pour le commerce.

7. — Ha, Ha! Le commerçant pense tout de suite au commerce. Cependant, sans argent les nombres ne valent pas grand'chose, n'est-ce pas?

8. — Évidemment. Eh bien, nous avons besoin de nombres pour désigner les dates, les heures, la température; pour exprimer les quantités et les mesures; pour téléphoner; pour la radio; pour toutes les sciences, et pour des milliers d'autres choses.

9. — Les nombres, toujours les nombres. Oui, M. Davis, les nombres sont essentiels. Cependant, il est nécessaire non seulement connaître les nombres mais aussi savoir les employer correctement et rapidement dans la vie quotidienne.

10. — Vous avez raison. Je vais faire tout mon possible pour les comprendre et les employer correctement.

11. — En attendant, je veux vous dire que vous avancez rapidement dans vos études.

12. — Vous êtes trop aimable M. Picard.

13. — Pas du tout. C'est la vérité. Eh bien, c'est assez pour aujour d'hui. Au revoir.

14. — Au revoir, monsieur. À jeudi prochain.

1. You already know that the names of things and of persons are important. You know that it is not possible to make a sentence without verbs.

2. That's true, Mr. Picard.

3. Well sir, there is a class of words which is just as important as nouns and verbs. In fact, it is difficult to imagine our modern civilization without these words. Can you guess what I am thinking of?

4. I think so. You mean numbers.

5. You are right. Can you explain how numbers are indispensable to modern life?

6. Certainly. Nothing easier. We need numbers for business.

7. Ha, ha! The business man thinks immediately of business. However, without money, numbers are not worth much, are they?

8. Of course. Well, we need numbers to indicate dates, the hours (of the day) the temperature; to express quantities; to telephone; for the radio; for all the sciences, and for thousands of other things.

9. Numbers, always numbers. Yes, Mr. Davis, numbers are essential. However, it is necessary not only to know the numbers, but also to know how to use them rapidly and correctly in daily life.

10. You are right. I am going to do all I can to understand and use them correctly.

11. Meanwhile, I want to tell you that you are progressing rapidly in your studies.

12. You are too kind, Mr. Picard.

13. Not at all. It's the truth. Well, enough for today. Good-bye.

14. Good-bye, sir. Until next Thursday.

Pronunciation and Spelling Aids

Practice Aloud. Stress slightly only the key syllables in heavy type.

Il y a une catégorie de mots	(Eel ya ün ka-tay-gu-ree duh **moh**)
qui est tout aussi importante	(kee eh too toh-see añ-pur-**tahñt**)
que les noms et les verbes.	(kuh lay nawñ zay lay **vehrb**)

Building Vocabulary

A. Related Words

1. vrai true la **vérité** the truth
2. répondre to answer la réponse the answer
3. étudier to study l'étude the study
4. savoir to know
   le savant the scientist, scholar
5. connaître to know
   la connaissance knowledge

6. le commerce the commerce
   le commerçant the businessman
7. civiliser to civilize
   la civilisation the civilization
8. le jour the day
   le journal the daily newspaper

Locutions Françaises

1. aussi bien que as well as
2. en effet (ahñ nay-feh) in fact
3. penser à to think of
   À quoi[1] pensez-vous? Of what are you thinking?
4. Je crois que oui. I think so.
   Je crois que non. I think not.
5. Vous voulez dire . . . You mean . . .
   (*Lit.* You wish to say)
6. avoir raison to be right (*Lit.* to have right)

Vous avez raison You are right
7. avoir besoin de (a-vwar buh-zwañ duh)
   to need (*Lit.* to have need of)
   Vous avez besoin d'argent. You need money.
8. tout de suite (too duh süeet) at once
9. pas du tout (pah dü too) not at all
10. rien de plus facile (ryañ duh plü fa-seel)
    nothing easier

NOTE 1. quoi *what?* (interrogative pronoun) is used after prepositions: à quoi? de quoi? dans quoi? avec quoi? etc.

Exercise No. 53—Completion of Text

1. (You know) déjà les noms des choses.
2. Cette catégorie de mots est tout (as important as) les noms et les verbes.
3. Pouvez-vous deviner (of what) je pense?
4. (I think so). Vous (mean) les nombres.
5. (You are right). Les nombres (are indispensable).
6. (We need) de nombres pour le commerce.
7. (Without money) les nombres ne valent pas (much).
8. (In the meantime), je veux vous dire que (you are progressing rapidly) dans vos études.
9. (It is) la vérité.
10. Until next Thursday.

Grammar Notes

1. Present Tense of the verbs vouloir to wish, want   pouvoir to be able

I wish, want, you wish, want, etc.

je veux (veu)
tu veux (veu)
il, elle veut (veu)
nous voulons (voo-lawñ)
vous voulez (voo-lay)
ils, elles veulent (veul)

I can (am able) you can, etc.

je peux (peu) or je puis
tu peux (peu)
il, elle peut (peu)
nous pouvons (poo-vawñ)
vous pouvez (poo-vay)
ils, elles peuvent (peuv)

Exercise No. 54. Translate into French

1. (I want) savoir.
2. (I am able) deviner.
3. (Do you want) manger?
4. (Can you) jouer?
5. (We wish) étudier.
6. (We are not able) attendre.
7. (They do not want) travailler.
8. (Are you able) travailler?
9. (Does he wish) comprendre?
10. (Is she able) apprendre?

2. Les Nombres de 1 (un) à 69 (soixante-neuf)

1 **un** (euñ) **une** (ün)	14 **quatorze** (ka-turz)	27 **vingt-sept** (vañt-seht)
2 **deux** (deu)	15 **quinze** (kañz)	28 **vingt-huit** (vañt-üeet)
3 **trois** (trwah)	16 **seize** (sehz)	29 **vingt-neuf** (vañt-neuf)
4 **quatre** (katr)	17 **dix-sept** (dee-seht)	30 **trente** (trahñt)
5 **cinq** (sañk)	18 **dix-huit** (dee-züeet)	31 **trente et un**
6 **six** (sees)	19 **dix-neuf** (deez-neuf)	32 **trente-deux**
7 **sept** (seht)	20 **vingt** (vañ)	40 **quarante** (ka-rahnt)
8 **huit** (üeet)	21 **vingt et un** (vañ-tay-**eun**)	41 **quarante et un**
9 **neuf** (neuf)	22 **vingt-deux** (vañt-deu)	50 **cinquante** (sañ-kahnt)
10 **dix** (dees)	23 **vingt-trois** (vañ-trwah)	51 **cinquante et un**
11 **onze** (awñz)	24 **vingt-quatre** (vañt-katr)	60 **soixante** (swa-sahnt)
12 **douze** (dooz)	25 **vingt-cinq** (vañt-sank)	65 **soixante-cinq**
13 **treize** (trehz)	26 **vingt-six** (vañt-sees)	69 **soixante-neuf**

NOTE: The final consonants of 5, 6, 7, 8, 9, 10 are silent before words beginning with a consonant.

      cinq livres (sañ leevr)   **sept plumes** (seh plüm)   **dix choses** (dee shohz)

Exercise No. 55. Write the numbers in French. Then read each expression aloud saying the numbers in French.

Exemple: 1. (30) trente mots français

a. 30 mots français	e. 16 maisons blanches	i. 62 papiers verts
b. 10 leçons faciles	f. 38 femmes anglaises	j. 68 hommes riches
c. 50 bonnes phrases	g. 17 belles filles	k. 24 grandes villes
d. 49 affiches françaises	h. 15 tables longues	l. 13 plumes noires

Exercise No. 56. Write each arithmetical expression in French. Then read each expression aloud.

NOTE: $+ =$ **et** $- =$ **moins** $\times =$ **fois** $\div =$ **divisé par**   **make = font**

Exemples: $4 + 6 = 10$ **quatre et six font dix**

           $20 \div 5 = 4$ **vingt divisé par cinq font quatre**

a. $2 + 6 = 8$	c. $7 \times 8 = 56$	e. $19 - 8 = 11$	g. $60 \div 10 = 6$
b. $10 + 7 = 17$	d. $9 \times 7 = 63$	f. $18 - 6 = 12$	h. $69 \div 3 = 23$

Exercise No. 57. Read each question aloud in French. Answer it aloud in a complete French sentence.

Exemple 1. Il y a sept jours dans une semaine.

1. Combien de jours y a-t-il dans une semaine?
2. Combien de mois y a-t-il dans une année?
3. Combien d'heures y a-t-il dans une journée?
4. Combien de minutes y a-t-il dans une heure?
5. Combien de secondes y a-t-il dans une minute?
6. Combien de jours y a-t-il dans le mois de septembre?
7. Combien d'étudiants y a-t-il dans la classe? (36 étudiants)
8. Quel âge avez-vous? (17 ans)
9. Quel âge a Louis? (19 ans)
10. Combien d'automobiles y a-t-il dans le garage? (15 automobiles)

Exercise No. 58—Questionnaire

1. Qu'est-ce que M. Davis sait déjà?
2. Quelle catégorie de mots est aussi importante que les noms et les verbes?
3. De quoi avons-nous besoin pour le commerce?
4. À quoi est-ce que le commerçant pense tout de suite?
5. Avons-nous besoin des nombres pour téléphoner?
6. Qui veut comprendre et employer les nombres correctement?
7. Comment est-ce que M. Davis avance dans ses études?
8. Dites à haute voix (aloud) en français les nombres 10, 20, 30, 40, 50, 60.

CHAPITRE 12 (DOUZE)

Le Système Monétaire De La France

1. — Dans notre dernière conversation nous avons dit qu'il est difficile d'imaginer notre civilisation moderne sans les nombres, c'est à dire, sans les mathématiques. Il est difficile également d'imaginer un voyage sans les mathématiques.

2. — Savez-vous combien de fois on fait usage des mathématiques en voyage?

3. — Je crois que oui. On en[1] fait usage pour changer de l'argent, pour acheter des billets, pour payer ses repas et sa note d'hôtel, pour faire peser ses bagages, pour estimer les distances, pour faire des emplettes dans les grands magasins, dans les boutiques et aux marchés.

4. — Connaissez-vous le système monétaire de la France?

5. — Par exemple! Je le connais à fond. Je suis importateur d'articles français, n'est-ce pas? Le franc est l'unité monétaire de la France. Le dollar américain vaut à peu près 5 francs. (cinq francs)

6. — Si vous voulez changer 10 (dix) dollars en francs, combien de francs allez-vous recevoir?

7. — Je vais recevoir à peu près 50 francs. (cinquante francs)

8. — Si vous voulez changer 100 (cent) dollars en francs, combien de francs allez-vous recevoir?

9. — Je vais recevoir à peu près 500 (cinq cents) francs.

10. — C'est ça. Encore: vous allez à la gare. Vous voulez acheter deux billets de chemin de fer. Chaque billet coûte 40 francs et vous donner 100 francs à l'employé du guichet. Combien de francs est-ce qu'il vous rend en monnaie?

11. — Il me rend vingt francs. Deux fois 40 font 80; et 100 francs moins 80 francs égalent 20 francs.

12. — C'est ça. Dans notre prochaine conversation, continuons ce sujet important. Usage rend maître.

1. In our last conversation we said that it is difficult to imagine our modern civilization without numbers, that is to say, without mathematics. It is equally difficult to imagine a trip without mathematics.

2. Do you know how many times one makes use of mathematics on a trip?

3. I think so. One makes use of it[1] in order to change money, to buy tickets, to pay for one's meals and hotel bill, to weigh luggage, to estimate distances, to make purchases in the department stores, in the shops and at the markets.

4. Are you familiar with the monetary system of France?

5. What an idea! I know it thoroughly. I am an importer of French articles, am I not? The franc is the monetary unit in France. The American dollar is worth about 5 francs.

6. If you want to change 10 dollars into francs, how many francs will you receive?

7. I am going to receive about 50 francs.

8. If you want to change 100 dollars into francs, how many francs will you receive?

9. I am going to receive about 500 francs.

10. That's right. Again: You go to the railroad station. You want to buy two railroad tickets. Each ticket costs 40 francs and you give the ticket agent 100 francs. How much does he give you back in change?

11. He gives me back twenty francs. Twice 40 is 80; and 100 francs minus 80 francs equals 20 francs.

12. Right. In our next conversation let us continue this important subject. Practice makes perfect. (*Lit.* Practice makes the master)

NOTE 1. **en** before a verb means *of it* or *of them.* You will learn more about this form later.

Pronunciation and Spelling Aids

1. Practice Aloud:
   1. l'unité monétaire (lü-nee-tay mu-nay-**tehr**)
   2. civilisation (see-vee-lee-zah-syawñ)
   3. mathématiques (ma-tay-ma-teek)
   4. boutiques (boo-teek)
   5. les billets (bee-yeh)
   6. un million (meel-yawñ)

Building Vocabulary

A. Le Système Monétaire de la France (see-stehm mu-nay-tehr)

The monetary unit of France is the franc. The ratio of the franc to the dollar has undergone many changes through the years. At the present time the franc is worth about five to the dollar.

The word **la monnaie** *money*, refers in general to hard money, i.e. coins. **l'argent** *money*, is used for any kind of money. **les billets** are money bills or tickets. **en monnaie** means *in change*.

le porte-monnaie purse, is made up of the words **porte** (*it carries*) and **monnaie** *money*.

B. Antonyms

1. **vendre** to sell **acheter** to buy
   je vends I sell **j'achète** I buy
2. **le vendeur, la vendeuse** (*f*) seller
   l'acheteur, l'acheteuse (*f*) buyer
3. **donner** to give **recevoir** to receive
4. **emprunter** to borrow **rendre** to give back
5. **vrai** true **faux** false
6. **Vous avez raison.** You are right.
7. **Vous avez tort.** You are wrong.

Locutions Françaises

1. **c'est à dire** (seh ta deer) that is to say
2. **combien de fois** (kawñ-byañ duh fwa) how many times
3. **changer de l'argent** (shahñ-zhay duh lar-zhahñ) to change money
4. **par exemple!** (eg-zahñpl) the idea!
5. **payer ses repas** to pay for one's meals
6. **faire peser les bagages** (fehr puh-zay lay ba- gazh) to have the baggage weighed
7. **faire des emplettes** (deh zahñ-pleht) to go shopping
8. **c'est ça** (seh`sa) that's right
9. **Usage rend maître** (ü-zazh rahñ mehtr) Practice makes perfect (the master).
10. **à peu près** (a peu-preh) about, nearly

Exercise No. 59—Completion of Text

1. (How many times) fait-on usage des mathématiques (on a trip)?
2. (One) en fait usage (in order to buy tickets).
3. Nous faisons des emplettes (in the big department stores).
4. (Are you familiar with) le système monétaire de la France?
5. (I know it) à **fond**.
6. Le dollar (is worth) à peu près 5 francs.
7. Je vais recevoir (about) 3500 francs.
8. (You want to purchase) deux billets de chemin de fer.
9. (You give) 80 francs à l'employé du guichet.
10. (He gives me back) 20 francs en monnaie.

Grammar Notes

1. Present Tense of **faire** to make, to do;
   I make, do, you make, do, etc.
   je fais (feh)
   tu fais (feh)
   il, elle fait (feh)
   nous faisons (fuh-zawñ)
   vous faites (feht)
   ils, elles font (fawñ)

   croire to believe, to think
   I believe, think, you believe, etc.
   je crois (krwah)
   tu crois (krwah)
   il, elle croit (krwah)
   nous croyons (krwah-yawñ)
   vous croyez (krwah-yay)
   ils, elles croient (krwah)

Imperative
fais   faisons   faites

Imperative
crois   croyons   croyez

Exercise No. 60. Translate into English. Then practice aloud in French.

1. Que faites vous?
   J'écris une lettre.
2. Qu'est-ce que Jean fait?
   Il joue du piano.
3. Qu'est-ce que Marie fait?
   Elle étudie la leçon de français.
4. Qu'est-ce que les jeunes filles font?
   Elles font des emplettes.
5. Que fait-tu, mon enfant?
   Je joue à la balle.
6. Qu'est-ce que M. Martin fait?
   Il fait peser les bagages.
7. Croyez-vous cette histoire (story)?
   Je ne la crois pas.
8. Est-ce que votre ami la croit?
   Il ne la croit pas non plus.

2. Les Nombres de 70 (soixante-dix) à 1000 (mille)

70 soixante-dix	80 quatre-vingts (katr-vañ)	97 quatre-vingt-dix-sept
71 soixante et onze	81 quatre-vingt-un	98 quatre-vingt-dix-huit
72 soixante-douze	89 quatre-vingt-neuf	99 quatre-vingt-dix-neuf
73 soixante-treize	90 quatre-vingt-dix	100 cent (sahñ)
74 soixante-quatorze	91 quatre-vingt-onze	101 cent un (sahñ-euñ)
75 soixante-quinze	92 quatre-vingt-douze	102 cent deux (sahñ-deu)
76 soixante-seize	93 quatre-vingt-treize	200 deux cents (deu sahñ)
77 soixante-dix-sept	94 quatre-vingt-quatorze	345 trois cent quarante-cinq
78 soixante-dix-huit	95 quatre-vingt-quinze	1000 mille (meel)
79 soixante-dix-neuf	96 quatre-vingt-seize	2000 deux mille

a. By combining various numbers between 1 and 1000 (mille), any number up to a million, **un million** (meel-yawñ) may be formed. Thus:

987,896   neuf cent quatre-vingt-sept mille huit cent quatre-vingt-seize

b. **et** is used in 21, 31, 41, 51, 61, 71; never in 81, 91, 101.

c. **quatre-vingts** and **cents** (deux cents) drop the s if another number follows them. Thus:
    (83) quatre-vingt-trois   (945) neuf-cent quarante-cinq

d. **mille** never takes an s when multiplied by a preceding number.
    deux mille   2000

Exercise No. 61. Write out the numbers in French.

Exemple: 18,942   dix-huit mille neuf cent quarante-deux

a. 400	c. 753	e. 95	g. 86	i. 670
b. 1000	d. 1,974	f. 77	h. 71	j. 14,586

Exercise No. 62. Practice the following table aloud:

$ 1.00	Un dollar américain vaut	5	(cinq) francs
$ 2.00	Deux dollars américains valent	10	(dix) francs
$ 3.00	Trois dollars américains valent	15	(quinze) francs
$ 4.00	Quatre dollars américains valent	20	(vingt) francs
$ 5.00	Cinq dollars américains valent	25	(vingt-cinq) francs
$ 6.00	Six dollars américains valent	30	(trente) francs
$ 7.00	Sept dollars américains valent	35	(trente-cinq) francs
$ 8.00	Huit dollars américains valent	40	(quarante) francs
$ 9.00	Neuf dollars américains valent	45	(quarante-cinq) francs
$ 10.00	Dix dollars américains valent	50	(cinquante) francs
$100.00	Cent dollars américains valent	500	(cinq cents) francs

Exercise No. 63—Questionnaire

1. Si une chose coûte 400 (quatre cents) francs et vous donnez un billet de 1000 (mille) francs, combien recevez-vous en monnaie?

2. Si un billet coûte 750 (sept cent cinquante) francs, combien payez-vous pour deux billets?

3. Si une revue coûte 5 (cinq) francs, combien payez-vous pour quatre revues?

4. Si un journal coûte 12 (douze) francs et vous donnez au vendeur un billet de cent francs, combien recevez-vous en monnaie?

5. Si vous avez un billet de cinquante francs, deux billets de cent francs, et trois billets de mille francs, combien d'argent avez-vous en poche (in your pocket)?

6. Si un homme a un million de dollars, est-il millionaire?

7. Qu'est-ce qui a plus de valeur (more value), un billet de mille francs, ou un billet de cinq dollars?

8. Savez-vous combien d'argent il y a dans la banque de France?

CHAPITRE 13 (TREIZE)

Les Problèmes D'Arithmétique Au Restaurant, À La Gare, Dans Une Boutique

1. — Continuons notre étude de l'usage des mathématiques en voyage.

2. — Nous dînons au restaurant. Nous sommes quatre. Les repas coûtent: 50 (cinquante) francs, 75 (soixante-quinze) francs, 80 (quatre-vingts) francs et 65 (soixante-cinq) francs. Nous laissons dix pour cent comme pourboire. Combien est l'addition pour tout le monde? Et combien le pourboire?

3. — L'addition pour tout le monde monte à 270 (deux cent soixante-dix) francs, le pourboire à 27 (vingt-sept) francs.

4. — Très bien. Continuons. Je suis à la gare et je porte une valise très lourde Je la fais peser. Elle pèse 30 (trente) kilos. Comment est-ce que je peux calculer le poids de la valise en livres?

5. — Ce n'est pas difficile. Un kilo equivaut à 2,2 (deux virgule deux) livres à peu près. On multiplie 30 (trente) par 2,2. La valise pèse 66 (soixante-six) livres.

6. — Correct. En France et dans les autres pays de l'Europe continentale on ne compte pas les distances en milles mais en kilomètres. Savez-vous changer les kilomètres en milles?

7. — Certainement. Je divise par huit et je multiplie par cinq. Ainsi, quatre-vingts kilomètres équivalent à cinquante milles. C'est facile, n'est-ce pas?

8. — Vous calculez vite et bien. Encore un problème, le dernier: vous entrez dans une boutique. Vous achetez une paire de gants pour vous-même à 1200 (douze cents) francs; deux paires de gants pour votre femme à 1500 (quinze cents) francs chacune; et une ceinture en cuir pour chacun de vos quatre enfants à 500 (cinq cents) francs chacune. Quel est le montant de tous vos achats?

9. — 6200 (six mille deux cents) francs. Si je donne à la vendeuse sept billets de mille francs je vais recevoir 800 (huit cents) francs en monnaie.

10. — Parfait. Assez de mathématiques pour aujourd'hui. Jeudi nous allons parler des heures de la journée. C'est un sujet très important.

11. — Bien sûr. Je compte sur une conversation intéressante.

12. — À propos, M. Davis, je ne peux pas arriver avant huit heures et demie jeudi prochain.

13. — C'est bien. Mieux vaut tard que jamais.

14. — Bien dit! Au revoir, M. Davis.

15. — Au revoir. A jeudi, M. Picard.

1. Let us continue our study of the uses of mathematics on a trip.

2. We are dining at the restaurant. We are four. The meals cost: 50 francs, 75 francs, 80 francs, and 65 francs. We leave 10% for a tip. What is the total bill for everybody? And how much the tip?

3. The bill for everybody amounts to 270 francs, the tip to 27 francs.

4. Very good. Let us continue. I am at the railroad station and I am carrying a very heavy suitcase. I have it weighed. It weighs 30 kilos. How can I calculate the weight of the suitcase in pounds?

5. It is not difficult. One kilo is equal to about 2.2 pounds. You multiply 30 by 2.2. The suitcase weighs 66 pounds.

6. Correct. In France and in the other countries of continental Europe one does not figure distance in miles but in kilometers. Do you know how to change kilometers into miles?

7. Certainly. I divide by eight and I multiply by five. Thus 80 kilometers are equal to 50 miles. It's easy, isn't it?

8. You figure fast and well. One more problem, the last one: you go into a shop. You buy a pair of gloves for yourself at 1200 francs; two pairs of gloves for your wife at 1500 francs each; and a leather belt for each of your four children at 500 francs each. What is the total price of all your purchases?

9. 6200 francs. If I give the salesgirl seven 1000 franc notes, I am going to receive 800 francs in change.

10. Perfect. Enough mathematics for today. On Thursday we are going to talk about the time of day. It is a very important subject.

11. Surely. I am expecting an interesting conversation.

12. By the way, Mr. Davis, I cannot arrive before 8:30 next Thursday.

13. That's all right. Better late than never.

14. Well said. Goodbye, Mr. Davis.

15. Goodbye. Until Thursday, Mr. Picard.

Pronunciation and Spelling Aids

A. Practice Aloud:

1. les problèmes d'arithmétique
   (pru-blehm da-reet-may-teek)
2. les autres pays (layzoh-truh pay-yee)
3. l'addition (la dee-syawñ)
4. le restaurant (rehs-toh-rahñ)

5. la ceinture (sañ-tür)
6. parfait (par-feh)
7. la virgule (veer-gül)
8. je multiplie (mül-tee-plee)

B. In French a comma is used instead of a period to set off decimals. Thus: 2,2 (deux virgule deux) instead of 2.2.

Building Vocabulary

A. Weights and Measures

In France and in Europe generally, the decimal system of weights and measures is used. Instead of yards and inches, meters (39.4 inches) and millimeters are used; instead of pounds, kilos (2.2 lbs.) are used. NOTE: la livre = pound, le livre = book

Locutions Françaises

1. comme pourboire (poor-bwar) as a tip
2. tout le monde (too luh mawñd) everybody
3. en monnaie (ahñ mu-nay) in change

4. Mieux vaut tard que jamais
   (myeu voh tar kuh zha-meh) Better late than
   never

Grammar Notes

1. Present Tense of savoir, to know (how)

I know (how), you know (how) etc.

je sais (seh)	nous savons (sa-vawñ)
tu sais (seh)	vous savez (sa-vay)
il sait (seh)	ils savent (sav)
elle sait (seh)	elles savent (sav)

connaître to know, to be acquainted with (familiar).

I know (am acquainted with, etc.)

je connais	nous connaissons
tu connais	vous connaissez
il connaît	ils connaissent
elle connaît	elles connaissent

a. savoir to know or to know how (with or without comment); to know facts, rules, etc. In general this verb implies mental action, memory.

b. connaître means to know, in the sense of to be acquainted with, to be familiar with persons or things. In general, this verb implies knowing through the senses,—hearing, seeing, etc.

> Vous savez les noms des choses.   You know the names of things.
> Il sait lire le français.   He knows how to read French.
> Je sais où cet homme travaille.   I know where that man works.
> Je connais cet homme.   I know (am acquainted with) that man.
> Nous connaissons cette rue.   We know (are familiar with) this street.

Exercise No. 64. Complete these sentences with the correct form of savoir or connaître as required.

1. (Do you know) les noms de ces choses.
2. (We know) cet homme.
3. (We do not know) où il demeure.
4. (He knows how) écrire le français.
5. (I know) qui est ici.
6. (They do not know) cette région de la France.
7. (I know) les enfants de M. Picard.
8. (Do you know how) changer kilomètres en milles?
9. (Do they know) les musées de Paris?
10. Que veulent-elles (to know)?

2. **The Possessive Adjectives.** You are already familiar with most of the possessive adjectives. Here is a summary of the forms and meanings of all of them.

	Singular			Plural	
	Mas.	Fem.		Mas.	Fem.
my	mon frère	ma soeur		mes frères	mes soeurs
your	ton oncle	ta tante		tes oncles	tes tantes
his, her	son fils	sa fille		ses fils	ses filles
our	notre salon	notre rue		nos salons	nos rues
your	votre crayon	votre plume		vos crayons	vos plumes
their	leur bureau	leur maison		leurs bureaux	leurs maisons

a. Possessive adjectives agree in number and gender with the nouns they precede.

b. **ton, ta, tes** (*your*) like **tu,** (*you*) are used only in addressing children, relatives or close friends.

c. **son, sa, ses** mean either *his* or *her,* according to the sense of the sentence.

d. **mon, ton, son** are used instead of **ma, ta, sa,** before feminine nouns, beginning with a vowel or **h** (usually)

mon amie (f)   ton école (f)   son histoire (f)

Exercise No. 65. Complete these sentences with the correct form of **mon, ton, son, votre, notre,** or **leur,** as required.

1. (Our) conversations sont très intéressantes.
2. Je vais payer (my) note d'hôtel.
3. Continuons (our) étude des numéros.
4. (Their) valises sont très lourdes.
5. M. Davis est un de (his) amis.
6. Où sont (your) bagages, monsieur?
7. Achetez-vous une paire de gants pour (your) femme?
8. (His) professeur est M. Picard.
9. (His) femme joue du piano.
10. (Their) enfants vont à l'école.
11. Nous sommes six dans (our) famille.
12. Qui est (her) professeur?
13. Aimes-tu (your) maître, (my) enfant?
14. Où est (his) bureau?
15. Je ne connais pas (their) professeur.

Exercise No. 66. Write out in French the numbers in the following table. Then read the table aloud.

Exemples: Dix kilos équivalent (ay-kee-val) à 22 (vingt-deux) livres.
Seize kilomètres équivalent à dix milles.

10 kilos = 22 livres	40 kilos = 88 livres	16 kilomètres = 10 milles	64 kilomètres = 40 milles
20 kilos = 44 livres	50 kilos = 110 livres	32 kilomètres = 20 milles	80 kilomètres = 50 milles
30 kilos = 66 livres	100 kilos = 220 livres	48 kilomètres = 30 milles	160 kilomètres = 100 milles

Exercise No. 67—Questionnaire

1. Où est-ce que vous dînez?
2. Combien est l'addition pour tout le monde?
3. Qu'est-ce que vous laissez comme pourboire?
4. Où portez-vous une valise très lourde?
5. Combien de kilos pèse-t-elle? Combien de livres?
6. Comment est-ce qu'on compte les distances en France, en milles ou en kilomètres?
7. Qui sait changer les kilomètres en milles?
8. Combien de paires de gants est-ce que M. Davis achète dans une boutique?
9. Quel est le sujet de la prochaine conversation?
10. De quel proverbe M. Davis fait-il usage?

CHAPITRE 14 (QUATORZE)

Quelle Heure Est-Il?

1. — L'heure! Tout le monde veut savoir, — Quelle heure est-il? À quelle heure est-ce que l'avion arrive? À quelle heure est-ce que le train part? À quelle heure est-ce que les examens commencent? À quelle heure est-ce que le film commence? À quelle heure est-ce que la séance commence? et des milliers d'autres questions.

1. The time! Everyone wants to know: "What time is it? At what time does the plane arrive? At what time does the train leave? At what time do the examinations begin? At what time does the film begin? At what time does the performance begin?" And thousands of other questions.

2. M. Davis, je vais jouer le rôle de l'employé du guichet à la gare. Vous allez jouer le rôle d'un voyageur qui désire acheter un billet et qui demande des renseignements. Voulez-vous commencer, s'il vous plaît?

3. — Bonjour, monsieur. Un billet pour Chartres, s'il vous plaît.

4. — Oui, monsieur. Première ou deuxième classe?

5. — Première classe, s'il vous plaît. Quel est le prix de la place?

6. — Sept cent soixante-dix francs pour un billet d'aller.

7. Donnez-moi un billet d'aller et retour, s'il vous plaît. Je désire partir lundi.

8. — Voici votre billet. Ça fait mille cinq cent quarante francs.

9. — Merci, monsieur. A quelle heure est-ce que le train part et à quelle heure arrive-t-il à Chartres?

10. — Il y a plusieurs trains par jour pour Chartres. Vous avez un bon train à quatre heures moins le quart, qui arrive à cinq heures moins cinq.

11. — Merci beaucoup, monsieur.

12. — À votre service, monsieur.

13. — Excellent, M. Davis. Vous jouez votre rôle à merveille.

1. — Maintenant, je joue le rôle de l'employé au cinéma. Vous demandez des renseignements sur les séances. Voulez-vous commencer, s'il vous plaît?

2. — Dites-moi, s'il vous plaît, à quelles heures est-ce que les séances commencent?

3. — Il y a trois séances. La première commence à quatre heures vingt de l'après midi, la deuxième à six heures cinquante, et la troisième à neuf heures dix du soir.

4. — Y a-t-il des actualités?

5. — Mais oui. Vingt minutes avant le film.

6. — Quel est le prix des billets?

7. — Les billets coûtent deux cents francs. Si vous arrivez de bonne heure vous allez avoir de bonnes places.

8. — Donnez-moi deux billets pour la troisième séance, s'il vous plaît.

9. — Les voici. Merci bien.

10. — Admirable. Je répète: vous jouez votre rôle à merveille.

2. Mr. Davis, I am going to play the role of the ticket agent at the railroad station. You are going to play the role of a traveler who wants to buy a ticket and is asking for information. Will you begin, please?

3. Good day, sir. One ticket to Chartres, please.

4. Yes sir. First or second class?

5. First class, please. How much is the fare?

6. 770 francs for a one-way ticket.

7. Please give me a round trip ticket. I wish to leave on Monday.

8. Here is your ticket. That makes 1540 francs.

9. Thank you sir. At what time does the train leave, and when does it arrive at Chartres?

10. There are several trains a day for Chartres. You have a good train at 3:45 (a quarter to four), which arrives at 4:55 (five minutes to 5).

11. Thank you very much, sir.

12. At your service, sir.

13. Excellent Mr. Davis. You play your part wonderfully.

1. Now I am playing the role of the ticket agent at the movies. You are asking for information about the performances. Will you begin, please?

2. Please tell me at what time do the performances begin?

3. There are three showings. The first one begins at 4:20 in the afternoon, the second at 6:50 and the third at 9:10 in the evening.

4. Is there a newsreel?

5. Of course. Twenty minutes before the picture.

6. What is the price of the tickets?

7. The tickets cost 200 francs. If you come early you will get good seats.

8. Please give me two tickets for the third showing.

9. Here they are. Thank you very much.

10. Admirable. I repeat: you play your part wonderfully.

Pronunciation and Spelling Aids

A. Practice Aloud:

1. L'heure! Tout le monde veut savoir, — Quelle heure est-il?"

2. Vous demandez des renseignements sur les séances.

3. des milliers d'autres questions.

1. (Leur! Too luh mawñd veu sa-vwar, kehleur eh-teel?)

2. (Voo duhmahñ-day day rahñ-sehnyuh-mahñ sür lay say-ahñs)

3. (day mee-lyay dohtr kehs-tyawñ)

B. Remember: ll is usually pronounced like y:

      fille (feey)   billet (bee-yay)   merveille (mehr-vay)   Marseille (mar-say)

Exceptions: 1. ll is like *ly* in million (*mee-lyawñ*) milliers (*mee-lyay*)
                2. ll is like *l* in mille, ville (veel) tranquille (trahñ-keel)

Building Vocabulary

A. Words of Approval and Praise

1. admirable (ad-mee-rabl) splendid
2. excellent (ehk-seh-lahñ) excellent
3. très bien (treh byañ) very good
4. c'est ça (seh sa) right, that's right
5. correct (ku-rehkt) correct
6. parfait (par-feh) perfect
7. c'est bien (seh byañ) that's good
8. c'est exact (seh tayg-zakt) that's so
9. c'est vrai (seh vray) that's true
10. à merveille (a-mehr-vehy) wonderfully

B. Words Dealing with Railroad Travel

1. la gare the railroad station
2. À quelle heure est-ce que le train part pour ....? At what time does the train leave for ....?
3. À quelle heure est-ce que le train arrive à (de) ....? At what time does the train arrive at (from) ....?
4. Le train arrive (part) à sept heures du matin. The train arrives (leaves) at 7 a.m.
5. un billet de première (deuxième) classe a first (second) class ticket
6. un billet d'aller (*or* billet simple) a one-way ticket
7. un billet d'aller et retour a round trip ticket
8. Quel est le prix de la place? *or* Combien coûte la place? What is the fare?
9. plusieurs trains par jour several trains a day
10. payer les billets to pay for the tickets
11. en voiture! all aboard!
12. la salle de bagages baggage room
13. un wagon-lit sleeper, pullman
14. un wagon-restaurant dining car

Locutions Françaises

1. demander des renseignements to ask for information
2. jouer le rôle to play the role
3. mais oui (meh-wee) yes indeed, of course
4. mais non indeed no, of course not
5. de bonne heure (duh bu-neur) early
6. les voici (lay vwa-see) here they are
7. les voilà there they are

Exercise No. 68—Completion of Text

1. (At what time) est-ce que le film commence?
2. (The first showing) commence à (4:30 p.m.).
3. Il y a des milliers (of other questions).
4. Où est (the railroad station)?
5. Vous êtes un voyageur qui (asks for information).
6. Donnez-moi (a round trip ticket).
7. À quelle heure (does the train leave)?
8. (Does it arrive) à neuf heures du matin?
9. Venez (early) si vous désirez de bonnes places.
10. (Here they are).
11. (Many thanks, sir).
12. (At your service), monsieur.

Grammar Notes

1. Present Tense of partir to leave

I leave, you leave, etc.

je pars (par)	nous partons (par-tawñ)
tu pars (par)	vous partez (par-tay)
il part (par)	ils partent (part)
elle part (par)	elles partent (part)

Imperative

    pars   partons   partez

sortir to go out

I go out, you go out, etc.

je sors (sur)	nous sortons (sur-tawñ)
tu sors (sur)	vous sortez (sur-tay)
il sort (sur)	ils sortent (surt)
elle sort (sur)	elles sortent (surt)

Imperative

    sors   sortons   sortez

Like the verbs partir and sortir are:

servir   to serve   je sers, tu sers, il sert, nous servons, vous servez, ils servent
sentir   to feel, smell   je sens, tu sens, il sent, nous sentons, vous sentez, ils sentent
dormir   to sleep,   je dors, tu dors, il dort, nous dormons, vous dormez, ils dorment

Exercise No. 69. Complete these sentences by writing the correct forms of partir, sortir, dormir, sentir, servir.

Read the completed sentences aloud.

1. Le train (leaves) à sept heures.
2. À quelle heure (do you leave)?
3. (We sleep) jusqu'à (until) huit heures.
4. Elle (does not sleep) bien.
5. Madame Davis (serves) le café.
6. (Do you smell) le parfum?
7. (I do not smell) le parfum.
8. À quelle heure (do they go out) de la maison?
9. (I go out) du bureau à cinq heures.
10. (Do not sleep) jusqu'à neuf heures.

2. Time of Day

Quelle heure est-il?   What time is it?
Il est midi.   It is noon.
Il est une heure.   It is 1 o'clock.
Il est deux heures.   It is 2 o'clock.
Il est trois heures.   It is 3 o'clock.
Il est minuit.   It is midnight.
Il est une heure et demie.   It is half-past one.

Il est deux heures et quart.
It is a quarter past two.
Il est trois heures moins le (un) quart.
It is a quarter to three.
Il est quatre heures dix (minutes).
It is ten minutes past four.
Il est quatre heures moins dix.
It is ten minutes to four.

NOTE: et *and* is used for time after the hour. moins *less* or *minus* is used for time before the hour. minutes may be omitted. heures is never omitted.

Time expressions after the half hour are based on the hour which follows. Thus:

6:40   Il est sept heures moins vingt.   It is twenty minutes to seven.

However, as in English, you may say: six heures quarante (*six forty*).

du matin   in the morning (a.m.)   du soir   in the evening (p.m.)
de l'après-midi   in the afternoon (p.m.)

In French time tables, time is indicated by 24 hours beginning with midnight. The hours 24.00 through 11.59, are a.m. The hours 12.00 (noon) through 23.59 are p.m. Thus in the time table (l'horaire):

24.20 (vingt-quatre heures vingt) = 12.20 a.m. (douze heures vingt du matin)
12.20 (douze heures vingt) = 12.20 p.m. (douze heures vingt de l'après-midi)
15.20 (quinze heures vingt) = 3.20 p.m. (trois heures vingt de l'après-midi)

Exercise No. 70. Write out the time expressions. Then read the sentences aloud giving the time in French.

Exemple 1: Le train de Lyons arrive à sept heures et demie du soir

1. Le train de Lyon arrive à (7.30 p.m.)
2. Le train arrive à Paris à (10.15 p.m.)
3. Le train pour Marseille part à (6.30 a.m.)
4. Le train pour Rouen part à (noon)
5. La première séance commence à (4.30 p.m.)
6. La deuxieme séance commence à (6.40 p.m.)
7. La troisième séance commence à (9 p.m.)
8. Les actualités commencent à (4.10 p.m.)
9. M. Davis prend le train en ville à (7.45 a.m.) précises.
10. Il arrive en ville à (8.40 a.m.)

Exercise No. 71—Questionnaire

1. Qu'est-ce que tout le monde veut savoir?
2. Qui joue le rôle du voyageur?
3. Qui joue le rôle de l'employé du guichet?
4. Quelle classe de billet est-ce que M. Davis désire?
5. Combien coûte un billet d'aller et retour?
6. Qui joue le rôle de l'employé au cinéma?
7. Qui demande des renseignements?
8. Combien de séances y a-t-il à ce ciné?
9. Pour quelle séance est-ce que M. Davis achète deux billets?
10. Combien paye-t-il pour ces billets?

RÉVISION 3
CHAPITRES 10-14 PREMIÈRE PARTIE
Révision de Mots

NOUNS

1. l'acheteur	15. la fourchette	29. le pot au lait	1. buyer	15. fork	29. milk pitcher
2. l'addition	16. le gant	30. le porte-monnaie	2. bill (restaurant)	16. glove	30. purse
3. l'argent	17. la gare	31. le prix	3. money, silver	17. station, depot	31. price, prize
4. les bagages	18. le gâteau	32. la radio	4. baggage	18. cake	32. radio
5. le billet	19. le guichet	33. le repas	5. ticket	19. ticket window	33. meal
6. la boutique	20. l'heure	34. la séance	6. shop	20. hour	34. performance
7. le chemin de fer	21. la livre	35. la soucoupe	7. railroad	21. pound	35. saucer
8. le couteau	22. le magasin	36. le style	8. knife	22. store	36. style
9. la cuiller	23. le maître	37. le sujet	9. spoon	23. teacher, master	37. subject
10. l'échantillon	24. le marché	38. la tarte	10. sample	24. market	38. tart
11. l'employé	25. la note	39. la tasse	11. employee	25. bill (hotel), etc.	39. cup
12. l'employée (f)	26. le pays	40. le verre	12. employee (f)	26. country (nation)	40. glass
13. la fleur	27. le plat	41. le vendeur	13. flower	27. dish	41. seller
14. une fois	28. la poche	42. le voyageur	14. one time, once	28. pocket	42. traveller

VERBS

1. acheter	14. trouver	27. sentir	1. to buy	14. to find	27. to feel
2. avancer	15. connaître	28. sortir (de)	2. to progress	15. to know	28. to go out (of)
3 changer	16. n. connaissons	29. venir	3. to change	16. we know	29. to come
4. continuer	17. croire	30. pouvoir	4. to continue	17. to believe	30. to be able
5. dîner	18. perdre	31. je peux	5. to dine	18. to lose	31. I can
6. donner	19. rendre	32. recevoir	6. to give	19. to give back	32. to receive
7. laisser	20. faire	33. je reçois	7. to let	20. to make, do	33. I receive
8. manger	21. je fais	34. savoir	8. to eat	21. I make, do	34. to know (how)
9. payer	22. dire	35. je sais	9. to pay for	22. to say	35. I know (how)
10. penser(à)	23. nous disons	36. valoir	10. to think (of)	23. we say	36. to be worth
11. peser	24. dormir	37. il vaut	11. to weigh	24. to sleep	37. it is worth
12. porter	25. partir	38. vouloir	12. to carry, wear	25. to leave	38. to want
13. téléphoner	26. je pars	39. je veux	13. to telephone	26. I leave	39. I want

ADJECTIVES

1. célèbre	6. délicieuse (f)	11. plusieurs	1. famous	6. delicious (f)	11. several
2. chaque	7. gai	12. précis	2. each	7. gay, bright	12. exact
3. charmant	8. lourd	13. premier	3. charming	8. heavy	13. first
4. connu	9. ordinaire	14. première (f)	4. known	9. ordinary	14. first (f)
5. délicieux	10. parfait	15. vrai	5. delicious	10. perfect	15. true

ADVERBS

1. à peu près	5. encore	9. naturellement	1. more or less	5. again	9. naturally
2. comme	6. encore un	10. presque	2. as, like, how	6. one more	10. almost, nearly
3. correctement	7. maintenant	11. surtout	3. correctly	7. now	11. especially
4. d'ordinaire	8. moins	12. tout de suite	4. generally	8. less	12. at once

PREPOSITIONS

1. avant	3. devant	5. pour	1. before	3. in front of	5. for, in order to
2. après	4. derrière	6. vers	2. after	4. behind	6. towards, about

FRENCH EXPRESSIONS

1. j'ai besoin de	15. faire des emplettes	1. I need	15. to go shopping
2. j'ai raison	16. faire peser	2. I am right	16. to have weighed
3. vous avez tort	17. mais oui (non)	3. you are wrong	17. indeed yes (no)
4. c'est ça	18. payer ses repas	4. that's correct	18. to pay for one's meals
5. c'est vrai	19. par exemple!	5. that's true	19. the ideal
6. c'est à dire	20. comme pourboire	6. that is to say	20. as a tip
7. changer de l'argent	21. merci bien	7. to change money	21. many thanks
8. combien de fois?	22. rien de plus facile	8. how many times?	22. nothing easier
9. je crois que oui	23. tout le monde	9. I think so	23. everybody
10. je crois que non	24. que veut dire?	10. I think not	24. what means . . ?
11. en tout cas	25. il veut dire	11. in any case	25. it means . . .
12. en effet	26. les voici	12. in fact	26. here they are
13. en monnaie	{ 27. il n'y a pas de quoi	13. in change	{ 27. you're welcome, or
14. il le faut	{ 28. de rien	14. it is necessary	{ 28. don't mention it

Deuxième Partie

Exercise No. 72. Select the group of words in Column II which best completes each sentence begun in Column I.

Exemple 1: (1f) Cette région en France est connue pour ses produits céramiques.

I	II
1. Cette région en France est connue	a. tout de suite au commerce?
2. De quelle région sont	b. que jamais.
3. Est-ce que le commerçant pense	c. dans les grands magasins.
4. Vous savez que l'usage	d. le système monétaire de la France.
5. Mieux vaut tard	e. d'aller et retour.
6. Le voyageur a besoin d'argent	f. pour ses produits céramiques.
7. Nous faisons des emplettes	g. à quatres heures de l'après-midi.
8. Ils ne connaissent pas	h. ces tasses et ces soucoupes?
9. Donnez-moi un billet	i. pour acheter des billets.
10. La première séance commence	j. rend maître.

Exercise No. 73. Complete these sentences by choosing the correct expression from those listed below. Be sure to use the correct form of the verb.

Exemple:1. Le touriste demande des renseignements.

1. Le touriste (asks for information).
2. (We need) un porte-monnaie.
3. M. Davis (knows his trade).
4. Ils veulent (to change some money).
5. À quoi (are you thinking)?
6. (Do you like) bien ce portrait?
7. Je mange quand (I am hungry).
8. Que (do you mean)?
9. (We pay for our meals) en francs.
10. (You are right) M. Davis.
11. J'ai raison, mais (you are wrong).
12. De quoi (do you need)?

demander des renseignements	payer nos repas	aimer bien
avoir raison (tort)	connaître son métier	vouloir dire
avoir faim	penser à	aimer bien
avoir besoin de	changer de l'argent	

Exercise No. 74. From Group II select antonyms for each word in Group I.

I		II	
1. arriver	7. vendre	a. moins	g. perdre
2. donner	8. apprendre	b. acheter	h. recevoir
3. plus	9. avant	c. partir	i. peu de
4. devant	10. le vendeur	d. derrière	j. j'ai tort
5. trouver	11. beaucoup de	e. enseigner	k. écouter
6. parler	12. j'ai raison	f. l'acheteur	l. après

Exercise No. 75. Answer these questions in the affirmative in complete sentences. Use the pronoun je in the answers.

Exemple: 1. Oui, monsieur, je pense à mon ami.

1. Pensez-vous à votre ami?
2. Voulez-vous faire un voyage en France?
3. Pouvez-vous acheter une automobile?
4. Portez-vous les bagages à la gare?
5. Partez-vous demain de la ville?
6. Comptez-vous toujours la monnaie?
7. Dites-vous les mots deux fois?
8. Connaissez-vous cet homme-là?
9. Donnez-vous un pourboire au garçon?
10. Savez-vous compter en français?

Exercise No. 76. Answer these questions in the negative in complete sentences. Use nous in the answers.

Exemple: 1. Non, madame, nous ne posons pas beaucoup de questions.

1. Posez-vous beaucoup de questions?
2. Calculez-vous rapidement en français?
3. Trouvez-vous cette revue intéressante?
4. Lisez-vous les journaux français?
5. Écrivez-vous bien en français?
6. Dînez-vous au restaurant?
7. Connaissez-vous la ville de Biot?
8. Achetez-vous beaucoup de parfum?
9. Avez-vous besoin d'une valise?
10. Savez-vous l'adresse de M. Picard?

Dialogue
Un Touriste Prend Des Renseignements Sur La Poterie Française

1. — Dites-moi, s'il vous plaît, monsieur, dans quelles régions de la France peut-on trouver de jolie poterie? Je désire acheter un service à thé: tasses, soucoupes, et assiettes.

2. — Eh bien, chaque région a son style individuel: Limoges, la Bretagne et la Provence sont toutes connues pour leurs produits céramiques.

3. — Est-ce qu'il faut aller dans ces régions pour trouver de la poterie régionale?

4. — Pas du tout. Vous pouvez acheter de la poterie de toutes les régions ici même à Paris.

5. — Est-que ça coûte plus cher ici?

6. — Naturellement, ça coûte plus cher. Mais vous avez un assortiment bien choisi.

7. — Voulez-vous bien me dire où est-ce qu'on peut acheter de la poterie à Paris?

8. — Vous allez trouver le meilleur assortiment dans les grands magasins: aux Galeries Lafayette, au Printemps, et surtout au Bazar de l'Hôtel de Ville.

9. — Merci infiniment, monsieur.

10. — De rien, mademoiselle.

1. Please tell me, sir, in what districts of France can one find beautiful pottery? I want to buy a tea service: cups, saucers and plates.

2. Well each district has its own individual style: Limoges, Brittany and Provence are all well known for their ceramic products.

3. Does one have to go to these districts to find regional pottery?

4. Not at all. You can buy pottery from all the districts right here in Paris.

5. Does it cost more here?

6. Of course it costs more. But you have a well chosen assortment.

7. Will you tell me please where one can buy pottery in Paris?

8. You will find the best assortment in the department stores: at the Galeries Lafayette, at the Printemps and especially at the City Hall Bazaar.

9. Thank you ever so much, sir.

10. Don't mention it, miss.

Exercise No. 77—Lecture 1
La Famille Davis Fait Une Petite Visite À Papa

C'est la première fois que la famille Davis vient voir M. Davis à son bureau. Madame Davis et ses quatre enfants entrent dans un gratte-ciel et ils montent par ascenseur au vingtième étage. Annette, la plus jeune, qui n'a que cinq ans,[1] est très curieuse. Elle pose beaucoup de questions à sa maman au sujet du bureau.

Quand ils arrivent au bureau, le père se lève[2] et dit, — Quelle bonne surprise! Que je suis content de vous voir!

Les enfants admirent tous les objets qu'ils voient dans le bureau: la machine à écrire, les articles de Paris, les échantillons de la céramique française, les revues françaises et surtout les affiches illustrées aux murs. Tout le monde est très content.

Philippe, l'aîné, regarde par la grande fenêtre, et il voit le ciel bleu et le soleil qui brille. Il voit en bas les automobiles qui passent dans la rue. Du vingtième étage elles paraissent[3] toutes petites.

La visite terminée, toute la famille entre dans un restaurant qui n'est pas loin du bureau. Ils mangent tous de bon appétit, surtout les garçons, parce qu'ils ont bien faim.

NOTE 1. qui...ans who is *only* five years old. ne (verb) que = *only*. 2. gets up 3. paraître to seem, il, elle paraît he, she, it seems, ils, elles paraissent they seem.

Exercise No. 78—Lecture 2
Le Percheron[1] et L'Automobile
Une Fable Moderne

Annette, la plus jeune des enfants de M. Davis, aime beaucoup les fables anciennes[2] d'Ésope. Elle aime bien aussi cette fable moderne que M. Picard a écrite[3] pour elle. Voici la fable: "Le Percheron et L'Automobile."

Une automobile passe sur la route et elle voit un percheron. Le percheron est un cheval français, grand et fort.[4] Cependant ce percheron paraît très fatigué.[5] Il est attelé[6] à une charrette bien lourde.[7]

L'automobile s'arrête et dit au percheron, — Bonjour. Vous allez bien lentement. Ne désirez-vous pas aller rapidement comme moi?

— Oh oui, madame! Mais dites-moi comment est-ce possible?

— Ce n'est pas difficile, dit l'automobile. Mon réservoir à essence[8] est plein. Buvez-en[9] et vous allez voir ça.

Alors le percheron boit de l'essence. Maintenant, il ne va plus lentement. Il ne va pas rapidement non plus. En effet il ne va pas du tout. Il a mal à l'estomac.[10]

Ce pauvre cheval! Il n'est pas très intelligent, n'est-ce pas? Il ne sait pas que l'essence est bonne pour les automobiles, mais qu'elle ne vaut rien pour les chevaux.

NOTE 1. le percheron draught horse; le cheval horse; les chevaux the horses 2. ancien (ancienne f.) old, ancient 3. has written 4. strong 5. tired 6. attached 7. a very heavy cart 8. gasoline tank 9. drink some. boire to drink: je bois, tu bois, il, elle boit; nous buvons, vous buvez, ils, elles boivent. 10. Il a mal à l'estomac (il a mal à la tête, il a mal aux dents); he has a stomach ache (he has a headache, he has a toothache.) 11. qu'elle . . . rien that is not good

---

CHAPITRE 15 (QUINZE)

Le Cinéma

1. — M. Davis, vous savez déjà demander des renseignements sur les séances des cinémas. Mais dites-moi: Êtes-vous amateur du cinéma?

2. — Eh bien, j'aime voir un bon film quelquefois, mais pour la plupart, les films ne m'intéressent pas.

3. — Alors vous préférez le théâtre?

4. — Mais oui. Ma femme et moi nous le préférons. Nous y[1] allons souvent voir une bonne pièce ou une opérette.

5. — Et vos enfants? Est-ce qu'ils préfèrent le théâtre?

6. — Pas du tout! Ils adorent les films policiers et les opérettes en couleurs qui nous[2] ennuient à mourir.

7. — Ils connaissent toutes les vedettes de l'écran, n'est-ce pas?

8. — Naturellement. Ils les[2] connaissent bien. Ils connaissent aussi les vedettes de la télévision et de la radio.

9. — Vous habitez une petite ville dans les environs de New-York. Y a-t-il un ciné près de chez vous?

10. — Oui monsieur, pas loin. Nous y allons à pied dans un quart d'heure à peu près.

11. — Quelles places préférez-vous, les places des premiers rangs, ou les places du fond?

12. — Nous préférons les places du quatorzième ou du quinzième rang. De là, on peut bien voir et entendre. De là, la lumière et les mouvements sur l'écran ne font pas mal aux yeux.

13. — Que faites-vous si la plupart des places sont occupées?

14. — Alors l'ouvreuse vient nous[2] aider. Nous prenons n'importe quelles places libres, devant, au fond, aux côtés. Mais nous n'aimons pas ces places.

1. Mr. Davis, you already know how to ask for information about the performances of the movies. But tell me: Are you fond of the movies?

2. Well, I like to see a good picture sometimes, but for the most part films do not interest me.

3. Then you prefer the theatre?

4. Oh yes. My wife and I prefer it. We go there[1] often to see a good play or a musical comedy.

5. And your children? Do they prefer the theatre?

6. Not at all! They love detective dramas and musical films in color which bore us[2] to death.

7. They know all the stars of the screen, don't they?

8. Of course. They know them well. They also know the stars of television and radio.

9. You live in a small town on the outskirts of New York. Is there a movie theatre near your house?

10. Yes sir, not far away. We can go there on foot in fifteen minutes more or less.

11. Which seats do you prefer, the seats in the first rows or the seats in the back?

12. We prefer the seats in rows fourteen or fifteen. From there, one can see and hear well. From there, the light and the movements on the screen do not hurt (*Lit.* do no harm to) the eyes.

13. What do you do if most of the seats are occupied?

14. Then the usher comes to help us.[2] We take any vacant seats whatsoever, in front, in back or at the side. But we do not like those seats. Nor do we

Nous n'aimons pas non plus rester debout au cinéma. Donc nous arrivons de bonne heure.

15. — Merveilleux, M. Davis! Vous avancez très rapidement.

16. — Grâce à vous, M. Picard.

like to stand in the movies. Therefore we come early.

15. Splendid, Mr. Davis! You are progressing very fast.

16. Thanks to you, Mr. Picard.

NOTE 1. y = there. Like object pronouns it usually precedes the verb.

NOTE 2. **nous** *us* and **les** *them* are object pronouns.

Pronunciation and Spelling Aids

A. Practice Aloud:

1. Vous savez demander des renseignements sur les séances des cinémas.
2. Êtes-vous amateur du ciné?
3. Ils adorent les films policiers et les opérettes en couleurs.

1. (Voo sa-vay duh-mahñ-day day rahñ-seh-nyuh-mahñ sür lay say-ahñs day see-nay-ma)
2. (Eht voo za-ma-teur dü see-nay?)
3. (Eel za-dur lay feelm pu-lee-syay ay lay zu-pay-reht ahñ koo-leur)

B. Remember â = ah, ô = oh, ê = eh. Thus:

    rôle (rohl)   grâce (grahs)   êtes-vous (eht-voo)

Building Vocabulary

A. Words Dealing with the Movies

1. le cinéma (see-nay-ma) moving pictures, movie theatre.
2. le ciné (short for **cinéma**)
3. le film (feelm) film
4. la séance (say-ahñs) performance
5. l'écran (lay-krahñ) screen
6. le vedette (vuh-deht) star actor

7. la pièce (pyehs) play
8. les actualités (lay zak-tü a-lee-tay) newsreel
9. le rôle (rohl) role
10. le rang (rahñ) row
11. la place (plas) seat
12. l'ouvreuse (loo-vreuz) usher (f)

Locutions Françaises

1. pour la plupart for the most part
2. ils nous ennuient à mourir they bore us to death
3. près de chez vous near your home
4. à pied (a pyay) on foot
5. faire mal aux yeux (oh-zyeu) to hurt the eyes

6. rester (*or* être) debout to stand
7. la plupart des places most of the seats
8. n'importe (nañ-purt) it doesn't matter
9. Grâce à vous Thanks to you
10. Je vous remercie I thank you

Exercise No. 79—Completion of Text

1. (I like very much to see) un bon film.
2. Les films (do not interest me).
3. (They adore) les films policiers.
4. Connaissent-ils (all the screen stars)?
5. (They know them) bien.

6. Y a-t-il un ciné (near your home)?
7. Nous y allons (on foot).
8. (We prefer) les places des premiers rangs.
9. Nous n'aimons pas (to stand).
10. (Therefore) nous arrivons (early).

Grammar Notes

1. Present Tense of **venir** to come

I come, I am coming, you come, you are coming, etc.

je viens (vyañ)	nous venons (vuh-nawñ)
tu viens (vyañ)	vous venez (vuh-nay)
il, elle vient (vyañ)	ils, elles viennent (vyehn)

Imperative: **viens** come   **venons** let's come   **venez** come

Like **venir**: **revenir** to come back; **devenir** to become

Exercise No. 80. Translate each verb into French. Read each sentence aloud.

1. (I am coming) aujourd'hui.
2. (They do not come) de bonne heure.
3. Qui (is coming) avec vous?
4. Les petits garçons (come) avec leurs pères.
5. (Come) ici, mes enfants.
6. (Are you coming) à sept heures?

7. (We are coming back) de **bonne heure ce soir.**
8. Quand (is he coming back)?
9. (She is not coming) ici ce matin.
10. M. Martin, à quelle heure (are you coming)?
11. Que voulez-vous (to become)?
12. (I want to become) professeur.

2. Direct Object Pronouns.

Study the following sentences. They illustrate the direct object pronouns. You are already familiar with most of them.

1. M. Picard *me* connaît.
2. Il *te* connaît aussi, Annette.
3. Qui *vous* apprend à parler français?
4. M. Picard *nous* apprend à parler français.
5. Qui salue M. Picard?
   M. Davis *le* salue.
6. Connaissez-vous Mlle. Picard?
   Je ne *la* connais pas.
7. Avez-vous le journal français?
   Nous ne *l'*avons pas.
8. Connaissent-ils les vedettes de l'écran?
   Oui, ils *les* connaissent bien.

1. Mr. Picard knows *me*.
2. He knows *you* also Annette.
3. Who is teaching *you* to speak French?
4. Mr. Picard is teaching *us* to speak French.
5. Who greets Mr. Picard?
   Mr. Davis greets *him*.
6. Do you know Miss Picard?
   I do not know *her*.
7. Have you the French newspaper?
   We do not have *it*.
8. Do they know the screen stars?
   Yes, they know *them* well.

a. The direct object pronouns are:

te (t') you (*fam.*)	nous us	le (l') him, it
me (m') me	vous you	la (l') her, it les them

b. me and te become **m'** and **t'**, and le and la become **l'**, when they precede a verb beginning with a vowel or h (usually).

c. Object pronouns *precede* the verb except in the affirmative imperative when they follow the verb and are joined to it by a hyphen. In the negative imperative the object pronouns precede the verb:

Prenez la fleur. Prenez-*la*.   Take the flower. Take *it*.
Ne prenez pas la fleur. Ne *la* prenez pas.   Do not take the flower. Do not take *it*.

d. me when used after the verb in the imperative becomes **moi.**

Dites-moi.   Écoutez-moi.   Tell *me*.   Listen to *me*.

3. The Use of y (there).

The word y (there) is used to indicate a place already mentioned, and like the object pronouns always precedes the verb, except in the affirmative imperative.

Quand est-ce que M. Davis va en France?
Il *y* va au printemps.
Allons-*y* avec lui.

When is Mr. Davis going to France?
He is going *there* in the spring.
Let's go *there* with him.

Exercise No. 81. Read each question. Write each answer filling in the correct object pronoun in French. Finally read the questions and complete answers aloud.

1. Achetez-vous les billets?
2. Connaissez-vous cette rue?
3. Est-ce que Jean attend son ami, Louis?
4. Les enfants adorent-ils les vedettes de l'écran?
5. Préfèrent-ils le premier rang?
6. Comment trouvez-vous cette tasse?
7. Allez-vous visiter M. Davis?
8. Est-ce que le professeur m'attend?
9. Qui vient vous aider au ciné?

1. Oui, je (them) achète.
2. Non, nous ne (it) connaissons pas.
3. Oui, il (him) attend dans le salon.
4. Certainement! Ils (them) adorent.
5. Non, ils ne (it) préfèrent pas.
6. Je (it) trouve charmante.
7. Nous allons (him) visiter ce soir.
8. Bien sûr, il (you) attend.
9. L'ouvreuse vient (us) aider.

10. Qui vous apprend à parler français?
11. Vont-ils au ciné à pied ou en autobus?
12. Demeure-t-il dans cette maison-là?
13. Quand allez-vous nous aider?
14. Est-ce que les films vous intéressent?
15. Est-ce que tu m'aimes, maman?

10. M. Picard (us) apprend à parler français.
11. Ils (there) vont en autobus.
12. Oui, il (there) demeure.
13. Nous allons (you) aider demain.
14. Non, ils ne (me) intéressent pas.
15. Je (you) aime beaucoup, mon enfant.

Exercise No. 82—Questionnaire

1. Qui sait demander des renseignements?
2. Qu'est-ce que M. et Mme. Davis préfèrent, le théâtre ou le cinéma?
3. Qu'est-ce que les enfants préfèrent?
4. Est-ce que les enfants connaissent les vedettes de l'écran?
5. Où est-ce que la famille Davis habite?

6. Le ciné est-il près de la maison de M. Davis ou loin de sa maison?
7. Quelles places préfèrent-ils au ciné?
8. Est-il possible de bien voir et entendre de là?
9. Qui vient les aider au ciné?
10. Est-ce qu'ils arrivent de bonne heure ou en retard (late)?

CHAPITRE 16 (SEIZE)

Quelques Dates De L'Histoire De France

1. — M. Davis, vous connaissez bien les nombres. Je vois que vous savez les employer correctement et rapidement. Voyons si vous connaissez les nombres en forme de dates.

2. — Avec plaisir, M. Picard. J'aime bien les questionnaires en français.

3. — C'est pourquoi vous apprenez vite. Je vais citer quelques dates de l'histoire de France et vous allez citer un événement important pour chacune.

4. — Bon. Commençons.

5. — Le quatorze juillet, 1789. (mil sept cent quatre-vingt-neuf)

6. — Comme vous êtes gentil! C'est facile: la prise de la Bastille pendant la Révolution Française.

7. — Très bien. 1815. (mil huit cent quinze)

8. — C'est sans doute Napoléon. Voyons. C'est la bataille de Waterloo, n'est-ce pas?

9. — Correct. 1870. (mil huit cent soixante-dix)

10. — Ah, c'est une date triste pour la France: la défaite de l'armée dans la guerre Franco-Prussienne.

11. — Voici une date victorieuse: 1918. (mil neuf cent dix-huit.)

12. — La victoire des Alliés à la fin de la première guerre mondiale.

13. — Finissons le questionnaire. Encore une date, la dernière: 1944. (mil neuf cent quarante-quatre.)

14. — C'est une date glorieuse pour les Parisiens: la prise de Paris par les Parisiens à la fin de l'occupation Nazi.

15. — Merveilleux, M. Davis. Je vois que vous connaissez l'histoire de France aussi bien que son système monétaire.

1. Mr. Davis, you know the numbers well. I see that you know how to use them correctly and rapidly. Let us see if you know the numbers in the form of dates.

2. With pleasure, Mr. Picard. I like questionnaires in French.

3. That's why you learn quickly. I am going to mention some dates in the history of France and you will mention an important event for each one.

4. Good. Let's begin.

5. July 14, 1789.

6. How nice you are! That's easy: the capture of the Bastille during the revolution.

7. Very good. 1815.

8. That's Napoleon, no doubt. Let's see. It's the battle of Waterloo, isn't it?

9. Correct. 1870.

10. Ah, that's a sad date for France: the defeat of the army in the Franco-Prussian war.

11. Here is a victory date: 1918.

12. The victory of the Allies at the end of the First World War.

13. Let us finish the quiz. One more date, the last: 1944.

14. That is a glorious date for Parisians: the capture of Paris by the Parisians at the end of the Nazi occupation.

15. Marvellous, Mr. Davis. I see that you know the history of France as well as its monetary system.

16. — Mais, M. Picard, je n'ai pas passé[1] seize ans en classe pour rien. D'ailleurs, j'ai un professeur qui m'apprend à aimer la France.

17. — C'est vous maintenant qui êtes trop aimable.

18. — Pas du tout. C'est la vérité.

16. Well, Mr. Picard, I didn't spend sixteen years in school for nothing. Besides I have a teacher who teaches me to love France.

17. Now it is you who flatter me.

18. Not at all. It's the truth.

NOTE. je n'ai pas passé = I have not spent or did not spend. This is the conversational past tense. You will learn more about this tense later.

Pronunciation and Spelling Aids

A. Practice Aloud:

1. Voyons si vous connaissez les nombres en forme de dates.
2. Avec plaisir, Monsieur Picard.
3. J'aime bien les questionnaires en français.

1. (Vwa-yawñ see voo ku-neh-say lay nawñ-br ahñ furm duh dat)
2. (A-vehk pleh-zeer, muh-syeu pee-kar)
3. (Zhehm byañ lay kehs-tyu-nehr ahñ frahñ-seh)

Vocabulary Building

A. **Les Mois De L'Année** (lay mwah duh la-nay) The Months of the Year

janvier (zhañ-vyay) January	**juillet** (zhüee-yeh) July
février (fay-vree-ay) February	**août** (oo) August
mars (mars) March	**septembre** (sehp-tahñbr) September
avril (a-vreel) April	**octobre** (uk-tubr) October
mai (meh) May	**novembre** (nu-vahñbr) November
juin (zhwañ) June	**décembre** (day-sahñbr) December

B. **l'an, l'année, le jour, la journée**

l'année and **la journée** are used instead of **l'an** and **le jour** when one has in mind the events that take place during the year or during the day. Thus:

J'étudie toute la journée (toute l'année).   I study all day (all year).

But: Je vais rester trois jours (ans) à Paris.   I am going to stay in Paris three days (years).

Exercise No. 83—Completion of Text

1. (You know how) employer correctement les nombres.
2. Vous allez citer (an important event).
3. Let's begin.
4. (How) vous êtes gentil!
5. L'an 1870 est (a sad date) pour la France.
6. Voici (a victorious date).
7. (Let us finish) le questionnaire.
8. Vous connaissez l'histoire de France (as well as) son système monétaire.
9. (Besides), j'ai un bon professeur.
10. (He teaches me) à aimer la France.
11. (It is you) qui êtes trop aimable.
12. (Not at all.) C'est la vérité.

Locutions Françaises

1. **Comme vous-êtes gentil!**   How nice you are!
2. **sans doute** (sahñ doot)   without doubt.
3. **en classe** (ahñ klahs)   in school, in class
4. **Il m'apprend à aimer la France.**   He teaches me to love France. **apprendre** may mean either *to learn* or *to teach*.

Grammar Notes

1. Present Tense of **finir** to finish. Regular -ir verb.

I finish, am finishing, do finish, you finish, etc.

je finis (fee-nee)	nous finissons (fee-nee-sawñ)
tu finis (fee-nee)	vous finissez (fee-nee-say)
il, elle finit (fee-nee)	ils, elles finissent (fee-nees)

Imperative: **finis** finish   **finissons** let us finish   **finissez** finish

Interrogative: **finit-il?** does he finish?

Negative: **il ne finit pas** he does not finish.

Neg. Interrog: **ne finit-il pas?** does he not finish?

2. Some common regular **-ir** verbs like **finir** are:

bâtir	to build	je bâtis	**tu bâtis**	il bâtit	nous bâtissons, etc.
choisir	to choose	je choisis	**tu choisis**	il choisit	nous choisissons, etc.
obéir	to obey	j'obéis	**tu obéis**	il obéit	nous obéissons, etc.
punir	to punish	je punis	**tu punis**	il punit	nous punissons, etc.
remplir	to fill	je remplis	**tu remplis**	il remplit	nous remplissons, etc.
saisir	to seize	je saisis	**tu saisis**	il saisit	nous saisissons, etc.

Exercise No. 84. Write the correct form of the verbs indicated. Read each completed sentence aloud in French.

1. À quelle heure (do you finish) votre journée?
2. (We finish) notre journée à cinq heures.
3. Quelle place (do you choose)?
4. (I choose) une place dans le premier rang.
5. Pourquoi est-ce que le maître (punishes) Jacques?
6. Parce qu' (he does not obey).

7. Les enfants (are building) une petite maison.
8. (Fill) ma tasse de café, s'il vous plaît.
9. (They are not finishing) leurs exercises.
10. Elle (is filling) son stylo d'encre (ink) bleue.
11. (Let us choose) nos places maintenant.
12. La police va (to seize) le voleur (thief).

3. Ordinal Numbers.

1st premier (*m*) (pruh-myay)
1st première (*f*) (pruh-myehr)
2nd deuxième (deu-zyehm)
3d troisième (trwa-zyehm)
4th quatrième (ka-tryehm)
5th cinquième (sañ-kyehm)

6th sixième (see-zyehm)
7th septième (seh-tyehm)
8th huitième (üee-tyehm)
9th neuvième (neu-vyehm)
10th dixième (dee-zyehm)
last dernier (*m*) dernière (*f*)

Ordinal numbers are formed by adding **-ième** to the cardinals with the exception of **premier first**. Final **e** is dropped before adding **-ième** (quatrième); **u** is added after **q** (cinquième) and **f** becomes **v** (neuvième); **second** (suh-gawñ) is used instead of **deuxième** for the *second* of only two.

Exercise No. 85. Complete in French. Read the completed expressions aloud.

1. la (first) leçon
2. la (third) place
3. le (fourteenth) chapitre

4. la (fifth) semaine
5. le (twelfth) jour
6. le (first) mois

7. la (last) classe
8. la (ninth) rue
9. les (last) rangs

4. Dates.

a. **Quel jour du mois est-ce aujourd'hui?** *or* **Quel jour du mois sommes-nous aujourd'hui?**
What is today's date? (*Lit.* What day of the month is it today? *or* What day of the month are we today?
C'est aujourd'hui le vingt mai.
Today is May 20.

b. **le 1er (premier) janvier 1956 (mil neuf cent cinquante-six)** January 1, 1956
le 2 (deux) février 1950 (dix-neuf cent cinquante) Feb. 2, 1950
le 14 (quartorze) juillet 1789 (mil sept cent quatre-vingt-neuf) July 14, 1789

premier is used for the first day of the month. For the other days the cardinal numbers **deux, trois**, etc., are used.

In dates **mil** is used instead of **mille** for thousand. As in English dates, **dix-neuf cent** (nineteen hundred), etc., may be used instead of **mil neuf cent** (one thousand nine hundred), etc.

Exercise No. 86. Write out the following dates in full. Read each date aloud in French.

Exemple: le 4 juillet 1776 le quatre juillet, mil sept cent (*or* dix-sept-cent) soixante seize

1. le 18 avril 1775
2. le 12 octobre 1492

3. le 22 février 1809
4. le 1er mai 1956

Exercise No. 87—Questionnaire

1. Pourquoi est-ce que M. Davis apprend vite?
2. Qu'est-ce que M. Picard va citer?
3. Qu'est-ce que M. Davis va citer?
4. Quel événement important M. Davis cite-t-il pour 1789?
5. Quel événement important cite-t-il pour 1815?
6. Est-ce que 1870 est une date triste ou une date glorieuse pour la France?
7. Quel événement est-ce que M. Davis cite pour 1918?
8. Est-ce que 1944 est une date glorieuse ou une date triste pour les Parisiens?
9. Est-ce que M. Davis connaît bien l'histoire de France?
10. Qui lui apprend à aimer la France?

CHAPITRE 17 (DIX-SEPT)

Quelques Questions Sur La Géographie de France

1. — M. Davis, aujourd'hui voyons si vous connaissez la géographie de France aussi bien que son histoire. Vous permettez que je vous pose quelques questions?

2. — Certainement. Est-ce que je vais recevoir un prix si mes réponses sont correctes?

3. — Non, M. Davis. Ce n'est pas un programme de radio. Commençons avec la question la plus facile. Sur quel grand fleuve est-ce que la ville de Paris est située?

4. — C'est vraiment trop facile. Sur la Seine.

5. — Et quel port très important est situé à l'embouchure de la Seine?

6. — C'est Le Havre, grand marché de café, coton et sucre. La plus grande partie du commerce entre la France et l'Amérique du Nord passe par ce port.

7. — Quel est le fleuve le plus long de France?

8. — Voyons. Est-ce le Rhône?

9. — Non, pas tout à fait exact. La Loire est le fleuve le plus long de France. Il n'est pas beaucoup plus long que le Rhône, une centaine de kilomètres plus ou moins.

10. — En tout cas, il est bien plus petit que notre Mississippi.

11. — O décidément. Le Mississippi est plus long et plus large que la Loire. Savez-vous quelle est la plus haute montagne de France?

12. — Ça oui, je sais bien, le Mont Blanc.

13. — Savez-vous s'il y a une montagne aussi haute que le Mont Blanc ici aux États-Unis?

14. — Je sais bien que le Mont Blanc est plus haut que le Mont Whitney, qui est la montagne la plus haute des États-Unis, mais je ne sais pas exactement sa hauteur.

15. — Ni moi non plus, M. Davis, mais je sais bien que vous avez raison. Alors, voilà: l'examen est terminé. Je vous en[1] félicite.

1. Mr. Davis, today let us see if you know French geography as well as its history. Will you permit me to ask you a few questions?

2. Certainly. Shall I receive a prize if my answers are correct?

3. No, Mr. Davis. This is not a radio program. Let us begin with the easiest question. On what great river is the city of Paris situated?

4. That is really too easy. On the Seine.

5. And what very important port is situated at the mouth of the Seine?

6. It is Le Havre, a great market for coffee, cotton and sugar. The largest part of the trade between France and North America passes through this port.

7. What is the longest river in France?

8. Let's see. Is it the Rhone?

9. No, not quite right. The Loire is the longest river in France. It is not very much longer than the Rhone, one hundred kilometers, more or less.

10. In any case, it is very much smaller than our Mississippi.

11. Oh decidedly. The Mississippi is longer and wider than the Loire. Do you know which is the highest mountain in France?

12. That I do know, Mont Blanc.

13. Do you know if there is a mountain as high as Mont Blanc here in the United States?

14. I do know that Mont Blanc is higher than Mount Whitney, which is the highest mountain in the United States, but I don't know exactly its height.

15. Neither do I, Mr. Davis, but I know that you're right. Well, Mr. Davis, the examination is over. I congratulate you.

16. — **Merci. J'attends mon diplôme la semaine prochaine.**

17. — **O non, M. Davis. Pas encore. Ce n'est que[2] la partie élémentaire du cours.**

18. — **Eh bien, nous pouvons entreprendre la deuxième partie plus tard.**

16. Thank you. I will expect my diploma next week.

17. Oh no, Mr. Davis. Not yet. This is only[2] the elementary portion of the course.

18. Well, we can undertake the second part later.

NOTE 1. **en** is not translated here. It means *on it.*

NOTE 2. **ne** *verb* **que** is one way of saying *only.* Another way of saying this sentence is: **C'est seulement** (only) **la première partie,** etc.

Pronunciation and Spelling Aids

A. Practice Aloud:

1. Voyons si vous connaissez la géographie de France aussi bien que son histoire.

1. Vwa-yawñ see voo ku-neh-say la zhay-u-gra-fee duh **frahñs** oh-see byañ kuh sawñ-nees-**twar.**

2. Vous permettez que je vous pose quelques questions?

2. Voo pehr-meh-**tay** kuh zhuh voo pohz kehl-kuh kehs-**tyawñ?**

B. 1. **le** and **la** become **l'** before words beginning with a vowel and usually before **h.** However, there are exceptions. Thus:

According to rule: **l'hôtel   l'homme   l'histoire   l'heure   l'habitude**

Exceptions: **la hauteur   la haute montagne   le huitième jour   le Havre**

2. **si** (if) plus **il** becomes **s'il.**

Building Vocabulary

Related Words

1. **grand** great   **la grandeur** greatness
2. **haut** high   **la hauteur** height
3. **long** long   **la longueur** length
4. **large** wide   **la largeur** width
5. **visiter** to visit   **le visiteur** visitor
6. **porter** to carry   **le porteur** porter
7. **compter** to count   **le compteur** accountant
8. **vendre** to sell   **le vendeur** seller

Locutions Françaises

1. **pas tout à fait** (pah too-ta-**feh**)   not quite
2. **en tout cas** (ahñ too **kah**)   in any case
3. **ni moi non plus** (nee mwa nawñ **plü**) neither do I
4. **pas encore** (pah zahñ-**kur**)   not yet
5. **alors** (a-**lur**)   well, then, in that case, and so.
6. **voilà** (vwa-**la**)   is used in the sense of *there is* or *there are* (pointing); also as an exclamation translated in various ways: *there! there now! that's that! behold!* etc.

Exercise No. 88—Completion of Text

1. (Let us see) **si vous connaissez** (French geography).
2. **Vous permettez** (that I ask you) **quelques questions.**
3. **Vous n'allez pas** (to receive a prize).
4. **Le Havre** (is situated) **à l'embouchure de la Seine.**
5. **C'est un grand marché de** (coffee, cotton and sugar).
6. **Quelle est** (the longest river) **de France.**
7. **Elle n'est pas** (much longer than) **le Rhône.**
8. **Elle est** (smaller than) **le Mississippi.**
9. **Le Mont Blanc est** (the highest mountain) **de France.**
10. **Le Mont Blanc est** (higher than) **le Mont Whitney.**
11. **Je sais** (that you are right).
12. **L'examen** (is finished).

Grammar Notes

1. Present Tense of **mettre** to put
     I put, you put, etc.

je mets (meh)
tu mets (meh)
il, elle met (meh)

nous mettons (meh-**tawñ**)
vous mettez (meh-**tay**)
ils, elles mettent (meht)

Imperative: **mets** put   **mettons** let us put   **mettez** put
Like **mettre** are: **permettre** to permit   **admettre** to admit   **remettre** to put back

Exercise No. 89. Translate into French:

1. I am putting
2. Who puts?
3. Why do you put?
4. What do you (**tu**) put?

5. we are putting
6. they do not put
7. I do not permit.
8. Does he permit?

9. Why do you permit?
10. We permit
11. Does he not permit?
12. Permit me

2. The Comparison of Adjectives and Adverbs.

Observe the positive, comparative and superlative forms of the adjectives **grand** and **diligent,** and of the adverb **vite:**

La Seine est un *grand* fleuve.	The Seine is a *large* river.
Le Rhin est *plus grand* que la Seine.	The Rhine is *larger* than the Seine.
Le Volga est *le plus grand* fleuve d'Europe.	The Volga is *the largest* river in Europe.
Hélène est très *diligente*.	Helen is very *diligent*.
Marie est *moins diligente* qu'Hélène.	Mary is *less diligent* than Helen.
Anne est l'élève *la moins diligente* de cette classe.	Anne is *the least diligent* pupil in this class.
Le paquebot marche *vite*.	The steamer travels *fast*.
Le train marche *plus vite* que le paquebot.	The train travels *faster* than the steamer.
L'avion marche *le plus vite* de tous.	The airplane travels *fastest* of all.

Positive	Comparative	Superlative
grand tall, big, great	**plus grand** taller	**le plus grand** tallest
diligent diligent	**moins diligent** less diligent	**le moins diligent** least diligent
vite fast	**plus vite** faster	**le plus vite** fastest

a. The comparative of an adjective or adverb is formed by placing **plus** (*more*) or **moins** (*less*) before the positive. The superlative of an adjective is formed by placing the definite article (**le, la,** or **les**) before the comparative. In the superlative of an adverb only **le** is used.

b. The superlative of the adjective may be preceded by a possessive adjective instead of by the definite article.

> **mon plus jeune frére, ma plus jeune soeur**   my youngest brother, my youngest sister

c. After a superlative use **de** not **dans** for *in*.

> **la montagne la plus haute d'Europe**   the highest mountain *in* Europe.

3. Expressions of Comparison

a. When unequals are compared **que** is used for *than*, except with numbers, when **de** replaces **que.**

La Loire est *plus longue que* le Rhône.	The Loire is *longer than* the Rhone.
Ce tour coûte *plus (moins) de* cent dollars.	This tour costs *more (less) than* $100.

b. When equals are compared **aussi . . . que** (*as . . . as*) is used. After a negative **si . . . que** is used instead of **aussi . . . que.**

M. Davis connaît l'histoire de France *aussi bien que* sa géographie.	Mr. Davis knows the history of France *as well as* its geography.
Guillaume n'est *pas si grand qu'*Henri.	William is *not as tall as* Henry.

4. Some Irregular Comparisons

Adjectives		Adverbs	
bon (bonne)	good	**bien**	well
meilleur	better	**mieux**	better
le meilleur	the best	**le mieux**	best
mauvais	bad	**mal**	badly
pire (or **plus mauvais**)	worse	**pis (plus mal)**	worse
le pire (or **le plus mauvais**)	the worst	**le pis (le plus mal)**	worst

Exercise No. 90. Translate the following sentences. Read them aloud three times.

1. Les films français sont-ils *meilleurs* que les films américains?
2. Quelques-uns sont *meilleurs*, d'autres sont *pires* (*plus mauvais*). En France et aux États Unis on peut voir *les meilleurs* et aussi *les pires* (*plus mauvais*) films. En général j'aime *mieux* les films français.
3. Georges chante *mal*. Henri chante *pis* (*plus mal*) que Georges. Mais Guillaume chante *le pis* (*le plus mal*) de tous.
4. Philippe écrit *bien*, mais vous écrivez *mieux* que lui. Jeanne écrit *le mieux* de tous.
5. Où fait-on *la meilleure porcelaine?* — On la fait à Limoges.
6. Mieux vaut tard que jamais.

Exercise No. 91. Complete the French sentences so that they correspond fully to the English. Read each completed French sentence aloud.

Exemple 1. Les verbes sont aussi importants que les noms.

1. The verbs are as important as the nouns.
2. Mary is nicer than Susan.
3. I have the best pen.
4. The black ink is not as good as the blue.
5. Theresa is taller than Julia.
6. John is the most diligent boy in the class.
7. Annette is the youngest child in the family.
8. I find French more interesting than Spanish.
9. Which is the longest river in France?
10. London is the largest city in the world.
11. The Rhine is longer and wider than the Loire.
12. Why do you answer so badly?
13. We like the best films.
14. I have the worst pen.
15. This watch costs more than fifty dollars.

1. Les verbes sont _____ importants _____ les noms.
2. Marie est _____ aimable _____ Susanne.
3. J'ai _____ plume.
4. L'encre noire n'est pas _____ bonne _____ la bleue.
5. Thérèse est _____ que Julie.
6. Jean est l'élève _____ de la classe.
7. Annette est la _____ enfant de la famille.
8. Je trouve le français _____ l'espagnol.
9. Quel est le fleuve _____ de France?
10. Londres est _____ du monde.
11. Le Rhin est _____ long et _____ large _____ la Loire.
12. Pourquoi répondez-vous si _____?
13. Nous aimons les _____ films.
14. J'ai la _____ plume.
15. Cette montre coûte _____ cinquante dollars.

Exercise No. 92—Questionnaire

1. Avec quelle question facile est-ce que M. Picard commence?
2. Où est-ce que le port du Havre est situé?
3. Le port du Havre est-il un grand marché?
4. Quel fleuve est plus long et plus large que la Loire?
5. Quelle montagne est plus haute, le Mont Blanc ou le Mont Whitney?
6. M. Dupont est un homme de quarante-cinq ans. Il a $100,000 (cent mille dollars).
   M. Millet est un homme de cinquante ans. Il a $80,000 (quatre-vingt mille dollars).
   M. Arnaud est un homme de soixante ans. Il a $50,000 (cinquante mille dollars).

   a. Lequel[1] est le plus jeune des trois?
   b. Lequel est le plus âgé des trois?
   c. Est-ce que M. Millet est plus âgé que M. Dupont?
   d. Lequel est le plus riche?
   e. Lequel est le moins riche?
   f. Est-ce que M. Millet est aussi riche que M. Dupont?

Note 1. lequel, laquelle (*f*)? which one?   lequels, lesquelles (*f*)? which ones?

CHAPITRE 18 (DIX-HUIT)

La Journée De M. Davis

1. — M. Davis, vous permettez que je vous demande comment vous passez une journée typique?

2. — Certainement. Quand je vais à mon bureau je me lève à six heures et demie. Vous voyez que je suis matinal. Je me lave et je m'habille dans une demi-heure, plus ou moins. Vers sept heures je me mets à table dans la salle à manger pour prendre mon petit déjeuner.

Ma femme qui est matinale aussi se lève de bonne heure et nous déjeunons ensemble. Naturellement cela me plaît beaucoup. Nous avons une belle occasion pour parler des enfants et d'autres choses qui nous intéressent.

3. — Qu'est-ce que vous mangez au petit déjeuner?

4. — Je prends du[1] jus d'orange, du café, des petits pains et des oeufs. Parfois je mange des crêpes au lieu des oeufs.

5. — Je vois que vous aimez le déjeuner à la fourchette. Et ensuite?

6. — A sept heures et demie je suis prêt à partir pour prendre le train. Parfois les enfants se lèvent de bonne heure pour m'embrasser avant mon départ.

7. — À quelle heure arrivez-vous au bureau?

8. — J'arrive à neuf heures à peu près. Au bureau je lis mon courrier, je dicte les réponses à la sténo, je parle au téléphone avec certains clients et je fais les choses qu'un commerçant doit faire.

9. — Et quand est-ce que vous déjeunez?[2]

10. — Presque toujours à une heure. Il me faut à peu près vingt minutes pour manger.

11. — C'est très peu de temps. En France vous allez voir que les habitudes de manger sont tout autres. Le Français passe beaucoup plus de temps à table. Mais parlons de cela une autre fois. Qu'est-ce que vous mangez au déjeuner?

12. — D'habitude je prends un sandwich, un café et un dessert quelconque—une pomme cuite ou un gâteau.

13. — Que faites-vous après le déjeuner?

14. — Il y a souvent des clients qui viennent me voir et de temps en temps je sors pour voir d'autres clients.

15. — A quelle heure finissez-vous votre journée?

16. — A cinq heures précises je quitte le bureau. J'arrive chez moi à sept heures moins le quart à peu près. Je fais un bout de toilette, je joue un peu avec les enfants et puis nous nous mettons à table pour dîner.

1. Mr. Davis, may I ask you how you spend a typical day?

2. Certainly. When I go to my office I get up at six-thirty. You see that I am an early riser. I wash and dress in half an hour more or less. At about seven, I sit down at the table in the dining room to have breakfast.

My wife who is also an early riser gets up early and we have breakfast together. Naturally that pleases me very much. We have a fine opportunity to talk about the children and other things which interest us.

3. What do you have for breakfast?

4. I have (some) orange juice, coffee, rolls and eggs. Sometimes I eat pancakes instead of eggs.

5. I see that you like a substantial breakfast. And afterwards?

6. At seven-thirty I am ready to leave to take the train. Sometimes the children get up early to kiss me before my departure.

7. At what time do you arrive at the office?

8. I arrive at about nine o'clock. In the office I read my mail, dictate answers to the stenographer, talk on the telephone to various clients and do the things that a business man has to do.

9. And when do you have lunch?[2]

10. Almost always at one. I need about twenty minutes to eat.

11. It is very little time. In France you will see that the habits of eating are very different. The Frenchman spends much more time at meals. But let us speak of this at some other time. What do you have for lunch?

12. Usually I have a sandwich, coffee, and some dessert or other—a baked apple or a piece of cake.

13. What do you do after lunch?

14. Often some clients come to visit me and from time to time I go out to visit other clients.

15. At what time do you finish your day's work?

16. At five o'clock sharp I leave the office. I arrive home at about a quarter to seven. I wash up a bit, play a little with the children. and then we sit down at table to have dinner.

17. —Vous devez être fatigué après une journée pareille.

18. — Je pense bien que oui, répond M. Davis.

17. You must be tired after such a day.

18. "Yes indeed," answers Mr. Davis.

NOTE 1. The idea *some* is expressed in French by de la, de, de l' and des. This usage is fully treated in the next chapter.

NOTE 2. See "Building Vocabulary" A 1, 2, 3.

Pronunciation and Spelling Aids

A. Practice Aloud:

1. je me lève (zhuh muh lehv)
2. je me lave (zhuh muh lav)
3. je m'habille (zhuh ma-beey)
4. je me mets à table (zhuh muh meh za tabl)

5. Je prends du café (zhuh prahñ dü ka-fay)
6. des petits pains (day puh-tee pañ)
7. des oranges (day zu-rahñzh)
8. des oeufs (day-zeu)

Building Vocabulary

A. Les Repas (lay ruh-pah)   Meals

1. le déjeuner (day-zheu-nay)   breakfast or lunch
2. déjeuner ou prendre le déjeuner
   to have breakfast or lunch
3. le petit déjeuner
   early breakfast (of coffee and rolls)

4. le déjeuner à la fourchette
   substantial breakfast (of eggs, meat, etc.)
5. le dîner   dinner;   dîner   to dine
6. le souper   supper

B. Quelques Vivres (veevr)   Some Foods

1. le pain   the bread;   du pain   some bread
2. l'oeuf (leuf)   the egg,   des oeufs (day-zeu)
   some eggs
3. le petit pain   the roll
4. le café   the coffee;   du café   some coffee
5. la crêpe   the pancake
6. le beurre   the butter;   du beurre   some butter
7. le lait   the milk;   du lait   some milk

8. la pomme   the apple
9. le gâteau (les gâteaux)   the cake
10. la crème   the cream;   de la crème   some cream
11. la viande   the meat;   de la viande   some meat
12. le jus d'orange   the orange juice
13. la soupe   soup
14. le légume   vegetable

Locutions Françaises

1. cela me plaît   that pleases me
2. Il me faut 20 minutes   I need 20 minutes
   (*Lit.* It is necessary to me 20 minutes)
3. de temps en temps   at times

4. je fais un bout de toilette   I wash up a bit
5. je pense bien que oui   yes indeed
6. se mettre à table   to sit down at table

Exercise No. 93—Completion of Text

1. Comment passez-vous (a typical day)?
2. Je me lève (at six-thirty).
3. Je suis (an early riser).
4. Ma femme se lève (early).
5. (What do you eat) au petit déjeuner?
6. Je prends (coffee, rolls, and eggs).
7. (At times) les enfants se lèvent de bonne heure.

8. J'arrive (at the office) à neuf heures.
9. Je lis (my mail) et je dicte (the answers).
10. (What do you do) après le déjeuner?
11. Des clients viennent souvent (to see me).
12. À quelle heure (do you finish) votre journée?
13. (I leave) le bureau à cinq heures.
14. (We sit down) à table.

Grammar Notes

1. Present Tense of the Reflexive Verb se laver to wash oneself.

je me lave (lav)	I wash myself	nous nous lavons (la-vawñ)	we wash ourselves
tu te laves (lav)	you wash yourself	vous vous lavez (la-vay)	you wash yourselves
il se lave (lav)	he washes himself	ils se lavent (lav)	they wash themselves
elle se lave (lav)	she washes herself	elles se lavent (lav)	they wash themselves

Interrogative: **Vous lavez-vous?** or **Est-ce que vous vous lavez?** Do you wash yourself?

Negative: **Je ne me lave pas.** I do not wash myself.

a. The reflexive pronouns are: **me** *myself;* **te** *yourself;* **nous** *ourselves;* **vous** *yourself, yourselves;* **se** *himself, herself, itself, oneself* and *themselves.*

b. Like all object pronouns the reflexive pronouns always precede the verb except in the affirmative imperative when they follow it. Note that **te** becomes **toi** when after the verb.

Imperative (Affirmative)	Imperative (Negative)
lave-toi (*fam.*) wash yourself	**ne te lave pas** do not wash yourself
lavons-nous let's wash ourselves	**ne nous lavons pas** let's not wash ourselves
lavez-vous wash yourself (yourselves)	**ne vous lavez pas** do not wash yourself (yourselves)

2. Some Common Reflexive Verbs.

Note that the French reflexive verb is not always translated by a reflexive verb in English.

1. s'appeler   to be called, named
   (*Lit.* to call oneself)
2. s'amuser   to have a good time
   (*Lit.* to amuse oneself)
3. se lever   to get up
   (*Lit.* to raise oneself)
4. s'asseoir (sa-swar)   to sit down
   (*Lit.* to seat oneself)
5. se mettre à (table)   to sit down **at**
   (*Lit.* to put oneself at)
6. se porter   to feel (health)
   (*Lit.* to carry oneself)
7. se coucher   to go to bed
   (*Lit.* to lay oneself down)
8. s'habiller   to get dressed
   (*Lit.* to dress oneself)

Exercise No. 94. Complete each French sentence by inserting the correct reflexive pronoun. Read the completed sentences aloud.

Exemple: M. Davis va **se** mettre à table.

1. Mr. Davis is going to sit down at the table.
2. He gets up at seven o'clock.
3. He washes (himself) and dresses (himself).
4. At what time do you go to bed?
5. How do you feel? (How are you?)
6. She is feeling well.
7. My mother is feeling better today.
8. We have a good time at the movies.
9. What is your name? (How do you call yourself?)
10. What are their names?
11. My name is John Martin.
12. Dress yourself quickly Annette.
13. Do not get up late, children.
14. I do not go to bed before 10 o'clock.
15. The children do not want to get up.

1. M. Davis va _____ mettre à table.
2. Il _____ lève à sept heures.
3. Il _____ lave et _____ habille.
4. A quelle heure _____ couchez-vous?
5. Comment _____ portez-vous?
6. Elle _____ porte bien.
7. Ma mère _____ porte mieux aujourd'hui.
8. Nous _____ amusons au ciné.
9. Comment _____ appelez-vous?
10. Comment _____ appellent-ils?
11. Je _____ appelle Jean Martin.
12. Habille _____ vite, Annette.
13. Ne _____ levez pas tard, mes enfants.
14. Je ne _____ couche pas avant dix heures.
15. Les enfants ne veulent pas _____ lever.

Exercise No. 95. Translate the questions and answers. Read the questions and answers aloud several times.

1. — Comment vous appelez-vous?
   — Je m'appelle Jean Martin.
2. — À quelle heure est-ce que vous vous levez?
   — Je me lève à sept heures du matin.
3. — À quelle heure est-ce que vous vous couchez?
   — Je me couche à onze heures du soir.
4. — Est-ce que vous vous habillez vite?
   — Je m'habille très vite.
5. — Comment vous portez-vous?

6. — Comment est-ce que votre père se porte?
   — Il ne se porte pas bien. Il est enrhumée.
7. — À quelle heure est-ce que M. Davis se met à table?
   — Il se met à table à sept heures du soir.
8. — Est-ce que les garçons s'amusent bien en jouant au baseball?
   — Ils s'amusent très bien.

   — Je me porte bien, merci.

Exercise No. 96—Questionnaire

1. À quelle heure est-ce que M. Davis se lève?
2. Ensuite que fait-il?
3. En combien de temps s'habille-t-il?
4. Que fait-il à sept heures à peu près?

5. Est-ce que sa femme se lève de bonne heure?
6. Est-ce qu'ils déjeunent ensemble?
7. Qu'est-ce qu'il mange au petit déjeuner?
8. Qu'est-ce qu'il mange parfois au lieu des oeufs?
9. A quelle heure est-il prêt à partir?
10. A quelle heure arrive-t-il à son bureau?

11. A quelle heure prend-il son déjeuner?
12. Qu'est-ce qu'il mange au déjeuner?
13. Quelles personnes viennent le voir dans l'après-midi?
14. A quelle heure est-ce qu'il finit sa journée?

CHAPITRE 19 (DIX-NEUF)

La Vie Dans La Banlieue

1. — Maintenant je suis bien renseigné sur votre journée en ville. Mais je suis toujours curieux. Dites-moi, M. Davis, comment passez-vous le temps chez vous dans la banlieue où vous demeurez?

2. — Comment je passe mon temps? Mais, c'est bien simple. Vous savez déjà que je rentre assez tard. Nous ne terminons pas notre dîner beaucoup avant huit heures et demie. Alors il ne nous reste pas trop de temps pour de grandes entreprises.

3. — Tout de même, vous vous permettez quelques distractions, le cinéma, par exemple.

4. — Évidemment. Mais, d'habitude nous restons sagement chez nous, en famille. Nous causons, nous lisons et nous faisons la guerre aux enfants quand ils ne veulent pas se coucher.

5. — Et quant aux achats, est-ce que Madame peut faire son marché commodément?

6. — Oh, tout à fait. Tout près de chez nous il y a un de ces palais de ravitaillement qui s'appelle "supermarket." On y achète non seulement des fruits, des légumes, du lait, du fromage, du beurre, du café, des conserves de toutes sortes, de la viande, des bonbons et des gâteaux mais aussi des bas, et des casseroles.

7. — Tout de même, vous n'y trouvez pas de pardessus.

8. — Pas encore. Mais nous avons un quartier commerçant très important. Plusieurs des grands magasins de New-York ont des succursales qui peuvent nous fournir presque tout ce qu'il nous faut.

9. — Vous avez de la chance.

10. — Et le plus beau de l'affaire c'est qu'on peut toujours stationner, on n'est pas bousculé, et on peut causer à son aise avec les vendeurs.

11. — Et les enfants, sont-ils contents à l'école?

12. — Si on peut jamais dire qu'un enfant est content à l'école, alors oui, ils sont contents. Ils aiment bien leurs maîtres d'école, ils ont de bons camarades.

13. — Vous faites si bien la propagande pour la banlieue que j'ai envie de déménager!

14. — Venez donc! Vous serez le bienvenu!

1. Now I am well informed about your day in town. But I am still curious. Tell me, Mr. Davis, how do you pass the time at home in the suburbs where you live?

2. How I pass the time? Well, it's very simple. You know already that I get home rather late. We don't finish our dinner much before 8:30, so that there is not too much time left for great undertakings.

3. All the same, you do allow yourselves some distractions, the movies for example.

4. Of course. But generally we stay quietly at home with the family. We talk, we read and we battle with the children when they don't want to go to bed.

5. And as for shopping, can Mrs. Davis do her marketing conveniently?

6. Oh, entirely. Very near us, there is one of these palaces for provisions which is called "supermarket." There one can buy not only fruit, vegetables, milk, cheese, butter, coffee, all sorts of canned goods, meat, candy and cakes, but also stockings and saucepans.

7. Just the same you don't find overcoats there.

8. Not yet. But we have a very large business section. Several of the New York department stores have branches which can furnish us with nearly everything we need. (*Lit.* everything that is necessary to us)

9. You're lucky. (*Lit.* You have luck)

10. And the best part of it is that one can always park, one is not pushed around, and one can talk comfortably with the salesmen.

11. And the children, are they happy at school?

12. If one can ever say that a child is happy at school, then yes, they are very happy. They like their teachers, they have good friends.

13. You make life in the suburbs sound so attractive, that I feel like moving.

14. Come on, then. You will be very welcome.

Pronunciation and Spelling Aids

Practice Aloud:

Maintenant je suis bien renseigné sur votre journée en ville.

Mais je suis toujours curieux.

Dites-moi, Monsieur Davis, comment passez-vous le temps chez vous dans la banlieue où vous demeurez?

Mañt-nahñ zhuh süee byañ rahñ-seh-nyay sur vutr zhoor-nay ahñ veel.

Meh zhuh süee too-zhoor kür-yeu.

Deet-mwa muh-syeu Davis, ku-mawñ pah-say voo luh tahñ shay voo dahñ la bahñ-lyeu oo voo duh-meu-ray?

Building Vocabulary

Quelques Fruits et Légumes	Some Fruits and Vegetables

la banane (ba-nan) banana
le citron (see-trawñ) lemon
l'orange (*f*) (lu-rahñzh) orange
la poire (pwar) pear
la pêche (pehsh) peach
la pomme (pum) apple
les raisins (*m*) (reh-zañ) grapes

la betterave (beh-trahv) beet
la carotte (ka-rut) carrot
le chou (shoo) cabbage
les épinards (*m*) (lay-zay-pee-nar) spinach
les petits pois (pwa) green peas
les haricots (lay-a-ree-koh) kidney beans
l'oignon (*f*) (lu-nyawñ) onion
la pomme de terre (pum duh tehr) potato

Locutions Françaises

1. tout de même (too duh mehm)
   all the same, nevertheless
2. en famille (ahñ fa-meey) with the family
3. faire son marché to do one's marketing
4. le plus beau de l'affaire the best part of it

5. être à son aise to be at one's ease, comfortable
6, j'ai envie de (zhay ahñ-vee duh)
   I desire, have a mind to
7. être le bienvenu (byañ-vuh-nü) to be welcome

Exercise No. 97—Completion of Text

1. Je suis (well informed).
2. (All the same) vous vous permettez quelques distractions.
3. (We remain) sagement chez nous.
4. Mme. Davis peut faire (her marketing) commodément.
5. On achète au "supermarket" (fruits, vegetables,

milk, butter, cheese and coffee).
6. On y achète aussi (stockings and saucepans).
7. On peut toujours (park).
8. On peut causer (at one's ease).
9. Les enfants ont (good comrades).
10. I feel like moving.

Grammar Notes

1. some or any

Observe in the following sentences how *some* or *any* is expressed in French.

1. Je prends *du* jus d'orange.
2. J'achète *de la* crème.
3. Avez-vous *de l'*argent?
4. M. Davis importe *des* objets d'art.

1. I take (*some*) orange juice.
2. I buy (*some*) cream.
3. Have you (*any*) money?
4. Mr. Davis imports (*some*) art objects.

a. The idea *some* or *any* preceding a noun is usually expressed in French by de plus the definite article, that is: du, de l', de la or des. This construction is called the *partitive* because it indicates *part* not all of the thing or things.

b. The words *some* and *any* are often omitted in English but the corresponding words in French are almost never omitted.

2. Omissions of the definite article in the partitive.

The partitive (*some* or *any*) is usually expressed by de without the definite article, a) after a negative verb; b) when an adjective precedes the noun.

a. Je n'achète pas *de* café, *de* crème ou *d'*oeufs.

b. M. Davis importe *de* beaux objets d'art.

a. I am not buying (*any*) coffee, (*any*) cream or (*any*) eggs.

b. Mr. Davis imports (*some*) beautiful art objects.

Exercise No. 98. In these sentences substitute the French words for *some* or *any* (du, de l', de la, des or de)

1. Comme déjeuner je prends (some) café et (some) jus d'orange.
2. Voulez-vous (some) lait, (some) beurre et (some) oeufs?
3. N'avez-vous pas (any) porcelaine de Limoges?
4. Les enfants mangent (some) gâteaux.
5. Préférez-vous (some) crêpes au lieu des oeufs?
6. M. Davis ne vend pas (any) automobiles.
7. Comme dîner M. Davis prend (some) soupe, (some) viande et (some) légumes.
8. Est-ce qu'il y a (any) bons restaurants près d'ici?
9. Je veux acheter (some) encre rouge.
10. Les enfants ont (some) bons camarades.

3. The Partitive Pronoun en (some of it, any of it, etc.)

You are familiar with the word **en** as a preposition. Thus:

En été il fait chaud.	It is warm in summer.
Ils voyagent en France.	They are traveling in France.
Répétez ces mots en français.	Repeat these words in French.

Study the use of the pronoun **en** in the following sentences:

Voulez-vous de la crème?	Do you want any cream?
Merci. J'*en* ai déjà.	Thanks. I have *some* (of it) already.
Avez-vous des stylos?	Have you any fountain pens?
Moi, je n'*en* ai pas. Louis en a trois.	I haven't *any* (of them). Louis has three.
Achetez-vous des oeufs?	Are you buying any eggs?
Oui, j'*en* achète deux douzaines.	Yes, I am buying two dozen (of them).
A-t-il beaucoup d'argent?	Has he a great deal of money?
Non. Il n'*en* a qu'un peu.	He has only a little (of it).

a. **en** is used as a pronoun meaning *some* or *any*. **en** may be translated as *some, any, some of it, any of it, some of them, any of them.*

b. In English the above words may be expressed or understood. In French the **en** must not be omitted. Thus:

Voici des gâteaux.	Here are some cakes.
N'*en* prenez pas trop.	Do not eat too many (of them).

c. Like all object pronouns **en** precedes the verb except in the affirmative imperative.

Voici des gâteaux.	Here are some cakes.
Prenez-*en*. N'*en* prenez pas.	Take *some*. Do not take *any* (of them).

Exercise No. 99. Read each question. Then give the indicated answer in French.

Exemple 1. Oui, nous en vendons beaucoup.

1. Vendez-vous beaucoup de porcelaine?
2. Achète-t-elle des conserves?
3. Avez-vous un pardessus?
4. Voici de la soupe.
5. Les pommes ne sont pas mûres (ripe).
6. Combien d'élèves a-t-il?
7. Prenez quelques poires.
8. Ont-ils assez de livres?

1. Yes, we sell a good deal of it.
2. Yes, she is buying some.
3. No, I haven't any.
4. Take some.
5. Do not eat any (of them).
6. He has thirty (of them).
7. Thanks. I don't want any.
8. Yes, they have enough (of them).

Exercise No. 100—Questionnaire

1. Qui est toujours curieux?
2. Qu'est-ce M. Picard sait déjà?
3. À quelle heure est-ce que la famille Davis termine son dîner?
4. Pourquoi les parents font-ils la guerre aux enfants?
5. Comment le palais de ravitaillements s'appelle-t-il?
6. Qu'est-ce qu'on achète au "supermarket"?
7. Qu'est-ce qu'on ne trouve pas au "supermarket"?
8. Est-ce que les grands magasins de New York ont des succursales dans la banlieue?
9. Qui est-ce que les enfants aiment?
10. Qui a envie de déménager à la banlieue?

RÉVISION 4

CHAPITRES 15–19 PREMIÈRE PARTIE

NOUNS

1. l'amateur	11. le dîner	21. la pomme	1. lover (of things)	11. dinner	21. apple
2. le beurre	12. le film	22. le porteur	2. butter	12. film	22. porter
3. le ciné	13. la glace	23. le programme	3. movies	13. ice-cream	23. program
4. le cinéma	14. l'histoire	24. le rang	4. movies	14. history	24. row
5. le côté	15. la lumière	25. le fleuve	5. side	15. light	25. river
6. le cours	16. la montagne	26. la sténo	6. course	16. mountain	26. stenographer
7. la date	17. l'oeil (les yeux)	27. le téléphone	7. date	17. eye (eyes)	27. telephone
8. le départ	18. l'oeuf	28. la télévision	8. departure	18. egg	28. television
9. le petit déjeuner	19. le pain	29. la viande	9. breakfast	19. bread	29. meat
10. le déjeuner	20. le petit pain	30. la voiture	10. lunch	20. roll	30. car, carriage

VERBS

1. adorer	13. permettre	25. devenir	1. to adore	13. to permit	25. to become
2. aider	14. finir	26. revenir	2. to help	14. to finish	26. to come back
3. déjeuner	15. nous finissons	27. s'amuser	3. to breakfast	15. we finish	27. to enjoy oneself
4. embrasser	16. bâtir	28. je m'amuse	4. to kiss	16. to build	28. I enjoy myself
5. ennuyer	17. choisir	29. s'appeler	5. to bore	17. to choose	29. to be called
6. féliciter	18. obéir	30. il s'appelle	6. to congratulate	18. to obey	30. his name is
7. intéresser	19. punir	31. se coucher	7. to interest	19. to punish	31. to go to bed
8. remercier	20. remplir	32. s'habiller	8. to thank	20. to fill	32. to dress oneself
9. préférer	21. saisir	33. se laver	9. to prefer	21. to seize	33. to wash oneself
10. rester	22. mourir	34. se lever	10. to remain, stay	22. to die	34. to get up
11. mettre	23. venir	35. levez-vous	11. to put	23. to come	35. get up
12. je mets	24. il vient	36. se reposer	12. I put	24. he comes	36. to rest

ADJECTIVES

1. fatigué	4. occupé	7. quelconque	1. tired	4. busy	7. any whatsoever
2. gentil (ille f.)	5. pareil (eille f.)	8. terminé	2. kind, nice	5. like, such	8. finished
3. glorieux (ieuse f.)	6. la plupart de	9. triste	3. glorious	6. the majority of	9. sad

ADVERBS

1. alors	4. exactement	7. seulement	1. well, then	4. exactly	7. only
2. ensemble	5. parfois	8. souvent	2. together	5. at times	8. often
3. d'ailleurs	6. puis	9. toujours	3. besides	6. then	9. always

PREPOSITIONS

1. au lieu de	2. jusqu'à	3. pendant	4. sans	1. instead of	2. up to, until	3. during	4. without

FRENCH EXPRESSIONS

1. attraper un rhume	9. pas encore	1. to catch cold	9. not yet
2. être le bienvenu	10. cela me plaît	2. to be welcome	10. that pleases me
3. bien entendu	11. rester (être) debout	3. of course	11. to stand
4. à l'heure	12. de temps en temps	4. on time	12. from time to time
5. de bonne heure	13. (pas) tout à fait	5. early	13. (not) quite
6. n'importe	14. tout de même	6. it doesn't matter	14. all the same
7. se mettre à table	15. voilà	7. to seat oneself at table	15. there is (are)
8. ni moi non plus	16. en tout cas	8. neither do I	16. in any case

Exercise No. 101. Select the group of words in Column II which best completes each sentence begun in Column I.

I	II
1. Les enfants de M. Davis connaissent	a. que je me lève de bonne heure.
2. Du quatorzième rang	b. M. Davis prend du jus d'orange.
3. Le quatorze juillet 1789 est la date	c. à sept heures du soir.
4. M. Davis connaît l'histoire de France	d. et moi nous déjeunons ensemble.
5. La Loire est le fleuve	e. on peut bien voir et entendre.
6. "Je suis matinal" veut dire	f. de la prise de la Bastille.

I

7. Toute la famille se met à table
8. Pour arriver à son bureau M. Davis voyage
9. Pour commencer le déjeuner
10. Il me plaît beaucoup que ma femme

II

g. le plus long de la France.
h. aussi bien que son système monétaire.
i. tous les vedettes de l'écran.
j. en voiture, par train et par le métro (subway).

Exercise No. 102. Complete these sentences in French:

1. La Loire est (the longest river) de la France.
2. Londres est (bigger than) Paris.
3. Philippe est (more tired than) moi.
4. Je ne suis pas (as tall as) mon frère.
5. Le Mont Blanc est (higher than) le Mont Whitney.
6. Le Mont Everest est (the highest mountain) du monde.
7. Dimanche est (the first day) de la semaine.
8. January 30, 1956.
9. Annette est la plus jeune (in the family).
10. Georges est (my best friend).

Exercise No. 103. Translate the following brief dialogues. Practice them aloud. Note the various examples of the partitive.

1. — Pour votre déjeuner prenez-vous du café ou du chocolat — Je ne prends ni l'un ni l'autre. Je bois un verre d'eau.
2. — Désirez-vous de la crème et du sucre dans votre café? — Je désire de la crème mais je ne désire pas de sucre.
3. — Qu'est-ce qu'on mange comme petit déjeuner en France? — On mange très peu; en général des petits pains[1] et du café.

4. — Que mange-t-on le matin comme déjeuner aux États-Unis? — D'ordinaire on commence avec du jus d'orange. Puis on mange une céréale quelconque, des oeufs ou du jambon, souvent tous les deux. Les Américains sont aussi très friands (fond) de crêpes avec du sirop. Bien entendu il y a aussi du café, du lait, du pain ou des petits pains.

NOTE 1. des (not de) petits pains, since petits pains, like petits pois, is considered as a single noun, and not as an adjective plus noun.

Exercise No. 104. Read each French question. Then make your answer in French correspond to the English answer that follows the question.

Exemple 1. Oui, je les invite.

1. Invitez-vous vos amis à dîner chez vous?
2. Préférez-vous le ciné?
3. Est-ce que les enfants connaissent les vedettes du ciné?
4. Est-ce que vous nous attendez?
5. Vous levez-vous de bonne heure?
6. À quelle heure est-ce que vous vous couchez?
7. Les enfants s'habillent-ils rapidement le matin?
8. Comment vous appelez-vous?
9. À quelle heure finissez-vous vos examens?
10. Finissent-ils maintenant le travail?

1. Yes, I am inviting them.
2. No, I do not prefer it.
3. Yes, they know them well.
4. Yes, we are waiting for you.
5. No, I get up late.
6. We go to bed at 11 o'clock.
7. Yes, they dress themselves very quickly.
8. My name is John Martin.
9. We finish them at 4 o'clock in the afternoon.
10. Yes, they are finishing it now.

Exercise No. 105. Complete these sentences by choosing the correct expression from those listed below. Be sure to use the correct form of the verbs and adjectives.

1. Elle doit être (tired) après une journée (such).
2. (They sit down at table) à sept heures.
3. (They are standing) devant la maison.
4. Les messieurs (are seated) dans le salon.
5. (From time to time) nous prenons du chocolat (instead of) café.
6. Nous ne voulons pas (to catch cold).
7. Je vois (the majority of) mes clients le matin.
8. Le train arrive rarement (on time).
9. (We are) toujours (welcome) chez M. Davis.
10. Nous nous levons (early); ils se lèvent (late).

a. au lieu de
b. pareil (eille f.)
c. tard; à l'heure
d. fatigué
e. la plupart de
f. de bonne heure
g. de temps en temps
h. attraper un rhume
i. se mettre à table
j. être le bienvenu
k. être debout
l. être assis

Dialogue

Au Marché aux Puces	At the Flea Market
Nous sommes près d'un étalage de couvertures de lit.	We are near a display of bedspreads.
L'acheteur: Combien coûte cette couverture blanche brodée en bleu?	*Customer:* What is the price of this white spread embroidered in blue?
Le Vendeur: Elle coûte cinq mille francs.	*Salesman:* It costs five thousand francs.
L'acheteur: C'est beaucoup trop. Je vais vous donner trois mille.	*Customer:* That's much too much. I'll give you three thousand francs.
Le Vendeur: Mais monsieur, vous n'y pensez pas! Regardez ce travail, comme il est fin. Regardez la qualité du drap. Enfin, ça va doucement aujourd'hui. Je vous la laisse à quatre mille cinq cents.	*Salesman:* But sir, you don't mean it! Look at this fine work. Look at the quality of the cloth. Well, things are slow today. I'll let you have it for four thousand five hundred.
L'acheteur: C'est toujours beaucoup. Je vous donne trois mille cinq cents.	*Customer:* It's still high. I'll give you three thousand five hundred.
Le Vendeur: Mais regardez, monsieur, comme elle est grande. Elle est assez grande pour un lit à deux places. Donnez-moi quatre mille deux cents.	*Salesman:* But look, sir, how big it is. It is big enough for a double bed. Make it four thousand two hundred.
L'acheteur: Je dors dans un lit à une place. Je suis célibataire. Je ne vais pas me marier. Je vous donne trois mille sept cents.	*Customer:* I sleep in a single bed. I am a bachelor. I am not going to get married. I'll give you three thousand seven hundred.
Le Vendeur: Impossible, monsieur. Je suis marié, moi, et j'ai des enfants à nourrir. Quatre mille francs. C'est mon dernier prix.	*Salesman:* Can't be done, sir. I am married and I have children to feed. Four thousand francs. That's my final price.
L'acheteur: Bon, d'accord. Voici, monsieur.	*Customer:* Good, agreed. Here you are sir.
Il donne au vendeur quatre mille francs et il s'en va[1] avec la couverture blanche brodée en bleu. C'est le coutume de marchander au Marché aux Puces, et tous les deux sont contents.	He gives the seller four thousand francs and he goes away with the white bedspread embroidered in blue. It is the custom to bargain at the flea market, and they are both pleased.

NOTE 1. s'en aller = to go away, il s'en va = he goes away.

LECTURE

Exercise No. 106—Une Visite Au Paquebot[1] Île De France

C'est samedi. M. Davis se lève à huit heures, et il regarde par la fenêtre. Le ciel est bleu. Le soleil brille. Il dit à sa femme, — Aujourd'hui allons visiter le paquebot Île de France qui est arrivé[2] ce matin. J'ai de la marchandise à bord. Nous allons avoir une belle occasion[3] pour visiter le bateau.

— Très bien, dit Mme. Davis.

A neuf heures ils partent en voiture et dans à peu près une heure ils arrivent au quai. A l'entrée ils voient un groupe de garçons qui mangent des glaces et qui causent en français.

M. Davis dit bonjour aux garçons et il cause un peu avec le plus proche.[4] Voici la conversation.

— Bonjour, jeune homme! Êtes-vous Français?

— Non, monsieur, je suis Américain.

— Mais vous parlez très bien le français.

— Eh bien, ces garçons qui travaillment sur le paquebot Île de France sont mes amis, et ils m'apprennent à parler correctement. Ils sont mes professeurs. D'ailleurs, j'étudie le français au lycée[5] et tous les jours je lis quelques pages de français. À propos, êtes-vous Français?

— Merci pour le compliment. Non, mon petit, je suis Américain comme[6] vous, et comme vous j'étudie le français. Mais moi je n'ai qu'un professeur.[7]

— Ah bon. Mais vous parlez très bien.

— Merci encore une fois. Au revoir et bonne chance.

— Au revoir monsieur, au plaisir.

M. Davis rejoint sa femme qui l'attend en souriant, et ils se remettent en route[8] pour la visite au paquebot.

— Il est sympathique, ce garçon, dit M. Davis à sa femme. Et puis il traduit[9] la phrase, parce qu'elle ne comprend pas le français, "He's a likeable boy."

NOTE 1. steamship 2. arrived 3. opportunity 4. the nearest one 5. high school 6. like 7. I have only one teacher 8. ils . . . route they continue on their way 9. traduire to translate, il traduit he translates.

CHAPITRE 20 (VINGT)
Quel sale temps!

1. Il pleut à verse. La bonne ouvre la porte de la maison de M. et Mme. Davis. M. Picard entre.

2. La bonne dit, — Bonsoir, M. Picard. Quel sale temps! Entrez, entrez. Vous êtes trempé. Donnez-moi votre imperméable et votre chapeau, s'il vous plaît. Mettez votre parapluie dans le porte-parapluies. Vous pouvez laisser vos caoutchoucs ici à l'entrée.

3. M. Picard répond, — Merci. Maintenant ça va mieux. Il pleut à verse, mais il ne fait pas froid. Je suis sûr que je ne vais pas attraper un rhume. Est-ce que M. Davis est là?

4. — Oui, oui, monsieur. Il vous attend dans le salon. Le voilà lui-même.

5. — Bonsoir M. Picard. Je suis très content de vous voir, mais par un sale temps pareil on ne doit pas sortir. Venez dans la salle à manger et prenez une tasse de thé au rhum pour vous réchauffer un peu.

6. — Merci infiniment, M. Davis. J'ai un peu froid. Une tasse de thé au rhum fera mon affaire, et pendant que nous prenons le thé nous allons causer du temps qu'il fait. C'est un sujet de conversation très courant et tout à fait à propos.

7. Les messieurs entrent dans la salle à manger en causant d'un ton animé. Ils s'assoient et la bonne leur[1] apporte un plateau chargé de deux tasses et de deux soucoupes, une théière pleine de thé chaud, un sucrier, et des cuillers à thé. Elle met le plateau sur la table avec une bouteille de rhum qu'elle va chercher au buffet. Puis elle sort de la salle à manger.

8. — Permettez-moi de vous servir, M. Picard, dit M. Davis. Il verse le thé dans les tasses avec une portion libérale de rhum pour chacun.

9. Pendant qu'ils prennent le thé au rhum les messieurs causent toujours d'un ton animé.

10. Dehors il pleut toujours.

1. It is raining buckets. The maid opens the door of the house of Mr. and Mrs. Davis. Mr. Picard enters.

2. The maid says, "Good evening, Mr. Picard. What nasty weather! Come in, come in. You are wet through. Give me your raincoat and hat. Put your umbrella in the umbrella stand. You can leave your rubbers here in the hall."

3. Mr. Picard answers, "Thank you. Now I feel better. It is raining buckets, but it is not cold. I am sure that I shall not catch cold. Is Mr. Davis at home?"

4. Yes sir, yes. He is waiting for you in the living room. There he is himself.

5. Good evening, Mr. Picard. I am very glad to see you, but in nasty weather like this one should not go out. Come to the dining room and drink a cup of tea with rum to warm yourself a bit.

6. Thank you, thank you, Mr. Davis. I am a little cold. A cup of tea with rum will suit me fine, and while we drink the tea with rum we will chat about the weather. It is a very common topic of conversation and just now is quite appropriate.

7. The gentlemen go into the dining room chatting in an animated voice. They sit down and the maid brings them[1] a tray loaded with two cups and saucers, a tea pot full of hot tea, a sugar bowl and some teaspoons. She puts them on the table together with a bottle of rum which she takes from (*Lit.* goes to look for on) the sideboard. Then she leaves the dining room.

8. "Allow me to serve you, Mr. Picard," says Mr. Davis. He pours tea into the cups, with a generous portion of rum for each.

9. While they are drinking the tea with rum the gentlemen continue chatting in an animated voice.

10. Outside it continues raining.

NOTE 1. leur = (to) them. It is an indirect object pronoun.

Pronunciation and Spelling Aids

A. Practice Aloud:

Bonsoir, M. Picard. Je suis très content de vous voir; mais par un sale temps pareil on ne doit pas sortir.

Venez dans la salle à manger et prenez une tasse de thé au rhum pour vous réchauffer.

Bawñ-swar, muh-syeu pee-kar. zhuh süee treh kawñ-tahñ duh voo vwar; may par euñ sal tahñ paray awñ nuh dwa pah sur-teer.

Vuh-nay dahñ la sal a mahñ-zhay ay pruh-nay zün tahs duh tay oh rum poor voo ray-shoh-fay.

Building Vocabulary

A. **Quel temps fait-il?** (kehl tahñ feh-teel?) What is the weather?

1. Il fait beau. (Eel feh boh).	1. It is nice (weather).
2. Il fait mauvais (mu-veh).	2. It is bad (weather).
3. Il fait (très) chaud (shoh).	3. It is (very) hot.
4. Il fait (très) froid, frais. (frwah, freh)	4. It is (very) cold, cool.
5. Il fait du vent (dü vahñ).	5. It is windy.
6. Il pleut. Il neige. Le soleil brille. (Eel pleu. Eel nehzh. Luh su-lehy breey).	6. It is raining. It is snowing. The sun is shining.
7. La pluie (la neige) tombe. (La plüee, la nehzh tawñb)	7. The rain (the snow) is falling.
8. Il pleut à verse (Eel pleu-ta vehrs).	8. It is raining buckets.
9. Avez-vous froid? J'ai froid.	9. Are you cold? I am cold.
10. Avez-vous chaud? Je n'ai pas chaud.	10. Are you warm? I am not warm.

NOTE: In French we say: What weather does it *make?* not, What *is* the weather? It *makes* (fait) warmth, cold, etc. *not*, It *is* warm, cold, etc. We say: I *have* warmth, I *have* cold, etc. not, I *am* warm, I *am* cold, etc.

B. For Various Kinds of Weather

le pardessus (par-duh-sü) overcoat	le parapluie (pa-ra-plüee) umbrella
l'imperméable (lañ-pehr-may-abl) raincoat	l'ombrelle (lawñ-brehl) parasol
le chandail (shahñ-dahy) sweater	les caoutchoucs (kow-tchoo) rubbers

Locutions Françaises

1. Quel sale temps! (kehl sal tahñ) What nasty weather!	A cup of tea will suit me. (*Lit.* will make my business.)
2. attraper un rhume (a-tra-pay euñ rüm) to catch cold	5. en causant while chatting
3. le voilà there he is	6. lui-même he himself
4. Une tasse de thé fera mon affaire.	7. elle-même she herself
	8. moi-même I myself

Exercise No. 107—Completion of Text

1. La bonne dit, — (What nasty weather!)
2. (Come in, come in.) Vous êtes (wet through).
3. Donnez-moi (your raincoat)
4. (Put) votre parapluie dans le porte-parapluies.
5. Maintenant, (I feel better).
6. Je ne vais pas (to catch cold).
7. Par un sale temps pareil (one should not go out).
8. (Come) à la salle à manger.
9. La bonne (brings them) un plateau.
10. (Drink) une tasse de thé au rhum.
11. (Permit me) de vous servir.
12. Dehors, (it continues to rain).

Grammar Notes

1. The Present Tense of **ouvrir** to open.

I open, you open, etc.

j'ouvre (zhoovr)	nous ouvrons (oo-vrawñ)
tu ouvres (oovr)	vous ouvrez (oo-vray)
il, elle ouvre (oovr)	ils, elles ouvrent (oovr)

Like ouvrir are: **couvrir** to cover, **découvrir** to discover, **offrir** to offer

2. The Indirect Object Pronouns

The indirect object may be called the *to* (sometimes *for*) object. It indicates the person *to* or *for* whom the action is performed. Thus:

He writes a letter *to* his agent. He writes (*to*) him a letter. Observe carefully the indirect object pronouns in the following sentences:

1. Charles *me* donne un cadeau.	1. Charles is giving *me* a gift.
2. Ton père *t'*achète un chandail.	2. Your father is buying (*for*) *you* a sweater.
3. Qui *vous* apprend le français?	3. Who is teaching *you* French?
4. M. Picard *nous* apprend le français.	4. Mr. Picard is teaching *us* French.
5. Voilà M. Davis. Qui *lui* parle?	5. There is Mr. Davis. Who is speaking *to him?*
6. Voilà Mme. Davis. Qui *lui* parle?	6. There is Mrs. Davis. Who is speaking *to her?*
7. Nous *leur* apportons les parapluies.	7. We are bringing *them* the umbrellas.

Compare the *direct object* pronouns with the *indirect object* pronouns.

Direct				Indirect			
me, m'	me	nous	us	me, m'	(to) me	nous	(to) us
te, t'	you (*fam.*)	vous	you	te, t'	(to) you (*fam.*)	vous	(to) you
le, l'	him, it			lui	(to) him, (to) her	leur	(to) them
la, l'	her, it	les	them				

a. The direct and indirect objects are alike except in the third persons. Direct: **le** (*him*), **la** (*her*), **les** (*them*) Indirect: **lui** (*to him, to her*), **leur** (*to them*).

b. Like the direct object, the indirect object precedes the verb except in the affirmative imperative.

> Donnez-*lui* le livre.   Give *him* the book.
> Ne *lui* donnez pas le livre.   Do not give *him* the book.

3. Some Common Verbs Which May Take Indirect Objects:

apporter to bring	prêter to lend	rendre to give back
acheter to buy	présenter to present	répéter to repeat
dire to say	montrer to show	apporter to bring
donner to give	envoyer to send	rapporter to bring back
demander to ask	écrire to write	servir to serve
parler to speak	lire to read	vendre to sell

Exercise No. 108. Complete the French sentences with the missing indirect objects. Read aloud. Remember **lui** = *to him, to her,*   **leur** = *to them.*

Exemple 1. Je ne lui prête pas d'argent.

1. I am not lending *him* any money.	1. Je ne _____ prête pas d'argent.
2. They are bringing *us* some candy.	2. Ils _____ apportent des bonbons.
3. We are teaching *her* French.	3. Nous _____ enseignons (*or* apprenons) le français.
4. The maid is serving *them* some tea.	4. La bonne _____ sert du thé.
5. He is showing *them* the samples.	5. Il _____ montre les échantillons.
6. Are you sending *her* a gift?	6. _____ envoyez-vous un cadeau?
7. She is buying *me* a pair of rubbers.	7. Elle _____ achète une paire de caoutchoucs.
8. Do not speak *to her.*	8. Ne _____ parlez pas.
9. Bring the umbrella back *to him.*	9. Rapportez-_____ le parapluie.
10. They are asking *us* for our tickets.	10. Ils _____ demandent nos billets.
11. Give *us* more time.	11. Donnez-_____ plus de temps.
12. Return my fountain pen *to me* please.	12. Rendez-_____ mon stylo, s'il vous plaît.
13. You may repeat my words *to them.*	13. Vous pouvez _____ répéter mes mots.
14. I am going to introduce my friend *to her.*	14. Je vais _____ présenter mon ami.
15. Do not sell *him* your bicycle.	15. Ne _____ vendez pas votre bicyclette.

NOTE: poser une question = to ask a question. demander = to ask or ask for something. The person asked is the indirect object. The thing asked or asked for is the direct object. Thus:

M. Picard demande à M. Davis (lui demande) le nom de son représentant.

Mr. Picard asks Mr. Davis (asks him) the name of his agent.

demander does not mean *to demand.*   exiger = to demand.

Exercise No. 109—Questionnaire

1. Quel temps fait-il quand M. Picard arrive chez M. Davis?
2. Qui ouvre la porte?
3. Où est-ce que M. Picard met son parapluie?
4. Où est-ce qu'il laisse ses caoutchoucs?
5. Où est-ce que les deux messieurs entrent?
6. Qu'est-ce qu'ils prennent dans la salle à manger?
7. Qu'est-ce que la bonne met sur la table?
8. Et après (afterwards) que fait-elle?
9. Qui sert M. Picard?
10. Qu'est-ce que M. Davis verse dans les tasses?

CHAPITRE 21 (VINGT ET UN)

Le Climat De La France

1. Les deux messieurs sont toujours assis dans la salle à manger. Ils causent toujours en prenant le thé au rhum. Dehors il continue à pleuvoir. M. Picard n'a plus froid.

2. M. Picard dit, — Le climat des États-Unis et celui de la France sont quelque peu différents. Ici à New-York nous avons un climat qui va d'un extrême à l'autre.

3. — C'est vrai, M. Picard. En été il fait chaud; quelquefois il fait très très chaud. En hiver il fait froid; parfois il fait très froid, de temps en temps il neige.

Au printemps il commence à faire beau, mais il pleut souvent comme ce soir. Parfois il fait froid pendant des semaines quand tout à coup il fait chaud. Quelle saison préférez-vous, M. Picard?

4. — Je préfère l'automne. L'air est frais et vif. Le ciel est lumineux. Le soleil brille de tout son éclat. Et vous, M. Davis, quelle saison préférez-vous?

5. — Je préfère le printemps quand petit à petit tout devient vert. Mais parlons plutôt du climat de la France. Y a-t-il en France une différence marquée entre les saisons?

6. — Pour la plupart, oui, assez marquée; mais nous n'avons pas ces extrêmes de chaleur et de froid que vous avez ici.

7. — Cela doit être beaucoup plus agréable.

8. — Pas tout à fait. Il est vrai qu'à Paris par exemple il fait rarement très très froid en hiver. Mais par contre, il pleut beaucoup, il fait du vent, le ciel est gris pâle, et on commence à se demander, — Le printemps ne revient-il jamais?

9. — Ah oui, le printemps à Paris est célèbre.

10. — Vous qui préférez le printemps, vous allez être heureux à Paris. Au printemps il fait presque toujours beau. Le ciel est bleu clair avec de gros nuages blancs; les grands platanes des boulevards

1. The two gentlemen are still seated in the dining room. They are still chatting while drinking the tea with rum. Outside it continues to rain. Mr. Picard is no longer cold.

2. Mr. Picard says, "The climate of the United States and that of France are somewhat different. Here in New York we have a climate that goes from one extreme to the other.

3. That's true, Mr. Picard. In summer it is hot; sometimes it is very very hot. In winter it is cold; at times it is very very cold, and it snows now and then.

In spring it begins to be nice, but it often rains like tonight. Sometimes it stays cold for weeks when suddenly it gets hot. Which season do you prefer, Mr. Picard?

4. I prefer the autumn. The air is cool and crisp. The sky is bright. The sun shines brilliantly. And you, Mr. Davis, which season do you prefer?

5. I prefer the spring when little by little everything becomes green. But let us talk rather about the climate of France. Is there a marked difference in France among the seasons?

6. For the most part, yes, quite marked; but we don't have those extremes of heat and cold that you have here.

7. That must be very much nicer.

8. Not quite. It is true that in Paris for example it is rarely extremely cold in winter. But on the other hand, it rains a great deal, it is windy, the sky is a pale gray and one begins to wonder, "Is spring never coming again?"

9. Ah yes, spring in Paris is famous.

10. You who prefer the spring will be happy in Paris. In spring the weather is almost always nice. The sky is blue with thick white clouds; the big sycamores on the boulevards begin to leaf out, the

commencent à se feuiller; l'air est doux, embaumé. Toute la ville sourit.

air is mild and balmy. The whole city smiles.

11. — Mais vous faites un poème, M. Picard!

11. But you're composing a poem, Mr. Picard!

12. — Ce n'est pas pour rien que le printemps à Paris est célèbre.

12. It's not for nothing that spring in Paris is famous.

13. — Tant mieux pour moi, car je compte partir au mois de mai. Et les autres saisons?

13. All the better for me, as I expect to leave in May. And the other seasons?

14. — Il est déjà tard. Laissons le reste pour la semaine prochaine.

14. It is already late. Let us leave the rest for next week.

Pronunciation and Spelling Aids

A. Practice Aloud:

Les deux messieurs sont toujours assis dans la salle à manger.

Lay deu may-syeu sawñ too-zhoor za-see dahñ la sal a mahñ-zhay.

Ils causent toujours en prenant le thé au rhum.

Eel kohz too-zhoor ahñ pruh-nahñ luh tay oh **rum**.

Dehors il continue à pleuvoir.

Duh-ur eel kawñ-tee-nü a pleu-**vwar**.

Monsieur Picard n'a plus froid.

Muh-syeu pee-kar na plü frwah.

Building Vocabulary

A. Les Quatre Saisons

le printemps (prañ-tahñ) spring
l'été (lay-tay) summer
l'automne (loh-tun) autumn
l'hiver (lee-vehr) winter

au printemps in spring
en été in summer
en automne in autumn
en hiver in winter

B. Related Words

1. différent, la différence
2. intelligent, l'intelligence (f)
3. diligent, la diligence

4. évident, l'évidence (f)
5. content, le contentement
6. intéressant, l'intérêt (m)

Locutions Françaises

1. tout à coup (too ta koo) all of a sudden
2. de tout son éclat (ay-kla) in all its brilliance
3. petit à petit little by little

4. pour la plupart for the most part
5. par contre (par kawñtr) on the other hand
6. se demander to wonder *Lit.* to ask oneself

Exercise No. 110—Completion of Text

1. Ils causent (while drinking) le thé au rhum.
2. Dehors il continue (to rain).
3. En été (it is hot).
4. En hiver (it is very cold).
5. Au printemps (it often rains).
6. (I prefer) l'automne.
7. Quelle saison (do you prefer)?

8. Mais (let us talk rather) du climat de la France.
9. Nous n'avons pas ces extrêmes (of heat and of cold).
10. Cela (ought) être plus agréable.
11. Au printemps (the weather is fine) à Paris.
12. Le ciel est (blue). L'air est (mild). Toute la ville (smiles).

Grammar Notes

1. Present Tense of devoir to owe, to be obliged to, to have to; recevoir to receive.

I owe, am obliged to, have to, etc.

je dois (dwa)	nous devons (duh-vawñ)
tu dois (dwa)	vous devez (duh-vay)
il doit (dwa)	ils doivent (dwav)
elle doit (dwa)	elles doivent (dwav)

I receive, you receive, etc.

je reçois	nous recevons
tu reçois	vous recevez
il reçoit	ils reçoivent
elle reçoit	elles reçoivent

Like recevoir: apercevoir to perceive, décevoir to deceive

The verb devoir is a very important verb with various shades of meaning. It expresses the idea of *must, ought, should,* in the sense of duty or obligation; also *must* in the sense of *is supposed to, is probably.*

Exercise No. 111. In the following sentences note the various meaning of **devoir**. Repeat each French sentence aloud five times.

1. Nous leur devons vingt dollars.
2. M. Davis doit à M. Picard ses grands progrès dans l'étude du français.
3. Les élèves doivent faire leurs devoirs tous les jours.
4. Le train doit arriver à six heures.
5. Le climat de France doit être plus agréable que celui de notre pays.
6. Cela doit être vraiment beau.
7. Par un sale temps pareil on ne doit pas sortir.
8. Vous devez être fatigué après une journée pareille.

1. We owe them twenty dollars.
2. Mr. Davis owes his great progress in the study of French to Mr. Picard.
3. The pupils must do their homework every day.
4. The train should arrive (is due) at six o'clock.
5. The climate of France must be (is probably) more agreeable than that of our country.
6. That must be really beautiful.
7. One should not go out in such nasty weather.
8. You must be fatigued after such a day.

2. Some Negative Expressions.

You have learned that the negative *not* is expressed in French by **ne** before the verb and **pas** after the verb. Thus:

Je *ne* sais *pas.* Est-ce que vous *ne* savez *pas? Ne* savez-vous *pas?*
Study in the following sentences other negative expressions which also have two parts:

1. Le professeur *n'est pas encore* ici.
2. Ces élèves *ne* sont *jamais* en retard.
3. M. Martin *ne* me doit *rien.*
4. Nous *ne* pouvons *pas* aller *non plus.*
5. Est-ce que vous *n'avez que* cinq dollars?
6. Ils *ne* viennent *plus* ici.
7. Il *ne* sait *ni* parler *ni* écrire le français.
8. Il *ne* connaît *personne* à Paris.

1. The teacher is *not yet* here.
2. These pupils are *never* late.
3. Mr. Martin owes me *nothing.*
4. We can *not* go *either.*
5. Do you have *only* five dollars?
6. They do *not* come here *any more.*
7. He can *neither* speak *nor* write French.
8. He *doesn't* know anybody in Paris.

Negative expressions usually have two parts, **ne** before the verb and the rest of each expression after **it.** Learn:

1. ne ... pas encore   not yet
2. ne ... jamais   never, not ever
3. ne ... rien   nothing, not anything
4. ne ... pas ... non plus   not ... either

5. ne ... que   only
6. ne ... plus   no longer, not any more
7. ne ... ni ... ni   neither ... nor
8. ne ... personne   nobody, not anybody

The word **jamais** used in a sentence without **ne** means ever.

Lisez-vous *jamais* les journaux français?

Do you *ever* read the French newspapers?

Negatives when used without a verb drop the **ne.**

Que faites-vous?   *Rien.*
Quand le voyez-vous?   *Jamais.*
Est-ce que Jean est ici?   *Pas encore.*
Je ne l'aime pas.   *Ni moi non plus.*
Qui est là?   *Personne.*

What are you doing?   *Nothing.*
When do you see him?   *Never.*
Is John here?   *Not yet.*
I don't like him.   *Neither do I. (nor I either)*
Who is there?   *Nobody.*

Exercise No. 112. Complete each French sentence with the correct negative. Read each sentence aloud twice.

Exemple 1.   Je ne sais rien de cette affaire.

1. I know nothing about that matter.
2. The examination is not yet finished.
3. We never travel in winter.
4. They do not like the detective films either.
5. He says nothing and he does nothing.
6. Don't you want to take a trip to France?
7. She is no longer satisfied with her radio set.
8. I am not working either.
9. We have nothing to say to you.

1. Je ___ sais ___ de cette affaire.
2. L'examen ___ est ___ terminé.
3. Nous ___ voyageons ___ en hiver.
4. Ils ___ aiment ___ les films policiers ___.
5. Il ___ dit ___ et il ___ fait ___.
6. ___ voulez-vous ___ faire un voyage en France?
7. Elle ___ est ___ contente de son poste récepteur.
8. Je ___ travaille ___.
9. Nous ___ avons ___ à vous dire.

10. I have only one notebook.
11. What you are bringing me? Nothing.
12. Is the lesson finished? Not yet.
13. Better late than never.
14. Is spring never coming?
15. We have neither the time nor the money.

10. Je ___ ai ___ un cahier.
11. Qu'est-ce que vous m'apportez? _____.
12. La leçon est-elle finie? _____.
13. Mieux vaut tard que ___.
14. Le printemps ___ vient-il ___?
15. Nous ___ avons ___ le temps ___ l'argent.

Exercise No. 113—Questionnaire

1. De quoi les messieurs parlent-ils?
2. Est-ce que le climat de la France est pareil (like) à celui des États-Unis?
3. Quel temps fait-il en été à New-York?
4. Quelle saison M. Picard préfère-t-il?
5. Et M. Davis quelle saison préfère-t-il?

6. Y a-t-il une différence marquée entre les saisons en France?
7. Comment est l'hiver à Paris?
8. Comment est le printemps à Paris?
9. Pourquoi est-ce que M. Davis est content?
10. Quel mois est-ce que M. Davis compte partir?

CHAPITRE 22 (VINGT DEUX)

Le Climat De La France (Suite)

1. — Ce soir nous allons continuer à parler du climat de la France.

2. — Vous savez maintenant que le climat de Paris est très désagréable en hiver. C'est pour cela que ceux qui ont les moyens quittent Paris en hiver pour aller en Suisse ou à la Côte d'Azur.

3. — Est-ce que le climat de la Suisse en hiver est moins sévère que celui de Paris?

4. — Au contraire, il est plus sévère, mais il est beaucoup plus agréable.

5. — Est-ce qu'il n'y a pas d'hiver sur la Côte d'Azur?

6. — L'hiver est doux. Presque tous les jours le soleil brille. Il fait bon. En été il fait plus chaud, mais il y a toujours une jolie brise de mer. Au fait, ce climat ressemble un peu à celui de Floride.

7. — Ah bon. Mais est-ce qu'il ne fait jamais froid?

8. — Il fait frais pendant la nuit. Il faut se mettre un lainage quelconque. Mais il ne fait jamais très froid sauf dans les montagnes.

9. — Est-ce vrai qu'on peut nager le matin et faire du ski l'après-midi sur la Côte d'Azur?

10. — Mais oui. Ceux qui sont jeunes et forts le font tout le temps. De la plage on peut voir les grandes montagnes des Alpes Maritimes couvertes de neige. Elles sont à une distance de quatre-vingts kilomètres à peu près.

11. — Ah, cela doit être vraiment beau!

12. — C'est un coin délicieux. Si vous avez le temps de faire un saut jusqu'à Nice ou Cannes vous allez être enchanté de votre visite.

13. — Merci bien pour le bon conseil. Je vais tâcher de faire ce petit voyage au mois de juin.

14. — Vous n'allez pas le regretter, je vous assure.

1. This evening we are going to continue to talk about the climate of France.

2. Now you know that the climate of Paris in winter is very disagreeable. That is why those who have the means leave Paris in winter to go to Switzerland or to the Riviera (the Blue Coast).

3. Is the climate of Switzerland in winter less severe than that of Paris?

4. On the contrary, it is more severe, but it is much more agreeable.

5. Is there no winter on the Riviera?

6. The winter is mild. Nearly every day the sun shines. The weather is fine. In summer it's warmer, but there is always a good sea breeze. In fact, this climate resembles somewhat that of Florida.

7. Oh, I see. But isn't it ever cold?

8. It is cool during the night. One must put on some woolen garment or other. But it is never very cold except in the mountains.

9. Is it true that one can go swimming in the morning and skiing in the afternoon on the Riviera?

10. Yes, indeed. Those who are young and strong do it all the time. From the beach one can see the high mountains of the Maritime Alps covered with snow. They are at a distance of about eighty kilometers.

11. That must be really beautiful!

12. It is a delightful spot. If you have the time to take a hop to Nice or Cannes you will be enchanted with your visit.

13. Thank you for the good advice. I shall try to make this little trip in the month of June.

14. You won't be sorry, I assure you.

Pronunciation and Spelling Aids

Practice Aloud:

L'hiver est doux. Presque tous les jours le soleil brille. Il fait bon.

En été il fait plus chaud, mais il y a toujours une jolie brise de mer.

Lee-vehr eh doo. Prehsk too lay zhoor luh su-lehy breey. Eel feh bawñ.

Ahñ nay-tay eel feh plü shoh, meh zeel ya too-zhoor zün zhu-lee breez duh mehr.

Building Vocabulary

A. Antonyms

1. agréable   agreeable
   désagréable   disagreeable
2. doux   mild, soft
   sévère   severe, harsh
3. toujours   always
   ne ... jamais   never
4. souvent   often
   rarement   rarely

5. devant   in front of
   derrière   behind
6. avant   before
   après   after
7. entrer dans   to enter
   sortir de   to leave
8. l'entrée   entrance
   la sortie   exit

Locutions Françaises

1. au contraire   on the contrary
2. au fait   in fact
3. faire du ski   to go skiing
4. être enchanté de   to be delighted with

5. tâcher de faire   to try to do
6. il faut mettre   one must (it is necessary to) put on
7. il faut avoir   one must (it is necessary) to have

Exercise No. 114—Completion of Text

1. Ce soir (we are going to continue) à parler du climat de la France.
2. Le climat en hiver à Paris est (very disagreeable).
3. Ceux (who have the means) quittent Paris en hiver.
4. (Isn't there any winter) sur la Côte d'Azur?
5. (It is never cold) sauf dans les montagnes.
6. (It is necessary to put on) un lainage quelconque.
7. On peut (swim in the morning).
8. (One can see) les grandes montagnes.
9. Cela (must be) vraiment beau.
10. (If you have the time) faites un saut jusq'à Nice.

Grammar Notes

1. Demonstrative Pronouns.

Compare the demonstrative pronouns (celui, celle, ceux, celles) with the demonstrative adjectives (ce, cette, ces) in the following sentences:

Demonstrative Adjectives	Demonstrative Pronouns
Ce (this) docteur-ci est Français. Ce (that) docteur-là est Américain.	Celui-ci (this one) est Anglais. Celui-là (that one) est Italien.
Cette (this) fleur-ci est pour Louise. Cette (that) fleur-là est pour Anne.	Celle-ci (this one) est pour Marie. Celle-là (that one) est pour Jeanne.
Ces (these) docteurs-ci sont Français. Ces (those) docteurs-là sont Américains.	Ceux-ci (these) sont Anglais. Ceux-là (those) sont Italiens.
Ces (these) fleurs-ci sont pour Louise. Ces (those) fleurs-là sont pour Anne.	Celles-ci (these) sont pour Marie. Celles-là (those) sont pour Jeanne.

The Demonstrative Pronoun Chart

	Singular		Plural	
masc.	celui	this (one), that (one)	ceux	these, those
fem.	celle	this (one), that (one)	celles	these, those

a. The demonstrative adjectives (ce, cet, cette, ces) are always followed by a noun. The demonstrative pronouns (celui, celle, ceux, celles) are never followed by a noun.

b. The demonstrative pronouns have the same gender and number as the nouns for which they stand.

c. -ci and -là are used for emphasis or clarity. Omit -ci and -là before de and before a relative pronoun.

Le climat de la France, et *celui* de l'Italie.   The climate of France and *that* of Italy.
Ceux qui ont les moyens quittent Paris en hiver.   *Those* who have the means leave Paris in winter.

2. ceci, cela (ça) this, that

ceci and cela (often shortened to ça) mean this thing or that thing to which we are pointing; or they may refer to whole ideas or statements.

Ceci est un rasoir électrique.   This is an electric razor.
Cela est un rasoir de sûreté.   That is a safety razor.
Cela est vrai (faux).   That is true (false).
Cela ne fait rien.   That doesn't matter.
N'oubliez pas ceci: Le commerçant français n'est pas pressé.   Do not forget this: The French business man is not in a hurry.

Exercise No. 115. Translate these brief dialogues. Practice them aloud:

1. — Quelle poterie préférez-vous, celle de Vallauris ou celle de Biot? — Je préfère celle de Biot.

2. — Quel chapeau aimez-vous mieux, celui-ci ou celui-là? — J'aime mieux celui-là.

3. — Quel climat est plus doux, celui de la France ou celui du Canada? — Celui de la France est plus doux.

4. — Comment trouvez-vous ces robes? — J'aime bien celle-ci. Je trouve les couleurs de celle-là trop éclatantes.

5. — Quelles places préférez-vous, celles des premiers rangs ou celles du fond? — Nous préférons celles des premiers rangs.

6. — Quelle sorte de mouchoirs allez-vous acheter? — Je vais acheter ceux qui sont les meilleurs marchés.

Exercise No. 116. Complete with the correct form of the demonstrative pronoun.

Exemple 1: Les montagnes du Canada sont plus hautes que *celles* de l'Europe.

1. Les montagnes du Canada sont plus hautes que (those) de l'Europe.

2. Les fleuves de l'Amérique du Sud sont plus longs que (those) de l'Europe.

3. Ce pot au lait-ci est de Limoges, (that one) est de Biot.

4. Ces tasses et ces soucoupes-ci sont de la France, (those) sont du Mexique.

5. Ces robes-ci sont meilleur marché que (those).

6. Ces problèmes-ci (*m*) sont plus difficiles que (those).

7. Lequel[1] est votre parapluie, (this one) ou (that one)?

8. Laquelle[1] est votre place, (this one) ou (that)?

9. Le climat de la France est plus doux que (that) de la Suisse.

10. Ma femme et moi, nous déjeunons ensemble. (That) me plaît beaucoup.

NOTE 1. lequel (laquelle *f.*) which one.

Exercise No. 117—Questionnaire

1. Pourquoi est-ce que ceux qui ont les moyens quittent Paris en hiver?
2. Où vont-ils?
3. Comment est l'hiver sur la Côte d'Azur?
4. Comment est l'été sur la Côte d'Azur?
5. Où est-ce qu'on peut nager le matin et faire du ski l'après-midi?
6. Qu'est-ce qu'on peut voir de la plage?
7. Quel temps fait-il pendant la nuit?
8. Où fait-il très froid?
9. À quelle distance les montagnes sont-elles de la plage?
10. Quand est-ce que M. Davis va tâcher de faire ce petit voyage?

CHAPITRE 23 (VINGT-TROIS)

La Bonne Cuisine Française

1. — Vous savez, sans doute, M. Davis, que la bonne cuisine française est un des plus grands plaisirs du touriste en France.

2. — Je le sais bien, M. Picard. Je peux même dire que je la connais un peu, la cuisine française. Quand j'ai un client important, je l'invite à déjeuner dans un des bons restaurants français ici à New-York. Et cela arrive assez souvent.

3. — La cuisine française nous fait cadeau de beaucoup d'expressions d'usage courant en anglais; par exemple: à la carte, bouillon, consommé, purée, sauté, au gratin, café, petits fours, hors d'oeuvres, soufflé, et sans doute beaucoup d'autres. À propos, M. Davis, vous êtes dans l'importation. À Paris, faites une liste de vos plats préférés, et envoyez à votre femme un bon livre sur la cuisine française, en anglais, bien entendu.

4. — Quelle bonne idée! Mais la cuisine française n'est-elle pas compliquée?

5. — Vraiment, non. Il y a certainement des plats célèbres qui sont très compliqués, mais il n'y a rien de mystérieux dans la bonne cuisine française. Je vais vous dire les trois secrets, gratis.

6. — Pour commencer, tout ce qui entre dans un plat doit être de bonne qualité: le beurre, les oeufs, la viande, les légumes, tout, enfin; ensuite, il faut avoir[1] le goût et l'amour de la cuisine; et après, du beurre, du beurre, et encore du beurre.

7. — Merci pour les trois secrets. Je vais les raconter tout de suite à ma femme.

8. — Voilà un mari modèle!

9. — M. Picard, j'ai un appétit de loup! Voulez-vous casser la croûte avec moi?

10. — Avec plaisir, M. Davis.

NOTE 1. *Lit.* It is necessary to have.

1. No doubt you know, Mr. Davis, that good French cooking is one of the greatest pleasures of the tourist in France.

2. I know that well, Mr. Picard. I can even say that I know something about French cooking. When I have an important customer, I invite him out to lunch at one of the good French restaurants here in New York. And this happens quite often.

3. French cooking gives us (*Lit.* makes us a gift of) many expressions commonly used in English; for example: à la carte, bouillon, consommé, purée, sauté, au gratin, café, petits fours, hors d'oeuvres, soufflé, and no doubt many others. By the way, Mr. Davis, you are in the import business. In Paris make a list of your favorite dishes, send your wife a good French cook book, in English of course.

4. What a good idea! But isn't French cooking complicated?

5. Not really. There are certainly some famous dishes which are very complicated but there is nothing mysterious in good French cooking. I am going to tell you the three secrets, free.

6. First, everything that goes into a dish must be of good quality; the butter, the eggs, the meat, the vegetables, in short, everything; then, one must have a taste for and a love of cooking; then, butter, butter, and more butter.

7. Thank you for the three secrets. I am going to tell them at once to my wife.

8. There's a model husband!

9. Mr. Picard, I'm as hungry as a wolf! Will you have a snack (*Lit.* break the crust) with me?

10. With pleasure, Mr. Davis.

Pronunciation and Spelling Aids

Practice Aloud:

Vous savez, sans doute, Monsieur Davis, que la bonne cuisine française est un des plus grands plaisirs du touriste en France.

Voo sa-vay, sahñ doot, muh-syeu Davis, kuh la bun küee-zeen frahñ-sehz eh teuñ day plü grahñ pleh-zeer dü too-reest ahñ frahñs.

Building Vocabulary

A. Some French Cooking Expressions Adopted in English.

1. le bouillon (boo-yawñ) broth
2. le consommé (kawñ-su-may) clear soup
3. la purée (pü-ray) thick soup or mashed vegetables
4. sauté (soh-tay) fried

5. au gratin (oh gra-tañ) dressed with bread crumbs or cheese, and browned in the oven.
6. les petits fours (puh-tee-foor) small cakes
7. hors d'oeuvres (ur-deuvr) appetizers served at beginning of meal
8. soufflé (soo-flay) puffed-up dish on egg base

B. Some Tasty French Dishes Not Difficult To Prepare.

1. la soupe à l'oignon (soop-a-lu-nyawñ) onion soup
2. le poulet Marengo (poo-leh ma-rañ-goh) Chicken Marengo
3. le boeuf bourguignon (beuf boor-gee-nyawñ) Burgundy beef
4. la blanquette de veau (blahñ-keht duh voh) veal fricassee
5. les haricots verts sautés (lay a-ree-koh vehr soh-tay) fried green beans
6. les épinards à la crème (lay zay-pee-nar a la krehm) creamed spinach
7. les petits pois à la française (puh-tee pwa a la frahñ-sehz) peas French style
8. la poire Hélène (pwar ay-lehn) pear Helene
9. les fraises Chantilly (frehz shahñ-tee-yee) strawberries Chantilly

Locutions Françaises

1. cela arrive   that happens
2. assez souvent   quite often
3. bien entendu   of course
4. faire cadeau de   to make a gift of, to give
5. beaucoup d'autres   many others
6. Quelle bonne idée!   What a good idea!
7. rien de mystérieux   nothing mysterious
8. tout ce qui   everything that

Exercise No. 118—Completion of Text

1. Je connais un peu la (good French cooking).
2. C'est (one of the greatest pleasures) du touriste.
3. J'invite un client important (to lunch).
4. (That happens) assez souvent.
5. La cuisine française (makes us a gift) de beaucoup d'expressions.
6. (Send your wife) un bon livre sur la cuisine française.
7. (I am going to tell you) les trois secrets.
8. (All that) entre dans un plat doit être (of good quality).
9. (One must have) l'amour de la cuisine.
10. Et après (butter, butter, and more butter).

Grammar Notes

1. Present Tense of **envoyer** to send

I send, you send, etc.

j'envoie (zhahñ-vwa)	nous envoyons (noo zahñ-vwa-yawñ)
tu envoies (tü ahñ-vwa)	vous envoyez (voo zahñ-vwa-yay)
il envoie (eel ahñ-vwa)	ils envoient (eel zahñ-vwa)
elle envoie (ehl ahñ-vwa)	elles envoient (ehl zahñ-vwa)

Imperative

envoie send   **envoyons** let us send   **envoyez** send

renvoyer to send back, has the same endings as **envoyer**.

2. Independent Pronouns. Used After Prepositions.

a. Note carefully the personal pronouns used after prepositions. They are called *independent* pronouns because they are usually independent of the verb. They are sometimes called *disjunctive* or *emphatic* pronouns.

après *moi* after *me*	près de *nous* near *us*
sans *toi* (fam.) without *you*	loin de *vous* far from *you*
avec *lui* with *him*	excepté *eux* except *them* (m).
pour *elle* for *her*	derrière *elles* behind *them* (f).

b. Note the independent pronouns with the preposition chez:

chez moi at my house (home)	chez nous at our house (home)
chez toi at your house (home) (fam.)	chez vous at your house (home)
chez lui at his house (home)	chez eux (m) at their house (home)
chez elle at her house (home)	chez elles (f) at their house (home)

c. After est and sont, the independent pronouns with the preposition à show possession.

Ce chapeau est à moi,	This hat is mine (belongs to me),
(à toi, à lui, à elle).	(yours (fam.), his, hers).
Ces chaises sont à nous,	These chairs are ours,
(à vous, à eux, à elles).	(yours, theirs (m), theirs (f).

Exercise No. 119. Complete the following in French:

1. Voulez-vous aller (with me)?
2. Cette carte est (for you), **mon enfant.**
3. Ils vont dîner (at my house).
4. Nous restons (at home) en famille.
5. Mlle. Martin n'est pas (at her house).
6. L'avion va partir (without them (*m*).
7. Il est assis (near her).
8. Il y a beaucoup de choses (around us).
9. Ces places-ci sont (ours).
10. Ces places-là sont (theirs (*f*).

3. Other Uses of the Independent Pronouns.
   a. When the pronoun stands alone (without a verb):

Qui a un appétit de loup?	Who is as hungry as a wolf?
Moi. Toi. Lui. Elle.	I. You (*fam*). He. She.
Nous. Vous. Eux. Elles.	We. You. They (*m*). They (*f*).

   b. For emphasis and in double pronoun subjects:

Moi, j'aime le théâtre.	*I* like the theatre.
Lui et moi, nous étudions le français.	He and I (we) are studying French.

   c. With c'est and ce sont:

C'est moi. It is I.	C'est nous. It is we.
C'est toi. It is you (*fam*.).	C'est vous. It is you.
C'est lui (elle). It is he (she).	Ce sont eux (elles). It is they.

NOTE: Ce sont is used with eux and elles.

   d. In the affirmative imperative, me becomes **moi** and te becomes **toi.**

Dites-moi où vous demeurez.	Tell me where you live.
Lève-toi, mon enfant.	Get up, child.
But: Ne me dites pas. Ne te lève pas.	Do not tell me. Do not get up.

Exercise No. 120. Complete the following in French:

1. Qui fait de grands progrès dans ses études? (He). (She).
2. (I) j'aime le français; elle aime l'anglais.
3. Qui frappe (knocks) à la porte? C'est (me). C'est (we). Ce sont (they) (*m*).
4. Habille-(yourself), Rosette.
5. Envoyez-(me) les fleurs.
6. Vous venez plus tard que (he).
7. (She and I), nous allons au théâtre.
8. Qui étudie diligemment? (I).
9. Est-ce que ce stylo-ci est (yours)?
10. Non, c'est (his).

Exercise No. 121—Questionnaire

1. Quel est un des plus grands plaisirs du touriste en France?
2. Est-ce que M. Davis connaît la cuisine française?
3. De quoi la cuisine française nous fait-elle cadeau?
4. Qu'est-ce que M. Davis doit faire à Paris?
5. Est-ce que la cuisine française est compliquée?
6. Quel est le troisième secret de la bonne cuisine?
7. Est-ce que M. Davis va les raconter à sa femme?
8. Qui est un mari modèle?
9. Qui a un appétit de loup?
10. Qui va casser la croûte avec M. Davis?

RÉVISION 5

CHAPITRES 20–23 PREMIÈRE PARTIE

NOUNS

1. l'amour	11. les haricots verts	21. la pluie	1. love	11. green beans	21. rain
2. l'appétit	12. l'hiver	22. la poire	2. appetite	12. winter	22. pear
3. le boeuf	13. l'imperméable	23. le poulet	3. beef	13. raincoat	23. chicken
4. le cadeau	14. le légume	24. le reste	4. gift	14. vegetable	24. remainder
5. le climat	15. la mer	25. la saison	5. climate	15. sea	25. season
6. le coin	16. la neige	26. la sortie	6. corner	16. snow	26. exit
7. le conseil	17. les moyens	27. la soupe	7. advice	17. means	27. soup
8. le dessert	18. le parapluie	28. le thé	8. dessert	18. umbrella	28. tea
9. les épinards	19. le pardessus	29. le veau	9. spinach	19. overcoat	29. veal
10. les fraises	20. le plateau	30. la visite	10. strawberries	20. tray	30. visit

VERBS

1. apporter	9. neiger	17. couvrir	1. to bring	9. to snow	17. to cover
2. briller	10. oublier	18. je couvre	2. to shine	10. to forget	18. I cover
3. casser	11. quitter	19. devenir	3. to break	11. to leave, quit	19. to become
4. chercher	12. raconter	20. je deviens	4. to look for	12. to tell about	20. I become
5. envoyer	13. réchauffer	21. pleuvoir	5. to send	13. to warm	21. to rain
6. j'envoie	14. tomber	22. il pleut	6. I send	14. to fall	22. it is raining
7. frapper	15. tâcher	23. sourire	7. to knock	15. to try	23. to smile
8. nager	16. verser	24. je souris	8. to swim	16. to pour	24. I smile

ADJECTIVES

1. agréable	6. faux (fausse *f*)	11. pressé	1. agreeable	6. false	11. in a hurry
2. chaud	7. froid	12. sale	2. hot	7. cold	12. nasty, dirty
3. clair	8. plein	13. trempé	3. clear	8. full	13. soaked
4. couvert	9. pâle	14. sûr	4. covered	9. pale	14. sure
5. enchanté	10. préféré	15. vif	5. delighted	10. preferred	15. brisk, lively

ADVERBS

1. dehors	3. tôt	5. plus tôt	1. outside	3. soon	5. sooner
2. plutôt	4. tard	6. plus tard	2. rather	4. late	6. later
		7. ne-personne			7. nobody

PREPOSITIONS

1. à côté de	2. au lieu de	3. sauf	1. at the side of	2. instead of	3. except

NEGATIVES

1. ne—pas	3. ne—pas encore	5. ne—rien	1. not	3. not yet	5. nothing
2. ne—jamais	4. ne—plus	6. ne—que	2. never	4. no longer, no more	6. only

FRENCH EXPRESSIONS

1. cela arrive	7. ça va mieux	1. that happens	7. I feel better
2. assez souvent	8. tout à coup	2. quite often	8. all of a sudden
3. par contre	9. moi-même	3. on the contrary	9. I myself
4. petit à petit	10. lui-même	4. little by little	10. he himself
5. il pleut à verse	11. elle-même	5. it is raining buckets	11. she herself
6. quel sale temps!	12. le voilà	6. what nasty weather!	12. there he (it) is

DEUXIÈME PARTIE

Exercise No. 122. From Group II select the opposite of each word in Group I.

I

1. tôt, bientôt
2. vieux
3. peu de temps
4. chercher
5. occupé
6. envoyer
7. agréable
8. toujours
9. faux
10. quelque chose
11. souvent
12. déjà

II

a. beaucoup de temps
b. ne _____ jamais
c. tard
d. vrai
e. trouver
f. jeune, nouveau
g. libre
h. rarement
i. recevoir
j. pas encore
k. désagréable
l. rien

Exercise No. 123. Complete the following sentences in French.

1. Quand il fait froid (I am cold).
2. Quand il fait chaud (I am warm).
3. En été (it is warm).
4. Au printemps (it rains a great deal).
5. En automne (it is cool).
6. En hiver (it is cold).
7. Quand il pleut je porte (a raincoat).
8. Quand il neige (I wear an overcoat).
9. La pluie (is falling).
10. J'aime bien (all the seasons).

Exercise No. 124. Select the group of words in Column II which best completes each sentence begun in Column I.

I	II
1. Moi, je préfère le climat de la France,	a. quelque chose du climat de la France.
2. Prenez du thé au rhum	b. préparer quelques bons plats français.
3. Je vais vous dire	c. arriver à cinq heures de l'après-midi.
4. C'est vrai que l'hiver	d. mais elle préfère celui de la Suisse.
5. Prenez un parapluie	e. mais celles-là sont libres.
6. Le deux messieurs entrent dans le salon	f. pour vous réchauffer.
7. Ces places-ci sont occupées,	g. à Paris est souvent désagréable.
8. Il n'est pas difficile de	h. en causant d'un ton animé.
9. Je vais faire cadeau à ma femme	i. parce qu'il pleut à verse.
10. Le train de Lyon doit	j. d'un bon livre sur la cuisine française.

Exercise No. 125. Complete the answer to each question with the correct direct or indirect object pronoun in French.

1. Qu'est-ce que la bonne dit à M. Davis?	1. Elle (to him) dit: — Quel sale temps!
2. Qu'est-ce que M. Picard donne à la bonne?	2. Il (to her) donne son parapluie.
3. Est-ce que M. Davis attend M. Picard?	3. Oui, il (him) attend.
4. Est-il content de voir M. Picard?	4. Il est content de (him) voir.
5. Pourquoi est-ce que M. Picard prend une tasse de thé?	5. Il (it) prend pour (himself) réchauffer.
6. Qu'est-ce que M. Davis dit à M. Picard?	6. Il dit: — Permettez-(me) de (you) servir.
7. Préférez-vous les films policiers?	7. Nous ne (them) préférons pas.
8. Quand allez-vous quitter la ville?	8. Je vais (it) quitter l'été prochain.
9. Qui vous invite à déjeuner?	9. Mon ami Charles (me) invite à déjeuner.
10. Qu'est-ce que vous donnez aux enfants?	10. Je (to them) donne un poste recepteur.

Exercise No. 126. Translate the English sentences using the negative indicated. ne must precede the verb.

1. (ne _____ personne) I do not know anybody.
2. (ne _____ jamais) We never eat meat.
3. (ne _____ que) I have only one teacher.
4. (ne _____ plus) She no longer wants that hat.
5. (ne _____ pas encore) Joan does not go to school yet.
6. (ne _____ pas _____ non plus) I am not tired either.
7. (ne _____ plus) We have no more (de) time.
8. (ne _____ rien) Why do you say nothing?
9. (ne _____ ni _____ ni) We have neither the time nor the money.

Dialogue
Au Restaurant

1. — Bonjour monsieur. Voici le menu.

2. — Merci. Qu'est-ce qu'il y a de bon aujourd'-hui?

3. Nous avons un très bon dîner à prix fixe[1] aujourd'hui: soupe à l'oignon, entrecôte aux pommes, tomates farcies, salade, fromage et une belle tarte aux pêches.

4. — Qu'y a-t-il de bon à la carte?

5. — Je vous recommande le canard à l'orange. C'est de l'extra.

6. — Très bien. J'aime beaucoup le canard. Apportez-moi pour commencer la soupe à l'oignon.

7. — Très bien, monsieur. Voulez-vous un légume? Le canard est garni de pommes sautées.

8. — Non merci. Pas de légumes. Une salade, c'est tout.

1. Good day, sir. Here is the menu.

2. Thank you. What is there that's good today?

3. We have a very good table d'hôte dinner today: onion soup, small steak with potatoes, stuffed tomatoes, salad, cheese and a fine peach tart.

4. What is there that's good à la carte?

5. I recommend duck with orange sauce. It is especially good.

6. Very good. I like duck very much. Bring me first the onion soup.

7. Very good, sir. Do you want a vegetable? The duck is garnished with sautéd potatoes.

8. No thank you. No vegetables. A salad, that's all.

9. — Bien, monsieur. Voulez-vous un fromage?

10. — Ça oui. Comment est le camembert? Est-il bien fait?

11. — Il est au point, monsieur, un délice!

12. — Très bien. Avec ça un café bien fort.

13. — Et comme boisson?

14. — Une demi-bouteille de Pommard.

15. — Très bien, monsieur. Tout de suite.

16. Le repas terminé M. Davis dit: — Garçon, l'addition, s'il vous plaît.

17. — Voici, monsieur.

18. — Est-ce que le service est compris?

19. — Oui monsieur, voyez-vous, là, en bas.

20. — Merci.

21. — Merci bien, monsieur.

NOTE 1. à prix fixe = table d'hôte

9. Good, sir. Do you want cheese?

10. That, yes. How is the camembert? Is it ripe?

11. It is just right, sir, a treat!

12. Very good. With that, a cup of good strong coffee.

13. And what will you drink? (*Lit.* and as a beverage?)

14. A half bottle of Pommard.

15. Very good sir. Right away.

16. At the end of the meal Mr. Davis says: "Waiter, the check, please."

17. Here you are sir.

18. Is the service charge included?

19. Yes sir, see, down there.

20. Thank you.

21. Thank you very much, sir.

Exercise No. 127—Lecture
Philippe N'Aime Pas Étudier L'Arithmétique

Un jour, en revenant de l'école, Philippe dit à sa mère, — Je n'aime pas étudier l'arithmétique. C'est si difficile. Pourquoi avons-nous besoin de tant[1] d'exercices et de tant de problèmes? Nous avons des machines à calculer,[2] n'est-ce pas? Alors![3]

Mme. Davis regarde son fils et dit, — Tu as tort, mon petit. On ne peut pas se passer[4] de nombres. Par exemple, on a toujours besoin de changer de l'argent, de faire des emplettes, d'estimer les distances, et puis, et puis. La mère s'arrête en voyant que Philippe ne fait pas attention à ce qu'elle dit.

— A propos, continue-t-elle en souriant,[5] le baseball ne t'intéresse pas non plus,[6] mon petit?

— Par exemple! Tu veux rire.[7]

— Alors, si les Dodgers ont gagné[8] quatre-vingts parties,[9] et ils en ont perdu[10] trente, sais-tu quel pourcentage de parties ils ont gagné?

En entendant[11] cela Philippe s'écrie, — Tu as raison, maman. Les nombres, l'arithmétique et les mathématiques sont très importants. Je crois que maintenant je vais étudier beaucoup plus.

NOTE 1. so many 2. adding machines 3. Well! 4. se passer de to do without 5. smiling 6. either 7. You are joking. *Lit.* You wish to laugh. 8. have won 9. games 10. have lost 11. on hearing

CHAPITRE 24 (VINGT-QUATRE)
Les Français

1. — M. Picard, Je vais vous poser quelques questions sur les Français. Êtes-vous prêt? Voulez-vous encore un cigare? Voici les allumettes et le cendrier.

2. — Merci, M. Davis. Je suis bien à mon aise. Continuez, s'il vous plaît.

3. — Pour commencer, est-ce que les Français se ressemblent[1] plus ou moins, ou est-ce qu'ils diffèrent en caractère selon la géographie du pays?

4. — Je vais vous dire tout de suite, M. Davis, qu'un Français est un Français partout. Il est vrai qu'il y a de très grandes différences entre tous les Français, non seulement à cause de la géographie, comme vous dites, mais aussi à cause de leurs métiers.

1. Mr. Picard, I am going to ask you a few questions about the French people. Are you ready? Do you want another cigar? Here are the matches and the ash tray.

2. Thank you, Mr. Davis. I am very comfortable. Continue, please.

3. To begin with, are the French people more or less alike,[1] or do they differ in character according to the geography of the country?

4. I'll tell you at once, Mr. Davis, that a Frenchman is a Frenchman everywhere. It is true that there are some very great differences among all Frenchmen, not only because of the geography, as you say, but also because of their occupations.

5. — Dites moi, M. Picard, quelles sont quelques-unes de ces différences?

6. — Eh bien, pour commencer, au nord-ouest, nous avons les pêcheurs et les marins de la Bretagne, plus souvent en mer que chez eux; très dévots, et très dévoués à leur eau de vie, le Calvados. Ensuite, les fermiers de la Normandie, ronds et railleurs. Et après, les ouvriers des mines et des usines du nord-est, débrouillards et syndiqués.

7. — Tout cela, seulement pour commencer? Mais, M. Picard, nous allons rester ici toute la nuit!

8. — Je crois que nous n'avons pas besoin de continuer. Vous comprenez par exemple, que l'homme du Midi, bavard et blagueur ne ressemble pas trop au montagnard taciturne de l'Auvergne.

9. — Sans connaître trop les détails je le comprends bien.

10. — Mais, malgré toutes ces différences, ils sont tous Français; c'est à dire, qu'ils aiment beaucoup discuter, surtout les questions politiques; qu'ils n'ont pas peur des idées; qu'ils sont fiers de leur tradition de démocratie, de belles-lettres, de philosophie et de science; et finalement qu'ils aiment tous la bonne cuisine et le bon vin.

11. — M. Picard, je les aime déjà sans les connaître.

12. — Si c'est comme ça à présent, qu'est-ce qui va se passer au mois de juin pendant votre visite?

13. — Ça va être un roman d'amour, M. Picard!

NOTE 1. *Lit.* Do the French people resemble each other more or less?

5. Tell me, Mr. Picard, what are some of these differences?

6. Well, to begin with, in the north-west we have the fishermen and sailors of Brittany, more often at sea than at home; very devout, and very devoted to their brandy, Calvados. Then, the farmers of Normandy, rotund and bantering. And then the workers in the mines and factories of the north-east, resourceful and unionized.

7. All this only to begin with? But, Mr. Picard, we're going to be here all night!

8. I think that we don't need to go on. You realize for example, that the southerner (*Lit.* man of the south) talkative, teller of tall stories is not much like the taciturn mountaineer of Auvergne.

9. Without knowing the details too well, I do realize that.

10. But in spite of all these differences, they are all French; that is to say, that they love to discuss, especially questions of politics; that they are not afraid of ideas; that they are proud of their tradition of democracy, of literature, of philosophy and of science; and finally that they all love good cooking and good wine.

11. Mr. Picard, I like them already without knowing them.

12. If that's the case now, what will happen in the month of June during your visit?

13. It is going to be a love story, Mr. Picard!

Pronunciation and Spelling Aids

Practice Aloud:

Monsieur Picard, je vais vous poser quelques questions sur les Français.
Êtes-vous prêt? Voulez-vous encore un cigare?
Voici les allumettes et le cendrier.

Muh-syeu pee-kar, zhuh veh voo poh-zay kehlkuh kehst-yawñ sur lay frahñ-seh.
Eht-voo preh? Voo-lay-voo zahñ-kur euñ see-gar?
Vwa-see lay-za-lü-meht ay luh sahñ-dree-ay.

Building Vocabulary

A. Points of the Compass

le nord (nur)   north
le sud (süd)   south

l'est (lehst)   east
l'ouest (lwehst)   west

B. Quelques Locutions de fumer   Some Smoking Terms

le cigare (see-gar)   cigar
la cigarette (see-ga-reht)
l'allumette (la-lü-meht)   match
la pipe (peep)   pipe

le tabac (ta-ba)   tobacco
le cendrier (sahñ-dree-ay)   ashtray
défense de fumer (day-fahñs duh fü-may)
   no smoking

C. Des Ouvriers (*m*), Ouvrières (*f*)   Some Working Men, Working Women

le pêcheur (peh-sheur)   fisherman
le marin (ma-rañ)   seaman
le fermier (fehr-myay)   farmer
la cuisinière (kwee-zu-nyehr)   cook

les ouvriers des mines (leh-zoo-vree-ay day zü-meen)   miners
les ouvriers des usines (leh-zoo-vree-ay day zü-xeen)   factory workers
la modiste (mu-deest)   milliner

Locutions Françaises

1. **avoir peur de** (a-vwar peur duh)   to be afraid of
2. **se passer** (suh pah-say)   to happen
3. **se passer de**   to do without
4. **Qu'est-ce qui se passe?**   What is happening?
5. **Qu'est-ce qui arrive?**   What is happening?

Exercise No. 128—Completion of Text

1. **Je vais vous poser** (a few) **questions.**
2. **Voici** (the matches and the ashtray).
3. **Je suis** (very comfortable).
4. (They are alike) **plus ou moins.**
5. **Mais un Français est un Français** (everywhere).
6. **Il y a de grandes différences** (as you say).
7. **Quelles sont** (some of these) **différences?**
8. (The fisherman and seaman) **sont très dévots.**
9. (The farmers) **sont ronds et railleurs.**
10. (The mine workers) **sont syndiqués.**
11. (We don't need) **de continuer.**
12. **L'homme du Midi** (does not resemble) **au montagnard.**
13. **Ils aiment beaucoup** (to discuss).
14. **Ça va être** (a love story).

Grammar Notes

1. Reflexive Verbs with Reciprocal Meaning

The reflexive pronouns are sometimes translated *each other* or *one another*. This use is known as the reflexive with reciprocal meaning.

Les Français se ressemblent plus ou moins. — French people resemble each other more or less.
Nous nous rencontrons tous les jeudis. — We meet each other (one another) every Thursday.

To make the meaning clear **l'un (une) l'autre** and **les uns (unes) les autres,** are used after the verb. Thus:

Nous nous aimons l'un l'autre. — We love one another.
Elles se donnent des cadeaux les unes aux autres. — They give gifts to each other.

2. Verbs after Prepositions

a. In English the present participle of the verb is used after prepositions. In French the infinitive of the verb is used after any preposition except **en.**

Sans connaître les détails je le comprends. — Without knowing the details I realize it.
Avant de sortir il met son pardessus. — Before leaving he puts on his overcoat.

b. After the preposition **en** the French use the present participle. In this case **en** is translated by *while, on, by, upon, in,* or is not translated at all.

Ils entrent dans la salle à manger en causant d'un ton animé. — They enter the dining room while chatting in an animated tone.
En sortant de la gare ils appellent un taxi. — On leaving the station they call a taxi.

3. Formation of the Present Participle

All French verbs, except **être, avoir,** and **savoir** form their present participles by dropping the ending **-ons** from the nous form of the present tense and adding -ant. Thus:

donnons	we give	vendons	we sell	finissons	we finish
donnant	giving	vendant	selling	finissant	finishing

voyons	we see	*but*	avons	we have	sommes	we are	savons	we know
voyant	seeing		ayant	having	étant	being	sachant	knowing

Exercise No. 129. Write the nous form of the present tense, and the present participle of the following verbs.

Exemple: aller   nous allons   allant

1. étudier
2. venir
3. lire
4. acheter
5. vouloir
6. dire
7. choisir
8. finir
9. bâtir
10. connaître
11. apprendre
12. appeler
13. compter
14. dormir
15. mettre
16. faire
17. avoir
18. être

4. quelque, quelqu'un

a. **quelque** *some* (*plur.* **quelques** *some, any, a few,*) is an adjective and therefore modifies a noun.

Voulez-vous quelque chose? — Do you want something?
Je vais poser quelques questions. — I am going to ask a few questions.

b. **quelqu'un** (*fem.* **quelqu'une**) *somebody, anybody,* (*plur.* **quelques-uns, quelques-unes**) *some, a few, several,* is a pronoun and therefore is not followed by a noun.

Quelqu'un sait la verité.	Somebody knows the truth.
Quelques-uns de ces élèves apprennent le français.	Several of these pupils are learning French.
Je connais quelques-unes de ces différences.	I know several of these differences.

Exercise No. 130. Complete these sentences with the correct form of **quelque** or of **quelqu'un**.

1. Il y a (somebody) dans la cuisine.
2. Nous achetons (a few) légumes.
3. (Some) de ces messieurs sont Français.
4. (Some) de ces dames sont Anglaises.
5. Quelles sont (some) de ces différences?
6. Nous apprenons (some) locutions françaises.
7. J'ai (something) pour vous.
8. Nous avons (a few) cadeaux pour maman.
9. Voulez-vous (some) de ces poires?
10. Est-ce que vous attendez (somebody)?

NOTE: **plusieurs** = several   Nous avons plusieurs cahiers.

Exercise No. 131—Questionnaire

1. Qu'est-ce que M. Davis va faire?
2. Qu'est-ce que M. Davis demande pour commencer?
3. Est-il vrai qu'il y a de très grandes différences entre tous les Français?
4. Pourquoi y a-t-il des différences entre les Français?
5. Comment sont les pêcheurs de la Bretagne?
6. Comment est l'homme du Midi?
7. Est-ce qu'il ressemble au montagnard de l'Auvergne?
8. Est-ce que les Français aiment bien discuter?
9. De quoi les Français sont-ils fiers?
10. Qu'est-ce qu'ils aiment tous?

CHAPITRE 25 (VINGT-CINQ)

L'Art Et La Mode

1. M. Davis vient de recevoir une grande caisse de marchandise et M. Picard est en train de regarder et d'admirer.

2. — Ce sont des échantillons de riches étoffes de soie de Lyon, de beaux tissus de lin, de velours, et de laine. Regardez, M. Picard, cette belle étoffe de laine de la maison Dior pour un manteau de dame.

3. — Tiens! Christian Dior? Mais n'est-il pas couturier?

4. — Certainement. Un des plus connus. Les grandes maisons de couture font le commerce non seulement des robes, des costumes tailleurs, des blouses, et des manteaux, mais aussi de la lingerie, des parfums, des gants, des bas, et des tissus; et qui sait si l'année prochaine ils ne vont pas offrir aux élégantes des éviers de cuisine en couleurs assorties, et parfumés.

5. — M. Davis, je crois que vous n'aimez pas la mode.

6. — J'aime beaucoup les belles choses telles que ces jolies étoffes en couleurs magnifiques; mais la mode, c'est quelque chose d'autre.

7. — Pourtant, la couture est un art, n'est-ce pas? Et vous êtes amateur des arts.

8. — C'est vrai, mais je préfère les beaux arts: la peinture, la sculpture, l'architecture. Je compte

1. Mr. Davis has just received a large case of merchandise and Mr. Picard is looking and admiring.

2. These are samples of rich silk materials from Lyons, and of beautiful linen, velvet and woolen fabrics. Look, Mr. Picard, at this fine woolen material from Dior for a lady's coat.

3. Well, well! Christian Dior? But isn't he a couturier? (dress designer)

4. Certainly. One of the best known. The big dressmaking houses do business not only in dresses, suits, blouses, and coats, but also in lingerie, perfume, gloves, stockings, and fabrics; and who knows if next year they won't offer the fashionable ladies perfumed kitchen sinks in assorted colors.

5. Mr. Davis, I think that you don't like fashion.

6. I'm very fond of beautiful things such as these lovely materials in magnificent colors; but fashion, that's another matter.

7. And yet, dressmaking is an art, isn't it? And you love (*Lit.* are a lover of) the arts.

8. That's true, but I prefer the fine arts: painting, sculpture and architecture. I am looking forward

beaucoup sur le plaisir de visiter le Musée du Louvre pour voir l'art des grands maîtres. J'espère aussi visiter les musées de l'art moderne.

9. — Vous êtes un commerçant tout à fait exceptionnel. Vous vous intéressez à toutes sortes de choses: l'art, l'histoire, les belles-lettres. Je vous admire.

10. — Et moi, je vous admire aussi. Vous êtes un professeur tout à fait exceptionnel.

11. — Bon. Formons une société d'estime mutuelle.

12. — Très bien. Prochaine réunion de la société: Mardi à huit heures.

13. — Entendu. Au revoir, co-sociétaire.

14. Ils se serrent la main.

eagerly to visiting the Louvre Museum to see the art of the great masters. I hope also to visit the museums of modern art.

9. You are a very unusual business man. You take an interest in all sorts of things, art, history, literature. I admire you.

10. And I admire you too. You are a very unusual teacher.

11. Good. Let us form a mutual admiration society.

12. Very good. Next meeting of the society: Tuesday at eight o'clock.

13. Agreed. Goodby, fellow-member.

14. They shake hands. (*Lit.* They give each other the hand).

Pronunciation and Spelling Aids

A. Practice Aloud:

M. Davis vient de recevoir une grande caisse de marchandise et M. Picard est en train de regarder et d'admirer.

Muh-syeu Davis vyañ duh ruh-suh-vwar ün grahñd kehs duh mar-shahñ-deez ay muh-syeu pee-kar eh tahñ trañ duh ruh-gar-day ay dad-mee-ray.

B. Remember: é = ay è = eh
je préfère (zhuh pray-fehr) j'achète (zha-sheht)
e before a double consonant equals è (eh)
j'appelle (zha-pehl) je jette (zhuh zheht)

Building Vocabulary

A. Les Vêtements (veht-mahñ) Clothes

les bas (bah) stockings
la blouse (blooz) blouse
la ceinture (sañ-tür) belt
le chapeau (sha-poh) hat
les chaussettes (f.) (shoh-seht) socks
la chaussure (shoh-sür) shoe, footwear
la chemise (shuh-meez) shirt
la cravate (kra-vat) necktie
le complet (kawñ-pleh) suit (man's)

le costume tailleur (tah-yeur) suit (woman's)
le fichu (fee-shü) small shawl
les gants (gahñ) gloves
la jupe (zhüp) skirt
le manteau (mahñ-toh) coat, cloak
le pantalon (pahñ-ta-lawñ) trousers
le mouchoir (moo-shwar) handkerchief
la robe (rub) dress

B. Noun Combinations. In English we can put two nouns together using the first one as an adjective. Thus: *a silk dress, a woolen coat, a school teacher, etc.* This is not done in French, which uses instead two nouns connected by de (of).

une robe de soie a silk dress
un manteau de laine a woolen coat
une ceinture de cuir leather belt
les tissus de lin linen fabrics
le chapeau de velours the velvet hat

l'étoffe de coton the cotton cloth
le maître d'école the school teacher
la classe de français the French class
l'opéra de Paris the Paris opera
les rues de New-York New York streets

Locutions Françaises

1. venir de + *infinitive* = to have just
2. venir de recevoir to have just received
3. il vient de recevoir he has just received
4. nous venons d'écrire we have just written
5. ils viennent de dîner they have just dined
6. être en train de to be in the act of

7. il est en train d'admirer he is (in the act of) admiring
8. ils font le commerce de they do business in
9. c'est quelque chose d'autre that's something else, another matter
10. compter sur le plaisir de visiter to look forward to visiting

Exercise No. 132—Completion of Text

1. Il (has just received) des échantillons.
2. M. Picard (is admiring) les étoffes de soie.
3. Les maisons de couture font le commerce (not only) des robes (but also) de la lingerie, etc.
4. Je crois (that you do not like) la mode.
5. La couture est un art (isn't it?)
6. Je préfère (the fine arts).
7. Painting, sculpture, and architecture.
8. (I look forward) de visiter le Musée du Louvre.
9. Vous êtes un commerçant (very unusual).
10. I admire you.

Grammar Notes

1. Verbs with Spelling Changes

acheter　to buy	préférer　to prefer	appeler　to call
j'achète	je préfère	j'appelle
tu achètes	tu préfères	tu appelles
il, elle achète	il, elle préfère	il, elle appelle
nous achetons	nous préférons	nous appelons
vous achetez	vous préférez	vous appelez
ils, elles achètent	ils, elles préfèrent	ils, elles appellent

These verbs are regular -er verbs. Note however, the slight changes in the spelling of the stem before silent endings.

Like acheter (e of stem becomes è before silent endings)

lever　to raise	je lève	tu lèves	il, elle lève
	nous levons	vous levez	ils, elles lèvent

Like préférer (é of stem becomes è before silent endings)

espérer　to hope	j'espère	tu espères	il, elle espère
	nous espérons	vous espérez	ils, elles espèrent
célébrer　to celebrate	je célèbre	tu célèbres	il, elle célèbre
	nous célébrons	vous célébrez	ils, elles célèbrent
répéter　to repeat	je répète	tu répètes	il, elle répète
	nous répétons	vous répétez	ils, elles répètent

Like appeler (consonant of stem doubles before silent endings)

jeter　to throw	je jette	tu jettes	il, elle jette
	nous jetons	vous jetez	ils, elles, jettent

Exercise No. 133. Complete each sentence into the correct French verb.

1. (She is buying) quelques-uns de ces fichus.
2. (Do you prefer) les mouchoirs de soie?
3. Non, (I prefer) les mouchoirs de lin.
4. (Let us repeat) cette phrase.
5. (I hope) voir tout cela.
6. À quelle heure (do you get up)?
7. (I get up) à sept heures du matin.
8. En France on (celebrates) le 14 juillet.
9. Le fils aîné (is named) Philippe.
10. Les enfants (are throwing) la balle.
11. Le maître (calls) les élèves.
12. (I am raising) la fenêtre.

Exercise No. 134—Questionnaire

1. Qu'est-ce que M. Davis vient de recevoir?
2. Que fait M. Picard?
3. Qu'y a-t-il dans la grande caisse?
4. De quelle maison est la belle étoffe de laine?
5. Qu'est-ce que M. Picard croit au sujet de M. Davis et la mode?
6. De quoi est-ce que M. Davis est amateur?
7. Qu'est-ce que M. Davis va voir au Musée du Louvre?
8. Qu'est-ce qu'il espère visiter aussi?
9. À quoi M. Davis s'intéresse-t-il?
10. Qu'est-ce que les messieurs vont former?

CHAPITRE 26 (VINGT-SIX)

Les Jours de Fête de La France

1. — Ce soir parlons des jours de fête de la France. Cela va nous égayer un peu, car il fait du vent et il pleut.

2. — Volontiers. Je sais bien que le quatorze juillet on célèbre la prise de la Bastille, et que c'est la grande fête nationale. Mais dites-moi, M. Picard, comment est-ce qu'elle est célébrée?

3. — Partout en France, le quatorze juillet est célébré dans les rues. Tout le monde est dans la rue. À Paris chaque quartier a sa troupe de musiciens. On danse toute la journée et presque toute la nuit. On vend des beignets chauds, des gaufrettes, des glaces, et toutes sortes de friandises. Il y a les petits chevaux de bois,[1] les Guignols pour les enfants, et naturellement les buvettes pour les grands.

4. — J'espère voir tout cela et même danser dans les rues au mois de juillet. Et comment le Noël est-il célébré?

6. — M. Davis, je dois vous corriger. Noël est bien masculin, mais on dit *la Noël*, pas le Noël, parce que c'est *la fête de Noël* qu'on veut dire.

7. — Merci. Je recommence. Comment est-ce qu'on célèbre la Noël?

8. — Eh bien, on la célèbre en dormant.

9. — Comment!

10. — Oui, monsieur, c'est ça. On dort parce qu'on a réveillonné toute la nuit. La veille de Noël correspond à la veille du Jour de l'an, ici aux États-Unis. Naturellement les bons viveurs ne manquent pas de saisir l'occasion de réveillonner deux fois.

11. — Et quand est-ce que les enfants reçoivent leurs cadeaux, si tout le monde dort?

12. — Le Jour de l'an est le jour des cadeaux, qu'on appelle les étrennes. C'est une fête de réunion de famille. On tient table ouverte. On peut même dire qu'on tient auberge!

13. — Ça doit être très agréable. Y a-t-il d'autres grandes fêtes en France?

14. — Pendant la quinzaine de Pâques, on va à la campagne si c'est possible. À l'Assomption tout le monde quitte Paris si c'est possible ou non. La ville est morte pour la journée.

15. — Tiens! Ça doit être intéressant à voir!

16. — Oui. Mais il n'y reste personne pour le voir.[2] Seulement un chien par-ci, par-là, au coin un agent mécontent, et le silence.

1. This evening let's talk of the holidays of France. This will cheer us up a bit, for it's blowing and raining.

2. Gladly. I know that on the fourteenth of July they celebrate the capture of the Bastille and that it's the big national holiday. But tell me, Mr. Picard, how is it celebrated?

3. Everywhere in France the fourteenth of July is celebrated in the streets. Everybody is in the street. In Paris each district has its band of musicians. They dance all day and nearly all night. They sell hot fritters, biscuit wafers, ice cream, and all sorts of tit-bits. There are the small carrousels,[1] the puppet shows for the children, and naturally, bars for the grown-ups.

4. I hope to see all this and even to dance in the streets in July. And how is Christmas celebrated?

6. Mr. Davis, I must correct you. Noël is masculine all right, but you say *la Noël*, not *le Noël*, because it is *la fête de Noël* that is meant (*Lit.* that one wishes to say).

7. Thank you. I begin again. How is Christmas celebrated?

8. Well, it is celebrated by sleeping.

9. What!

10. Yes, sir, that's right. People sleep because they have been celebrating all night. Christmas Eve corresponds to New Year's Eve here in the United States. Naturally, the men about town don't miss (*Lit.* fail to seize) the opportunity to celebrate twice.

11. And when do the children receive their presents, if everyone is sleeping?

12. New Year's Day is the day for gifts which are called étrennes. It is a holiday for family gatherings. People keep open house. One can even say that they keep open inn!

13. That must be very agreeable. Are there other big holidays in France?

14. During the Easter fortnight, people go to the country if it's possible. During the Feast of the Assumption everybody leaves Paris, whether it's possible or not. The city is dead for the day.

15. Well, well! That must be interesting to see.

16. Yes. But nobody remains there to see it.[2] Only a dog here and there, at the corner a disgruntled policeman, and silence.

NOTE 1. *Lit.* the little wooden horses.
NOTE 2. This is almost literally true. All stores are shut and boarded up. One can walk blocks in the center of the city and see scarcely a soul.

Pronunciation and Spelling Aids

A. Practice Aloud:

Ce soir parlons des jours de fêtes de la France.

Suh swar par-lawñ day zhoor duh feht duh la frahñs.

Cela va nous egayer un peu, car il fait du vent et il pleut.

Suh-la va noo zay-geh-yay un peu, kar eel feh dü vahñ ay eel pleu.

B. Remember: The letter c before e or i equals s as in *see*. Before a, o, or u, c equals k. The letter ç (c with a cedilla) always equals s.

commencer (ku-mahñ-say) commençons (ku-mahñ-sawñ)

The letter g, before e or i, is pronounced zh. Before a, o, or u, g is hard like g in *gate*.

manger (mahñ-zhay) mangeons (mahñ-zhawñ) gant (gahñ)

Building Vocabulary

la Noël (nu-ehl) Christmas Holiday
le Jour de l'an New Year's Day
Pâques *or* Paque (pahk) Easter
la veille (vehy) de Noël Christmas Eve

le quatorze juillet Bastille Day
Joyeux Noël Merry Christmas
Bonne Année Happy New Year
Les Guignols puppet shows

Locutions Françaises

1. tout le monde everybody
2. les étrennes New Year's gifts
3. On tient table ouverte.
   People keep open house.

4. toute la nuit all night
5. par-ci par-là here and there
6. tiens! well!

Exercise No. 135—Completion of Text

1. Le quatorze juillet est (the big national holiday).
2. (People celebrate) la prise de la Bastille.
3. (Everybody) est dans la rue.
4. On danse (all day) et presque (all night).
5. Il y a (the puppet shows) pour les enfants.
6. (I hope) voir tout cela.
7. Comment la Noël est-elle (celebrated)?
8. On la célèbre (sleeping).
9. (New Year's Day) est le jour des cadeaux.
10. On appelle ces cadeaux (the New Year's gifts).
11. On tient (open house).
12. Cela (must be) très agréable.
13. À l'Assomption (everybody leaves Paris).
14. On voit seulement un chien (here or there).

Grammar Notes

1. Present Tense of tenir to hold, to keep

Note that the present tense of tenir is exactly like that of venir.

I hold, you hold, etc.		*I come, you come, etc.*	
je tiens (tyañ)	nous tenons (tuh-nawñ)	je viens	nous venons
tu tiens (tyañ)	vous tenez (tuh-nay)	tu viens	vous venez
il tient (tyañ)	ils tiennent (tyehn)	il vient	ils viennent
elle tient (tyañ)	elles tiennent (tyehn)	elle vient	elles viennent

Other verbs like tenir are: détenir to detain; retenir to reserve, to hold back; obtenir to obtain.

2. More Verbs with Spelling Changes. commencer to begin; manger to eat

I begin, you begin, etc.		*I eat, you eat, etc.*	
je commence	nous commençons	je mange	nous mangeons
tu commences	vous commencez	tu manges	vous mangez
il, elle commence	ils, elles commencent	il, elle mange	ils, elles mangent

Verbs whose infinitives end in -cer must add a cedilla under the c before the ending -ons in order to keep the c soft, like s. commençons (ku mahñ-sawñ)

Other verbs like commencer are: placer to place (plaçons); recommencer to begin again (recommençons); prononcer to pronounce (prononçons); avancer to advance (avançons).

Verbs whose infinitives end in -ger must add an e after the g before the ending -ons, to keep the g soft. mangeons (mahñ-zhawñ).

Other verbs like **manger** are: **changer** to change (**changeons**); **nager** to swim (**nageons**); **corriger** to correct (**corrigeons**)

Exercise No. 136. Complete each sentence with the correct French verb.

1. (He is holding) **le livre mais il ne le lit pas.**
2. (We are obtaining) **des tissus fins.**
3. (I am not reserving) **les places.**
4. **Le Jour de l'an on** (keeps open house).
5. (We begin to work) **à neuf heures.**
6. **Où** (do we change) **de train?**
7. **Comment** (do you pronounce) **ce mot?**
8. (We pronounce it) **"Noël"** (nu-ehl).
9. (We do not eat) **de viande le matin.**
10. **Sur la Côte d'Azur** (we swim) **tous les jours.**
11. (We are correcting) **nos fautes.**
12. Let us begin again.

3. on one, people, they, you

on is an indefinite subject pronoun. Note the various ways **on** is translated.

on dit   one says, people say, you say, they say, it is said

On danse toute la journée.   They (people) dance all day.

Often **on** is used instead of a passive construction:

Ici on parle français. Here French is spoken. (One speaks French.)
On célèbre la Noël. Christmas is celebrated. (One celebrates Christmas.)

4. ne . . . personne nobody, no one, not anybody; **ne . . . rien** nothing, not anything

a. When used as objects of the verb, **personne** and **rien**, like other negatives (**ne . . . pas, ne . . . jamais,** etc.) require **ne** before the verb.

Je ne vois personne. I do not see anybody. (I see nobody)
Je ne vois rien. I do not see anything. (I see nothing)

b. When used as subjects, **personne** and **rien** are followed by **ne**.

Personne ne sait où il demeure. Nobody knows where he lives.
Rien ne me plaît aujourd'hui. Nothing pleases me today.

c. When **personne** and **rien** are used without a verb, **ne** is omitted.

Qui est chez-vous? Personne. Who is at your house? Nobody.
Que fait-il? Rien. What is he doing? Nothing.

d. The negative **ne . . . personne** must not be confused with the noun **la personne.**

Je ne connais pas cette personne-là. I don't know that person.

Exercise No. 137. Complete each sentence in French:

1. **Ici** (one) **parle français.**
2. **Ici** (nobody) **parle anglais.**
3. (People) **danse dans les rues.**
4. **Nous n'avons** (nothing).
5. **Il ne reste** (nobody) **dans la ville.**
6. **Il n'y a** (nothing) **à voir.**
7. **Que voulez-vous?** (Nothing.)
8. **Qui veut ces billets?** (Nobody)
9. **Il n'aime** (anybody).
10. (Nobody) **l'aime.**

Exercise No. 138—Questionnaire

1. **De quoi est-ce que les messieurs vont parler ce soir?**
2. **Où est-ce qu'on célèbre le quatorze juillet?**
3. **Qu'est-ce qu'on fait dans les rues?**
4. **Qu'est-ce qu'on vend dans les rues?**
5. **Qu'y a-t-il pour les enfants?**
6. **Faut-il dire** *la Noël* **ou** *le Noël* **quand on veut dire "la fête de Noël?"**
7. **Pourquoi est-ce qu'on dort la journée de Noël?**
8. **Quand est-ce que les enfants reçoivent leurs cadeaux?**
9. **Comment appelle-t-on les cadeaux du Jour de l'an?**
10. **Comment est la ville le jour de l'Assomption?**

CHAPITRE 27 (VINGT-SEPT)

Quels Endroits Voulez-Vous Visiter, M. Davis?

1. — Vous allez bientôt partir pour la France, M. Davis. Avez-vous décidé quels endroits vous voulez visiter?

2. — Je ne pense à rien d'autre, et je lis beaucoup dans ma collection de guides.

3. — J'irai à Paris par avion. Je visiterai ce qu'il y a d'intéressant dans la ville, dans les environs de la ville, et autre part en France.

4. — C'est un projet ambitieux. Pour voir ce qu'il y a d'intéressant à Paris il vous faudra dix ans.

5. — Je ferai mon possible pour faire l'impossible. À Paris je compte visiter la Cathédrale de Notre-Dame. Au Musée du Louvre, j'irai voir la Vénus de Milo, la Mona Lisa et la salle de la céramique grecque. Vous voyez que je m'intéresse toujours à la céramique.

6. En sortant du Louvre, je passerai à travers le Jardin des Tuileries jusqu'à la Place de la Concorde et puis je continuerai dans l'Avenue des Champs Elysées jusqu'à la Place de l'Étoile. Là je prendrai un taxi pour me promener au Bois de Boulogne. Je reviendrai par Passy pour visiter la Tour Eiffel et puis. . . .

7. — Ah bon, je comprends! Vous verrez tout, voilà! Mais vous m'étonnez. Vous connaissez Paris mieux que moi.

8. — Ah non, M. Picard. Pas tout à fait. Je connais le Paris des guides. Mais il me semble qu'à Paris tout me sera familier.

9. — C'est une chose qui arrive à tout le monde. On se sent chez soi à Paris. Et que comptez-vous visiter dans les environs de la ville?

10. — Dans les environs j'irai visiter Versailles, surtout les jardins.

11. — Il faut y aller le soir du quatorze juillet pour voir jouer les fontaines et le feu d'artifice.

12. — Ah, très bien. Je n'y manquerai pas. Je veux voir aussi le château de Chantilly. Et puis Fontainebleau, et puis, Sens, Senlis. . . .

13. — Oh la, la! Laissons les environs, ou nous n'en sortirons jamais. Et après?

14. — Après, je ferai un grand cercle pour visiter la Normandie, surtout le Mont-Saint-Michel, où je mangerai trois omelettes, la spécialité du Mont. Puis je visiterai la Bretagne, et en revenant à Paris, les Châteaux de la Loire.

15. — Et quand irez-vous à cette célèbre Côte d'Azur?

16. — Tout de suite après j'irai à la Côte d'Azur, pour me tremper dans la mer et dans le soleil, et je

1. Soon you are going to leave for France, Mr. Davis. Have you decided what places you want to visit?

2. I think of nothing else and I am reading a great deal in my collection of guide books.

3. I'll travel by plane to Paris. I'll visit what there is of interest in the city, in the outskirts of the city and elsewhere in France.

4. It's an ambitious project. To see what there is of interest in Paris you'll need ten years.

5. I'll do everything possible to do the impossible. In Paris I expect to visit Notre Dame Cathedral. At the Louvre Museum I'll go to see the Venus de Milo, the Mona Lisa, and the Greek ceramics room. You see that I'm always interested in ceramics.

6. Leaving the Louvre, I shall pass through the Tuileries garden to the Place de la Concorde and then I'll continue on the Champs Elysées up to the Place de l'Etoile. There I'll take a taxi to ride around the Bois de Boulogne. I'll come back by way of Passy to visit the Eiffel Tower and then. . . .

7. Ah now I understand. You'll see everything, that's it! But you surprise me. You know Paris better than I.

8. Oh no, Mr. Picard. Not quite. I know the Paris of the guide books. But it seems to me that in Paris everything will be familiar.

9. It's a thing that happens to everybody. One feels oneself at home in Paris. And what do you intend to visit in the outskirts of the city?

10. In the outskirts I'll go to visit Versailles especially the gardens.

11. You must go there the evening of the fourteenth of July to see the fountains play and the fireworks.

12. Ah, very good. I'll not fail to do so. I want to see also Chantilly castle. Then, Fontainebleau, and then, Sens, Senlis. . . .

13. Help! Let's leave the outskirts or we'll never get out of them. And afterwards?

14. Afterwards, I'll make a large circle to visit Normandy, especially Mount St. Michel, where I'll eat three omelettes, the specialty of the Mount. Then I shall visit Brittany, and on the way back to Paris, the castles on the Loire.

15. And when will you go to that famous Riviera (Blue Coast)?

16. Immediately after I'll go to the Riviera, to soak myself in the sea and sun, and I'll come back to

reviendrai à Paris par la route des Alpes. Qu'en pensez-vous?

17. — Ce que j'en pense? J'ai grande envie de vous accompagner! Mais ce n'est pas possible.

18. — Quel dommage, M. Picard.

Paris by the Alpes road. What do you think of it?

17. What I think of it? I have a great mind to accompany you. But that isn't possible.

18. What a pity, Mr. Picard.

Pronunciation and Spelling Aids

Practice Aloud:

Vous allez bientôt partir pour la France, monsieur Davis.

Avez-vous décidé quels endroits vous voulez visiter?

Je ne pense à rien d'autre.

C'est un projet ambitieux.

Voo za-lay byañ-toh par-teer poor la frahñs, muh-syeu Davis.

A-vay voo day-see-day kehl zahñ-drwa voo voo-lay vee-zee-tay?

Zhuh nuh pahñs a ryañ dohtr.

Seh teuñ pru-zheh ahñ-bee-syeu.

Building Vocabulary

Expressions Indicating Future Time.

1. demain (duh-mañ) tomorrow
2. après-demain after tomorrow
3. le mois prochain (pru-shañ) next month
4. lundi (mardi) prochain next Monday (Tuesday)

5. la semaine prochaine (suh-mehn pru-shehn) next week
6. l'année prochaine next year

Locutions Françaises

1. Il vous faudra dix ans. You will need ten years. (*Lit.* It will be necessary to you ten years.)
2. Je ferai mon possible. I shall do everything possible.
3. d'abord first, at first
4. chez soi at home
5. se promener to go for a walk, drive, sail, to promenade.

6. Je me promène en voiture (sur l'eau) I go for a drive (for a sail)
7. Je n'y manquerai pas I shall not fail to do so (*Lit.* I shall not fail there.)
8. J'ai envie de vous accompagner. I have a mind (desire) to accompany you; I feel like accompanying you.

Exercise No. 139—Completion of Text

1. (I shall travel) en avion.
2. (I shall visit) ce qu'il y a d'intéressant.
3. Il vous (will be necessary) dix ans.
4. (I shall do) mon possible.
5. (I shall go) voir d'abord la Vénus de Milo.
6. (I shall pass) par le jardin des Tuileries.
7. Là (I shall take) un taxi.

8. (I shall return) par Passy.
9. Vous connaissez Paris (better than I).
10. À Paris tout me (will be) familier.
11. C'est une chose (which happens to everybody).
12. On se sent (at home) à Paris.
13. (Let's leave) les environs.
14. (I have a great mind) de vous accompagner.

Grammar Notes

1. The Future Tense. What *shall or will* happen. parler, vendre, finir

I shall speak, you will speak, etc.	*I shall finish, etc.*	*I shall sell, etc.*
je parlerai (par-luh-ray)	je finirai	je vendrai
tu parleras (par-luh-ra)	tu finiras	tu vendras
il parlera (par-luh-ra)	il finira	il vendra
elle parlera (par-luh-ra)	elle finira	elle vendra
nous parlerons (par-luh-rawñ)	nous finirons	nous vendrons
vous parlerez (par-luh-ray)	vous finirez	vous vendrez
ils parleront (par-luh-rawñ)	ils finiront	ils vendront
elles parleront (par-luh-rawñ)	elles finiront	elles vendront
parlera-t-il? will he speak?	finira-t-il? will he finish?	vendra-t-il? will he sell?

a. The personal endings of the future tense of all verbs are: **-ai, -as, -a; -ons, -ez, -ont.** They are exactly like the present tense endings of **avoir.**

b. To form the future tense, add the future endings to the infinitive as a base:
parler　je parler-ai, etc.　　finir　je finir-ai, etc.　　ouvrir　j'ouvrir-ai, etc.

c. If the infinitive ends in **-re** as in **vendre,** drop the final **e** before adding the future endings:
vendre　je vendr-ai, etc.　　apprendre　j'apprendr-ai, etc.　　lire　je lir-ai, etc.

2. Some Verbs with an Irregular Future.

In a number of common verbs there is a change in the infinitive base to which the future endings are added. Among these verbs are:

avoir　to have	j'aurai	tu auras	il aura	nous aurons, etc.
être　to be	je serai	tu seras	il sera	nous serons, etc.
aller　to go	j'irai	tu iras	il ira	nous irons, etc.
voir　to see	je verrai	tu verras	il verra	nous verrons, etc.
venir　to come	je viendrai	tu viendras	il viendra	nous viendrons, etc.
faire　to do, make	je ferai	tu feras	il fera	nous ferons, etc.
pouvoir　to be able	je pourrai	tu pourras	il pourra	nous pourrons, etc.
falloir　to be necessary	il faut　it is necessary	il faudra　it will be necessary	

Exercise No. 140. Translate each dialogue. Read each aloud three times.

1. — Où irez-vous l'été prochain?
— J'irai en France.
— Quand partirez-vous de New-York?
— Je partirai le 31 mai.
2. — Combien de temps passerez-vous en France?
— J'y passerai trois mois.
— Est-ce que vous voyagerez en avion ou en bateau?
— Je voyagerai en avion.
3. — Est-ce que vous ferez un voyage au Maroc?
— Oui. Je ferai un voyage au Maroc et peut-être en Corse aussi.

— M. Picard pourra-t-il vous accompagner?
— Hélas! Il ne pourra pas m'accompagner.
4. — Est-ce que vous verrez votre représentant à Paris?
— Mais oui. Il m'attendra à l'aéroport.
— Combien de temps resterez-vous à Paris?
— J'y resterai deux semaines.
5. — Est-ce que vous visiterez la célèbre Côte d'Azur?
— Bien entendu, je la visiterai.
— Quand reviendrez-vous aux États Unis?
— Je reviendrai le premier septembre.

Exercise No. 141. Translate:

1. he will visit
2. I shall travel
3. we shall go
4. they will not write
5. It will be necessary
6. will you see?
7. they will not leave
8. we shall sell
9. will he not finish?
10. she will not learn
11. he will be
12. will you come?
13. I shall have
14. you (tu) will not listen
15. we shall study
16. I shall not make
17. will you be able?
18. will you go?

Exercise No. 142—Questionnaire

1. M. Davis voyagera-t-il en avion ou en bateau?
2. Qu'est-ce que M. Davis verra au Louvre?
3. En sortant du Louvre par quel jardin passera-t-il?
4. Où prendra-t-il un taxi?
5. Quelle tour visitera-t-il?
6. Où se promènera-t-il?
7. Quel est le Paris que M. Davis connaît?
8. Qu'est-ce qui arrive à tout le monde?
9. Quand est-ce qu'on voit jouer les grandes fontaines à Versailles?
10. Où M. Davis mangera-t-il trois omelettes?
11. Que M. Davis fera-t-il à la Côte d'Azur?
12. Par quelle route est-ce que M. Davis reviendra à Paris?

RÉVISION 6
CHAPITRES 24–27 PREMIÈRE PARTIE

NOUNS

1. l'allumette	13. le feu	25. l'ouest	1. match	13. fire	25. west
2. les bas	14. la fête	26. l'ouvrier	2. stockings	14. holiday	26. workman
3. le bois	15. les gants	27. le pêcheur	3. wood	15. gloves	27. fisherman
4. le cercle	16. le jardin	28. la peinture	4. circle	16. garden	28. painting
5. le cheval	17. le lin	29. le projet	5. horse	17. linen	29. project
6. les chevaux	18. la laine	30. la robe	6. horses	18. wool	30. dress
7. le chien	19. le marin	31. la soie	7. dog	19. seaman	31. silk
8. le costume	20. la marchandise	32. la sorte	8. costume	20. merchandise	32. kind, sort
9. le couturier	21. la mode	33. le sud	9. dress designer	21. style	33. south
10. la couturière	22. le musicien	34. le tissu	10. dress designer	22. musician (*m*)	34. fabric
11. l'eau de vie	23. la musicienne	35. le tabac	11. brandy	23. musician (*f*)	35. tobacco
12. l'étoffe	24. le nord	36. le vin	12. stuff, goods	24. north	36. wine

VERBS

1. accompagner	7. discuter	13. se promener	1. to accompany	7. to discuss	13. to take a walk
2. admirer	8. étonner	14. rester	2. to admire	8. to astonish	14. to remain
3. célébrer	9. manquer	15. recommencer	3. to celebrate	9. to lack, miss	15. to begin again
4. corriger	10. se passer	16. regarder	4. to correct	10. to happen	16. to look at
5. danser	11. se passer de	17. ressembler à	5. to dance	11. to do without	17. to resemble
6. décider	12. s'intéresser à	18. sembler	6. to decide	12. to interest oneself in	18. to seem

ADJECTIVES

1. ambitieux	5. bavard	9. parfumé	1. ambitious	5. talkative	9. perfumed
2. droit	6. magnifique	10. politique	2. straight, right	6. magnificent	10. political
3. entendu	7. mort	11. trop	3. agreed	7. dead	11. too much
4. fier (fière *f.*)	8. mécontent	12. tel (telle *f.*)	4. proud	8. discontented	12. such

ADVERBS

1. alors	3. bientôt	5. partout	1. then, well	3. soon	5. everywhere
2. autre part	4. même	6. volontiers	2. elsewhere	4. even	6. gladly

PREPOSITIONS

1. à cause de	2. malgré	3. selon	1. because of	2. in spite of	3. according to

FRENCH EXPRESSIONS

1. avoir peur (de)	9. mieux que moi	1. to be afraid (of)	9. better than I
2. avoir envie de	10. par ci par là	2. to have a mind to	10. this way and that
3. être en train de	11. quelque chose d'autre	3. to be in the act of	11. something else
4. faire mon possible	12. tiens!	4. to do my best	12. well!
5. faire le commerce	13. défense de fumer	5. to do business	13. Smoking Prohibited
6. se passer de	14. Joyeux Noël	6. to do without	14. Merry Christmas
7. venir de	15. Bonne Année	7. to have just	15. Happy New Year
8. plus ou moins	16. encore un (une)	8. more or less	16. one more

DEUXIÈME PARTIE

Exercise No. 143. In Group II find the words that correspond to the words in Group I.

I

1. the handkerchief
2. the overcoat
3. the suit (man's)
4. the suit (woman's)
5. the coat (cloak)
6. the shawl
7. the shoes
8. the necktie
9. the shirt
10. the socks
11. the stockings
12. the belt
13. the dress
14. the trousers
15. the skirt

II

a. le pantalon
b. le manteau
c. le fichu
d. la robe
e. le mouchoir
f. la jupe
g. le pardessus
h. les bas
i. les chaussures
j. les chaussettes
k. la ceinture
l. le complet
m. la chemise
n. le costume tailleur
o. la cravate

Exercise No. 144. Combine each pair of nouns to form compound nouns and give the meaning of each.

Exemple: le chapeau — le velour   le chapeau de velour   the velvet hat

1. la ceinture — le cuir
2. la robe — la soie
3. la montre — l'or (gold)
4. la salle — le bain
5. la chemise — la laine
6. le bureau — le poste
7. le voyage — les affaires
8. le cahier — la musique
9. le tissu — le coton
10. le bracelet — l'argent
11. l'objet — l'art
12. le chapeau — la paille (straw)

Exercise No. 145. Answer these questions in complete sentences (in the future) with the help of the words in parenthesis.

Exemple: J'achèterai une cravate.

1. Qu'est-ce que vous achèterez? (une cravate)
2. Combien coûtera-t-elle? (six cents francs)
3. Où irez-vous l'été prochain? (en France)
4. Quand reviendrez-vous aux États-Unis? (le 31 décembre)
5. À quelle heure vous coucherez-vous? (à minuit)
6. À quelle heure vous lèverez-vous? (à six heures du matin)
7. Que lui direz-vous? (rien)
8. Qui ira avec vous? (personne ne)
9. Combien de temps travaillerez-vous? (toute la journée)
10. Où nous rencontrerons-nous? (à l'entrée du théâtre)

Exercise No. 146. Complete these sentences with the help of the French expressions listed below.

Exemple: Ils n'ont pas peur d'exprimer leurs idées.

1. (They are not afraid) d'exprimer leurs idées.
2. (We do not need) de continuer.
3. (She intends) de porter son manteau neuf (brand new).
4. (Have you a mind to) m'accompagner?
5. (He will do his best) pour vous aider.
6. (Will you go shopping) au Marché aux Puces?
7. (Mr. Davis is opening) la caisse.
8. (Are you afraid) de dire la vérité?
9. Allez-vous (to take a walk) au Bois de Boulogne?
10. Vous savez que M. Davis (is not interested in) la mode.

a. avoir peur de
b. avoir besoin de
c. avoir envie de
d. avoir l'intention de
e. faire des emplettes
f. s'intéresser à
g. se promener
h. faire son possible
i. être en train de

Exercise No. 147. Complete these sentences in French. mettre here means *to put on*. aller bien à means *to be becoming to*.

1. Je mets (my hat).
2. Tu mets (your cloak).
3. Il met (his woolen shirt).
4. Elle met (her silk dress).
5. Nous mettons (our leather belts[1]).
6. Vous mettez (your red gloves).
7. Ils mettent (their raincoats[1]).
8. Elles mettent (their shawls[1]).
9. (This dress) me va bien.
10. (This necktie) lui va bien.
11. (These gloves) nous vont bien.
12. (This skirt) ne va pas bien à Jeanne.

NOTE 1. Use the singular. The idea is that each one puts on one item of clothing.

Dialogue 1

Dans l'Autobus

1. — Pardon monsieur, où est-ce que je descends pour aller a l'Hôtel des Postes?[1] (au Boulevard St. Michel)? (au Jardin du Luxembourg)? (à l'ambassade des États-Unis)? (au Marché aux Puces)? (à la gare)?

2. — Vous descendez au coin de la rue du Louvre et la rue Etienne-Marcel, (etc).

3. — Est-ce que c'est loin d'ici?

4. — Non monsieur, pas trop loin.

5. — Quand est-ce que nous y arriverons?

In the Bus

1. Excuse me sir, where do I get off for the Main Post Office? (for St. Michel Boulevard)? (for the Luxembourg Gardens)? (for the United States Embassy)? (for the Flea Market)? (for the railroad station)?

2. You get off at the corner of Louvre Street and Etienne-Marcel Street, (etc.).

3. Is it far from here?

4. No sir, not too far.

5. When will we get there?

6. — Dans un quart d'heure plus ou moins.
7. — Merci beaucoup, monsieur.
8. — De rien.

6. In about a quarter of an hour.
7. Thank you very much, sir.
8. Don't mention it.

NOTE 1. Hôtel des Postes Main Post office in Paris. bureau de poste post office.

Dialogue 2

Le Courrier

1. — M. Davis, vous avez sans doute une grosse correspondance. Y a-t-il une boîte aux lettres dans votre édifice?

2. — Naturellement. Nous en avons une à chaque étage, où nous jetons nos lettres. Mais nous envoyons les colis postaux au bureau central des postes.

3. — Qui est-ce qui les porte?

4. — Le garçon à tout faire. Il nous achète aussi les quantités de timbres dont nous avons besoin, les timbres de service postal aérien, les timbres d'envoi par exprès, etc.

5. — Où est le bureau central des postes?

6. — Il n'est pas loin d'ici.

The Mail

1. Mr. Davis, of course you have much correspondence. Is there a mailbox in your building?

2. Naturally. We have one at each floor where we drop our letters. But we send parcel post packages to the main post office.

3. Who takes them?

4. The office boy. He also buys us the many stamps that we need, the air mail stamps, the special delivery stamps, etc.

5. Where is the main post office?

6. It isn't far from here.

Exercise No. 148—Lecture
L'Anniversaire[1] de Mme. Davis

C'est le vingt-deux mars, l'anniversaire de Mme. Davis. Elle a trente-cinq ans aujourd'hui. Pour célébrer cette fête la famille Davis va dîner dans un restaurant élégant de la Cinquante-deuxième rue à New-York.

Quand ils entrent dans le restaurant ils voient sur la table réservée pour les Davis un joli panier[2] rempli de[3] roses blanches. Naturellement Mme. Davis est tout à fait surprise. Elle remercie[4] et embrasse[5] son cher mari avec empressement.[6]

A la fin d'un dîner exquis Annette, la plus jeune, dit tout bas[7] aux autres enfants, — Maintenant! Et chacun des quatre enfants sort d'en bas de[8] la table une jolie petite boîte.[9] Ce sont des cadeaux pour leur mère.

Annette lui donne un mouchoir de soie; Rosette, une blouse de lin; Jean, une paire de gants; et Philippe, un fichu de laine.

La semaine prochaine, M. Davis fait le calcul du compte de cette journée, qui suit:[10]

Dîner	Quatorze dollars quatre-vingt-six	14.86
Pourboire	Deux dollars	2.00
Fleurs	Cinq dollars soixante-quinze	5.75
Cadeaux	Douze dollars trente-neuf	12.39
	Total	35.00

"Quelle coïncidence!" dit M. Davis. "Trente-cinq dollars—trente-cinq ans!"

NOTE 1. birthday 2. basket 3. filled with 4. she thanks 5. kisses 6. warmly 7. in a low voice 8. from under 9. box 10. follows.

CHAPITRE 28 (VINGT-HUIT)

M. Davis Écrit Une Lettre À Son Représentant

1. M. Davis et M. Picard sont assis dans le salon chez M. Davis. M. Davis tient deux lettres à la main: une copie de sa lettre à son représentant, M. Parmentier, et la réponse qui vient d'arriver.

1. Mr. Davis and Mr. Picard are seated in the living room at Mr. Davis' house. Mr. Davis has two letters in his hand: a copy of his letter to his agent, Mr. Parmentier, and the answer which has just arrived.

2. — M. Picard, je vais vous lire ma lettre à M. Parmentier.

3. — Cela me fera plaisir.

4. M. Davis lit la lettre qui suit:

New-York, le 4 mai, 1955.

M. Georges Parmentier
76 Rue de Vaugirard
Paris 6ème, France

Cher Monsieur Parmentier,

J'ai le plaisir de vous informer que je vais bientôt faire un voyage en France. Je partirai de New-York en avion le 31 mai à sept heures de l'après-midi et j'arriverai à Orly à midi le premier juin.

J'ai l'intention de rester en France deux mois. Je compte faire un voyage d'agrément aussi bien que d'affaires. Je passerai trois semaines à peu près à Paris.

Partant de Paris, je ferai quelques excursions pour voir les endroits intéressants en France. J'espère aussi voyager en avion au Maroc et peut-être en Corse.

Pendant mon séjour à Paris j'espère pouvoir saisir l'occasion de faire votre connaissance, car j'ai toujours beaucoup apprécié vos services devoués, qui ont tant contribué à notre réussite.

Je sais que vous êtes très occupé et que vous êtes souvent en voyage. Par conséquent je vous écris d'avance dans l'espoir de pouvoir fixer un rendez-vous. Je vous prie de me faire savoir si j'aurai le plaisir de vous voir à Paris.

Il y a cinq mois que je prends des leçons de français. Cela vous surprendra peut-être. J'espère pouvoir vous parler dans votre belle langue, car depuis quelque temps je cause deux fois par semaine avec mon professeur, M. Auguste Picard, un de vos compatriotes.

Dans l'espoir de vous lire bientôt, agréez, monsieur, l'assurance de ma considération distinguée.

Jean Davis

5. — Merveilleux, M. Davis, Il n'y pas une seule faute dans toute la lettre.

6. — M. Picard, je dois vous avouer quelque chose. Il y a un livre qui s'appelle "La Correspondance Commerciale." Ce livre me rend grand service dans tout ce qui regarde les en-têtes, les conclusions, et les diverses formules de politesse. Naturellement, c'est surtout à vous que je dois les plus vifs remerciements.

7. — Vous êtes très aimable. Et maintenant, voulez-vous bien me lire la réponse que vous venez de recevoir de M. Parmentier?

8. — Avec plaisir, Monsieur.

(La suite au Chapitre 29.)

2. Mr. Picard, I am going to read you my letter to Mr. Parmentier.

3. That will please me.

4. Mr. Davis reads the letter which follows:

New York, May 4, 1955

Mr. Georges Parmentier
76 Rue de Vaugirard
Paris (6) France

Dear Mr. Parmentier,

I am pleased to inform you that I am soon going to make a trip to France. I shall leave New York by plane May 31 at 7 P.M. and will arrive at Orly at noon June 1.

I intend to remain in France two months. I expect to make it a pleasure trip as well as a business trip. I shall spend about three weeks in Paris.

Leaving Paris, I shall make a few excursions to see the places of interest in France. I hope also to go by plane to Morocco and perhaps to Corsica.

During my stay in Paris I hope to take advantage of the opportunity to meet you personally, for I have always appreciated very much your devoted services which have contributed so much to our success.

I know that you are very busy and that you travel a great deal. For that reason I am writing you beforehand in the hope of being able to arrange an appointment. Please (*Lit.* I beg you to) let me know if I shall have the pleasure of seeing you in Paris.

I have been studying French for the last five months. This will surprise you perhaps. I hope to be able to talk with you in your beautiful language, because for some time I have been conversing twice a week with my teacher, Mr. Auguste Picard, a fellow-countryman of yours (*Lit.* one of your fellow-countrymen).

Awaiting your early reply I remain sincerely yours, (*Lit.* In the hope of reading you soon, accept, Sir, the assurance of my marked esteem).

John Davis

5. Marvellous, Mr. Davis. There is not a single error in the whole letter.

6. Mr. Picard, I must confess something to you. There is a book entitled, "Commercial Correspondence." This book helps me a great deal in everything that concerns headings, conclusions and various expressions of courtesy. Of course, to you especially I owe the most sincere thanks.

7. You are very kind. And now will you kindly read me the answer which you have received from Mr. Parmentier?

8. With pleasure, sir.

(Continued in Chapter 29.)

Pronunciation and Spelling Aids

Practice Aloud:

J'ai le plaisir de vous informer que je vais bientôt faire un voyage en France.

Zhay luh pleh-zeer duh voo zañ fur-may kuh zhuh veh byañ-toh fehr euñ vwa-yazh ahñ frahñs.

Je partirai de New-York en avion le 31 (trente et un) mai à sept heures.

Zhuh par-tee-ray duh New-York ahñ na-vyawñ luh trahñ-tay-euñ meh a seh-teur.

Building Vocabulary

Related Expressions

1. la main   hand
2. la main droite   the right hand
3. la main gauche   the left hand
4. à droite   on, to the right
5. à gauche   on, to the left
6. tourner or prendre la droite (gauche)
   to turn to the right (left)
7. à la main   in his or her hand
8. Ils se serrent la main   they shake hands

NOTE: In certain expressions referring to parts of the body, French uses the definite article instead of mon, ton, son, etc. Thus:

Il tient deux lettres à la main.

He has two letters in his hand.

Elle a un panier sur la tête.

She has a basket on her head.

Locutions Françaises

1. avoir l'intention de   to intend to
2. saisir l'occasion
   to seize (take advantage of) the opportunity
3. par conséquent   consequently
4. d'avance   in advance, beforehand
5. faire la connaissance de
   to make the acquaintance of, to learn to know
6. faire savoir   to let know, to inform
7. deux fois par semaine   twice a week
8. voulez-vous bien   will you kindly
9. cela me fera plaisir   that will please me
10. être occupé   to be busy

Exercise No. 149—Completion of Text

1. M. Davis a deux lettres (in his hand).
2. Voici la réponse qui (has just arrived).
3. M. Davis lit la lettre (which follows).
4. (I shall leave) le 31 mai.
5. (I intend) de rester en France deux mois.
6. Je sais que vous êtes (very busy).
7. (Consequently) je vous écris d'avance.
8. (For some time) je cause (twice a week) avec mon professeur.
9. Il n'y a pas (a single mistake) dans toute la lettre.
10. (Will you kindly) me lire la réponse de M. Parmentier.

Grammar Notes

1. Present Tense of suivre to follow, traduire to translate

I follow, you follow, etc.

je suis	nous suivons
tu suis	vous suivez
il, elle suit	ils, elles suivent

Imperative

suis   suivons   suivez

I translate, you translate, etc.

je traduis	nous traduisons
tu traduis	vous traduisez
il, elle traduit	ils, elles traduisent

Imperative

traduis   traduisons   traduisez

Like suivre is: poursuivre to pursue. Like traduire: conduire to lead, conduct; produire to produce; construire to construct.

2. More Verbs with Irregular Future.

tenir to hold	je tiendrai, etc.	valoir to be worth	je vaudrai, etc.
devoir to owe	je devrai, etc.	envoyer to send	j'enverrai, etc.
recevoir to receive	je recevrai, etc.	courir to run	je courrai, etc.
vouloir to want	je voudrai, etc.	savoir to know	je saurai, etc.

Exercise No. 150. Complete the following sentences in French.

Exemple 1. Je leur enverrai les journaux français.

1. (I shall send them) les journaux français.
2. Mme. Davis (will receive) beaucoup de cadeaux.
3. (They will know) où me trouver.
4. (He will not want) nous accompagner.
5. Les enfants (will run) pour voir le Guignol.
6. Les billets (will not be worth) plus de cinq dollars.
7. (They will owe us) moins de dix dollars.
8. (They will hold) table ouverte.
9. (Will you translate) cet exercice?
10. (We shall not follow) la mode.
11. (I shall make) la connaissance de M. Parmentier.
12. (We shall be able) fixer un rendez-vous.

3. depuis, depuis quand, combien de temps, pendant.

a. When an action began in the past and is continuing in the present, French uses **depuis** (*since, for*), **depuis quand?** (*since when?*), **combien de temps?** (*how long?*), with the present tense of the verb. English uses the present perfect.

Depuis quand est-ce que M. Davis étudie le français?

Since when has Mr. Davis been studying French?

Il étudie le français depuis cinq mois.

He has been studying French for (since) five months.

Combien de temps y a-t-il que M. Davis étudie le français?

How long is it that Mr. Davis has been studying French?

Il y a cinq mois qu'il étudie le français.

It is five months that (since) he has been studying French.

b. If the action is future, French uses **combien de temps?** (*how long?*) and **pendant** (*for, during*). Like the word *for* in English, **pendant** is often omitted in French.

Combien de temps restera-t-il à Paris?

How long will he remain in Paris?

Il y restera (pendant) trois semaines.

He will remain there (for) three weeks.

Exercise No. 151. Complete the following sentences in French.

Exemple 1. Combien de temps resterez-vous à Paris?

1. (How long) resterez-vous à Paris?
2. Nous resterons à Paris (during the months) de juin et juillet.
3. (Since when) le connaissez-vous?
4. Nous le connaissons (for ten years).
5. J'étudie le français (for two years).
6. Il écrit des lettres (for three hours).
7. (How long) m'attendrez-vous?
8. (It is three days) qu'elle est malade.
9. (Since when have you been living) dans cette maison?
10. (We have been living there) depuis trois ans.

<h2 style="text-align:center">Exercise No. 152—Questionnaire</h2>

1. Où est-ce que les messieurs sont assis?
2. Qu'est-ce que M. Davis tient à la main?
3. Qu'est-ce qu'il va lire à M. Picard?
4. Quand est-ce que M. Davis partira de New-York?
5. Combien de temps passera-t-il en France?
6. Combien de temps restera-t-il à Paris?
7. Qu'est-ce qu'il fera partant de Paris?
8. Où espère-t-il voyager en avion?
9. Qui est très occupé?
10. De qui est-ce que M. Davis veut faire la connaissance?
11. Pourquoi écrit-il d'avance?
12. Combien de temps y a-t-il que M. Davis prend des leçons de français?

<h1 style="text-align:center">CHAPITRE 29 (VINGT-NEUF)</h1>

<h2 style="text-align:center">M. Davis Reçoit Une Lettre</h2>

M. Davis a écrit une lettre à son représentant à Paris. Dans le dernier chapitre il a lu une copie de cette lettre à son professeur, M. Picard. Celui-ci n'a pas trouvé une seule faute dans la lettre.

Le commerçant a reçu une réponse de son représentant. Maintenant il la tient à la main et il est en train de la lire.

Mr. Davis has written a letter to his representative in Paris. In the last chapter he read a copy of that letter to his teacher, Mr. Picard. The latter did not find a single error in the letter.

The businessman has received an answer from his representative. Now he has it in his hand and is reading it.

1. Cher M. Davis,

2. J'ai reçu avec beaucoup de plaisir votre lettre du 4 mai dans laquelle[1] vous m'informez que vous allez bientôt faire un voyage en France.

3. Heureusement je serai à Paris pendant les mois de juin et juillet, et je serai tout à fait à votre disposition.

4. Je compte sur le plaisir de vous rencontrer à l'aéroport d'Orly à midi le premier juin. J'espère pouvoir rendre votre séjour agréable quant aux distractions aussi bien que profitable quant aux affaires.

5. C'est avec plaisir que je causerai en français avec vous et je suis sûr que vous le parlez à la perfection. En vérité vous écrivez le français à merveille. Je veux vous féliciter aussi bien que votre professeur. Comme M. Picard est Français, je comprends bien votre connaissance de beaucoup de gallicismes.

6. Dans l'attente de faire votre connaissance, je vous prie de croire monsieur, à ma parfaite considération.

Georges Parmentier

7. — C'est une gentille lettre, dit M. Picard. Jusqu'à présent vous avez connu M. Parmentier comme représentant sérieux. Sans doute vous allez voir qu'il est aussi très sympathique comme bon nombre de ses compatriotes. Pardonnez-moi si je suis fier des Français, mais vous verrez vous-même.

8. — Je suis certain que je serai très content parmi les Français; et le plus beau de l'affaire c'est que je pourrai parler avec eux dans leur propre langue.

9. — C'est certain. Alors, M. Davis mardi prochain c'est le dernier rendez-vous avant votre départ. Nous nous rencontrerons à votre bureau, n'est-ce pas?

10. — Oui, monsieur. Et vous me donnerez quelques derniers conseils?

11. — Avec plaisir, M. Davis.

1. Dear Mr. Davis,

2. I have received with great pleasure your letter of May 4 in which[1] you inform me that you will soon make a trip to France.

3. Fortunately I shall be in Paris during the months of June and July, and I shall be entirely at your service.

4. I am looking forward to meeting you at the airport of Orly at noon June 1. I hope to be able to make your stay pleasant in the matter of recreation goes as well as profitable in the matter of business.

5. I shall be happy to talk with you in French and I am sure that you speak it perfectly. Indeed, you write French extremely well. I want to congratulate you as well as your teacher. Since M. Picard is French, I understand very well your familiarity with many French idioms.

6. Looking forward to making your acquaintance I remain,

Sincerely yours,
(*Lit.* I beg you to believe Sir, in my complete esteem)
George Parmentier

7. "It's a very nice letter," says Mr. Picard. "Until now you have known Mr. Parmentier as a reliable agent. No doubt, you will see that he is also very likeable like a good number of his fellow-countrymen. Pardon me if I am proud of the French people, but you will see for yourself."

8. I am certain that I shall be very happy among the French; and the best of the matter is that I'll be able to converse with them in their own language.

9. That's right. Well, Mr. Davis next Thursday is the last appointment before your departure. We'll meet in your office, shall we not?

10. Yes, sir. And you will give me some final advice?

11. With pleasure, Mr. Davis.

NOTE 1. lequel (laquelle, lesquels, lesquelles) *which,* is a relative pronoun used after prepositions. It agrees with its antecedent in number and gender.

Pronunciation and Spelling Aids

Practice Aloud:

J'ai reçu avec beaucoup de plaisir votre lettre du 4 (quatre) mai dans laquelle vous m'informez que vous allez bientôt faire un voyage en France.

Zhay ruh-sü a-vehk boh-koo duh pleh-zeer vutr lehtr dü katr meh dahñ la-kehl voo mañ-fur-may kuh voo za-lay byañ-toh fehr euñ vwa-yazh ahñ frahñs.

Building Vocabulary

Expressions Referring to Past Time.

1. hier (yehr)   yesterday
2. hier soir   yesterday evening
3. hier matin   yesterday morning
4. avant-hier   day before yesterday
5. la semaine dernière   last week
6. l'année dernière   last year
7. le mois dernier   last month

8. il y a deux jours (mois, ans)
   two days (months, years) ago
9. il y a huit jours
   a week ago
10. il y a quinze jours
    two weeks ago

Locutions Françaises

1. je compte sur le plaisir de   I look forward to
2. quant à   in the matter of, as for
3. en vérité   indeed
4. jusqu'à présent   until now

5. ma (sa, leur) propre langue
   my (his, their) own language
6. c'est certain   that's right

Salutations—Business Letters

1. Monsieur   Dear Sir:
2. Messieurs   Gentlemen:

3. Cher Monsieur A.   My dear Mr. A.
4. Chère Madame B.   My dear Mrs. B.

Closings—Business Letters

1. Agréez, Monsieur, mes salutations distinguées.
   Accept, Sir, my distinguished greetings. Yours truly.
2. Agréez, Monsieur, mes salutations empressés.
   Accept, Sir, my earnest greetings. Yours truly.
3. Agréez, je vous prie, l'expression de mes salutations les plus distinguées.

Please accept the expression of my most distinguished greetings. Yours truly.

4. Veuillez agréer, monsieur, mes sincères salutations.
   Please accept, Sir, my sincere greetings. Yours truly.

Exercise No. 153—Completion of Text

1. (He is in the act of reading) la lettre.
2. (I have received) votre lettre du 4 mai.
3. Je serai à Paris (during the months) de juin et juillet.
4. (I am looking forward) de vous rencontrer à l'aéroport.
5. C'est avec plaisir (that I shall talk in French) avec vous.

6. Je veux (to congratulate you).
7. (You have known) M. Parmentier comme représentant sérieux.
8. Pardonnez-moi (if I am proud) des Français.
9. (You will see) vous-même.
10. (I shall be able) parler avec eux en français.

Grammar Notes

1. **Conversational Past Tense.** What has happened, what happened, what did happen. Model verbs **parler**, **finir**, **vendre**

I have spoken, spoke, did speak, etc.

j'ai parlé	nous avons parlé
tu as parlé	vous avez parlé
il, elle a parlé	ils, elles ont parlé

I have not finished, did not finish, etc.

je n'ai pas fini	nous n'avons pas fini
tu n'as pas fini	vous n'avez pas fini
il, elle n'a pas fini	ils, elles n'ont pas fini

have I sold? did I sell? etc.

est-ce que j'ai vendu?	avons-nous vendu?
as-tu vendu?	avez-vous vendu?
a-t-il vendu?	ont-ils vendu?
a-t-elle vendu?	ont-elles vendu?

have you not sold? did you not sell?

n'as-tu pas vendu?	n'avez-vous pas vendu?

Like the present perfect tense in English the conversational past tense in French is formed by means of an auxiliary verb (usually **avoir** *have*) plus a past participle.

2. How to Form the Regular Past Participle.
-er verbs drop -er and add é.

Infinitive	Past Participle	Infinitive	Past Participle
parler to speak	parlé spoken	apporter to bring	apporté brought
trouver to find	trouvé found	écouter to listen to	écouté listened to
demander to ask	demandé asked	envoyer to send	envoyé sent
casser to break	cassé broken	manger to eat	mangé eaten
fermer to close	fermé closed	porter to carry	porté carried

-ir verbs drop -ir and add -i.

Infinitive	Past Participle	Infinitive	Past Participle
finir to finish	fini finished	dormir to sleep	dormi slept
choisir to choose	choisi chosen	sentir to feel	senti felt
bâtir to build	bâti built	servir to serve	servi served
obéir to obey	obéi obeyed	punir to punish	puni punished
saisir to seize	saisi seized	remplir to fill	rempli filled

-re verbs drop -re and add -u.

Infinitive	Past Participle	Infinitive	Past Participle
vendre to sell	vendu sold	entendre to hear	entendu heard
répondre to answer	répondu answered	rendre to give back	rendu given back
perdre to lose	perdu lost	attendre to wait for	attendu waited for

3. Some Irregular Past Participles

Infinitive	Past Participle	Infinitive	Past Participle
connaître to know	connu known	écrire to write	écrit written
lire to read	lu read	faire to make	fait made
dire to say	dit said	recevoir to receive	reçu received

Exercise No. 154. Translate each dialogue. Read each dialogue aloud three times.

1. — M. Picard a-t-il posé des questions difficiles à M. Davis?
   — Oui. Il lui a posé des questions difficiles.
   — Est-ce que M. Davis a bien[1] répondu?
   — Oui, il a bien répondu à toutes les questions.
2. — Quand est-ce que M. Davis a écrit la lettre à son représentant?
   — Il y a aujourd'hui quinze jours qu'il a écrit la lettre.
   — À qui a-t-il lu une copie de cette lettre?
   — Il a lu la copie à M. Picard.
3. — Est-ce que M. Picard a trouvé beaucoup de fautes dans la lettre?
   — Non. Il n'a pas trouvé une seule faute.
   — Quel livre a rendu grand service à M. Davis?
   — Le livre, "La Correspondance Commerciale," lui a rendu grand service.
4. — M. Davis a-t-il apprecié les services de M. Parmentier?
   — Oui. Il a toujours[1] apprecié ses services dévoués.
   — Qu'est-ce que M. Picard a dit quand M. Davis a fini de lire la lettre?
   — Il a dit: C'est une gentille lettre.

NOTE 1: Adverbs (bien, déjà, encore, toujours, souvent, etc.) generally precede the past participle. The adverbs hier, aujourd'hui, demain, ici, là, tôt, tard, follow the past participle.

Il a déjà écrit la lettre.
Il a écrit la lettre hier.

He has already written the letter.
He wrote the letter yesterday.

Exercise No. 155. Complete the following sentences with the past participle of the verb indicated. Read each completed sentence aloud.

Exemple 1: J'ai reçu votre lettre du 4 mai.

1. J'ai (recevoir) votre lettre du 4 mai.
2. Nous avons (décider) de visiter le Musée du Louvre.
3. Il a toujours (apprécier) vos services devoués.
4. Ces services ont (contribuer) à notre réussite.
5. M. Davis a (vendre) beaucoup d'objets d'art.
6. Nous n'avons pas (écrire) beaucoup de lettres.
7. N'avez-vous pas (lire) tous les guides?
8. Ont-ils (rendre) les livres à la bibliothèque?
9. Avez-vous (faire) la connaissance de votre représentant?
10. Je n'ai pas (entendre) ce qu'il a (dire).
11. Elles n'ont pas encore (finir) l'examen.
12. La bonne a déjà (servir) le thé au rhum.

Exercise No. 156—Questionnaire

1. Qui a écrit une lettre à son représentant?
2. À qui a-t-il lu une copie de cette lettre?
3. M. Picard a-t-il trouvé beaucoup de fautes dans la lettre de M. Davis?
4. Quand est-ce que M. Parmentier sera à Paris?
5. Où est-ce qu'il va rencontrer M. Davis?
6. Dans quelle langue va-t-il causer avec lui?
7. Qui est-ce que M. Parmentier veut féliciter?
8. Comment est-ce que M. Davis a connu M. Parmentier jusqu'à présent?
9. De quoi M. Davis est-il certain?
10. Quand est-ce que les deux messieurs auront leur dernier rendez-vous?
11. Où est-ce qu'ils se rencontreront?
12. Qu'est-ce que M. Picard donnera à M. Davis?

CHAPITRE 30 (TRENTE)

Les Derniers Conseils de M. Picard

1. Il fait chaud dans le bureau de M. Davis. Il n'y a pas un souffle d'air. Par la fenêtre ouverte on entend les bruits de la rue.

2. — Je suis content de quitter la ville, dit M. Davis à M. Picard.

3. — J'ai envie de vous accompagner, répond M. Picard.

4. — Pourrez-vous venir avec moi?

5. — Malheureusement, ce n'est pas possible.

6. — Quel dommage! Eh bien, voulez-vous bien me donner quelques derniers conseils? Est-ce que la vie en France est différente de la vie aux États-Unis?

7. — Oui, M. Davis, les coutumes du pays sont assez différentes. En général on fait les choses avec plus de formalité qu'ici. La question de politesse, il me semble, est d'une valeur profonde; c'est à dire que chaque homme est digne d'être respecté.

8. — C'est vrai, répond M. Davis.

9. — J'ai remarqué que les affaires se traitent en France avec plus de formalité qu'aux États-Unis. Les hommes d'affaires aiment bien causer un peu avant d'entamer une affaire. Ils désirent se connaître les uns les autres.

10. — Je serai très content en France.

11. — Il faudra vous habituer à un train de vie moins agité. En général la vie en France est plus tranquille.

12. — Je l'espère. Je suis las d'être toujours bousculé.

1. It is hot in Mr. Davis' office. There is not a breath of air. Through the open window one hears the noises of the street.

2. "I am happy to leave the city," says Mr. Davis to Mr. Picard.

3. "I have a mind to go with you," answers Mr. Picard.

4. Will you be able to go with me?

5. Unfortunately, it isn't possible.

6. What a pity! Well then, will you kindly give me some final advice? Is life in France different from life in the United States?

7. Yes Mr. Davis, the customs of the country are quite different. In general things are done with more formality than they are here. The question of courtesy it seems to me has a profound meaning; that is, every man is worthy of respect. (*Lit.* to be respected)

8. "That's true," answers Mr. Davis.

9. I have noticed that in France business is done with more formality than it is in the United States. Business men like to chat a little with each other before taking up a business matter. They want to get to know one another.

10. I'll be very happy in France.

11. You'll have to (*Lit.* It will be necessary to) get used to a less turbulent way of life. In general, life in France is quieter.

12. I hope so. (*Lit.* I hope it.) I am tired of being forever hustled.

13. — Parlant d'autre chose, avez-vous lu les livres sur la France que je vous ai recommandés?

14. — Oui, je les ai tous lus avec beaucoup d'intérêt.

15. — J'ai parcouru aussi les deux guides que vous m'avez prêtés. Le Guide Michelin et le Guide Bleu. Il me semble que ces deux guides me rendront grand service.

16. — Sans aucune[1] doute. Quant à moi, je passerai l'été à New-York. Nos conversations m'ont donné beaucoup de plaisir. Vous allez me manquer.

17. — Je penserai à vous très souvent et de temps en temps je vous écrirai.

18. — Je serai content de recevoir vos lettres. Alors, voilà, il faut nous dire au revoir. Vous serez bien gentil de faire mes amitiés à Mme. Davis et d'embrasser les enfants de ma part.

19. — Merci, et bonne chance!

20. — Bon voyage, M. Davis.

   Ils se serrent la main.

13. To speak of something else; you read the books on France which I recommended to you?

14. Yes. I read them all with much interest.

15. I have also glanced through the two guides which you lent me: the Michelin Guide and the Blue Guide. It seems to me that these two guides will be service.

16. Without any doubt. As for me, I'll spend the summer in New York. I have enjoyed our conversations very much. I shall miss you.

17. I'll think of you often and from time to time I'll write you.

18. I'll be happy to receive your letters. Well, then we must say goodby. Kindly give my regards to Mrs. Davis and kiss the children for me.

19. Thank you, and good luck!

20. Happy voyage, Mr. Davis.

   They shake hands.

NOTE 1. **aucun (aucune** *f.*) not any, none, no one. Except after **sans,** it is used with **ne.**
Je n'ai pas aucune doute. I haven't any doubt.
Aucun de ces élèves n'est Français. None of these pupils is French.

Pronunciation and Spelling Aids

Practice Aloud:

— Je suis content de quitter la ville, dit Monsieur Davis à Monsieur Picard.

— J'ai envie de vous accompagner, répond M. Picard.

— Ne pouvez-vous pas venir avec moi?

— Malheureusement, ce n'est pas possible.

Zhuh süee kawñ-tahñ duh kee-tay la **veel,** dee muh-syeu Davis a muh-syeu pee-**kar.**

Zhay ahñ-vee duh voo za-kawñ-pa-**nyay,** ray-pawñ muh-syeu pee-**kar.**

Nuh poo-vay-voo pah vuh-neer a-vehk **mwa?**

Ma-leu-reuz-**mahñ,** suh neh pah pu-**seebl.**

Building Vocabulary

Words whose appearance deceives

demander = to ask, ask for *not* to demand
rester = to stay, remain *not* to rest
le crayon = the pencil *not* the crayon
la fabrique = the factory *not* the fabric
la lecture = the reading selection *not* lecture
la librairie = the bookstore *not* the library
le magasin = the store *not* the magazine
actuellement = now, at present *not* actually
large = wide *not* large
les nouvelles = the news *not* novels
Point de nouvelles, bonnes nouvelles. No news is good news.

exiger = to demand
se reposer = to rest
le pastel = the crayon
le tissu = the fabric
la conférence = the lecture
la bibliothèque = the library
la revue = the magazine
réellement = actually
grand = large
le roman = the novel

Locutions Françaises

1. **les affaires se traitent** business is done
2. **entamer une affaire** to take up a business matter
3. **sans aucune doute** without any doubt
4. **manquer** to miss, to be lacking, to fail, to be in need of
5. **Vous allez me manquer** I shall miss you (You will be missing to me)
6. **L'argent lui manque** He lacks money. (Money is lacking to him)
7. **Je n'y manquerai pas** I shall not fail to do so
8. **faire ses amitiés** to give one's regards
9. **faites-lui mes amitiés** give him my regards
10. **mes amitiés à tout le monde** love to all

Exercise No. 157—Completion of Text

1. (Through the open window) on entend les bruits de la rue.
2. (I have a mind) de vous accompagner.
3. (Will you give me) quelques derniers conseils?
4. On fait les choses (with more formality) qu'ici.
5. (Each man is worthy) d'être respecté.
6. Ils désirent (want to get to know one another).
7. En général la vie en France (is more tranquil).
8. (Have you read) les livres sur la France?
9. (I have also glanced through) les deux guides.
10. (I shall spend) l'été à New-York.
11. I shall miss you.
12. (I shall be happy) de recevoir vos lettres.

Grammar Notes

1. More Irregular Past Participles

courir	to run	couru run	parcourir	to scan	parcouru scanned
mettre	to put	mis put	promettre	to promise	promis promised
prendre	to take	pris taken	apprendre	to learn	appris learned
voir	to see	vu seen	comprendre	to understand	compris understood

Exercise No. 158. Complete each of the following sentences with the correct past participle. Read each completed sentence aloud.

1. J'ai déjà (scanned) tous les guides.
2. Avez-vous (understood) tout ce que le maître a (said)?
3. A-t-il (put on) son pardessus?
4. Elle a (promised) de nous rencontrer a l'aéroport.
5. J'ai tout (heard) mais je n'ai pas tout (understood).
6. Avez-vous (seen) Mme. Picard?
7. Les enfants ont (run) à l'école.
8. Les élèves ont (learned) beaucoup de locutions françaises.
9. Ils n'ont pas (taken) leurs caoutchoucs.
10. Nous n'avons pas (taken) la bouteille.

2. Agreement of the Past Participle.

When a direct object precedes the verb the past participle must agree with that direct object in number and gender.

Direct Object After verb (*No agreement*)	Direct Object Before Verb (*Agreement*)
Avez-vous trouvé *le livre?*	Je *l'ai* trouvé. (*masc. sing.*)
Avez-vous trouvé *la lettre?*	Je *l'ai* trouvée. (*fem. sing.*)
Avez-vous trouvé *les livres?*	Je *les* ai trouvés. (*masc. plur.*)
Avez-vous trouvé *les lettres?*	Je *les* ai trouvées. (*fem. plur.*)

The past participle does not agree with an *indirect* object preceding the verb.

Nous ne *leur* avons pas donné de cadeaux.   We did not give *them* any gifts.

Exercise No. 159. Translate each question and answer. Read each question and answer aloud in French three times. Note the agreement of the past participle.

1. — Avez-vous recommandé ces guides (*m*)?
2. — Est-ce qu'il a écrit la réponse?
3. — Où a-t-il trouvé l'argent (*m*)?
4. — Avez-vous compris la question?
5. — A-t-elle appris le proverbe?
6. — Qui a reservé les deux places (*f*)?
7. — Quand avez-vous vu votre amie?
8. — Quand ont-ils fini l'examen (*m*)?
9. — Quand est-ce que le facteur (postman) a apporté les lettres?
10. — Avez-vous entendu la sonnette (housebell)?
11. — M. Davis a-t-il parcouru tous les guides?
12. — Quelle lettre a-t-il lue[1] à M. Picard?

1. — Oui, monsieur, je les ai *recommandés*.
2. — Oui monsieur, il l'a *écrite*.
3. — Il l'a *trouvé* au bureau.
4. — Non monsieur, je ne l'ai pas *comprise*.
5. — Non madame, elle ne l'a pas *appris*.
6. — Mon père les a *réservées* hier.
7. — Je l'ai *vue* hier soir.
8. — Ils l'ont *fini* à deux heures.
9. — Il les a *apportées* ce matin.
10. — Non, monsieur, je ne l'ai pas *entendue*.
11. — Il les a *parcourus* tous.
12. — Il a *lu* la lettre qu'il a *reçue*[2] de M. Parmentier.

NOTE 1. The direct object preceding the verb, with which lue agrees is quelle lettre.

       2. The direct object preceding the verb, with which reçue agrees is the relative pronoun qu' which is feminine. qu' refers to lettre (*f*).

Exercise No. 160—Questionnaire

1. Où se trouvent M. Davis et M. Picard?
2. Quel temps fait-il?
3. Qu'est-ce qu'on entend par la fenêtre?
4. Qui est content de quitter la ville?
5. Qui a envie d'accompagner M. Davis?
6. Qu'est-ce que M. Picard répond à la question, "Ne pourrez-vous pas venir avec moi"?
7. Comment fait-on les choses en France?
8. Quelle est la valeur profonde de la politesse?
9. Qu'est-ce que M. Picard a remarqué en France?
10. Qui est las d'être bousculé?
11. Qui a lu des livres sur la France?
12. Qui les a recommandés?
13. Quant à M. Picard où passera-t-il l'été?
14. A qui M. Davis pensera-t-il souvent?
15. Est-ce qu'il écrira des lettres à M. Picard de temps en temps?

CHAPITRE 31 (TRENTE ET UN)

M. Davis Part Pour La France

1. Il y a cinq mois que M. Davis étudie le français. Il a passé beaucoup de temps en conversant avec son professeur, M. Picard. Il a appris les règles essentielles de la grammaire et il a lu beaucoup de livres sur la France. Il a vraiment travaillé dur. Maintenant il parle bien le français et il compte se tirer d'affaires en France sans difficulté.

2. M. Davis a obtenu son billet pour le trajet, son passeport, son visa, et son certificat de vaccination. Il a tout ce qui lui faut.

3. Naturellement M. Davis a écrit une lettre à son représentant en France pour lui faire savoir l'heure de son arrivée. M. Parmentier, le représentant, a promis de le rencontrer à l'aéroport.

4. C'est enfin le 31 mai, ce jour entre tous. L'avion de M. Davis part de l'aéroport International à sept heures precises de l'après-midi. Il doit être à l'aéroport une heure d'avance pour faire contrôler son billet et son passeport et pour faire peser ses bagages.

5. La famille ne l'accompagne pas en France parce que les enfants doivent finir l'année scolaire, et sa femme doit rester à la maison pour s'occuper des enfants. D'ailleurs, voyager avec quatre enfants entre cinq et douze ans est non seulement difficile, mais aussi assez coûteux.

6. Naturellement la famille est dans tous ses états. Les enfants ont très peu dormi et à sept heures du matin ils sont tous levés, lavés, et habillés.

7. À cinq heures de l'après-midi la famille est prête à partir pour l'aéroport. M. Davis a fait ses deux valises et il les a déjà mises dans l'auto. Ils montent tous en voiture. M. Davis se met en route et ils arrivent à l'aéroport vers six heures.

8. M. Davis fait contrôler son billet et son passeport, et il fait peser ses bagages. Il doit payer trois dollars en supplément parce que le poids total dépasse les soixante-six livres permis gratis.

1. Mr. Davis has been studying French for five months. He has spent a lot of time conversing with his teacher, Mr. Picard. He has learned the essential rules of grammar and he has read many books on France. He really has worked very hard. Now he speaks French quite well and he expects to get along in France without difficulty.

2. Mr. Davis has obtained his ticket for the flight, his passport, his visa, and his vaccination certificate. He has everything he needs.

3. Of course Mr. Davis has written a letter to his agent in France letting him know the time of his arrival. Mr. Parmentier, the agent, has promised to meet him at the airport.

4. It is May 31 at last, the day of days. Mr. Davis' plane leaves the International Airport at seven p.m. sharp. He must be at the airport one hour before to have his ticket checked and his baggage weighed.

5. The family is not going with him to France because his children have to finish the school year and his wife has to remain at home to take care of the children. Besides, to travel with four children from five to twelve years of age is not only difficult but also quite expensive.

6. Of course the family is extremely excited. The children have not slept very much and at seven in the morning they are all awake, washed and dressed.

7. At five in the afternoon the whole family is ready to leave for the airport. Mr. Davis has packed two valises and he has already put them in the auto. They all get into the car. Mr. Davis starts off and they arrive at the airport at about six.

8. Mr. Davis has his ticket and his passport checked and he has his baggage weighed. He has to pay three dollars extra, because the total weight exceeds the 66 pounds allowed free.

9. Alors M. Davis fait ses adieux à sa femme et aux enfants qui lui souhaitent "bon voyage." Il monte dans l'avion, saluant de la main son petit monde qui le regarde d'un air ému. À sept heures précises l'avion prend son vol.

10. M. Davis est en route.

9. Then Mr. Davis takes leave of his wife and children who wish him "a happy voyage." He goes up into the plane waving his hand to his little world who are watching him with emotion. At 7:00 o'clock sharp the plane takes off.

10. Mr. Davis is on his way.

Building Vocabulary

A. Antonyms

1. il a ouvert   he opened
   il a fermé   he closed
2. j'ai commencé   I began
   j'ai fini   I finished
3. nous avons trouvé   we found
   nous avons perdu   we lost

4. vous avez envoyé   you sent
   vous avez apporté   you brought
5. ils ont acheté   they bought
   ils ont vendu   they sold
6. elles ont donné   they gave
   elles ont reçu   they received

Locutions Françaises

1. se tirer d'affaires   to get along
2. pour lui faire savoir   to let him know
3. ce jour entre tous   this day of days
4. pour faire contrôler son billet
   to have his ticket checked
5. pour faire peser ses bagages
   to have his baggage weighed
6. s'occuper de
   to busy oneself with, to take care of

7. être dans tous ses états
   to be extremely excited
8. faire les valises   to pack the suitcases
9. monter en voiture   to get in the car
10. se mettre en route   to set out
11. faire ses adieux à   to take leave of
12. Il est en route.   He is on his way.

Exercise No. 161—Completion of Text

1. (It is five months) que M. Davis étudie le français.
2. (He has learned) les règles essentielles.
3. (He has really worked) dur.
4. (He has obtained) son billet pour le trajet.
5. (He has written) une lettre à son représentant.
6. M. Parmentier (has promised) de le rencontrer.
7. À six heures (he must be) à l'aéroport.
8. La famille (is not going with him).

9. Les enfants (must finish) l'année scolaire.
10. M. Davis (has packed) les deux valises.
11. (They all get) en voiture.
12. M. Davis (has his baggage weighed).
13. (He must pay) trois dollars en supplément.
14. M. Davis (takes leave of) sa femme et ses enfants.
15. Il est (on his way).

Grammar Notes

1. More Irregular Past Participles

ouvrir to open	j'ai *ouvert*	I have *opened* (I opened, did open)
couvrir to cover	il a *couvert*	he has *covered* (he covered, did cover)
offrir to offer	elle a *offert*	she has *offered* (she offered, did offer)
savoir to know	nous avons *su*	we have *learned* (learned, did learn)[1]
vouloir to want	vous avez *voulu*	you have *wanted* (you wanted, did want)
avoir to have	ils ont *eu*	they have *had* (they had, they did have)
être to be	elles ont *été*	they have *been* (they were)

NOTE 1. The conversational past of savoir, — j'ai su, etc; means — I have learned (found out), etc., *not* I have known, etc.

Exercise No. 162. Translate. Use the conversational past for these verbs.

Exemple: I have had (I had, I did have) = j'ai eu

1. he has wanted
2. you opened
3. I have found out
4. did he open?
5. we have had
6. they have been
7. I have not covered
8. have they found out?
9. we did not open
10. she was
11. did he want?
12. I offered

2. Past Participles Used as Adjectives

Past participles are often used as adjectives. Like all adjectives they then agree with the noun they modify in number and gender.

le vase cassé	the broken vase	le livre ouvert	the open book
les vases cassés	the broken vases	les livres ouverts	the open books
la tasse cassée	the broken cup	la porte ouverte	the open door
les tasses cassées	the broken cups	les portes ouvertes	the open doors

Exercise No. 163. Complete each sentence with the correct form of the past participle in parenthesis.

Exemple: Il est assis près de la fenêtre ouverte.

1. Il est assis près de la fenêtre (ouvert)
2. Au mur il y a des affiches (f) (illustré)
3. Toutes les portes sont (fermé)
4. Le couturier Dior est bien (connu)
5. Beaucoup de ces tasses (f) sont (cassé)
6. Tous les enfants sont (levé)
7. Jean n'est pas encore (habillé)
8. Voici des revues (f) (envoyé) par M. Picard.
9. Où est la chambre (réservé) pour M. Adams.
10. Nous avons trouvé les billets (perdu)

Exercise No. 164—Questionnaire

1. Combien de temps y a-t-il que M. Davis étudie le français?
2. Avec qui a-t-il passé beaucoup de temps en conversant?
3. Qu'est-ce qu'il a appris?
4. Comment est-ce qu'il a travaillé?
5. Comment est-ce qu'il parle français maintenant?
6. Qu'est-ce que M. Davis a obtenu?
7. A qui M. Davis a-t-il écrit?
8. Qu'est-ce que son représentant lui a promis?
9. À quelle heure les enfants sont-ils levés?
10. À quelle heure est-ce que l'avion part de l'aéroport?
11. Qu'est-ce que chaque voyageur doit faire contrôler?
12. Est-ce que sa famille accompagne M. Davis en France?
13. Pourquoi est-ce que les enfants doivent rester à New-York?
14. Pourquoi est-ce que Mme. Davis doit rester à New-York?

RÉVISION 7
CHAPITRES 28–31 PREMIÈRE PARTIE

NOUNS

1. l'aéroport	7. la familiarité	13. la politesse	1. airport	7. familiarity	13. politeness
2. le bruit	8. la faute	14. la règle	2. noise	8. mistake, fault	14. rule
3. l'arrivée	9. la formalité	15. le séjour	3. arrival	9. formality	15. stay, sojourn
4. la copie	10. l'intérêt	16. la sortie	4. copy	10. interest	16. exit, departure
5. la difficulté	11. la main	17. le valeur	5. difficulty	11. hand	17. value
6. l'espoir	12. le passeport	18. l'homme d'affaires	6. hope	12. passport	18. business man

VERBS

1. apprécier	7. s'occuper de	13. traiter	1. to appreciate	7. to be busy with	13. to treat
2. j'apprécie	8. elle s'occupe de	14. courir	2. I appreciate	8. she takes care of	14. to run
3. avouer	9. pardonner	15. parcourir	3. to avow	9. to pardon	15. to scan
4. contrôler	10. pardonnez-moi	16. permettre	4. to control, check	10. pardon me	16. to permit
5. dépasser	11. prier	17. souhaiter	5. to exceed	11. to pray, to beg	17. to wish
6. s'habituer à	12. remarquer	18. surprendre	6. to get used to	12. to notice	18. to surprise

ADJECTIVES

1. différent	4. distingué	7. sérieux (euse f.)	1. different	4. distinguished	7. serious
2. dernier	5. nerveux (euse f.)	8. seul	2. last	5. nervous	8. alone
3. digne	6. propre	9. las (lasse f.)	3. worthy	6. own	9. tired

ADVERBS

1. d'avance	2. malheureusement	3. heureusement	1. in advance	2. unfortunately	3. fortunately

FRENCH EXPRESSIONS

1. faire ses adieux à	10. se tirer d'affaires	1. to bid goodbye to	10. to get along
2. faire ses amitiés à	11. voulez-vous bien	2. to give his regards to	11. will you kindly
3. faire votre connaissance	12. à la perfection	3. to make your acquaint-	12. perfectly
	13. quant à moi	ance	13. as for me
faire peser les valises	14. par conséquent	4. to have bags weighed	14. consequently
faire venir	15. deux fois par semaine	5. to send for	15. two times a week
6. faire savoir	16. votre propre langue	6. to let know	16. your own language
7. descendre de la voiture	17. Je vous prie	7. to get out of the car	17. I beg you
8. monter en voiture	18. vers six heures	8. to get into the car	18. about six o'clock
9. se mettre en route		9. to set out	

DEUXIÈME PARTIE

Exercise No. 165. Translate each past participle and give the infinitive of the verb from which is is derived. Thus: vendu sold   vendre to sell

1. obtenu	6. voulu	11. su	16. mangé	21. compris
2. laissé	7. reçu	12. rendu	17. fait	22. ouvert
3. été	8. écrit	13. mis	18. pris	23. eu
4. dit	9. lu	14. obéi	19. écouté	24. permis
5. fini	10. appris	15. vu	20. couvert	25. pu

Exercise No. 166. Select the group of words in Column II which best completes each sentence begun in Column I.

I	II
1. M. Davis a appris rapidement	a. qui l'attendra à l'aéroport.
2. Il parle bien le français; par conséquent	b. me rendront grand service.
3. Il a un représentant à Paris	c. deux fois par semaine chez M. Davis.
4. M. Picard n'a pas trouvé une seule faute	d. est digne d'être respecté.
5. Il y a cinq mois qu'ils se rencontrent	e. il pourra se tirer d'affaires en France.
6. Mme. Davis s'occupera des enfants	f. l'heure de votre arrivée?
7. Les Français croient que chaque homme	g. parce qu'il a travaillé dur.
8. Avant le départ de M. Davis	h. dans la lettre que M. Davis a écrite.
9. Les deux guides que vous m'avez prêtés	i. pendant l'absence de son mari.
10. Voulez-vous bien me faire savoir	j. son professeur lui a donné de bons conseils.

Exercise No. 167. Complete each sentence in Column I by choosing the correct expression from Column II. Be sure to use the correct verb form.

I	II
1. (Have you packed) les valises?	a. monter en voiture
2. (Give my regards) à Mme. Davis.	b. descendre de la voiture
3. Embrassez les enfants (for me).	c. faire ses adieux
4. Je parlerai avec vous (in your own language).	d. me tirer d'affaires
5. (Pardon me) si je suis fier de mes compatriotes.	e. faire les valises
6. Je pourrai (to get along) en France.	f. pardonnez-moi
7. J'aurai le plaisir (of meeting you).	g. votre propre langue
8. (They get into the car) et se mettent en route.	h. faire votre connaissance
9. (They get out of the car) à l'aéroport.	i. faire mes amitiés
10. Là M. Davis (said goodbye) à sa famille.	j. de ma part

Exercise No. 168. Read each question. Translate the English answers into French. In seven of the answers there is a direct object pronoun before the verb. Be sure that the past participle agrees with the direct object pronoun in number and gender.

Exemple 1. Oui, monsieur, je l'ai reçue.

1. Avez-vous reçu ma lettre?
2. À qui est-ce que M. Davis à écrit la lettre?
3. M. Davis a-t-il apprécié ses services?
4. Qui a fait la valise?
5. Est-ce que les guides vous ont rendu grand service?
6. Qu'est-ce que la bonne a servi?
7. Avez-vous compris la question?
8. Qui n'a pas fait les leçons?
9. Avez-vous vu le nouveau film?
10. Qu'est-ce que le facteur a apporté?

1. Yes sir, I have received it (*f*).
2. He wrote it (*f*) to Mr. Parmentier.
3. Yes sir, he has appreciated them (*m*).
4. Mr. Davis has packed it (*f*).
5. Yes sir, they have rendered me great service.
6. She served tea with rum.
7. No sir, I did not understand it (*f*).
8. Philippe has not done them (*f*).
9. No madame, we have not seen it (*m*).
10. He has brought a postal parcel (colis postal *m*).

Dialogue — A L'Aéroport

1. —Bonjour, M. Parmentier. Est-ce que vous attendez quelqu'un?
2. —Oui, monsieur. J'attends M. Davis de New-York, le chef de la maison que je représente à Paris.
3. —Est-ce que vous le connaissez?
4. —Je le connais seulement par correspondance. Mais j'ai sa photo et je crois que je le reconnaîtrai. C'est un homme d'à peu près quarante ans.
5. —À quelle heure doit-il arriver?
6. —L'avion est annoncé pour midi.
7. —Est-il en retard?
8. —Non, il est à temps. Ah! Le voilà. Il arrive. Il s'approche. Il s'atterre.
9. —Excusez-moi, monsieur, je vais à la rencontre de M. Davis.

1. Good day, Mr. Parmentier. Are you expecting some one?
2. Yes, sir, I am waiting for Mr. Davis of New York, the head of the firm I represent in Paris.
3. Do you know him?
4. I know him only by correspondence. But I have his photo and I think I'll recognize him. He is a man of about forty years.
5. At what time is he due?
6. The plane is scheduled to arrive at noon.
7. Is it late?
8. No it's on time. Ah! There it is. It's coming. It's approaching. It is landing.
9. Excuse me, sir, I am going to greet Mr. Davis.

Dialogue 2 — Bienvenu En France

1. —(Soyez le) Bienvenu en France, M. Davis. Comment le trajet s'est-il passé?
2. —Merveilleusement bien! Je suis heureux d'être en France. J'ai tellement songé à ce moment.
3. —Et vous voilà! Je suis sûr que vous serez très content ici.

1. Welcome to France, Mr. Davis. How did the trip go?
2. Marvellously well. I am happy to be in France. I have thought about this moment so much.
3. And here you are! I am sure that you will be very happy here.

Exercise No. 169—Lecture
Un Programme Exceptionnel Au Cinéma

Ce soir M. et Mme. Davis vont au cinéma. Ils n'aiment pas la plupart des films de Hollywood, surtout les "Westerns" dans lesqueles les "cowboys" tirent des coups de feu[1] sur tout le monde et galopent sans cesse. Les films policiers ne les intéressent pas non plus.

Mais ce soir il y a un programme exceptionnel dans un théâtre qui est tout près de chez eux.[2] Le film s'appelle "Un Voyage en France." C'est un film de reportage[3] sur le pays que notre ami Davis va visiter dans quelques mois. Il y a des scènes qui représentent l'histoire de la France, d'autres qui montrent ses paysages, ses rivières, ses montagnes, ses grandes villes, etc. C'est à dire que c'est un film très intéressant pour les touristes.

Les Davis arrivent au théâtre à huit heures et demie. Presque toutes les places sont prises, donc ils doivent s'asseoir[4] au troisième rang. Ceci ne plaît pas à M. Davis parce que les mouvements sur l'écran lui font mal aux yeux. Heureusement ils peuvent changer de place après un quart d'heure et ils se mettent[5] au treizième rang.

Les Davis aiment beaucoup ce film. Ils le trouvent absorbant.

En sortant du théâtre M. Davis dit à sa femme, — Sais-tu, Alice, je crois que je me tirerai bien d'affaires[6] en France. J'ai compris presque tout ce que les acteurs et les actrices ont dit.

NOTE 1. fire shots   2. very near their home   3. documentary film   4. they have to sit   5. take seats
6. se tirer d'affaires   to get along.   Je me tirerai d'affaires   I am going to get along

---

CHAPITRE 32 (TRENTE-DEUX)

Foreword

Mr. Davis is now in France and writes nine letters to Mr. Picard about some of the places he visits and about some of his experiences and impressions.

There are many references in his letters to things he has discussed with his teacher so that much of the vocabulary of Chapters 3 to 31 is repeated in the letters.

It is therefore very desirable that you reread all the texts and dialogues of the previous chapters *before* proceeding with Chapter 32. You will be able to do this easily and rapidly, with little or no reference to the English translation. Thus you will in a pleasant manner review the vocabulary and important expressions.

You should continue your pronunciation practice by reading aloud as often as possible dialogues and parts of conversational texts from previous chapters.

Usage rend maitre.

L'Arrivée À Paris

La Première Lettre De Paris

Paris, le 4 juin, 1955

Cher ami,

1. Quand l'avion est[1] arrivé à Orly, j'ai passé par la douane et je suis[1] allé à la salle d'attente.

2. Tout de suite un bel homme s'est[2] approché et il m'a demandé, — Pardon monsieur, êtes-vous M. Davis?

3. J'ai répondu, — À votre service. Et vous êtes M. Parmentier, n'est-ce pas? Je suis très content de faire votre connaissance.

Nous nous sommes[2] serré la main.

4. — Le plaisir est à moi, M. Parmentier a répondu.

5. Vous vous rappelez, M. Picard, que M. Parmentier est le représentant de notre maison à Paris.

6. Nous sommes[1] sortis ensemble et nous avons pris un taxi pour l'Hôtel du Quai Voltaire.

7. Le taxi a pris le chemin de la ville en allant à toute vitesse. J'ai pensé à moi-même, — M. Picard se trompe au sujet de la vie tranquille en France.

8. En regardant autour de nous j'ai vu que tout: autos, camions, autobus, taxis, tout courait à vitesse vertigineuse.

9. A la fin j'ai crié au chauffeur, — Pas si vite, s'il vous plaît! Je ne suis pas pressé!

Paris, June 4, 1955

Dear Friend,

1. When the plane arrived at Orly, I got through the customs and went to the waiting room.

2. Immediately a fine-looking man approached me and asked, "Pardon me sir, are you Mr. Davis?"

3. "At your service," I answered. "And you are Mr. Parmentier, are you not? I am delighted to know you."

We shook hands.

4. "The pleasure is mine," answered Mr. Parmentier.

5. You remember, Mr. Picard, that Mr. Parmentier is the agent of our firm in Paris.

6. We went out together and took a taxi to the Hotel du Quai Voltaire.

7. The taxi took the road to the city going at full speed. I thought to myself, "Mr. Picard is mistaken about the quiet life of France."

8. Looking around us I saw that everything: cars, trucks, buses, taxis, everything was rushing at dizzy speed.

9. At last I shouted to the driver, "Not so fast, please! I am not in a hurry!"

10. — Ni moi non plus, monsieur, m'a-t-il répondu, tournant le coin à toute vitesse.

11. Enfin nous sommes[1] arrivés à l'hôtel sain et saufs. Le taxi s'est[2] arrêté et nous sommes[1] descendus. M. Parmentier est[1] entré avec moi.

12. Je suis[1] allé au bureau de réception, et j'ai dit à l'employé, — Bonjour, monsieur. Avez-vous une chambre réservée pour Davis?

13. — Bienvenu à Paris, M. Davis. Certainement nous vous avons réservé une belle chambre au troisième étage qui donne sur le quai. C'est le numéro 35.

14. — Très bien, merci. Et quel est le prix s'il vous plaît?

15. — Mille francs par jour, service compris.

16. — Bon. Voulez-vous bien faire monter mes bagages?

17. — Tout de suite, monsieur. Porteur! Mais vous parlez très bien le français. Y a-t-il longtemps que vous êtes en France?

18. — Je viens d'arriver, ai-je dit, assez fier de moi-même.

19. — Est-ce que vous faites un voyage d'agrément?

20. — C'est à la fois un voyage d'agrément et un voyage d'affaires.

21. J'ai causé un peu plus avec M. Parmentier et ensuite nous nous sommes dit au revoir. M. Parmentier m'a promis en partant de me téléphoner pour prendre rendez-vous.

22. Je suis[1] monté par l'ascenseur à ma chambre, numéro 35. Elle est très commode. Je ne manque de rien. Je vous répète encore une fois, M. Picard, que je serai très content en France.

Cordialement, votre ami,
Jean Davis

10. "Neither am I, sir," he answered me, turning the corner at full speed.

11. At last we arrived safe and sound (*Lit.* sound and safe) at the hotel. The taxi stopped and we got out. Mr. Parmentier went in with me.

12. I went to the reception desk and said to the clerk, "Good day, sir. Do you have a room reserved for Davis?"

13. Welcome to Paris, Mr. Davis. Certainly we have reserved for you a fine room on the third floor, which faces the quay. It is number 35.

14. Very good, thank you. And what is the rate, please?

15. A thousand francs a day, including service.

16. Good. Would you please have my bags taken up?

17. Right away, sir. Porter! But you speak French very well. Have you been in France long?

18. "I have just arrived," said I, quite proud of myself.

19. Are you on a pleasure trip?

20. This is a pleasure trip and a business trip combined.

21. I chatted a little more with Mr. Parmentier and then we said goodbye. On leaving Mr. Parmentier promised to telephone me to make an appointment.

22. I went up in the elevator to my room, number 35. It is very comfortable. I lack nothing. I repeat once more, Mr. Picard, that I shall be very happy in France.

Cordially, your friend,
John Davis

NOTE 1. Sixteen French verbs form their conversational past by using the auxiliary je suis, tu es, il est, etc., instead of the auxiliary j'ai, tu as, il a, etc. These are called être-verbs and are fully explained in the Grammar Notes of this chapter.

NOTE 2. All reflexive verbs use je suis, tu es, il est, etc., to form their conversational past. This use is fully explained in the Grammar Notes of the next chapter.

Building Vocabulary

A. Antonyms

1. il est allé   he went
   il est venu   he came
2. il est arrivé   he arrived
   il est parti   he left

3. il est entré   he entered
   il est sorti   he went out
4. il est monté   he went up
   il est descendu   he went down

5. il s'est rappelé   he remembered
   il a oublié   he forgot
6. il a demandé   he asked
   il a répondu   he answered

B. Related Words

1. appeler   to call;   se rappeler   to recall, remember;   s'appeler   to be called, to be named
2. entrer   to enter;   rentrer   to re-enter, return home

3. tourner   to turn;   retourner   to return, go back
4. venir   to come;   revenir   to come back;   devenir   to become
5. voir   to see;   revoir   to see again

Locutions Françaises

Présentations (pray-zahñ-tah-syawñ) Introductions

1. Permettez-moi de vous présenter M. Parmentier, un de mes amis.	1. Allow me to introduce you to Mr. Parmentier, a friend of mine.
2. Enchanté de faire votre connaissance.	2. (I am) glad to make your acquaintance; to know you.
3. Le plaisir est pour moi.	3. The pleasure is mine.
4. Veuillez (veu-yay) me presenter à monsieur (madame)?	4. Would you kindly introduce me to the gentleman (lady)?

Salutations: Letters to Friends

1. Mon cher Louis　Dear Louis	**3.** Cher ami　Dear Friend (*m*)
2. Ma chère Colette　Dear Colette	**4.** Chère amie　Dear Friend (*f*)

Conclusions: Letters to Friends

1. Cordialement, votre ami Cordially yours	**4.** Une poignée de main amicale a friendly handshake
2. Salutations amicales de votre ami Kindly greetings from your friend	**5.** Embrasse tout le monde pour moi Kiss everybody for me
3. Très affectueusement Very affectionately yours	**6.** Rappelle-moi au bon souvenir de ta famille Remember me to your family

Exercise No. 170—Completion of Text

1. Je suis allé (to the waiting-room).	9. **Tout courait** (at dizzy speed).
2. (Immediately) un bel homme s'est approché.	10. Not so fast!
3. (He asked me), — Êtes-vous M. Davis?	11. J'ai crié, — (I am not in a hurry).
4. (I answered), — À votre service.	12. — (Neither am I), m'a-t-il répondu.
5. Je suis content (to make your acquaintance).	13. Avez-vous une chambre (reserved for Davis)?
6. (The pleasure is mine), a-t-il répondu.	14. (What is the rate), s'il vous plaît?
7. (We took) un taxi.	15. (A thousand francs per day) **service compris.**
8. (I thought to myself), — M. Parmentier se trompe.	

Grammar Notes

1. Verbs with the Auxiliary être instead of avoir.

You have learned that the conversational past tense in French consists of some form of the auxiliary avoir (*have*) plus the past participle of the verb.

In French there are sixteen verbs which take some form of the auxiliary être (*be*) instead of avoir (*have*). They are called être-verbs. The two most common of these are aller *to go* and venir *to come*. Observe carefully the conversational past tense of aller, noting the auxiliary verb and the changes in the past participle.

I have gone, I went, I did go; you have gone, you went, you did go, etc.

je suis	allé allée	(zhuh süee za-lay)	nous sommes	allés allées	(noo sum za-lay)
tu es	allé allée	(tu eh za-lay)	vous êtes	allé allés allée allées	(voo zeht za-lay)
il est	allé	(eel eh ta-lay)	ils sont	allés	(eel sawñd-ta-lay)
elle est	allée	(ehl eh ta-lay)	elles sont	allées	(ehl sawñ ta-lay)

a. The past participle of an être-verb agrees with the subject in number and gender.

b. je, tu, and nous may be masculine or feminine. If je or tu are feminine the agreeing past participle adds the feminine singular ending -e. If nous is masculine, the agreeing past participle adds -s. If nous is feminine, the past participle adds -es.

Vous, as in English, may be masculine or feminine singular, and masculine or feminine plural. The agreeing past participle therefore has four possible forms.

(*masc. sing.*) **allé** (*fem. sing.*) **allée** (*masc. plur.*) **allés** (*fem. plur.*) **allées**

2. List of être-Verbs.

Infinitive		*Conversational Past*	
aller	to go	il (elle) est allé(e)	he (she) went
arriver	to arrive	il (elle) est arrivé(e)	he (she) arrived
entrer	to enter, come (go) in	il (elle) est entré(e)	he (she) entered
rentrer	to return, reenter	il (elle) est rentré(e)	he (she) returned
monter	to go up, mount	il (elle) est monté(e)	he (she) went up
retourner	to return, go back	il (elle) est retourné(e)	he (she) went back
tomber	to fall	il (elle) est tombé(e)	he (she) fell
rester	to remain, stay	il (elle) est resté(e)	he (she) remained
partir	to leave, depart	il (elle) est parti(e)	he (she) left
sortir (de)	to go out (of)	il (elle) est sorti(e) de	he (she) went out (of)
venir	to come	il (elle) est venu(e)	he (she) came
revenir	to return, come back	il (elle) est revenu(e)	he (she) came back
devenir	to become	il (elle) est devenu(e)	he (she) became
descendre	to go down, come down	il (elle) est descendu(e)	he (she) went down
naître	to be born	il (elle) est né(e)	he (she) was born
mourir	to die	il (elle) est mort(e)	he (she) died

Note that all the être-verbs except rester, *to remain,* mourir *to die* and naître *to be born,* are verbs of motion. They are all intransitive, that is, they cannot take objects.

Exercise No. 171. Translate each short dialogue. Note the agreement of the past participle. Read each dialogue aloud three times.

1. — Philippe est-il allé à la gare pour rencontrer son père?
   — Oui. Il est sorti de la maison il y a vingt minutes.
   — Est-ce que sa soeur Marie est allée avec lui?
   — Oui. Sa soeur, Marie, et aussi son frère, Henri, sont allés avec lui.
2. — Madame Davis est-elle revenue de la ville?
   — Elle n'est pas encore revenue, mais elle reviendra bientôt.
   — Pourquoi est-elle allée en ville?
   — Elle y est allée pour faire ses emplettes.
3. — Pourquoi est-ce que M. Davis est revenu tard ce soir?
   — Beaucoup de clients sont venus le voir l'après-midi.
   — A quelle heure part-il de son bureau d'habitude?
   — D'habitude il part à cinq heures précises mais aujourd'hui il n'est pas parti jusqu'à six heures moins le quart.
4. — À quelle heure est-ce que M. Davis est parti pour l'aéroport?
   — Il est parti à six heures du matin.
   — À quelle heure est-il monté dans l'avion?
   — Il est monté dans l'avion à huit heures moins le quart.

Exercise No. 172. Supply the correct form of the participle of the verb in parenthesis. Watch your endings. Read each completed sentence aloud three times.

Exemple 1: Elle est arrivée chez elle à six heures et demie.

1. Elle est (arriver) chez elle à six heures et demie.
2. Nous (*f*) sommes (aller) à la gare en voiture.
3. Abraham Lincoln est (naître) le 12 février 1809.
4. Il est (mourir) le 15 avril 1865.
5. Les enfants sont (devenir) très agités quand leur père est (monter) dans l'avion.
6. Mme. Davis est (retourner) de la ville à trois heures et quart.
7. À quelle heure est-ce que la famille Davis est (partir) pour l'aéroport?
8. A cinq heures précises ils sont (entrer) dans la salle d'attente.
9. Je (*m*) suis (rester) trois semaines à Paris.
10. Quand vous (*m. plur.*) êtes (partir) nous (*m*) sommes (arriver).

Exercise No. 173—Questionnaire

1. Qu'est-ce que M. Davis a fait quand l'avion est arrivé?
2. Qui s'est approché dans la salle d'attente?
3. Qu'est-ce que le monsieur a dit?
4. Qu'est-ce que M. Davis a répondu?
5. Comment le taxi est-il allé en ville?
6. Qu'est-ce qu'il a crié à la fin?
7. Qu'est-ce que le chauffeur a répondu?
8. Comment est-ce qu'ils sont arrivés à l'hôtel?
9. Qu'est-ce que M. Davis a dit à l'employé?
10. Qu'est-ce qu'il a répondu?

CHAPITRE 33 (TRENTE-TROIS)
M. Davis Rend Visite À La Famille Parmentier
Deuxième Lettre De Paris

Cher ami,

1. Lundi passé M. Parmentier m'a appelé par téléphone pour m'inviter à prendre le thé chez lui le jour après. Naturellement, j'ai sauté sur l'offre de visiter une famille française.

2. J'ai pris un taxi et à cinq heures de l'après-midi nous nous sommes arrêtés devant une maison charmante dans la rue Vaugirard. Je suis monté au troisième étage par un escalier gracieux.

3. J'ai sonné et aussitôt j'ai entendu des pas rapides. Une petite bonne fraîche m'a ouvert la porte et elle m'a invité à entrer.

4. M. Parmentier s'est approché pour me saluer. — Bonjour M. Davis, a-t-il dit, je suis content de vous voir.

5. Je lui ai dit, — Cette maison a l'air du dix-huitième siècle. Elle est charmante.

6. Il y a beaucoup de maisons de cette époque à Paris, et plusieurs qui datent d'encore beaucoup plus loin, comme vous le savez sans doute.

7. Nous sommes entrés dans un grand salon, meublé avec beaucoup de goût dans le style Louis xv (quinze). M. Parmentier m'a présenté à sa femme, et à ses deux fils, des jeunes gens très sérieux et intelligents.

8. Les garçons font leurs études au Lycée Condorcet. L'aîné veut être docteur, le cadet veut être avocat.

9. Après un peu de conversation ils se sont retirés pour aller faire leurs devoirs.

10. Nous nous sommes mis à table et Mme. Parmentier m'a servi une tasse de thé et quelques petits gâteaux délicieux. En prenant le thé, nous avons parlé de la vie en France, des coutumes du pays, et de l'art.

11. M. Parmentier m'a recommandé comme curiosité de Paris le Marché aux Puces dont nous avons parlé il y a longtemps. Et Mme. Parmentier m'a invité à l'accompagner au Marché aux Fleurs le dimanche matin.

Dear Friend,

1. Last Monday Mr. Parmentier called me on the telephone to invite me to have tea at his house the next day. Naturally I jumped at the chance to visit a French family.

2. I took a taxi and at five o'clock in the afternoon we stopped in front of an attractive house in Vaugirard Street. I went up to the third floor by a graceful staircase.

3. I rang and immediately I heard rapid steps. A bright-faced little maid opened the door (for me) and invited me to come in.

4. Mr. Parmentier approached to greet me. "Good day, Mr. Davis," he said. "I'm glad to see you."

5. I said to him, "This house has an eighteenth century air. It is charming."

6. There are many houses of that period in Paris and several which date from even longer ago, as you no doubt know.

7. We went into a large living room furnished with good taste in the style of Louis xv. Mr. Parmentier introduced me to his wife and to his two sons, very serious and intelligent young men.

8. The boys are studying at the Condorcet High School. The older one wants to be a doctor. The younger one wants to be a lawyer.

9. After a bit of conversation, they withdrew to go to do their homework.

10. We sat down at the table and Madame Parmentier served me a cup of tea and some delicious little cakes. While taking tea we talked of life in France, of the customs of the country and of art.

11. Mr. Parmentier recommended (to me) as a curiosity of Paris the Flea Market about which we talked a long time ago. And Madame Parmentier invited me to accompany her to the Flower Market on Sunday morning.

12. J'ai répondu que toutes les deux excursions m'intéressaient beaucoup et j'ai accepté l'aimable invitation de Madame.

13. Après avoir passé[1] une heure agréable en parlant d'une chose et d'une autre, je suis parti, charmé de mes nouveaux amis.

14. Je suis revenu à l'hôtel à pied, passant par les vieux quartiers de la Rive Gauche qui évoquent d'une manière frappante l'histoire de la France.

Votre ami,
Jean Davis

12. I answered that both excursions interested me very much and I accepted Madame's kind invitation.

13. After having spent[1] a delightful hour in talking of one thing and another I left, charmed by my new friends.

14. I returned to the hotel on foot, passing through the old sections of the Left Bank which evoke in a striking manner the history of France.

Your friend,
John Davis

NOTE 1. après avoir passé (*Lit.* after to have spent)

Building Vocabulary

Quelques Professions   Some Professions

1. un docteur   doctor
2. un médecin   medical doctor
3. un avocat   lawyer
4. un professeur
   professor, teacher in a secondary school (lycée)
5. un maître d'école
   teacher in elementary school
6. un ingénieur (añ-zhay-nyeur)   engineer
7. un acteur   actor
8. un écrivain   writer
9. une femme docteur   woman doctor
10. une femme avocat   woman lawyer
11. une maîtresse   school teacher
12. une actrice   actress

Locutions Françaises

1. rendre visite à *or* faire visite à
   to visit (a person), to pay a visit to
2. ils font leurs études
   they are studying (*Lit.* making their studies)
3. ils font leurs devoirs
   they are doing their homework
4. Il veut être docteur (avocat).
   He wants to be a doctor (a lawyer).
5. beaucoup plus loin
   much longer ago, much farther away
6. en parlant d'une chose et d'une autre
   speaking of one thing and another
7. il y a longtemps
   a long time ago

Exercise No. 174—Completion of Text

1. M. Parmentier (called me) par téléphone.
2. Il m'a invité (to have tea) chez lui.
3. (We stopped) devant une maison charmante.
4. (I went up) au troisième étage.
5. (I rang). La bonne (invited me) à entrer.
6. M. Parmentier (approached to greet me).
7. Il a dit, — (I'm glad to see you).
8. (There are many houses) de cette époque à Paris.
9. (We entered) dans un grand salon.
10. M. Parmentier (presented me) à ses deux fils.
11. L'aîné (wants to be) docteur.
12. Ils (retired) pour aller faire (their homework).
13. (We sat down) à table.
14. (We spoke) de la vie en France.
15. (I returned) à l'hôtel à pied.
16. J'ai passé (through the old sections).

Grammar Notes

1. The Conversational Past of Reflexive Verbs.

Observe carefully the *conversational past* of the reflexive verb se laver *to wash oneself*. Note the auxiliary verb and the changes in the past participle.

I have washed (I washed, did wash) myself

je me suis lavé (lavée)	nous nous sommes lavés (lavées)
tu t'es lavé (lavée)	vous vous êtes lavé(e), lavés (es)
il s'est lavé	ils se sont lavés
elle s'est lavée	elles se sont lavées

s'est-il lavé?   }   did he wash himself?
est-ce qu'il s'est lavé

il ne s'est pas lavé   he did not wash himself

est-ce qu'il ne s'est pas lavé   did he not wash himself?

a. The auxiliary verb être is used to form the conversational past of reflexive verbs.

b. The past participle agrees with the reflexive pronoun in number and gender when the reflexive pronoun is the direct object of the verb. The reflexive pronoun has the same gender and number as the subject.

c. The reflexive pronoun is sometimes the indirect object of the verb. In that case the past participle does not agree with it.

Ils se sont donné des cadeaux.   They gave gifts *to* each other.

Elle s'est lavé la figure.   She washed her face. (*Lit.* She washed *to* herself the face.)

2. Present and Conversational Past of s'asseoir to seat oneself, to sit down, etc.

I sit down (I seat myself) you sit down (you seat yourself), etc.

je m'assois (ma-swa)	nous nous asseyons (za-say-yawñ)
tu t'assois (ta-swa)	vous vous asseyez (za-say-yay)
il, elle s'assoit (sa-swa)	ils, elles s'assoient (sa-swa)

assieds-toi sit down   asseyons-nous let us sit down   asseyez-vous sit down

I have sat down (I sat down, I did sit down), etc.

je me suis assis (assise)	nous nous sommes assis (assises)
tu t'es assis (assise)	vous vous êtes assis(e) assises
il s'est assis	ils se sont assis
elle s'est assise	elles se sont assises

3. Some Reflexive Verbs You Have Met

Infinitive	*Conversational Past*
1. se lever to get up	1. je me suis levé(e)
2. se coucher to go to bed	2. tu t'es couché(e)
3. s'habiller to dress	3. il s'est habillé
4. s'amuser to enjoy oneself, have a good time	4. elle s'est amusée
5. s'arrêter to stop	5. nous nous sommes arrêtés
6. s'approcher to approach	6. vous vous êtes approchés
7. se rencontrer to meet each other	7. ils se sont rencontrés
8. se connaître to know each other	8. elles se sont connues
9. se promener to go for a walk	9. je ne me suis pas promené(e)
10. se tromper to be mistaken	10. il ne s'est pas trompé
11. se retirer to withdraw	11. ne se sont-ils pas retirés?
12. s'asseoir to sit down	12. est-ce qu'ils ne se sont pas assis?

Exercise No. 175. Translate the conversational past tense of the 12 verbs listed above (Paragraph 3).

Exemple 1.   je me suis levé(e) = I got up

Exercise No. 176. Translate each question and answer. Read each question and answer aloud three times.

1. Est-ce que les enfants se sont couchés de bonne heure?
Oui. Ils se sont couchés de bonne heure.

2. Est-ce que Jean s'est levé tard?
Non. Il ne s'est pas levé tard.

3. Est-ce que Marie s'est habillée vite?
Oui. Elle s'est habillée vite.

4. Est-ce que vous vous êtes trompé, Charles?
Non. Je ne me suis pas trompé.

5. Est-ce que vous vous êtes amusée, Anne?
Non. Je ne me suis pas amusée

6. Où est-ce que vous vous êtes rencontrés, messieurs?

Nous nous sommes rencontrés au bureau.

7. Est-ce que les garçons se sont retirés?
Oui. Ils se sont retirés.

8. Où est-ce que l'autobus s'est arrêté?
Il s'est arrêté au coin là-bas.

9. Est-ce que Mme. Davis s'est occupée des enfants?
Oui. Elle s'est occupée des enfants.

10. Est-ce que le touriste s'est senti chez lui à Paris?
Comme tous les touristes il s'est senti chez lui.

Exercise No. 177—Questionnaire

1. Qui a appelé M. Davis par téléphone?
2. À quelle heure est-ce que le taxi s'est arrêté chez M. Parmentier?
3. Qui a ouvert la porte?
4. Qui s'est approché pour saluer M. Davis?
5. Quel air cette maison a-t-elle?
6. Où les messieurs sont-ils entrés?
7. Qui sont les jeunes gens sérieux et intelligents?
8. Où font-ils leurs études?
9. Qu'est-ce que l'aîné veut faire?
10. Pourquoi se sont-ils retirés?
11. De quoi est-ce qu'on a parlé en prenant le thé?
12. Qu'est-ce que M. Parmentier a recommandé comme curiosité?
13. Où est-ce que Mme. Parmentier l'a invité à l'accompagner?
14. Comment est-ce que M. Davis a passé une heure agréable?
15. Est-il revenu à son hôtel à pied ou en voiture?

CHAPITRE 34 (TRENTE-QUATRE)
Une Belle Promenade
Troisième Lettre

Cher ami,

1. Je vous écris attablé dans le café que vous m'avez fort recommandé; le Royale-Concorde. Il me reste peut-être des pieds,[1] mais certainement pas de jambes.

2. Ce matin M. Parmentier est venu me chercher à l'hôtel et nous avons commencé notre promenade en suivant le Quai Malaquais, qui mène au Pont des Arts.

3. Nous sommes restés très longtemps sur le pont, en regardant les pêcheurs qui restent des heures sans rien attraper; en regardant aussi les bateaux-mouches, et les enfants qui s'amusent à jeter des pierres dans l'eau.

4. Nous avons continué sur le quai des Tuileries jusqu'à la Place de la Concorde. Je pense que cela doit être la plus belle place du monde. Les fontaines, l'obélisque, les jardins d'un côté, l'avenue des Champs-Elysées[2] de l'autre, tout est disposé en parfaite harmonie.

5. Nous avons pris l'avenue des Champs-Elysées. Quelle belle avenue avec ses grands arbres, son étendue royale!

6. Nous nous sommes attablés dans un de ces cafés immenses pour prendre un café, mais surtout pour nous reposer. Ce qui m'a frappé tout de suite en France, c'est l'importance du café dans la vie quotidienne.

7. Le café est un club. On y rencontre ses amis, on y joue aux cartes, aux échecs, au billard; on y écrit des lettres comme voici moi-même.

8. Le café est aussi un centre de commerce. Pour les hommes d'affaires c'est un deuxième bureau, même peut-être le premier.

Dear Friend,

1. I am writing you seated at a table in the café which you have strongly recommended to me; the Royale-Concorde. I may have feet left, but certainly no legs.

2. This morning Mr. Parmentier came to call for me at the hotel and we started our walk following the Quay Malaquais, which leads to the Bridge of the Arts.

3. We stayed on the bridge for a long time watching the fishermen who stand for hours without catching anything; also watching the little pleasure steamboats, and the children amusing themselves by throwing stones in the water.

4. We continued on the quay of the Tuileries up to the Place de la Concorde. I believe that this must be the most beautiful square in the world. The fountains, the obelisk, the gardens on one side, the Avenue of the Champs-Elysées on the other, everything is arranged in perfect harmony.

5. We took the Avenue of the Champs-Elysées. What a lovely avenue with its large trees, its lovely spaciousness!

6. We sat down at a table in one of those huge cafés to have coffee but especially to rest. What struck me at once in France is the importance of the café in daily life.

7. The café is a club. There one meets one's friends; there people play cards, chess, billiards; there one writes letters as I am doing right now.

8. The café is also a business center. For business men it is a second office, perhaps even the first.

9. Le café est un théâtre: les passants sont les acteurs et les actrices, parfois tragiques, plus souvent comiques, mais toujours intéressants.

10. Ensuite nous avons continué notre route sur l'avenue des Champs-Elysées jusqu'à la Place de l'Étoile. Nous avons contemplé l'immense Arc de Triomphe qui se trouve au centre de la Place de l'Étoile.[8]

11. Pour revenir au Café Royale-Concorde nous avons pris la belle Avenue Marceau. À la Place de l'Alma M. Parmentier m'a quitté. J'ai suivi les quais en admirant la Tour Eiffel tout le long du chemin jusqu'à la Place de la Concorde.

12. Ensuite j'ai pris la Rue Royale et enfin je suis tombé dans la chaise la plus proche du Café Royale-Concorde, fatigué, épuisé, et enchanté.

Votre ami, grand amoureux de Paris,
Jean Davis

9. The café is a theatre: the passersby are the actors and actresses, some times tragic, more often comic, but always interesting.

10. Then we continued on our way along the Champs Elysées up to the Place de l'Étoile. We observed the immense Arch of Triumph which is in the center of the Place de l'Étoile.

11. To return to the Café Royale-Concorde we took the beautiful Avenue Marceau. At the Place de l'Alma Mr. Parmentier left me. I followed the quays admiring the Eiffel Tower all along the way, up to the Place de la Concorde.

12. Then I took Royale Street, and finally I fell into the nearest chair of the Royale-Concorde Café, tired, worn out, and delighted.

Your friend enamored of Paris,
John Davis

NOTE 1. *Lit.* Feet perhaps remain to me.   2. Shahñ zay-lee-zay.   3. *Lit.* Place of the star, because at this place a dozen avenues spread out like the points of a star.

Building Vocabulary

Related Words

1. arrêter   to stop (someone, something); s'arrêter   to stop (stand still); l'arrêt (*m*)   stoppage, halt
2. approcher   to bring nearer; s'approcher   to come nearer; l'approche (*f*)   approach;   proche   near
3. écrire   to write;   décrire   to describe; l'écrivain   the writer; l'écriture   writing, handwriting
4. la table   table; s'attabler   to sit down at a table; attablé   seated at a table

5. se reposer   to rest;   le repos   rest
6. l'amour   love; amoureux   enamoured, in love; l'amoureux   the lover
7. le pays   country;   le paysan   farmer, peasant; le paysage   landscape
8. tirer   to pull, to shoot;   retirer   to pull back; se retirer   to retire
9. vite   quick, quickly;   la vitesse   speed
10. curieux   curious;   la curiosité   curiosity

Locutions Françaises

1. Il vient me chercher.
   He comes to call for (*Lit.* look for) me.
2. d'un côté   on one side
   de l'autre côté   on the other side
3. jouer aux cartes (aux échecs, au billard)
   to play cards (chess, billiards)

4. tout le long du chemin   all along the way
5. combien de fois?   how many times?
   une fois   once;   deux fois   two times;
   quelquefois   sometimes;   des fois   at times;
   à la fois   at once, together;   encore une fois
   one more time;   plusieurs fois   several times

Exercise No. 178—Completion of Text

1. M. Parmentier est venu (to look for me).
2. (We stayed) très longtemps sur le pont.
3. Les pêcheurs restent des heures (without catching anything).
4. Les enfants s'amusent (throwing stones).
5. (We continued) sur le quai.
6. Cela doit être (the most beautiful square) du monde.
7. What a beautiful avenue!

8. Ce qui (struck me) c'est l'importance du café.
9. (There people play) aux cartes.
10. (There one writes) des lettres.
11. (The passersby) sont les acteurs et les actrices.
12. (Then) nous avons continué (our way).
13. À la Place de l'Alma M. Parmentier (left me).
14. (I followed) les quais.
15. Je suis tombé (into the nearest chair).

Grammar Notes

1. Relative Pronouns

a. qui *who, which, that,*—is used as a subject relative pronoun.

Connaissez-vous les acteurs *qui* sont assis à cette table?	Do you know the actors *who* are seated at that table?
Où est le quai *qui* mène au Pont des Arts?	Where is the quay *that* leads to the Bridge of the Arts?

b. qui *whom*—is used as the object of a preposition.

Je ne connais pas la dame *à (avec) qui* vous avez parlé.	I do not know the lady *to (with) whom* you spoke.

c. que, qu', *whom, which, that,*—is used as a direct object relative pronoun.

Je suis attablé dans le café *que* vous m'avez recommandé.	I am seated at a table in the café *that* you recommended to me.
C'est un professeur *que* les étudiants admirent.	He is a teacher *whom* the students admire.

d. ce qui, *(subject)*; and ce que *or* ce qu', *(object)*; mean *what (that which)*.

Savez-vous *ce qui* est dans cette grande caisse?	Do you know *what (that which)* is in that large case?
Nous avons lu tout *ce que* vous avez écrit.	We have read all *that (which)* you wrote.
Je n'ai pas entendu *ce qu'il* a dit.	I did not hear *what (that which)* he said.

e. lequel (laquelle, lesquels, lesquelles) *which, whom*—is used after a preposition. It agrees with its antecedent in number and gender.

J'ai reçu votre lettre *dans laquelle* vous décrivez "Une Belle Promenade."	I have received your letter *in which* you describe "A Beautiful Walk."

f. dont *whose, of whom, of which,*—is used as a relative pronoun instead of de + qui and de + any form of lequel.

Nous allons rendre visite au professeur *dont* nous avons parlé hier.	We are going to visit the teacher *of whom* we spoke yesterday.
Le Mont-Saint-Michel est un endroit *dont* les omelettes sont célèbres.	Mount-Saint-Michel is a place *whose* omelettes are famous.

g. A relative pronoun may sometimes be omitted in English. It is never omitted in French.

Les pêcheurs *que* vous voyez sur le quai sont Bretons.	The fisherman *(whom)* you see on the quay are Bretons.

Exercise No. 179. Translate each question and answer. Then read each one aloud three times.

1. Avez-vous compris tout ce que le maître a dit?
   Je n'en ai pas compris tout.
2. Avez-vous lu les deux guides que je vous ai prêtés?
   Je les ai lus avec beaucoup d'intérêt.
3. Quel est le premier secret de la bonne cuisine?
   Tout ce qui entre dans un plat doit être de bonne qualité.
4. Est-ce qu'on peut faire du ski en montagne?
   Ceux qui sont jeunes et forts le font tout le temps.
5. Quel café avez-vous visité aujourd'hui?
   J'ai visité le Royale-Concorde dont nous avons souvent parlé.
6. Où sont les valises dans lesquelles j'ai mis mes vêtements?
   Elles sont dans votre chambre.

Exercise No. 180. Complete each sentence with the correct French relative pronoun:

1. Montrez-moi le chapeau (that) vous venez d'acheter.
2. Vous rappelez-vous (what) il vous a dit?
3. Les touristes (who) visitent Paris se sentent chez eux.
4. Voyons (what) se trouve dans cette caisse.
5. Voilà le guide avec (whom) nous allons visiter la cathédrale.
6. Je cherche la boîte dans (which) j'ai mis ma montre.
7. Il y a trois élèves dans ma classe (whose) les parents sont Français.
8. Tous les endroits (which) j'ai visités sont très intéressants.
9. Tout (that) se passe aux cafés est intéressant.
10. Nous ne pouvons pas trouver les élèves (whom) nous cherchons.

Exercise No. 181—Questionnaire

1. Où est-ce que M. Davis écrit sa lettre?
2. Où est-ce que M. Parmentier est venu le chercher?
3. Où sont-ils restés très longtemps?
4. Qu'est-ce qu'ils ont vu?
5. Qu'est-ce que M. Davis pense au sujet de la Place de la Concorde?
6. Pourquoi les messieurs se sont-ils attablés?
7. Qu'est-ce qui a frappé M. Davis?
8. Qu'est-ce qu'on joue dans un café?
9. Qu'est-ce que c'est qu'un café pour les hommes d'affaires?
10. Qui sont les passants?
11. Qu'est-ce qu'ils ont contemplé?
12. Où est-ce que M. Parmentier a quitté M. Davis?
13. Qu'est-ce que M. Davis a admiré tout le long du chemin?
14. Comment M. Davis est-il tombé dans la chaise du café?

CHAPITRE 35 (TRENTE-CINQ)

Le Mont St. Michel

Quatrième Lettre

Cher ami,

1. Devinez un peu d'où je vous écris. C'est ça! Vous avez raison. Je vous écris attablé dans un café. Vous allez croire que je ne fais que ça. C'est que le métier de touriste demande beaucoup de repos. Et où est-ce qu'on se repose mieux que dans un café?

2. Vous rappelez-vous notre conversation au sujet de mes voyages? Eh bien, j'ai commencé mon grand cercle en partant de Paris pour la Normandie. J'ai visité le Mont-Saint-Michel et me voilà à Perros-Guirec en Bretagne. En l'honneur de ma première visite en Bretagne, je prends un Calvados.

3. Je veux vous décrire ma visite au Mont Saint Michel, pendant que j'en ai la mémoire fraîche.[1]

4. Pendant que le train traversait les champs et les forêts, je regardais par la fenêtre. En filant à toute vitesse je voyais les paysans qui travaillaient dans les champs, et très souvent en passant par les villages je pouvais voir les femmes qui lavaient le linge au bord d'une rivière.

5. A Pontorson, j'ai pris un taxi pour le Mont. Presque tout de suite j'ai vu ce rocher monumental isolé au milieu des sables.

Dear Friend,

1. Just guess from where I'm writing you. That's it! You're right. I am writing you seated at a table in a café. You're going to think that it's all I do. The thing is that the profession of tourist demands a great deal of rest. And where can you rest better than in a café?

2. Do you recall our conversation on the subject of my travels? Well, I started my great circle leaving Paris for Normandy. I visited Mont-Saint-Michel and here I am in Perros-Guirec in Brittany. In honor of my first visit to Brittany, I am drinking a Calvados (brandy).

3. I want to describe to you my visit to the Mount Saint Michel while it is still fresh in my memory.[1]

4. While the train was crossing the fields and forests, I was looking out the window. Running along at top speed I saw the country-people working in the fields, and very often in passing through the villages I could see the women who were washing clothes at the edge of a stream.

5. At Pontorson, I took a taxi to the Mount. Almost at once I saw this monumental rock isolated in the middle of the sands.

6. **Mais quand je suis arrivé au pittoresque village situé aux flancs du rocher, j'ai entendu un bruit terrifiant.**

7. **On criait, on hurlait. — Monsieur! Par ici! Les souvenirs du Mont! Les cartes postales! Monsieur! La véritable omelette de la Mère Poularde! Monsieur! Ici la vraie! Monsieur! Ici l'omelette Poularde! Les cartes! Les souvenirs! L'omelette! Ici! Ici! Monsieur! Monsieur! Monsieur!**

8. **La tête me tournait comme une toupie. J'avais envie de partir. Mais enfin je me suit dit, — En avant l'art et l'histoire. Courage! — J'ai fermé les oreilles mentalement et j'ai vite grimpé la pente rapide jusqu'à l'escalier de l'Abbaye.**

9. **La visite à l'Abbaye a duré une heure environ. Ce bâtiment gothique avec ses grandes salles, ses escaliers, ses galeries, ses cloîtres, ses jardins en terrasses est un spectacle grandiose. Je voulais rester pour contempler la sculpture mais ce n'était pas possible.**

10. **Vous savez que le visiteur d'un monument historique n'a pas de droits. On est poussé par ici, on est tiré par là et on doit suivre comme un mouton. Malgré tout j'ai reçu une impréssion imposante de cet îlot rocheux.**

11. **Maintenant je me tourne vers la Bretagne: la mer, les marins, les poissons, les chapelles et le Calvados auquel les marins de la Bretagne sont dévoués. Perros-Guirec me plaît beaucoup. Je finirai peut-être par aimer le Calvados.**

Très cordialement,
Votre ami
Jean Davis

6. But when I reached the picturesque village situated on the sides of the rocky hill, I heard a terrifying din.

7. People were calling, yelling. "Mister! Right here! Souvenirs of the Mount! Postal cards! Sir! The authentic omelet of Mother Poularde! Sir! Here you get the real one! Sir! The Poularde omelet! Cards! Souvenirs! The omelet! Here! Here! Sir! Sir! Sir!"

8. My head was spinning like a top. I wanted to go away. But at last I said to myself, "Onward with art and history. Courage!" I mentally closed my ears and I quickly climbed the steep slope up to the stairs of the Abbey.

9. The visit to the Abbey lasted about an hour. This Gothic structure with its ample halls, its stairways, its galleries, its cloisters, its terrassed gardens is a grandiose spectacle. I wanted to stop to contemplate the sculpture but it wasn't possible.

10. You know that the visitor at a historic site has no rights. One is pushed this way, pulled that way, and one has to follow like a lamb. In spite of everything I received an imposing impression of this rocky islet.

11. Now I turn toward Brittany: the sea, the sailors, the fish, the chapels and the Calvados to which the sailors of Brittany are devoted. I like Perros-Guirec very much. I shall end up perhaps by liking Calvados.

Cordially,
Your friend
John Davis

NOTE 1. *Lit.* While I still have the fresh memory of it.

Building Vocabulary

le corps (kur) body
la tête (teht) head
les cheveux (shuh-**veu**) hair
la figure (fee-**gür**) face
l'oeil (leuy) eye
les yeux (lay-**zyeu**) eyes
le nez (nay) nose
la bouche (boosh) mouth

la langue (lahñg) tongue
la main (mañ) hand
le doigt (dwa) finger
le pied (pyay) foot
le bras (brah) arm
la jambe (zhahñb) leg
le coeur (keur) heart

Locutions Françaises

me voici here I am
te voici here you are
le (la) voici here he (she) is
le (la) voilà there he (she) is

nous voici here we are
vous voici here you are
les voici here they are
les voilà there they are

Exercise No. 182—Completion of Text

1. (You are right).
2. (Here I am) **dans un café.**
3. (I am drinking) **un Calvados.**
4. **Le train traversait** (the fields and the forests).
5. **Je regardais** (out of the window).
6. (The farmers) **travaillaient dans** (the fields).

7. **Les femmes lavaient** (the linen).
8. (I took a taxi) **pour le Mont.**
9. (Almost at once) **j'ai vu ce rocher monumental.**
10. **On criait, — Monsieur,** (right here)!
11. **J'ai fermé** (my ears).

12. **La visite à l'abbaye** (lasted) **une heure.**
13. **Je voulais** (to stop to contemplate) **la sculpture.**
14. **On** (is pushed) **par ici, on** (is pulled) **par là.**
15. (One must follow) **comme un mouton.**

Grammar Notes

1. **The Imperfect Tense.** What *was happening, used to happen.*

The conversational past, as you have seen, tells what *has happened, happened,* or *did happen.*

The imperfect tense tells what *was happening* or *used to happen.* For convenience we call the imperfect the *was, were, used to*—tense.

Note carefully the endings of the imperfect tense of parler, finir, vendre, prendre, avoir, and être.

I was speaking, you were speaking, etc.

je	parlais	nous	parlions
tu	parlais	vous	parliez
il	parlait	ils	parlaient
elle	parlait	elles	parlaient

I was finishing, you were finishing, etc.

je	finissais	nous	finissions
tu	finissais	vous	finissiez
il	finissait	ils	finissaient
elle	finissait	elles	finissaient

I was selling, you were selling, etc.

je	vendais	nous	vendions
tu	vendais	vous	vendiez
il	vendait	ils	vendaient
elle	vendait	elles	vendaient

I was taking, you were taking, etc.

je	prenais	nous	prenions
tu	prenais	vous	preniez
il	prenait	ils	prenaient
elle	prenait	elles	prenaient

I had, you had, etc.

j'avais	nous avions
tu avais	vous aviez
il avait	ils avaient
elle avait	elles avaient

I was, you were, etc.

j'étais	nous étions
tu étais	vous étiez
il était	ils étaient
elle était	elles étaient

a. The imperfect tense endings of all French verbs are: Singular: **-ais** (*eh*) **-ais** (*eh*) **-ait** (*eh*) Plural: **-ions** (*yawñ*) **iez** (*yay*) **aient** (*eh*).

b. To form the imperfect tense drop the ending **-ons** from the **nous-** form of the present tense and add the imperfect tense endings. This way of forming the imperfect tense applies to all verbs except **être.** Thus:

Infinitive	*Nous-form of Present*	*Imperfect (was, were, used to)*
parler	nous parl-ons	je parlais, tu parlais, etc.
vendre	nous vend-ons	je vendais, tu vendais, etc.
finir	nous finiss-ons	je finissais, tu finissais, etc.
dormir	nous dorm-ons	je dormais, tu dormais, etc.
prendre	nous pren-ons	je prenais, tu prenais, etc.
dire	nous dis-ons	je disais, tu disais, etc.
faire	nous fais-ons	je faisais, tu faisais, etc.
lire	nous lis-ons	je lisais, tu lisais, etc.
écrire	nous écriv-ons	j'écrivais, tu écrivais, etc.
vouloir	nous voul-ons	je voulais, tu voulais, etc.
avoir	nous av-ons	j'avais, tu avais, etc.
être	nous sommes	j'étais, tu étais, etc.

c. Present and Imperfect of **il y a** and **venir de**

Present	*Imperfect*
il y a there is (are)	**il y avait** there was (were)
y a-t-il? is (are) there?	**y avait-il?** was (were) there?
qu'y a-t-il? what is (are) there?	**qu'y avait-il?** what was (were) there?
il n'y a pas there is (are) not	**il n'y avait pas** there was (were) not
est-ce qu'il n'y a pas? is (are) there not?	**est-ce qu'il n'y avait pas?** was (were) there not?
Il vient de voir. He has just seen.	**Il venait de voir.** He had just seen.

Exercise No. 183. Translate the following brief dialogues. Practice them aloud:

1. —Qu'est-ce M. Davis faisait quand vous êtes entré dans le salon?
   —Il lisait à haute voix (aloud) une lettre qu'il venait de recevoir de son représentant à Paris.
   —M. Picard que faisait-il?
   —Il l'écoutait.
2. —Que faisiez-vous pendant que le train traversait les champs et les forêts?
   —Je regardais par la fenêtre.
   —Qu'est-ce que vous voyiez?

   —Je voyais les paysans qui travaillaient dans les champs.
3. —Y avait-il beaucoup de vendeurs au Mont-Saint-Michel?
   —Il y en avait une armée.
   —Qu'est-ce qu'ils vendaient?
   —Ils vendaient les souvenirs du Mont.
4. —Jouez-vous souvent au tennis?
   —Autrefois (formerly) je jouais presque tous les jours mais cette année j'ai joué une fois seulement.

Exercise No. 184. Each of these sentences indicates an action that *was happening* (*imperfect*) and another action that interrupted it at a definite time (*conversational past*). Complete with the correct French verbs. Translate the completed sentences.

1. Le vendeurs (were calling and yelling) quand je suis arrivé au marché.
2. Pendant que (I was listening to) la radio, on m'a telephoné.
3. Quand (we were doing) nos devoirs, ils sont entrés dans notre chambre.
4. Elle est tombée quand elle (was getting out) de l'auto.
5. Quand le taxi (was going) à toute vitesse, j'ai crié: — Pas si vite!
6. Nous lui avons rendu visite quand (he was) malade.
7. (There were) beaucoup de personnes à l'aéroport quand notre avion est arrivé.
8. Pendant (we were waiting for) l'autobus, il a commencé à pleuvoir.
9. Nous les avons rencontrés quand (we were coming) du cinéma.
10. M. Davis est revenu pendant que les enfants (were sleeping).

Exercise No. 185—Questionnaire

1. D'où est-ce que M. Davis écrit?
2. Qu'est-ce que le métier de touriste demande?
3. Où est le café?
4. Qu'est-ce que M. Davis prend en l'honneur de sa première visite en Bretagne?
5. Qu'est-ce que M. Davis faisait pendant que le train traversait les champs et les forêts?
6. Qu'est-ce qu'il voyait?
7. Qu'est-ce qu'il pouvait voir dans les villages?
8. Qu'a-t-il entendu quand il est arrivé?
9. Pourquoi avait-il d'abord envie de partir?
10. Pourquoi est-ce que M. Davis voulait rester?
11. Quelle impression M. Davis a-t-il reçue?
12. Où se tourne-t-il maintenant?

CHAPITRE 36 (TRENTE-SIX)

Guignol

Cinquième Lettre

Cher ami,

1. Je suis revenu à Paris de mon voyage en Bretagne de plus en plus amoureux de la France, mais sans avoir appris à aimer le Calvados.

2. Ce matin je suis allé au Louvre pour le visiter à fond. Je l'ai visité tellement à fond que je ne peux rien vous dire.

3. Si la tête me tournait comme une toupie au Mont Saint Michel à cause du bruit, elle me tournait dix fois plus vite en sortant du silence du Louvre.

Dear Friend,

1. I returned from my trip to Brittany more and more in love with France, but still without having learned to love Calvados.

2. This morning I went to the Louvre to visit it thoroughly. I visited it so thoroughly that I am not able to tell you anything.

3. If my head was spinning like a top at Mont Saint Michel because of the noise, it was spinning ten times faster when I left the silence of the Louvre.

Je me suis dit, — Imbécile! Pourquoi n'es-tu pas sorti il y à deux heures? Crois-tu que le Louvre va s'envoler?

4. Enfin, après un bon déjeuner arrosé d'un bon vin, j'étais délassé et avide de nouvelles aventures.

5. Je me suis tourné vers le Jardin des Tuileries attiré par le soleil et les fleurs. Je marchais tranquillement quand tout à coup j'ai entendu des rires immodérés. Je me suis approché, tout curieux.

6. J'ai vu un joli petit théâtre, la scène encadrée d'un rideau de velours bleu ciel. Les bancs qui formaient la petite salle étaient comble d'enfants. Ils riaient à la folie.

7. Sur la scène il n'y avait que Guignol.[1] Il ne bougeait pas. Il ne disait rien. Mais ce n'était pas nécessaire. Il n'avait qu'à apparaître, et les enfants éclataient de rire.

8. J'ai pris une place à côté d'une toute petite fille qui m'a saisi par la main en criant, — Papa! Très flatté, j'ai répondu, — Bonjour, ma chérie.

9. Sa maman, toute rose, lui a dit, — Regarde, Cri-cri, voilà Gringalet, le fils de Guignol. Et à moi, — Christine pense que tous les messieurs s'appellent papa.

— Mais j'en suis ravi, madame, ai-je dit, en souriant.

10. Un fou rire nous a fait regarder la scène. Le petit Gringalet était en train de donner de grands coups de tête dans le ventre de Guignol. Les enfants n'étaient pas du tout fâchés. Au contraire, ils en étaient ravis.

11. J'ai dit au revoir à Cri-cri et à sa mère, et l'enfant m'a répondu gentiment, — Au revoir, papa.

12. Je dois vous dire qu'à ce moment là ma femme et mes enfants me manquaient beaucoup.[2]

Salutations amicales de votre ami,

Jean Davis

I said to myself, "Fool! Why didn't you leave two hours ago? Do you think the Louvre is going to fly away?"

4. Well, after a good lunch washed down with a good wine, I was refreshed and eager for new adventures.

5. I turned toward the Tuileries Gardens attracted by the sun and the flowers. I was strolling quietly along when all of a sudden I heard unrestrained laughter. I drew near, very curious.

6. I saw a pretty little theatre, the stage framed by a sky blue velvet curtain. The benches which formed the tiny auditorium were crowded with children. They were laughing wildly.

7. On the stage there was only Guignol. He was not moving. He was not saying anything. But it wasn't necessary. He had only to appear and the children would burst out laughing.

8. I took a seat next to a very little girl who seized my hand and called out "Daddy!" Very flattered, I answered, "Hello, honey."

9. Her mother said to her, blushing, "Look Cri-cri, here is Gringalet, Guignol's son." And to me, "Christine thinks that all the gentlemen are called daddy."

"But I'm delighted, Madame," said I, smiling.

10. A wild shout of laughter made us look at the stage. Little Gringalet was giving Guignol hard blows in the stomach with his head. The children were not at all annoyed. On the contrary they were delighted.

11. I said goodby to Cri-cri and her mother and the child answered nicely, "Goodby, daddy."

12. I must tell you that at that moment I missed my wife and my children[2] very much.

Greetings from your friend,

John Davis

NOTE 1. Guignol (geen-yul) Chief character in French puppet shows. His son is called Gringalet (grañ-ga-lay).

NOTE 2. *Lit.* my wife and children were missing to me.

Building Vocabulary

Antonyms

1. le bruit noise, le silence silence
2. fatigué tired, délassé refreshed
3. apparaître to appear;
   désapparaître to disappear
4. rire to laugh, pleurer to weep
5. fâché annoyed; ravi delighted

6. nouveau (nouvel) nouvelle (f) new,
   vieux (vieil) vieille (f) old
7. mener to lead suivre to follow
8. monter en voiture to get into the car;
   descendre de la voiture to get out of the car

NOTE: nouvel and vieil are forms used before masculine nouns beginning with a vowel or h (usually).
Thus: un nouvel article; un vieil homme

Locutions Françaises

1. de plus en plus   more and more
2. à fond   thoroughly
3. tout à coup   suddenly
4. à la folie   wildly, uproariously
5. il n'y avait que Guignol   there was only Guignol
6. éclater de rire   to burst out laughing

Exercise No. 186—Completion of Text

1. (I returned) de mon voyage.
2. J'étais (more and more) amoureux de la France.
3. Ce matin (I went) au Louvre.
4. (I am not able) rien vous dire.
5. (My head) me tournait comme une toupie.
6. (I said to myself) — Imbécile.
7. Pourquoi n'es-tu pas sorti (two hours ago)?
8. (I was) délassé.
9. (I was walking) tranquillement.
10. (I approached) tout curieux.
11. Les bancs (were) combles d'enfants.
12. (They were laughing) à la folie.
13. Guignol (was not moving).
14. He was saying nothing.
15. Les enfants (were not at all) fâchés.
16. (I said) au revoir à Cri-Cri et à sa mère.

Grammar Notes

1. rire to laugh, vivre to live (Present, Imperfect, Conversational Past)

Present

I laugh, you laugh, etc.

je ris (ree)	nous rions
tu ris (ree)	vous riez
il rit (ree)	ils rient (ree)
elle rit (ree)	elles rient (ree)

Imperative: ris rions riez

I live, you live, etc.

je vis	nous vivons
tu vis	vous vivez
il vit	ils vivent
elle vit	elles vivent

vis vivons vivez

Imperfect

I was laughing, you were laughing, etc.

je riais	nous riions
tu riais	vous riiez
il riait	ils riaient
elle riait	elles riaient

I was living, you were living, etc.

je vivais	nous vivions
tu vivais	vous viviez
il vivait	ils vivaient
elle vivait	elles vivaient

Conversational Past

I laughed, you laughed, etc.

j'ai ri
etc.

nous avons ri
etc.

I lived, you lived, etc.

j'ai vécu
etc.

nous avons vécu
etc.

Like rire *to laugh* is sourire *to smile*

2. vouloir, pouvoir, savoir, devoir and avoir generally use the imperfect instead of the conversational past.

Il nous devait cinq dollars.   He owed us five dollars.
Je ne pouvais pas lui écrire.   I was not able to write him.

3. The Past Infinitive

a. The *past infinitive* is formed by the auxiliary avoir or être plus the *past participle* of the verb.

Present Infinitive	*Past Infinitive*
parler to speak	avoir parlé to have spoken
finir to finish	avoir fini to have finished
aller to go	être allé to have gone
sortir to go out	être sorti to have gone out

b. You have learned that prepositions (except en) take the present infinitive in French instead of the present participle as in English.

sans apprendre   without learning
avant de partir   before leaving
en admirant   (while) admiring
en sortant   (on) leaving

Prepositions may also take past infinitives

après avoir appris   after learning (*Lit*. after to have learned)

après être allé   after going (*Lit*. after to have gone)

NOTE: après always takes a past infinitive.

Exercise No. 187. Complete the following sentences in French with the imperfect tense of the verbs in parenthesis:

Exemple: Les enfants riaient à la folie.

1. Les enfants (were laughing) à la folie.
2. M. Parmentier (was living) à Paris.
3. Les femmes (were washing) le linge.
4. (Were they) fâchés?
5. Jean (was coming) du cinéma.
6. Nous (were paying a visit) à M. Duval.
7. M. Davis (was he thinking) à sa famille?
8. Marie (was getting out) de la voiture.
9. Je (was coming back) de l'hôtel à pied.
10. Nous (were going up) au troisième étage.
11. Toute la ville (was smiling).
12. (I was) content de vous voir.
13. Un bel homme (was approaching).
14. Ils (were beginning)[1] à parler français.
15. Elle (was eating)[1] des gâteaux délicieux.
16. Ils (used to meet) tous les jeudis.
17. Nous (did not have) d'argent.
18. Elles (did not want) aller.
19. (Were you able) lui rendre visite.
20. Personne ne (knew) combien il (owed).

NOTE 1: Verbs ending in **-cer** have a soft c (like *s*). Verbs ending in **-ger** have a soft g (*zh*). To keep the c and g soft before endings beginning with a or o, the c must add a cedilla; and the g must add a silent e. Thus:

commencer

Present: **nous commençons**

Imperf.: **je commençais, il commençait**

manger

Present: **nous mangeons**

Imperf.: **je mangeais, ils mangeaient**

but

Imperf.: **nous comencions**

Imperf.: **nous mangions**

Exercise No. 188—Questionnaire

1. Pourquoi M. Davis est-il allé au Louvre?
2. Qu'est-ce que M. Davis s'est dit?
3. Où s'est-il tourné?
4. Qu'est-ce qu'il a entendu tout à coup?
5. Qu'est-ce qu'il a vu quand il s'est approché?
6. Qui ne bougeait pas?
7. Qu'est-ce que les enfants faisaient chaque fois que Guignol apparaissait?
8. Où est-ce que M. Davis a pris une place?
9. Qu'est-ce que la petite fille a crié?
10. Qu'est-ce que le petit Gringalet était en train de faire?
11. Est-ce que les enfants étaient fâchés?
12. Qu'est-ce que l'enfant a répondu quand M. Davis lui a dit au revoir?

RÉVISION 8

CHAPITRES 32–36 PREMIÈRE PARTIE

NOUNS

1. l'arbre	10. l'écrivain	19. la manière	1. tree	10. writer	19. manner
2. l'avocat	11. l'escalier	20. le paysan	2. lawyer	11. staircase	20. peasant
3. l'ascenseur	12. la figure	21. le pas	3. elevator	12. face	21. step
4. le banc	13. la fontaine	22. la pierre	4. bench	13. fountain	22. stone
5. le camion	14. la forêt	23. le repos	5. bus, truck	14. forest	23. rest
6. le champ	15. les gens	24. la rivière	6. field	15. people, folk	24. stream, river
7. le chemin	16. la jambe	25. le village	7. road	16. leg	25. village
8. le docteur	17. le lycée	26. la vitesse	8. doctor	17. high school	26. speed
9. la douane	18. la mémoire	27. le ventre	9. customs	18. memory	27. stomach

VERBS

1. s'approcher (de)	8. durer	15. se rappeler	1. to approach	8. to last	15. to recall
2. s'arrêter	9. essayer	16. se retirer	2. to stop	9. to try	16. to retire
3. boire	10. jeter	17. retourner	3. to drink	10. to throw	17. to go back
4. crier	11. marcher	18. rentrer dans	4. to cry, to shout	11. to walk	18. to reenter
5. décrire	12. monter	19. rire	5. to describe	12. to go up, mount	19. to laugh
6. désapparaître	13. oublier	20. sauter	6. to disappear	13. to forget	20. to leap, to jump
7. descendre	14. pousser	21. se tromper	7. to descend	14. to push	21. to be mistaken

ADJECTIVES

1. amoureux (euse f.)	7. fier (fière f.)	13. nouveau (elle f.)	1. amorous, in love	7. proud	13. new, another
2. chéri	8. frais (fraîche)	14. plusieurs	2. dear, beloved	8. fresh	14. several
3. délassé	9. frappant	15. proche	3. rested	9. striking	15. near
4. fâché	10. gracieux (ieuse)	16. sain	4. angry, vexed	10. graceful	16. healthy
5. fatigué	11. meublé	17. sauf	5. tired	11. furnished	17. safe
6. flatté	12. neuf (neuve f.)	18. sincère	6. flattered	12. brand new	18. sincere

ADVERBS

1. aussitôt que	3. ensuite	5. cordialement	1. as soon as	3. then, afterwards	5. cordially
2. enfin	4. longtemps	6. tellement	2. finally	4. long, a long while	6. so, in such manner

PREPOSITIONS

1. parmi	2. au bord de	3. au milieu de	1. among	2. on the edge of	3. in the middle of

FRENCH EXPRESSIONS

1. d'accord	7. faire leur devoirs	1. agreed, in agreement	7. to do their homework
2. en avant	8. rendre visite à	2. forward, onward	8. to pay a visit to
3. à la fois	9. jouer aux cartes	3. together, at the same time	9. to play cards
4. de plus en plus	10. le plaisir est à moi	4. more and more	10. the pleasure is mine
5. tout à coup	11. le café me plaît	5. suddenly	11. I like the café
6. faire leurs études	12. je ne manque de rien	6. to carry on their studies	12. I lack nothing

DEUXIÈME PARTIE

Exercise No. 189. Translate each sentence. Then read it aloud three times.

1. M. Davis est parti pour Paris.
2. Sa femme est restée à la maison.
3. Mme. Picard est sortie il y a une heure.
4. Elle n'est pas encore rentrée.
5. Nous sommes montés en ascenseur.
6. Ils sont descendus à pied.
7. Pourquoi êtes-vous revenue si tard, Marie?
8. Je suis allée au marché pour faire mes emplettes.
9. Son grand-père est mort ce matin.
10. Ma grand'mère est née le cinq juin 1900.

Exercise No. 190. Fill in the correct form of the past participle of each verb in parenthesis.

Exemple 1. Un bel homme s'est approché.

1. Un bel homme s'est (approcher).
2. Ils se sont (rencontrer) à la gare.
3. J'ai (prendre) un taxi pour l'hôtel.
4. Nous sommes (sortir) ensemble.
5. Le taxi s'est (arrêter) devant le théâtre.
6. Elle est (arriver) saine et sauve.
7. M. Davis est (descendre) de la voiture.
8. On lui a (réserver) un belle chambre.
9. Ma soeur est (naître) le 5 janvier.
10. Il a (mettre) son pardessus.
11. Qu'est-ce que vous avez (dire)?
12. Je n'ai pas (faire) les valises.
13. Ont-ils (demander) des renseignements?
14. Les fenêtres sont (ouvrir). Qui les a (ouvrir)?

Exercise No. 191. Complete each sentence by selecting from the parenthesis the tense of the verb that fits best. Translate each sentence.

1. Demain nous _____ visite à la famille Davis. (rendrons, rendions, avons rendu)

2. Hier soir les enfants _____ au ciné. (iront, allaient, sont allés)

3. Les élèves n'écoutaient pas pendant que le professeur _____. (parlera, parlait, a parlé)

4. Où _____ l'hiver dernier? (passerez-vous, passiez-vous, avez-vous passé)

5. Je ne les _____ jusqu'à demain. (verrai pas, voyais pas, ai pas vu)

6. Nous faisions nos devoirs pendant qu'ils _____ aux cartes. (joueront, jouaient, ont joué)

7. Elles sont restées à la maison parce qu'il _____ à verse. (pleuvra, pleuvait, a plu)

8. _____ un voyage en Europe l'été prochain? (ferez-vous, faisiez-vous, avez-vous fait)

9. Il nous _____ cinq dollars hier. (prêtera, prêtait, a prêté)

10. À quelle heure est-ce que _____ hier matin? (vous vous lèverez, vous vous leviez, vous vous êtes levé)

Exercise No. 192. Complete each sentence in French. Then read it aloud three times.

1. (It was raining buckets) quand M. Picard a frappé à la porte.

2. (I was very happy) lorsque (when) j'ai reçu sa lettre.

3. Ils prenaient du thé au rhum (when Mr. Davis received) un télégramme.

4. Nous dînions (when my agent telephoned me).

5. Autrefois (we used to go) souvent au théâtre.

6. (I did not know)[1] ce qu'ils disaient.

7. (We were not able)[1] trouver le stylo.

8. (Did they want[1]) voyager partout?

9. (She did not have[1] time) d'aller au ciné.

10. (She was to[2]) nous rendre visite hier.

NOTE 1. Use the imperfect. 2. Use the imperfect of *devoir*.

Dialogue
Au Poste d'Essence

M. Davis entre au poste pour faire le plein d'essence.

Tout de suite un jeune homme s'approche pour le servir.

—Bonjour, monsieur, lui dit le jeune homme.

—Bonjour jeune homme, répond M. Davis. Voulez-vous bien faire le plein?"

—Tourisme ou super?

—Tourisme, s'il vous plaît. Voulez-vous bien vérifier l'huile, l'eau, et les pneus?

—Avec plaisir, monsieur, répond l'employé.

Le jeune homme fait le plein, vérifie l'huile, l'eau et les pneus.

—Tout est bien, dit-il a notre touriste.

—Merci beaucoup. Combien est-ce que je vous dois?

—Ça fait mille six cent quatre-vingt-dix francs.

M. Davis lui donne deux billets de mille francs, et le jeune homme lui rend la monnaie, trois cent dix francs.

M. Davis fait le compte et il voit que tout est en ordre.

—Très bien, dit-il à l'employé. Merci beaucoup et au revoir.

Le jeune homme répond, — Au revoir et bon voyage.

Mr. Davis goes to the gas station to fill up the tank.

Immediately a young man approaches to serve him.

"Good day sir," the young man greets him.

"Good day young man," answers Mr. Davis. "Will you fill it up, please?"

Regular or Super?

Regular, please. Will you please check the oil, water, and the tires?

"With pleasure, sir," the employee replies.

The young man fills the tank, checks the oil, the water and the tires.

"Everything is all right," he says to our tourist.

Many thanks. How much do I owe you?

It comes to one thousand six hundred ninety francs.

Mr. Davis gives him two thousand franc notes and the young man gives him the change, three hundred ten francs.

Mr. Davis figures out the amount and sees that all is in order.

"Very good," he says to the employee. "Thank you very much and goodby."

The young man answers, "Goodby and a happy trip."

Exercise No. 193—Lecture 1
Une Excursion à Versailles

Un jour M. Davis a invité les fils de M. Parmentier à l'accompagner en excursion à Versailles. Ce n'est pas très loin de Paris et ils sont arrivés sans aucune[1] difficulté. En route pour le palais M. Davis a eu une idée lumineuse.

— Mangeons sur l'herbe[2] dans le grand parc au bord du lac. On m'a dit que c'est permis.

— Merveilleux! Allons-y.

Ils sont entrés dans une épicerie[3] pour acheter du jambon, un fromage de Camembert et une bouteille de vin rouge. Dans une boulangerie[4] à côté ils ont acheté trois pains longs et trois éclairs.

— Moi, j'ai un appétit de loup, a dit l'aîné en sortant de la boulangerie.

— Allons manger tout de suite, a dit M. Davis. Mais que faire pour les ustensiles?

— Voyons ce qu'il y a dans nos poches, a dit le cadet.[5] Les deux garçons ont trouvé quatre couteaux: un tout neuf, deux passables, et le dernier dans un état[6] lamentable.

— Voilà! Et nous allons boire dans la bouteille.[7]

Ils sont entrés au palais par la grande grille, mais au lieu de faire la visite ils sont sortis pour traverser le jardin immense.

Le jardin avec ses statues, fontaines et bosquets[8] a fait une forte impression sur M. Davis. Les deux garçons étaient d'accord. — Je vous assure que le jardin est le bijou de Versailles, a dit le cadet. Mais le palais nous ennuie[9] à mourir.

M. Davis a répondu en riant, — Nous ne sommes pas forcés d'y aller.

Arrivés au lac ils se sont assis sur l'herbe pour manger. Ils ont causé d'une chose et d'une autre en mangeant, et M. Davis était frappé[10] encore une fois par leur intelligence. Les garçons ont mangé comme deux loups et ils se sont amusés énormément.

Tous les trois ils se souviendront[11] longtemps de cette excursion à Versaille.

NOTE 1. any   2. grass   3. grocer's   4. bakery   5. the younger one   6. state   7. from the bottle   8. groves of trees   9. ennuyer to bore; il m'ennuie it bores me   10. struck   11. will remember; se souvenir de to remember

Exercise No. 194—Lecture 2
L'Avenue de L'Opéra

Nous nous promenons[1] sur l'Avenue de l'Opéra. C'est une belle avenue large qui mène du Jardin des Tuileries à l'Opéra.

Il y a beaucoup de monde sur l'avenue. Tous les touristes s'y rencontrent.[2] Les trottoirs[3] sont bordés de boutiques de luxe[4] où on peut acheter toutes sortes de belles choses, si on a de l'argent: des bijoux,[5] de la lingerie fine, des gants, de la céramique, des blouses, des articles de cuir, et aussi des livres, car nous sommes en France où on aime lire. Il y a même une petite librairie dans l'Opéra, au deuxième étage.

Il y a aussi un café-restaurant bien connu: La Brasserie Universelle. Allons-y prendre un bock,[6] voulez-vous? Avec plaisir.

NOTE 1. We are strolling. se promener to take a walk, to stroll   2. meet there   3. sidewalks   4. luxury shops   5. jewelry   6. a beer

---

CHAPITRE 37 (TRENTE-SEPT)
Foreword

In Chapters 37–40 there is no parallel translation of the texts. However, the new words and expressions that appear are given in the vocabularies which follow each text. There is also the French-English dictionary in the Appendix to which you can refer for words you may have forgotten.

You should therefore have no difficulty in reading and understanding the texts. As a means of testing your understanding a series of English questions to be answered in English are given under the heading "Test of Reading Comprehension," instead of the usual French Questionnaire. You can check your answers in the "Answers" Section of the Appendix.

La Grande Rue Du Village

Cher ami,

J'ai remarqué que malgré la différence qui existe entre les villages français, ils ont tous une grande rue qui mène à une place entourée d'arbres.

Derrière les arbres, les boutiques du village sont bien rangées, en ordre. La teinturerie est souvent peinte en violet. La vitrine de la boulangerie-pâtisserie à côté est remplie de gâteaux délicieux. Le boucher au coin a pendu ses gigots élégants à l'air libre. Quelques mouches s'y promènent tranquillement, mais personne n'y prête attention.

Dans la vitrine de l'épicerie on voit un tas de sardines, et quand on y passe on sent le parfum fort de café. La blanchisseuse est une artiste. Elle arrange sa vitrine avec des papiers bleus, roses et violets pour faire un tableau d'une blouse blanche. La laiterie est toujours comble.

Sur la place, à peu près au milieu du village, il y a la mairie d'un côté et l'église de l'autre. Au fond de la place se trouve l'école. Quelquefois on entend des rires, des chansons, mais en général le silence domine. Les enfants sont sages en France.

L'aspect de la rue change à toute heure. Pour ne rien manquer du spectacle je me lève de bonne heure. La matinée est grise. Toutes les fenêtres et tous les volets sont fermés. On dort. J'entends un coq. Puis un autre. Les chiens réveillés commencent à se saluer. Tout le monde se réveille. On ouvre les volets, on ouvre les fenêtres.

Voilà un garçon, le premier, qu'on envoie chercher le pain. Il se précipite dans la rue, court à vitesse vertigineuse, et s'arrête soudain au coin pour examiner quelque chose qui attire son attention. Ensuite il reprend sa route au pas militaire. En voilà un autre. Et encore un. Ce que les Français mangent comme pain! Notre héros, le premier, revient avec un pain presque aussi long que lui, qu'il fait tourner comme une canne.

Il n'est que sept heures et demie. Je dois tout de même vous quitter, car j'ai rendez-vous avec les jeunes Parmentier pour faire une excursion à Chartres.

Je vous laisse en vous serrant la main, jusqu'à ma prochaine lettre dans laquelle je vous décrirai nos aventures de cet après-midi.

Votre ami,
Jean Davis

Vocabulaire

la canne	cane	reprendre	to take again
la chanson	song	se réveiller	to wake up
le coq (kuk)	rooster	comblé	crowded
l'église	church	entouré	surrounded
le gigot (zhee-goh)	leg of lamb	peint	painted
la mairie	townhall	rangé	arranged
la mouche	fly	réveillé	awakened
le tableau	picture, painting	sage	well-behaved
le volet	shutter	soudain	suddenly
la vitrine	shop window	à l'air libre	in the open air
dominer	to reign	au milieu de	in the middle of
pendre	to hang	pour ne rien manquer	in order to miss nothing
se précipiter	to hurl oneself, rush		

Boutiques et Marchands		Shops and Shopkeepers	
la blanchisseuse	laundress	la couturière	dressmaker (f)
la blanchisserie	laundry	l'épicier	grocer
le boucher	butcher	l'épicerie	grocery
la boucherie	butcher's shop	la laiterie	dairy
le boulanger	baker	un marchand de nouveautés	dry goods merchant
la boulangerie	baker's shop	la papeterie	stationers'
le bureau de tabac	tobacco shop	la pâtisserie	pastry shop, pastry
la confiserie	candy shop	la pharmacie	pharmacy, drug store
le cordonnier	shoemaker	le tailleur	tailor
le couturier	dressmaker	la teinturerie	cleaners and dyers

Exercise No. 195—Test of Reading Comprehension

Answer these questions fully in English.

1. What has Mr. Davis noticed?
2. Where does the street often lead to?
3. What is behind the trees?
4. What shop is often painted the color of violet?
5. Where can one see delicious cakes? A heap of sardines? A white blouse which looks like a painting?
6. Where are the flies walking tranquilly about?

7. What three buildings are on the square?
8. How do the children behave in France?
9. Why does Mr. Davis get up early?
10. What does he hear first?
11. Who rushes into the street?
12. Why does he suddenly stop?
13. With what does our hero return?
14. Why must Mr. Davis stop writing?
15. What will he describe in his next letter?

Exercise No. 196—Completion of Text

1. La rue mène (to a square surrounded by trees).
2. Les boutiques du village sont (well arranged).
3. La teinturerie (is painted) en violet.
4. La vitrine de la pâtisserie (is filled with delicious cakes).
5. Le boucher (has hung his legs of lamb) à l'air libre.
6. Quelques mouches (are walking on them) tranquillement.
7. (In the middle of the village) il y a la mairie.
8. Des fois on entend (laughter and songs).
9. (In order not to miss anything of the spectacle) je me lève de bonne heure.
10. People are sleeping.
11. Les chiens réveillés commencent (to greet each other).
12. Tout le monde (wakes up).
13. (What the French eat), comme pain!
14. Notre héros (returns with a loaf of bread).
15. (I must nevertheless) vous quitter.

Grammar Notes

1. Summary of Single Object Pronouns.
You have learned:

a. The direct object and indirect object pronouns.

Direct Object				Indirect Object		
me	me	nous	us	me	(to) me	nous (to) us
te	you (fam.)	vous	you	te	(to) you	vous (to) you
le	him, it (m)			lui	(to) him	leur (to) them
la	her, it (f)	les	them		(to) her	

Reflexives (Direct and Indirect Objects)

me	myself	nous	ourselves
te	yourself	vous	yourself, yourselves
se	himself, herself / itself, oneself	se	themselves

b. The use of the partitive pronoun en *some, any, none, not any, of it, of them*. Some, any, etc., are often omitted in English, but en is never omitted in French.

Avez-vous du beurre?	Have you any butter?
J'en ai une livre.	I have a pound (of it).
A-t-elle acheté des oeufs?	Has she bought some eggs?
Elle en a acheté une douzaine.	He has bought a dozen (of them).

c. The use of y to refer to a place already mentioned.

Combien de temps restera-t-il à Paris?	How long will he stay in Paris?
Il y restera trois semaines.	He will stay there three weeks.

d. Object pronouns precede the verb except in the affirmative imperative.

Avez-vous acheté les peintures?	Have you bought the paintings?
Je ne les ai pas achetées.	I have not bought them.
Achetez-les. Ne les achetez pas.	Buy them. Do not buy them.

2. Two Object Pronouns.

When a verb has two object pronouns their arrangement is as follows:

a. If there are two pronoun objects of different persons,—me, te, nous, vous (first and second persons) precede le, la, l', les (third person).

M'enverrez-vous les billets?	Will you send me the tickets?
Nous *vous les* enverrons demain.	We shall send *them to you* tomorrow.

b. If there are two pronoun objects of the third person, the direct object (le, la, l', or les) precedes the indirect object (lui or leur).

Avez-vous prêté votre crayon à Jean?	Did you lend your pencil to John?
Oui. Je *le lui* ai prêté.	Yes. I lent *it to him*.

c. When y or en are used with another object pronoun, either one follows that object pronoun.

A-t-elle mis les tasses sur le buffet?	Has she put the cups on the buffet?
Elle *les y* a mises.	She has put *them there*.

d. If y and en both appear, y precedes en.
This combination is rarely seen except with il y a (*there is, are*).

Combien de chaises y a-t-il dans le salon?	How many chairs are there in the parlor?
Il y *en a* six.	There are six (*of them*).

e. In the affirmative imperative the order of two object pronouns is exactly as in English.

Donnez-*les-moi*. Envoyez *m'en*.	Give *them to me*. Send me *some* (*of it*).

NOTE: moi is used for me in the affirmative imperative, except before en when the contraction m'en is used.

Exercise No. 197. Translate the following sentences. Practice them aloud. They will help give you a "feeling" for the double object pronoun. Remember, however, that in ordinary conversation a simple *yes* or *no* answer will often serve, or an answer with only one pronoun object. Thus in Question No. 1 the answer might be:

Oui. *or*, Oui, nous l'avons envoyée. Non. *or*, Non, nous ne l'avons pas envoyée.

1. Est-ce que vous avez envoyé la poterie à M. Davis?
Oui, nous la lui avons envoyée.
2. Est-ce que beaucoup de monde se rencontre sur l'Avenue de l'Opéra?
Tous les touristes s'y rencontrent.
3. Envoyez-moi les journaux français s'il vous plaît.
Nous vous les enverrons demain.
4. Est-ce que le garçon vous a donné l'addition?
Il ne me l'a pas encore donnée.
5. Avez-vous demandé les billets à l'employé?
Je ne les lui ai pas encore demandés parce qu'il est très occupé.
6. Combien de plats y a-t-il dans cette caisse?
Il y en a vingt-cinq douzaines.

7. Lui avez-vous rendu l'argent que vous lui avez emprunté? (borrowed)?
Je le lui rendrai ce soir.
8. La bonne a-t-elle mis sur le bureau la porcelaine que M. Davis vient de recevoir de Limoges?
Elle l'y a mise.
9. Me prêterez-vous votre parapluie?
Je vous le prêterai; mais rendez-le-moi demain, s'il vous plaît.
Merci beaucoup. Je vous le rendrai demain.
10. Montrez-moi, s'il vous plaît, la nouvelle robe que vous avez achetée.
Je ne peux pas vous la montrer parce qu'elle n'est pas encore arrivée du magasin.

CHAPITRE 38 (TRENTE-HUIT)
Une Excursion à Chartres

Cher ami,

Mes jeunes amis sont venus me chercher de bonne heure car j'ai voulu revenir à temps pour aller à l'opéra le soir. Cette fois-ci ils avaient préparé (*they had prepared*) un bon déjeuner qu'on avait l'intention de prendre en route sur l'herbe, comme à Versailles. Mais cette fois-ci ils avaient apporté (*they had brought*) un beau panier rempli d'une nappe, de serviettes, de couteaux, de fourchettes, et aussi d'un poulet.

La voiture que j'avais louée (*I had rented*) nous attendait en bas. Nous y sommes montés tout en parlant et riant, et nous voilà en route.

Je conduisais à mon aise, quand tout à coup j'ai entendu un son que j'ai reconnu tout de suite. — Qu'est-ce que c'est? ont demandé les garçons.

J'ai stoppé et nous sommes descendus. — Nous avons crevé un pneu, ai-je répondu.

J'ai voulu changer le pneu et les jeunes gens voulaient m'aider. Très heureux ils ont commencé à chercher le cric. Mais, malheur! il n'y avait pas de cric dans l'outillage. Que faire?

De temps en temps une auto passait à toute vitesse. Malgré nos signaux désespérés personne ne s'est arrêté. Il était presque midi et le soleil donnait à plein sur nos têtes. Nous nous sommes assis sous un arbre près de la route pour attendre notre destin.

Bientôt un grand camion s'est approché rapidement et il s'est arrêté court avec un grand bruit de freins devant nous. Le camionneur est descendu.

— Vous êtes à plat? Voulez-vous un coup de main? Ce grand gaillard avait une voix très douce. Il souriait.

— Nous n'avons pas de cric, lui ai-je dit.

— Mais c'est un désastre, m'a-t-il répondu, en cherchant le sien (*his*).

— En tout cas nous avons un pneu de rechange.

— C'est toujours ça! Tout le monde s'est mis à la besogne. En cinq secondes tout était prêt.

Je n'osais pas lui offrir un pourboire. Il avait tant de dignité naturelle. Mais les deux garçons ont eu une idée lumineuse. — Voulez-vous bien déjeuner avec nous? Nous avons un poulet énorme.

— Très volontiers, a répondu le camionneur. A condition que j'ajoute mon jambon et ma bouteille de vin. Nous nous sommes assis au-dessous de notre arbre et nous avons déjeuné gaiement de bon appétit.

— Le jambon est délicieux, avons-nous dit avec enthousiasme.

Il a souri. — Ma femme ne me néglige pas.

Le déjeuner fini, nous avons tous fait nos adieux. Le gros camion est parti vers Paris et nous avons repris la route pour Chartres.

Et voilà qu'encore une fois je n'ai pas le temps de vous décrire mes impressions, car ce soir je vais à l'Opéra et je dois m'habiller.

Bien cordialement à vous,
Jean Davis

Vocabulaire

A.

le camion	truck, bus	ajouter	to add, join
le camionneur	truckman	couper	to cut
le désastre	disaster	louer	to rent
le coup de main	a helping hand	négliger	to neglect
le destin	fate	oser	to dare
le gaillard	jovial fellow	court	short
le malheur	misfortune	désespéré	desperate
le panier	basket	gros (grosse *f.*)	big, fat
la nappe	table cloth	au-dessous de	under
la serviette	napkin	en bas	below, downstairs
le son	sound		

B.

L'Automobile (La Voiture)	The Car	changer l'huile	to change the oil
le cric (kree)	jack	conduire	to drive, to conduct
le dépot d'essence	gas station	être à plat	to have a flat
les freins	brakes	crever un pneu	to burst (puncture) a tire
le pneu	tire	faire le plein d'essence	to fill up the tank
le pneu de rechange	spare tire	stationner	to park
l'outillage	tool kit	stopper	to stop
le volant	steering wheel	vérifier	to check

Locutions Françaises

1. Qu'est-ce qui est arrivé?   what has happened?
2. crever un pneu   to get a flat
3. le soleil donnait à plomb
   the sun was shining directly
4. être à plat   to have a flat

5. c'est toujours ça   that's all to the good
6. se mettre à la besogne   to set to work
7. et voilà qu'encore une fois
   and so it is that once more

Exercise No. 198—Test of Reading Comprehension

1. Why did Mr. Davis' young friends call for him early?
2. What had they prepared?
3. Where was the car that Mr. Davis had rented?
4. What did he hear all of a sudden?
5. What had happened?
6. What did the young men want to do?
7. Why could they not change the tire?
8. What did the truck driver who came along soon offer to do?
9. Why didn't Mr. Davis dare to offer him a tip?
10. What brilliant idea did the boys have?
11. What did they eat and drink for lunch?
12. What did the boys say about the truckman's ham?
13. What did the truck driver say about his wife?
14. What did they do after lunch?
15. Why, once again, doesn't Mr. Davis have time to describe his impressions of Chartres?

Exercise No. 199—Completion of Text

1. Mes amis sont venus (to get me).
2. (They had prepared) un bon déjeuner.
3. a tablecloth, some napkins, some knives, some forks
4. (And there we were) en route.
5. (All of a sudden) j'ai entendu un son.
6. We have blown a tire.
7. (There was no jack) dans l'outillage.
8. (Nobody) s'est arrêté.
9. (We sat down) au-dessous d'un arbre.
10. (Soon a large truck) s'est approché rapidement.
11. Voulez-vous (a helping hand)?
12. (At any rate) nous avons un pneu de rechange.
13. Tout le monde (set to work).
14. Je n'osais pas (to offer him a tip).
15. Voulez-vous bien (to have lunch with us)?

Grammar Notes

1. The Past Perfect. What *had happened*. Model Verbs, parler, finir, vendre.

j'avais parlé (fini, vendu)	I had spoken (finished, sold)
tu avais parlé (fini, vendu)	you had spoken (finished, sold)
il avait parlé (fini, vendu)	he had spoken (finished, sold)
elle avait parlé (fini, vendu)	she had spoken (finished sold)
nous avions parlé (fini, vendu)	we had spoken (finished, sold)
vous aviez parlé (fini, vendu)	you had spoken (finished, sold)
ils avaient parlé (fini, vendu)	they had spoken (finished, sold)
elles avaient parlé (fini, vendu)	they had spoken (finished, sold)
avait-il parlé (fini, vendu)?	had he spoken (finished, sold)?
il n'avait pas parlé (fini, vendu)	he had not spoken (finished, sold)
n'avait-il pas parlé (fini, vendu)?	had he not spoken (finished, sold)?

As in English the past perfect tense is usually formed by the auxiliary verb j'avais, etc. (*I had, etc.*) plus the past participle of the verb.

Exercise No. 200. Change these sentences from the conversational past to the past perfect. Translate each sentence in the past perfect.

Exemple 1. Il avait appris les règles essentielles. He had learned the essential rules.

1. Il a appris les règles essentielles.
2. Nous avons vraiment travaillé dur.
3. Ils n'ont pas encore obtenu leurs billets.
4. A-t-il écrit une lettre à son ami?
5. Qui a promis de le rencontrer à l'aéroport?
6. J'ai oublié mon parapluie.
7. Ont-ils réservé une chambre pour M. Davis?
8. Avez-vous lu beaucoup de guides?
9. Ses jeunes amis ont préparé un bon déjeuner.
10. N'a-t-il pas loué une voiture?

2. The Past Perfect of être-Verbs. Model Verb aller.

I had gone, you had gone, etc.

j'étais allé (allée)	nous étions allés (allées)
tu étais allé (allée)	vous étiez allé(s), allée(s)
il était allé	ils sont allés
elle était allée	elles sont allées

être-verbs in the past perfect take the auxiliary **j'étais,** etc., instead of **j'avais,** etc. **J'étais,** etc., is the imperfect of **être** *to be.* As an auxiliary verb it is translated *I had,* etc., not *I was,* etc.

Reflexive verbs also take the auxiliary **j'étais,** etc., in the past perfect.

Conversational Past   Un bel homme s'est approché.   A handsome man approached.

Past Perfect   Un bel homme s'était approché.   A handsome man had approached.

Exercise No. 201. Change these sentences from the conversational past to the past perfect. Translate each sentence in the past perfect.

Exemple 1. Mes jeunes amis étaient venus me chercher.   My young friends had come to get me.

1. Mes jeunes amis sont venus me chercher.
2. Un grand camion s'est approché rapidement.
3. Nous nous sommes assis sous un grand arbre.
4. Je suis allé à la salle d'attente.
5. Nous ne sommes pas sortis ensemble.
6. Ils sont arrivés sains et saufs.
7. Le taxi s'est arrêté devant l'hôtel.
8. Êtes-vous allé au bureau de douane?
9. Nous nous sommes dit au revoir.
10. Elles ne sont pas restées à Paris deux semaines.

3. The Possessive Pronouns le mien, *mine, etc.*

a. In French as in English there are possessive adjectives and possessive pronouns. The posesssive adjectives (**mon, ton, son,** etc.) are very important and useful words. You have learned and used them a great deal. The possessive pronouns are used rather infrequently. Study the following examples:

Possessive Adjectives	*Possessive Pronouns*
Son père (his or her father) est docteur.	Le mien (mine) est avocat.
Sa soeur (his or her sister) est petite.	La mienne (mine) est grande.
Ses livres (his or her books) sont neufs.	Les miens (mine) sont vieux.
Ses plumes (his or her pens) sont bonnes.	Les miennes (mine) sont mauvaises.

The possessive pronoun agrees in number and gender with the noun for which it stands. The complete table of possessive pronouns follows:

Singular			*Plural*	
Masc.	*Fem.*		*Masc.*	*Fem.*
le mien	la mienne	(mine)	les miens	les miennes
le tien	la tienne	(yours)	les tiens	les tiennes
le sien	la sienne	(his, hers)	les siens	les siennes
le nôtre	la nôtre	(ours)	les nôtres (nohtr)	les nôtres
le vôtre	la vôtre	(yours)	les vôtres (vohtr)	les vôtres
le leur	la leur	(theirs)	les leurs	les leurs

b. After the verb **être, à +** an independent pronoun is generally used instead of the possessive pronoun:

Cette montre est à moi,	This watch is mine,
(à toi, à lui, à elle).	(yours, his, hers).
Ces places sont à nous,	These seats ars ours,
(à vous, à eux, à elles).	(yours, theirs (*m*) theirs (*f*)).

Exercise No. 202. Translate these sentences. Practice them aloud.

1. Nous avons de bons professeurs. Comment trouvez-vous les vôtres?
2. Allons au bureau de poste dans votre voiture. La nôtre a crevé un pneu.
3. Prêtez-moi votre plume, s'il vous plaît. La mienne n'écrit pas.
4. J'ai oublié mon parapluie. Voulez-vous bien me prêter le vôtre?
5. Vous n'avez pas de cric. Voulez-vous emprunter (borrow) le mien?
6. La bicyclette de Louis coûte plus cher que la mienne, mais la mienne est meilleure que la sienne.
7. Jeanne et moi nous avons acheté des billets de théâtre hier. J'ai les miens, mais elle a malheureusement perdu les siens.
8. Voici nos chapeaux. Celui-ci est à moi. Celui-là est à vous.

CHAPITRE 39 (TRENTE-NEUF)
M. Davis Achète Un Billet De Loterie

Cher ami,

Je ne suis pas joueur, M. Picard. C'est à dire que jusqu'à la semaine dernière je n'avais jamais été joueur. Ce qui est arrivé? Je vais vous raconter tout.

Comme vous le savez bien il y a des postes de vente de billets de loterie partout à Paris.

Quand je suis arrivé à Paris j'ai remarqué tout de suite qu'on s'occupait beaucoup de la Loterie Nationale. Je voyais des affiches illustrées dans le métro, dans les autobus, dans les rues, enfin un peu partout. Quand (Whenever) je voyais une de ces affiches je commençais à rêver: — Si je gagnais le premier prix, le gros lot, j'aurais (*would have*) assez d'argent pour voyager partout en Europe l'année prochaine. Ma femme m'accompagnerait (*would accompany me*) et les enfants iraient (*would go*) à l'école quelque part en France pour apprendre le français. Ma femme pourrait (*would be able*) faire la connaissance des Parmentiers et nous pourrions (*could*) peut-être faire un voyage ensemble tous les quatre.

Je pourrais (*would be able*) acheter beaucoup de belles choses. J'achèterais (*would buy*) des objets d'art, non pas pour les vendre, mais pour les garder chez moi. Je serais (*would be*) l'homme le plus heureux du monde.

C'est ainsi que je rêvais.

Mercredi passé je descendais la Rue de Rivoli. Au coin de la Rue Cambon j'ai vu un de ces petits postes de vente de billets de loterie. La jeune fille qui était de service m'a vu regarder l'annonce "Loterie Nationale." Elle m'a dit:

— Monsieur, achetez ce billet. C'est le bon. Il vous portera bonheur.

— Comment savez-vous que celui-là est le bon?

— Parce qu'il a trois zéros. Regardez.

J'ai regardé et en effet le numéro finissait en trois zéros. Je me suis dit, — Celui-là, il sort de l'ordinaire. Allons-y!

Et voilà comment je suis devenu joueur!

Le lendemain, je me suis levé de bonne heure, j'ai sonné tout de suite pour demander mon café, mes croissants et mon journal. Ils sont arrivés tous à la fois, mais à ce moment je ne m'intéressais qu'au journal. Je l'ai ouvert vite, le coeur battant. Mais où est-ce qu'on les a caché, ces numéros? Ah, les voilà! Qu'est-ce que je vois? Le numéro qui a gagné le gros lot finit en trois zéros: 26,000. Je ne respire plus. Je cherche mon billet, en faisant des voyages dans la lune. Enfin je le trouve. Je peux à peine le tenir. Voilà les trois zéros. Voilà le deux. Mais, malheur! C'est un cinq, pas un six. Tant pis! Et j'ai pris mon petit déjeuner, en riant de moi-même.

J'ai décidé que les émotions d'un joueur ne sont pas pour moi. J'aime la vie tranquille comme je vous l'ai dit à New-York.

Très cordialement, votre ami,
Jean Davis

Vocabulaire

l'affiche (*f*)	poster	le poste de vente	stall
l'annonce (*f*)	advertisement	battre	to beat
le bonheur	happiness	cacher	to hide, conceal
le coeur	heart	gagner	to win, gain, earn
le croissant	roll (crescent shaped)	s'occuper de	to be busy with
le gros lot	first prize	respirer	to breathe
la lune	moon	rêver	to dream
le joueur	gambler	rire de	to laugh at
le métro	subway		

Locutions Françaises

1. **être de service** to be on duty
2. **il sort de l'ordinaire**
   it is something out of the ordinary
3. **allons-y** let's go, let's take it
4. **tant pis** so much the worse
5. **à peine** scarcely
6. **quelque part** somewhere

Exercise No. 203—Test of Reading Comprehension

1. What kind of man had Mr. Davis never been?
2. What had he noticed right away when he came to France?
3. When he saw one of the illustrated posters what did he dream of doing?
4. If he won the first prize for what would he have sufficient money?
5. What would his wife do?
6. What would the children do?
7. From whom did Mr. Davis buy a lottery ticket, whose number ended in three zeros?
8. What did he ring for the next morning?
9. What was the only thing that interested him at the moment?
10. What happened when he saw that the winning number had three zeros?
11. What was he doing mentally while he looked for his ticket?
12. What number did Mr. Davis have?
13. What number won the prize?
14. What did Mr. Davis decide?
15. What sort of life does he like?

Exercise No. 204—Completion of Text

1. (I had never been) joueur.
2. Il y a (lottery ticket stalls) partout à Paris.
3. J'ai remarqué tout de suite (that people were very much taken up with) la Loterie Nationale.
4. (I saw illustrated posters) dans le métro.
5. (If I won the first prize) j'aurais assez d'argent pour voyager partout en Europe.
6. (I would be able to buy) beaucoup de belles choses.
7. Je serais (the happiest man in the world).
8. (And that is how) je suis devenu joueur.
9. Je me suis levé (early).
10. À ce moment (I was interested only in the newspaper).
11. (I look for) mon billet.
12. Je peux (scarcely hold it).
13. Mais malheur! (It's a five, not a six).
14. J'ai pris mon petit déjeuner (laughing at myself).

Grammar Notes

1. **The Present Conditional. What *would happen*. Model Verbs parler, finir, vendre.**

The present conditional may be called the *would* tense. Its use in French is much the same as in English.

je parlerais (finirais, vendrais)	I would speak (finish, sell)
tu parlerais (finirais, vendrais)	you would speak (finish, sell)
il parlerait (finirait, vendrait)	he would speak (finish, sell)
elle parlerait (finirait, vendrait)	she would speak (finish, sell)
nous parlerions (finirions, vendrions)	we would speak (finish, sell)
vous parleriez (finiriez, vendriez)	you would speak (finish, sell)
ils parleraient (finiraient, vendraient)	they (m) would speak (finish, sell)
elles parleraient (finiraient, vendraient)	they (f) would speak (finish, sell)

a. The personal endings of the present conditional of all verbs are -ais, -ais, -ait; -ions, -iez, -aient. They are exactly like the endings of the imperfect tense. (See Chapter 35 Grammar Notes No. 1.)

b. To form the present conditional, add the conditional endings to the *infinitive* as a base. If the *infinitive* ends in -re, as in vendre, drop the final e before adding the conditional endings.

Thus the base for the present conditional is the same as the base for the future.

Infinitive	*Future*	*Present Conditional*
to	I shall, you will, etc.	I would, you would, etc.
parler	je parlerai, tu parleras, etc.	je parlerais, tu parlerais, etc.
finir	je finirai, tu finiras, etc.	je finirais, tu finirais, etc.
vendre	je vendrai, tu vendras, etc.	je vendrais, tu vendrais, etc.

2. **The Irregular Present Conditional.**

Those verbs that have an irregular base for the future have the same irregular base for the conditional.

Infinitive	*Future*	*Pres. Cond.*	*Infinitive*	*Future*	*Pres. Cond.*
to	shall, will	would	to	shall, will	would
avoir	j'aurai	j'aurais	pouvoir	je pourrai	je pourrais
être	je serai	je serais	devoir	je devrai	je devrais
aller	j'irai	j'irais	recevoir	je recevrai	je recevrais

Infinitive to	Future shall, will	Pres. Cond. would		Infinitive to	Future shall, will	Pres. Cond. would
envoyer	j'enverrai	j'enverrais		vouloir	je voudrai	je voudrais
venir	je viendrai	je viendrais		valoir	je vaudrai	je vaudrais
tenir	je tiendrai	je tiendrais		voir	je verrai	je verrais
courir	je courrai	je courrais		savoir	je saurai	je saurais
faire	je ferai	je ferais		falloir	il faudra	il faudrait

Exercise No. 205. Change these sentences from the future to the present conditional. Translate each sentence in the present conditional.

Exemple 1. Je voyagerais partout en Europe. I would travel everywhere in Europe.

1. Je voyagerai partout en Europe.
2. Il visitera la France et l'Italie.
3. Nous apprendrons le français.
4. Ma famille ne m'accompagnera pas.
5. Elle pourra acheter beaucoup de belles choses.
6. Aura-t-il assez d'argent?
7. Ils achèteront des objets d'art.
8. Serez-vous content de rester ici?
9. Elle ne vous connaîtra pas.
10. Ils ne feront pas leurs devoirs.
11. Je vous enverrai les revues.
12. Ils ne viendront pas la semaine prochaine.

CHAPITRE 40 (QUARANTE)
M. Davis S'en Va

Cher ami,

Quand je suis parti de New-York j'étais assez bien renseigné sur la France. J'avais lu quelques livres sur son histoire et sur les coutumes du pays. Je savais parler français passablement.

Maintenant que je suis sur le point de partir de France il me semble que je parle avec beaucoup plus de facilité. J'ai visité beaucoup de ces endroits dont nous avons parlé dans nos conversations. Dans mes lettres je ne pouvais décrire que très peu de tout ce que j'ai vu et appris. Le reste, je dois laisser pour notre prochaine rencontre.

J'aime tant de choses en France: Paris, les monuments historiques, le paysage, la peinture, et la cuisine. Mais j'aime surtout les Français. J'aime leur sentiment marqué de la dignité de l'homme, leur sens vif du comique, leur politesse et leur passion pour la discussion.

La vie en France est vraiment plus tranquille qu'à New-York, malgré mes premières impressions dans le taxi qui me conduisait à vitesse vertigineuse de l'aéroport à l'hôtel.

Comme vous savez c'était un voyage d'agrément aussi bien qu'un voyage d'affaires. Heureusement j'ai bientôt terminé mes affaires et je pouvais me dévouer complètement aux distractions.

Je n'avais pas le temps d'aller ni au Maroc ni en Corse. Dommage! Mais j'ai préféré passer mon temps à mieux connaître la France. Il y a tant à voir, à faire et à apprendre. Tout m'a enchanté.

J'aurai beaucoup à vous dire au sujet des personnes que j'ai rencontrées, des endroits que j'ai visités, et de tout ce que j'ai appris des coutumes, de la vie, de la langue, et des arts de la France.

Certainement je reviendrai en France. Je voudrais revenir l'année prochaine. Mais cette fois-ci toute la famille m'accompagnerait. Je suis sûr que je pourrais faire le guide sans difficulté. Je n'ai pas gagné le gros lot dans la Loterie, mais tout de même, je reviendrai.

Celle-ci est la dernière lettre que je vous écrirai avant de partir pour New-York le premier août. Je me donnerai le plaisir de vous téléphoner dès mon arrivée pour vous inviter à dîner en famille.

Sans doute nous passerons des heures en parlant de la France et de notre Paris bien aimé.

À bientôt,

Votre ami,

Jean Davis

Vocabulaire

le comique	comic(al)	le sens	sense
la facilité	facility	s'en aller	to go away
la marque	mark, symbol	conduire	to drive
le reste	remainder, rest	renseigné	informed
la rencontre	meeting	dès	as early as, from

Locutions Françaises

1. **je m'en vais** I go away
   tu t'en vas you go away
   il, elle s'en va he, she goes away
   nous nous en allons we go away
   vous vous en allez you go away
   ils, elles s'en vont they go away
2. **être sur le point de partir** to be about to leave
3. **tant à voir** so much to see
4. **faire le guide** to act as guide
5. **dès mon arrivée** immediately on my arrival
6. **combien de choses** how many things
7. **beaucoup de choses** many things
8. **tant de choses** so many things

Exercise No. 206—Test of Reading Comprehension

1. Before leaving for France, how had Mr. Davis obtained knowledge of that country?
2. How much was he able to describe in his letters?
3. What does he like best in France?
4. What does he like about the French people?
5. How does he compare life in France with life in the United States?
6. When had he gotten a different impression?
7. Why did he not go to Morocco or Corsica?
8. Who would accompany him on his next trip to France?
9. What is he sure of?
10. When is he leaving for New York?
11. What will he be glad to do immediately on his arrival home?
12. What does he think he and Mr. Picard will do when they are together again?

Grammar Notes

1. The Past Conditional. What *would have happened.* parler, aller

I would have spoken
you would have spoken, etc.

I would have gone
you would have gone, etc.

j'aurais parlé	nous aurions parlé	je serais allé(e)	nous serions allés(es)
tu aurais parlé	vous auriez parlé	tu serais allé(e)	vous seriez allé(e, s, es)
il aurait parlé	ils auraient parlé	il serait allé	ils seraient allés
elle aurait parlé	elles auraient parlé	elle serait allée	elles seraient allées

The past conditional is formed by the auxiliary j'aurais, etc., plus the past participle, for all avoir-verbs; and by the auxiliary je serais, etc., plus the past participle, for all être-verbs (including reflexive verbs).

2. Conditional Sentences. si (*if*)-clauses.

A conditional sentences is one that includes a si (*if*)-clause. Compare the tenses of the verbs used in the following French conditional sentences with those used in the corresponding English sentences:

1. Si je le vois je lui parlerai.
2. S'il gagne le prix il ira en Europe.

3. Si je le voyais je lui parlerais.

4. S'il gagnait le prix il irait en Europe.

5. Si je l'avais vu je lui aurais parlé.
6. S'il avait gagné le prix il serait allé en Europe.

1. If I see (shall see) him I shall speak to him.
2. If he wins (will win) the prize he will go to Europe.
3. If I saw (should see, were to see) him I would speak to him.
4. If he won (should win, were to win) the prize he would go to Europe.
5. If I had seen him I would have spoken to him.
6. If he had won the prize he would have gone to Europe.

In general the tenses of conditional sentences in French are the same as the tenses in the corresponding English conditional sentences. Note however these differences:

French never uses a future tense in the si-clause. See sentences 1, 2.

French uses the imperfect tense in the si-clause where English uses the past or *should* or *were to*. See sentences 3, 4.

3. Si (*whether*)

When si means *whether,* it is followed by the same tenses as in English.

Je ne sais pas s'il fera un voyage en Europe l'été prochain.

I don't know whether he will take a trip to Europe next summer.

Exercise No. 207. Practice the French sentences aloud:

1. Si j'ai le temps je vous accompagnerai jusqu'à la gare.
2. Si vous la voyez faites-lui mes amitiés.
3. Si vous revenez à Paris j'espère avoir le plaisir de vous revoir.
4. Si nous pouvons vous aider nous le ferons.
5. Si les affaires ne retiennent M. Davis à Paris il visitera la Côte d'Azur.
6. Si nous vivions en France les enfants iraient à l'école pour apprendre le français.
7. Si vous parliez plus lentement je vous comprendrais mieux.
8. Seriez-vous surpris si je vous disais que j'étudie le français?
9. Si j'allais à Paris je rendrais visite à la famille de M. Parmentier.
10. Si j'avais assez d'argent je ferais un voyage autour du monde.
11. Ils auraient réussi dans l'examen s'ils avaient travaillé dur.
12. Si elle avait cherché un peu plus longtemps elle l'aurait trouvé.
13. Nous serions allés au cinéma si nous avions fini nos devoirs plus tôt.
14. Si M. Davis n'avait pas lu les guides il n'aurait pas su se tirer d'affaires en France.

1. If I have (shall have) time I shall accompany you as far as the station.
2. If you see her give her my regards.
3. If you return to Paris I hope to meet you again.
4. If we are able to help you we shall do so.
5. If business does not detain Mr. Davis in Paris he will visit the Côte d'Azur.
6. If we were living in France the children would go to school to learn French.
7. If you spoke (were to speak) more slowly, I would understand you better.
8. Would you be surprised if I told you (should tell) that I am studying French?
9. If I were going to Paris I would pay a visit to the family of Mr. Parmentier.
10. If I had enough money I would take a trip around the world.
11. They would have passed (succeeded in) the examination if they had worked hard.
12. If she had looked a little longer she would have found it.
13. We would have gone to the movies if we had finished our homework sooner.
14. If Mr. Davis had not read the guide books, he would not have known how to get along in France.

RÉVISION 9
CHAPITRES 37–40 PREMIÈRE PARTIE

NOUNS

1. l'annonce	8. l'herbe	15. le panier	1. advertisement	8. grass	15. basket
2. le bijou	9. l'huile	16. le reste	2. jewel	9. oil	16. remainder
3. le bonheur	10. le jambon	17. le sentiment	3. happiness	10. ham	17. feeling
4. la boutique	11. la lune	18. la serviette	4. shop	11. moon	18. napkin
5. le coq	12. lendemain	19. le son	5. rooster	12. next day	19. sound
6. l'essence	13. le métro	20. le trottoir	6. gasoline	13. subway	20. sidewalk
7. l'église	14. la nappe	21. la vitrine	7. church	14. tablecloth	21. show window

VERBS

1. ajouter	7. il nous ennuie	13. respirer	1. to add	7. he bores us	13. to breathe
2. battre	8. gagner	14. réveiller	2. to beat	8. to earn, win	14. to awake
3. cacher	9. louer	15. rire de	3. to hide	9. to rent	15. to laugh at
4. conduire	10. négliger	16. rêver	4. to lead, drive	10. to neglect	16. to dream
5. couper	11. oser	17. se souvenir (de)	5. to cut	11. to dare	17. to remember
6. ennuyer	12. reprendre	18. je me souviens (de)	6. to bore	12. to take again	18. I remember

ADJECTIVES

1. ne—aucun (aucune)	3. gros	5. entouré	1. no, no one,	3. big, large	5. surrounded
2. délicieux (euse f.)	(grosse f.)	6. renseigné	none	stout	6. informed
	4. sage		2. delicious	4. well-behaved	

NOTE: Aucun may be used as a pronoun or as an adjective. Thus:

Aucun de ses amis n'était à la station.   None of his friends was at the station.

Il n'a eu aucune intention de l'acheter.   He had no intention of buying it.

ADVERBS

| 1. soudain | 2. tant | 3. vraiment | 1. suddenly | 2. so much, so many | 3. truly |

FRENCH EXPRESSIONS

1. être de service
2. être à plat
3. faire le compte
4. faire le plein d'essence
5. faire le guide
6. se mettre à la besogne
7. il sort de l'ordinaire
8. tant pis
9. c'est toujours ça

1. to be on duty
2. to have a flat
3. to add up the bill
4. to fill up the tank
5. to act as guide
6. to set to work
7. it's out of the ordinary
8. so much the worse
9. that's all to the good

DEUXIÈME PARTIE

Exercise No. 208. Translate the following sentences accurately. All the tenses you have learned are here illustrated.

1. Elles sont allées au marché pour faire des emplettes.
2. Les Français ont fait une forte impression sur M. Davis.
3. Il est allé à la gare pour demander des renseignements.
4. Je pourrai me tirer d'affaires en France parce que je parle bien le français.
5. Après demain nous rendrons visite à M. Duval.
6. Le jeune homme avait déjà fait le plein d'essence et vérifié l'huile.
7. L'été prochain M. Davis pourra faire le guide pour toute la famille.
8. Si M. Davis avait eu plus de temps, il aurait fait un voyage au Maroc.
9. À l'hôtel du Quai Voltaire nous n'avons manqué de rien.
10. Après avoir terminé ses affaires, M. Davis s'est dévoué complètement aux distractions.

11. Je vais écrire une lettre à mon représentant pour lui faire savoir la date de mon arrivée.
12. Après avoir fait nos adieux, nous sommes montés dans l'avion.
13. Je pensais aux conseils de mon professeur pendant que le taxi filait à toute vitesse par les rues de Paris.
14. Autrefois M. Davis faisait traduire sa correspondance française, mais à l'avenir (in the future) il la traduira lui-même.
15. Les enfants s'amusaient à jeter des pierres dans l'eau.
16. Si vous trouvez les caoutchoucs que j'ai laissés chez vous, rendez-les-moi s'il vous plaît.
17. Je n'oublierai pas de vous les rendre.
18. Je n'avais jamais vu un spectacle pareil.
19. Lorsque M. Davis voyageait en Europe, Mme. Davis s'occupait des enfants.
20. Je n'ai jamais été en France mais je compte y aller l'été prochain.

Exercise No. 209. Complete the following sentences in French.

1. M. Davis (is a business man of New York).
2. Il a fait (a trip to Paris in order to visit his agent).
3. Il voulait (to get acquainted with him).
4. Avant de partir pour la France (he had learned to speak French well).
5. (He had also read many books) sur la France.
6. Il a écrit (many letters to his friend and teacher).
7. Il a décrit (many of the interesting places of which they had spoken in their conversations).
8. Malgré ses premières impressions (he had found life in France more tranquil than in the United States).
9. Il pensait au taxi (which had taken him to his hotel).
10. (The dizzy speed of the taxi) ne lui avait pas fait plaisir.
11. Heureusement (he soon finished his business matters).

12. Il aime surtout les Français, (their politeness and their marked feeling for the dignity of man).
13. Tout de même (he did not have time to go to Morocco or Corsica).
14. Il y avait (so much to see, so much to do, so much to learn).
15. Il avait beaucoup appris (about the customs, the life, the language and the arts of France).
16. L'année prochaine (he will return to France).
17. Toute la famille (would accompany him).
18. (He has not won the first prize in the lottery) mais il aura (enough money).
19. Celle-ci est la dernière lettre (which Mr. Davis will write before leaving France).
20. Sans aucune doute (he will invite Mr. Picard to dinner with his family) **quand il sera de retour**[1] à New-York.

NOTE 1. **être de retour** = to be back

Exercise No. 210—Lecture
Nice, Capitale De La Côte D'Azur

Il y a vraiment deux villes dans Nice: la ville italienne et la ville française, la vieille ville et la ville moderne. On peut se promener dans les vieux quartiers où on entend rien que l'italien, car il n'y a pas longtemps que Nice est devenue française. Dans ce quartier, on vend des macaronis, des raviolis, des olives et des saucisses.[1] L'air est parfumé d'ail[2] et de sauce tomate. On crie, on chante, on marchande.[3] C'est une ville tout à fait italienne.

Mais à deux pas,[4] en traversant la Place Masséna, on se trouve dans la ville française. On monte l'Avenue de la Victoire sous une allée de superbes arbres et on admire les boutiques magnifiques. On voit des voitures longues comme des trains. On voit des fourrures[5] sur les dames, des perruques[6] sur les messieurs, et des brillants[7] sur les chiens. C'est la ville de luxe.

Nice est aussi un centre sportif. Il y a un club de tennis magnifique; il y a le golf de Cagnes, tout près; les célèbres sports d'hiver à Beuil, dans les montagnes; le yachting et les bains de mer. Il est vrai que la plage est pierreuse,[8] mais ça ne fait rien;[9] on y va tout de même pour adorer le soleil.

Mais la ville où on est né, où on va à l'école, où on gagne son pain, cette ville-là existe aussi. Cette ville a son commerce: le tourisme, les fleurs, les parfums, les olives, la pêche.[10] Elle a sa vie culturelle: la musique, qu'elle prend très au sérieux: l'opéra, le théâtre, les conférences, les librairies. Comme dans les villes typiques de la France il y a le goût de[11] la science, et le goût de l'art.

Mais après tout, la vraie gloire de Nice est sa situation. Elle se lève de la mer bleue aux collines ornées de villas fleuries[12] jusqu'aux pieds des montagnes couvertes de neige. Le ciel est d'un bleu intense comme la mer. L'air est doux, embaumé.

Tout y est pour rendre le monde heureux.

NOTE 1. sausage 2. garlic 3. people bargain 4. close by 5. furs 6. wigs 7. diamonds 8. pierreux (pierreuse *f.*) rocky 9. that does not matter 10. fishing 11. le goût de an interest in *or* taste for 12. flower covered

A

a (an) un, une
able capable
able (to be) pouvoir
aboard: all aboard! en voiture!
about de; sur; autour de (around) What's it about? De quoi s'agit-il?
above au dessus de; en haut
absolutely absolument
accept (to) accepter
accident l'accident m.
accompany (to) accompagner
accomplish (to) accomplir
according (to) selon
accurate juste; exact
accuse (to) accuser
accustomed: to get accustomed to s'habituer à
acquaintance la connaissance; to make the acquaintance of faire la connaissance de
acquainted with (to be) connaître
across en travers, à travers
active actif (active f.)
actor l'acteur m.; l'actrice f.
actually réellement
add (to) ajouter, additionner
address l'adresse f.
address (to) adresser
admire (to) admirer
admission l'entrée f.
admit (to) admettre
adore (to) adorer
adorned orné
advance (to) avancer
advantage l'avantage m.
advertise (to) annoncer
advertisement l'annonce f.
advice le conseil
advise (to) conseiller
affair l'affaire f.
afraid (to be) avoir peur
after ensuite, après
afternoon l'après-midi m.; in the afternoon (p.m.) de l'après-midi
afterwards après
again encore
against contre
age l'âge m.
agent l'agent m.; le représentant
ago il y a; ten years ago il y a dix ans
agree (to) consentir à; être d'accord
agreeable agréable
agreed entendu, d'accord
aid (to) aider
air l'air m.; in the open air à l'air libre

airmail par avion
airplane l'avion m.
airport l'aéroport m.
alike pareil (pareille f.); semblable
all tout, toute, tous, toutes; not at all pas du tout; all right parfait, entendu
allow (to) permettre
allowed permis
almost presque
alone seul
along le long de
already déjà
also aussi; I also moi aussi
although bien que; quoique
always toujours
ambassador l'ambassadeur m.
ambitious ambitieux (ambitieuse f.)
American américain; l'Américain
among parmi
amount la somme
amuse (to) amuser
and et
angry fâché; to get angry se fâcher
animal l'animal m.
anniversary l'anniversaire
announce (to) annoncer
annoy (to) ennuyer
another un autre, une autre; one more encore un (une), autre
answer la réponse
answer (to) répondre
any quelque; de (partitive); anybody, anyone quelqu'un
anything quelque chose
apartment l'appartement m.
appear (to) apparaître; paraître (to seem)
appetite l'appétit m.
apple la pomme
appointment le rendez-vous
appreciate (to) apprécier
approach (to) s'approcher de
April l'avril m.
arise (to) se lever
arm le bras m.
around autour de
arrange (to) arranger
arrival l'arrivée f.
arrive (to) arriver
art l'art m.
article l'article m.
artist l'artiste m. and f.
artistic artistique
as . . . as aussi . . . que; as well as aussi bien que; as little as aussi peu que; as much as autant

que; as long as tant que; as if comme si
ashtray le cendrier
ask for (to) demander
ask (to ask questions) poser des questions
asleep endormi
assist (to) aider à
assortment l'assortiment m.
assure (to) assurer
astonish (to) étonner
at à; at first d'abord; at last enfin; at once tout de suite; at home chez moi, etc.
attention l'attention; to pay attention to faire attention à
August août m.
aunt la tante
author l'auteur m.
automobile l'automobile f., l'auto f.; la voiture
autumn l'automne m and f.
avenue l'avenue f.
awake éveillé
awaken (to) réveiller
away absent; to go away s'en aller
awhile un peu; un instant

B

baby le bébé
back le dos (body); to be back être de retour
backwards en arrière
bad mauvais; badly mal
baggage les bagages
baker le boulanger
bakery la boulangerie
ball la balle
banana la banane
bank la banque; la rive (river)
banknote le billet de banque
bar la buvette (drinking)
barber le barbier
bargain (to) marchander
basket le panier
bath le bain; bathroom la salle de bain
bathe (to) se baigner
be (to) être; to be hungry avoir faim; to be right avoir raison; to be wrong avoir tort; to be sleepy avoir sommeil; to be thirsty avoir soif; to be in the act of être en train de
beautiful beau, bel; belle f.
because parce que
become (to) devenir
bed le lit; bedcover la couverture de lit

bedroom la chambre à coucher
beef le boeuf; beef-steak le bifteck
beer la bière
before avant (time) devant (place)
begin (to) commencer; se mettre à
beginning le commencement
behind derrière
believe (to) croire
bell la cloche; house-bell la sonnette
below en bas
belt la ceinture
bench le banc
besides d'ailleurs
best le meilleur adj.; le mieux adv.
better meilleur adj.; mieux adv.; so much the better tant mieux
between entre
bicycle la bicyclette
big grand
bill la note (at hotels, etc.); le compte, l'addition (at restaurants); bill of fare le menu
birthday l'anniversaire m.
biscuit le biscuit; la gaufrette
bit (a) un peu
black noir
blanket la couverture
blouse la blouse
blow le coup
blue bleu
boat le bateau
body le corps
book le livre
bookstore la librairie
born (to be) naître
born né(e)
borrow (to) emprunter
both les deux
bottle la bouteille
bottom le bas; le fond
box la boîte
boy le garçon
bracelet le bracelet
brake le frein
brandy le cognac
brave brave; courageux
bread le pain
break casser; rompre
breakfast le petit déjeuner; to have breakfast prendre le petit dejeuner
breathe (to) respirer
brief bref (brève f.)
bright clair
bring (to) apporter; to bring back rapporter
broad large
broken cassé

brother le frère
brown brun
brush la brosse
brush (to) brosser
buffet (dresser) le buffet
build construire; bâtir
building l'édifice *m.*
burn (to) brûler
bus l'autobus *m.*
business l'affaire *f.;* in business dans les affaires; to do business in faire le commerce de
businessman l'homme d'affaires
busy occupé
but mais
butcher le boucher
butcher shop la boucherie
butter le beurre
buy (to) acheter
buyer l'acheteur *m.*
by par

C

cab le taxi
cake le gâteau
calendar le calendrier
call (to) appeler; to be called s'appeler
calm calme
camera l'appareil photographique *m.*
can la boîte de conserve
can (to be able) pouvoir
candy store la confiserie
capital (city) la capitale
car le tramway (*streetcar*); la voiture (*auto*); le wagon (*railroad*); by car en voiture
card la carte; postal card la carte postale
care: to take care of s'occuper de
carry (to) porter; to carry away emporter
case le cas; la caisse (*box*); in any case en tout cas
cashier le caissier
castle le chateau
cat le chat
catch (to) attraper; to catch cold attraper un rhume
cause la cause; la raison
cease (to) cesser
ceiling le plafond
celebrate (to) célébrer
center le centre
ceramics la céramique
certain certain; sûr
certificate le certificat
chair la chaise
chance la chance; Good luck! Bonne chance!
change (to) changer; to change money changer de l'argent
charm (to) enchanter; charmer
charming charmant; ravissant
chat (to) causer
cheap bon marché

cheaper meilleur marché
check le chèque
check (to) vérifier; contrôler
cheerful gai
cheese le fromage
chicken le poulet
child l'enfant
chocolate le chocolat
choose (to) choisir
Christmas la Noël
church l'église *f.*
cigar le cigare
circle le cercle
city la ville; to the city (downtown) en ville
city hall l'hôtel de ville *m.*
class la classe; la sorte
clean propre
clear clair
clerk l'employé de bureau *m.*
climate le climat
cloak le manteau
clock l'horloge *f.*
close (to) fermer
closed fermé
cloth l'étoffe *f.;* le drap
clothe (to) habiller
clothes les habits *m.;* les vêtements
club le cercle; le club
coast la côte
coat le manteau; le veston (*of suit*)
coffee le café
cold froid; It (weather) is cold. Il fait froid; I am cold. J'ai froid; I have a cold. Je suis enrhumé.
color la couleur; What is the color of . . . ? De quelle couleur est . . . ?
comb le peigne
comb (to) peigner
come (to) venir; to come back revenir; to come in entrer
comfortable comfortable; commode
commerce le commerce
common courant; ordinaire
companion le (la) camarade
compare (to) comparer
complete complet (complète *f.*)
compliment le compliment
concern la maison (*business*); That does not concern me Cela ne me regarde pas.
concert le concert
conduct (to) conduire
conductor le receveur (*on train, bus, etc.*)
confess (to) avouer
confidentially entre nous
congratulate (to) féliciter
congratulation la félicitation
consent (to) consentir
consequently par conséquent
considerable considérable
consist of (to) consister de
contain (to) contenir

content (to be) être content; être satisfait
continue (to) continuer
contrary le contraire; on the contrary au contraire
contribute (to) contribuer
conversation la conversation
cook la cuisinière
cook (to) cuire; faire la cuisine
cool frais; It (weather) is cool. Il fait frais.
corner le coin
correct correct; exact; That's right. C'est correct.
correspondence la correspondance
cost le prix
cost (to) coûter
costume le costume; tailor-made costume le costume tailleur
cotton le coton
count (to) compter
country la campagne (*opposite of city*) le pays (*nation*)
course le cours; le plat (*of meal*); Of course! Bien entendu! Mais oui!
cousin le cousin; la cousine
cover (to) couvrir
covered couvert
cream la crème
cross (to) traverser
crowd la foule
cry (to) crier, s'écrier (*shout*) pleurer (*weep*)
cup la tasse
curiosity la curiosité
custom l'usage *m.;* la coutume
customary habituel
customer le client
customhouse la douane
customs official le douanier
cut (to) couper

D

daily quotidien (ienne *f.*)
dairy la laiterie
dance la danse
dance (to) danser
dangerous dangereux (euse *f.*)
darling (my) mon chéri; ma chérie
date la date
daughter la fille
day le jour, la journée; day after tomorrow après-demain; day before yesterday avant-hier
dead mort
dear cher (chère *f.*)
death la mort
December décembre
decide (to) décider
declare (to) déclarer
deed le fait; l'action *f.*
delay (to) tarder
delicious délicieux (euse *f.*)

delighted ravi
delightful ravissant
deliver (to) livrer
demand (to) exiger
dentist le dentiste
department le département
departure le départ
descend (to) descendre
describe (to) décrire
description la description
design le dessin
desire le désir; l'envie *f.;* to have a desire (a mind) to avoir envie de
desk le bureau
dessert le dessert
detain (to) retenir
develop (to) développer
devoted dévoué
dictionary le dictionnaire
die (to) mourir
difference la différence
different différent
difficult difficile
difficulty la difficulté
dinner le dîner
dine (to) dîner
dining room la salle à manger
direction la direction
dirty sale
disagreeable désagréable
disappear (to) disparaître
discontented with mécontent de
discover (to) découvrir
discuss (to) discuter
dish le plat
distance la distance
distribute (to) distribuer
district le quartier
divide (to) diviser
do (to) faire
doctor le médecin; le docteur
dog le chien
door la porte
doubt le doute
downstairs en bas
downtown le centre
dozen la douzaine
drama le drame
dream (to) rêver; to dream of songer à
dress la robe
dress (to) habiller; s'habiller
dressmaking la couture
dress designer le couturier
drink (to) boire
drive (to) conduire (*a car*)
driver le chauffeur
drop (to) laisser tomber (*to let fall*)
drugstore la pharmacie
dry sec (sèche *f.*)
duck le canard
during pendant; durant
duty le devoir
dwell (to) demeurer
dye (to) teindre

E

each chaque, chacun
ear l'oreille *f.*

early   de bonne heure; tôt
earn (to)   gagner
earth   la terre
easily   facilement
east   l'est *m.*
Easter   Pâques
easy   facile
eat (to)   manger
edge   le bord;   **at the edge
of**   au bord de
effect   l'effet *m.*
effort   l'effort *m.*
egg   l'oeuf *m.*
either   l'un ou l'autre
electric(al)   électrique
elegant   élégant
elevator   l'ascenseur *m.*
else: someone else   quelqu'un
d'autre
embassy   l'embassade *f.*
embroidered   brodé
employee   l'employé *m.;* l'em-
ployée *f.*
empty   vide
end   la fin
end (to)   terminer
England   L'Angleterre
English   anglais;   l'anglais
(*language*);   l'Anglais
(*Englishman*)
enjoy (to)   jouir de;   to enjoy oneself   s'amuser
enough   assez
enter (to)   entrer (dans)
entirely   tout à fait
envelope   l'enveloppe *f.*
equal   égal
erase (to)   effacer
especially   surtout
essential   essentiel (ielle *f.*)
estimate (to)   estimer
etc.   ainsi de suite
European   européen; l'Européen (*the European*)
even   même;   even though
quand même
evening   le soir;   Good evening!   Bonsoir!;   yesterday evening   hier soir;
tomorrow evening   de-
main soir;   this evening
ce soir
ever   jamais; toujours
every   chaque;   every day
tous les jours
everybody   tout le monde
everything   tout
everywhere   partout
exact   précis, exact
examine (to)   examiner
exceed (to)   dépasser
excellent   excellent
except   sauf, excepté
excite (to)   exciter; agiter
exclaim (to)   s'écrier
excursion   l'excursion *f.*
excuse (to)   excuser;   Excuse
me!   Excusez-moi!
exit   la sortie
expect (to)   espérer; attendre
explain (to)   expliquer
express   l'express (*train*)
exquisite   exquis
extra   en plus, supplemen-
taire

eye   l'oeil *m.;* les yeux *pl.*
eyeglasses   les lunettes *f.*

F

face   la figure; le visage
face (to)   donner à
fact   le fait;   in fact   en effet
factory   la fabrique; l'usine *f.*
fail: without fail   sans faute
fail (to)   manquer;   Do not
fail to write me.   Ne manquez pas de m'écrire.
fall (to)   tomber
false   faux (fausse *f.*)
family   la famille
famous   célèbre, fameux
far   loin;   as far as   jusqu'à
fare   le prix de la place; le
prix du voyage
farther   plus loin
farthest   le plus éloigné
fashion   la mode
fashionable   à la mode
fast   vite
fasten (to)   attacher
fat   gros (grosse *f.*); gras
(grasse *f.*)
father   le père
fault   la faute
favor   le service;   Would you
do me a favor?   Voulez-
vous me rendre un serv-
ice?
fear   la peur
fear (to)   avoir peur; craindre
feather   la plume
February   février
feel (to)   sentir;   He feels at
home.   Il se sent chez lui.
How do you feel? (health)
Comment vous portez-
vous?
feeling   le sentiment
fetch (to)   apporter;   aller
chercher
few   peu;   few people   peu
de gens
field   le champ
figure (to)   calculer
fill (to)   remplir;   Fill the
tank with gas.   Faites le
plein d'essence.
film   le film
finally   enfin; finalement
find (to)   trouver
fine   fin (*not coarse*)
finger   le doigt
finish (to)   finir; terminer
fire   le feu
firm (business)   la maison
first (the)   le premier; la première
first   d'abord;   at first   d'a-
bord
fish   le poisson
fit (suitable)   convenable
fit (to)   aller à;   This dress
fits me well.   Cette robe
me va bien.
flat   plat;   I have a flat tire.
Je suis à plat.
flatter (to)   flatter
flavor   le goût; la saveur
flight   le vol (*in air*)

floor   le plancher; l'étage *m.*
(*story*)
flower   la fleur
fly (to)   voler
follow (to)   suivre
following   suivant
fond of (to be)   aimer; être
friand de
food   la nourriture; les vivres
foot   le pied;   on foot   à
pied
for   pour;   for me   pour
moi;   car (*since, because*)
force (to)   forcer
foreigner   l'étranger *m.*
forest   la forêt
forget (to)   oublier
forgive (to)   pardonner
fork   la fourchette
form   la forme
form (to)   former
formality   la formalité
former (the)   celui-là, celle-
là, ceux-là, celles-là
formerly   autrefois
fortunate   heureux (euse *f.*)
fortunately   heureusement
forward   en avant
found   trouvé
fountain pen   le stylo
fragrant   parfumé
frame   le cadre
frame (to)   encadrer
franc   le franc
free   libre; gratis
French   français, le français
(*lang.*);   the Frenchman
le Français;   the Frenchwoman   la Française
frequently   fréquemment
fresh   frais (fraîche *f.*)
Friday   le vendredi
friend   l'ami, l'amie *f.*
friendly   aimable
frighten (to)   effrayer
from   de
front: in front of   devant
fruit   le fruit
full   plein
fun   l'amusement *m.;*   to
have fun   s'amuser
funny   drôle
fur   la fourrure
furious   furieux (euse *f.*)
furnish (to)   meubler (*a
room*)
furnished   meublé
furniture   les meubles
further   plus loin
future   l'avenir *m.;*   in the
future   à l'avenir

G

gaiety   la gaieté
gain (to)   gagner
gamble (to)   jouer
gambler   le joueur
game   le jeu; la partie
garage   le garage
garden   le jardin
gasoline   l'essence *f.;*   gasoline station   le poste
d'essence
gate   la porte

gay   gai
gem   la pierre précieuse
general   général;   in general
en général;   general de-
livery   poste restante
generous   généreux (euse *f.*)
gentle   doux (douce *f.*)
gentleman   le monsieur;
gentlemen   les messieurs;
Ladies and gentlemen
Mesdames et messieurs
genuine   authentique
geography   la géographie
German   allemand;   the German   l'Allemand
get (to)   obtenir; recevoir
get up (to)   se lever
get into (to)   monter en voiture (*car*)
gift   le cadeau
girl   la fille; la jeune fille
give (to)   donner
give back (to)   rendre
glad   content; heureux
gladly   volontiers
glass   le verre;   drinking
glass   le verre;   fine glass
le cristal
glitter (to)   briller
glove   le gant
go (to)   aller
go away (to)   s'en aller
go back (to)   retourner; rentrer
go down (to)   descendre
go out (to)   sortir
go to bed (to)   se coucher
go to sleep (to)   s'endormir
go up (to)   monter
God   Dieu *m.*
gold   l'or *m.*
good   bon (bonne *f.*); bien;
Good morning!   Bonjour!
Good afternoon!   Bonjour!
Good evening!   Bonsoir!
Good night!   Bonne nuit!
Bonsoir!
good-bye   au revoir; adieu;
to bid good-bye to   faire
ses adieux à
goodness   la bonté
goods   la marchandise
grand   magnifique
granddaughter   la petite-fille
grandfather   le grand-père
grandmother   la grand'mère
grandson   le petit-fils
grant (to)   accorder;   Granted
D'accord!
grape   le raisin
grasp (to)   saisir
grateful   reconnaissant
gray   gris
great   grand
green   vert
greet (to)   saluer
greeting   la salutation
grocer   l'épicier *m.*
grocery store   l'épicerie
ground   la terre
group   le groupe
guard   la garde
guard (to)   guarder
guess (to)   deviner

guide le guide
guide (to) guider

H

hair les cheveux
hairdo la coiffure
hairdresser le coiffeur
half demi; la moitié
ham le jambon
hand la main; to shake
  hands se donner la main
handbag le sac à main
hankerchief le mouchoir
handsome beau, bel (belle
  f.)
happen arriver; se passer;
  What is happening?
  Qu'est-ce qui se passe?
happy heureux (euse f.)
hard difficile (difficult); dur
  (not soft)
hat le chapeau
have (to) avoir; to have to
  (must) devoir; I have
  the trunk weighed. Je
  fais peser la malle.
he il
head la tête
headache: I have a headache
  J'ai mal à la tête
health: Here's to your health!
  A votre santé!
hear (to) entendre
heart le coeur
heaven le ciel; Good Heavens! Mon Dieu!
heavy lourd
help (to) aider
her la; lui; son, sa, ses
here ici; here is (are) voici
herself se; elle-même
high haut
him le; lui
himself se; lui-même
hire (to) louer
his son, sa, ses; à lui; le sien,
  la sienne, les siens, les si-
  ennes
history l'histoire f.
hold (to) tenir
holiday le jour de fête; vacation holidays les vacances m.
home la maison; at home
  à la maison; chez moi,
  chez lui, etc.
hope (to) espérer
horse le cheval (chevaux pl.)
horseback (on) à cheval
hospital l'hôpital m.
hot chaud; It (weather) is
  hot. Il fait chaud. I am
  hot. J'ai chaud.
hotel l'hôtel m.
hour l'heure f.
house la maison
how comment; How much
  does that cost? Com-
  bien cela coûte-t-il?
  How much money?
  Combien d'argent? How
  many books? Combien
  de livres? How often?
  Combien de fois? How

pretty! Que c'est joli!
  How are you? Comment
  allez-vous?
however cependant; pour-
  tant
hundred cent
hunger la faim
hungry (to be): Are you hungry? Avez-vous faim?
hurry (to) se hâter; I am
  in a hurry. Je suis pressé.
hurt (to) faire mal à
husband le mari

I

I je; moi
ice-cream la glace
if si; if not sinon
ill malade
illustration l'illustration f.
imagine (to) s'imaginer
immediately tout de suite;
  immédiatement
imperfect défectueux
import (to) importer
important important
impossible impossible
in dans; en
inch le pouce
included compris
incorrect inexact
increase (to) augmenter
incredible incroyable
indeed en effet; vraiment;
  Yes, indeed! Mais oui!
indicate (to) indiquer
indispensable indispensable
industrious diligent
industry l'industrie f.
infant le petit enfant; le
  bébé
influence l'influence f.
inform (to) informer; faire
  savoir
information: He asks for information. Il demande
  des renseignements
inhabit (to) habiter
ink l'encre f.
inn l'auberge f.
inquire (to) prendre des
  renseignements
inside dedans
insist (to) insister
instantly à l'instant
instead of au lieu de
instruct (to) enseigner
instrument l'instrument m.
intelligent intelligent
intend (to) avoir l'intention
  de; compter
interest l'intérêt m.; to be
  interested in s'intéresser
  à
interesting intéressant
into dans; en
introduce (to) présenter
invitation l'invitation f.
invite (to) inviter
irritate (to) irriter
it il, elle, ce; It's late. Il
  est tard. It's five o'clock.
  Il est cinq heures. It's
  true. C'est vrai.

Italian italien; l'italien
  (lang.); the Italian l'Italien m.; l'Italienne f.
its son, sa, ses
itself se; lui-même; elle-
  même

J

jacket la veste; le veston
January janvier
jewel le bijou (bijoux pl.)
joke la plaisanterie
joke (to) plaisanter
journey le voyage
joyous joyeux
judge le juge
juice le jus; orange juice
  le jus d'orange
July juillet
jump (to) sauter
June juin
just juste; I have just eaten.
  Je viens de manger.

K

keep (to) garder
key la clef
kill (to) tuer
kind la sorte
kindly: Will you kindly take
  it? Voulez-vous avoir la
  bonté de le prendre?
kindness la bonté
kiss le baiser
kiss (to) embrasser
kitchen la cuisine
knife le couteau
knock (to) frapper
know (to) savoir (to have
  knowledge of, to know
  how); connaître (to be acquainted with)

L

lack (to) manquer; I lack
  nothing. Je ne manque
  de rien.
lady la dame; Ladies and
  gentlemen. Mesdames et
  messieurs.
lamb l'agneau m.; leg of
  lamb le gigot
lamp la lampe
land (to) aterrir (airplane);
  débarquer (ship)
landscape le paysage
language la langue; le lan-
  gage
large grand; gros (grosse f.)
last le dernier, la dernière;
  last night hier soir
late tard; en retard
laugh (to) rire; They laugh
  at him. Ils se rient de lui.
laundry la blanchisserie
lay (to) poser
lazy paresseux (euse f.)
lead (to) conduire
leap (to) sauter
learn (to) apprendre
least le moins; at least au
  moins

leather le cuir
leave (to) partir (depart);
  quitter (quit)
left gauche; to the left à
  gauche
leg la jambe
lemon le citron
lemonade la limonade
lend (to) prêter
length la longueur
less moins; less than five
  moins de cinq
lesson la leçon
let (to) permettre (permis)
letter la lettre
library la bibliothèque
lie (to) mentir (to tell a lie)
lie down (to) se coucher
life la vie
lift (to) lever
light la lumière
like comme; pareil (pareille
  f.)
like (to) aimer; vouloir; I
  should like je voudrais
likewise également; aussi
linen le linge
liner le paquebôt
lip la lèvre
list la liste
listen (to) écouter
little petit; peu de; little
  money peu d'argent
live (to) vivre; demeurer (to
  dwell)
lively gai; vif (vive f.)
living room le salon
long long (longue f.); He
  left a long time ago. Il
  est parti il y a longtemps.
look (to) regarder; chercher
  (to look for); Look out!
  Attention!
lose (to) perdre
lost perdu
lot (a) beaucoup; a lot of
  people beaucoup de
  monde
loud haut; in a loud voice
  à haute voix
love l'amour f.; in love
  amoureux (euse f.)
love (to) aimer
lovely charmant
low bas (basse f.)
luck la chance
lucky heureux (euse f.)
luggage les bagages
lunch le déjeuner; I have
  lunch. Je prends le déjeuner

M

madam madame
magazine la revue
magnificent magnifique
maid la bonne (servant)
mail le courrier
majority la majorité
make (to) faire
man l'homme
manner la manière
manufacture (to) fabriquer
many beaucoup; many
  others beaucoup d'au-
  tres

map   la carte
March   mars
market   le marché
marvelous   merveilleux (euse f.)
match   l'allumette f.
matter   l'affaire; la chose; in the matter of   au sujet de;   It does matter.   N'importe.
mattress   le matelas
May   mai
may   pouvoir (to be able)
me   me; moi
meal   le repas
mean (to)   vouloir dire
meanwhile (in the)   en attendant
measure   la mesure
measure (to)   mesurer
meat   la viande
mechanic   le mécanicien
medicine   la médicine
meet (to)   rencontrer
meeting   la rencontre; la réunion
memory   la memoire; le souvenir
mend   réparer
merchandise   la marchandise
merchant   le marchant; le négociant; le commerçant
message   le message
metal   le métal
middle   le milieu;   in the middle of   au milieu de
midnight   le minuit
mild   doux (douce f.)
milk   le lait
million   le million
mind   l'esprit m.;   I have a mind to   j'ai envie de
mine   à moi; le mien, la mienne, les miens, les miennes
minute   la minute;   Wait a minute!   Attendez un instant!
mirror   le miroir
miscellaneous   divers
misfortune   le malheur
Miss   mademoiselle
miss (to)   manquer;   I shall miss you.   Vous me manquerez
mistake   la faute
mistaken (to be)   se tromper
Mister   monsieur
mode   la mode
model   le modèle
modern   moderne
moment   le moment;   Just a moment!   Un instant!
Monday   le lundi
money   l'argent; la monnaie (coins)
money-order   le mandat-poste
month   le mois
moon   la lune
more   plus;   more than   plus que, plus de (before a number);   not any more   ne . . . plus

morning   le matin; la matinée;   in the morning (a.m.)   du matin
most   le (la) plus;   most of the people   la plupart des gens;   for the most part   pour la plupart
mother   la mère; la maman
motor   le moteur
motor (to)   aller en auto
mountain   la montagne
mouth   la bouche
move (to)   bouger; déménager (to new home)
movies   le ciné; le cinéma
much   beaucoup;   much more   beaucoup plus
museum   le musée
music   la musique
musician   le musicien
must   devoir; falloir;   I must (ought to) do it.   Je dois le faire.   I must (have to) go.   Il me faut aller.
my   mon, ma, mes
myself   me; moi-même

N

name   le nom;   What is your name?   Comment vous appelez-vous?
namely   c'est à dire
napkin   la serviette
narrow   étroit
nation   la nation
naturally   naturellement
nature   la nature
near   près de; proche
nearly   presque; à peu près
neat   propre
necessary   nécessaire;   it is necessary   il faut
neck   le cou
necklace   le collier
necktie   la cravate
need   avoir besoin de;   I need a pen.   J'ai besoin d'une plume.
neglect (to)   négliger
neighbor   le voisin
neither   non plus;   neither . . . nor   ne . . . ni . . . ni
never   ne . . . jamais
nevertheless   tout de même
new   nouveau, nouvel (nouvelle f.); neuf (neuve f.)
news   les nouvelles;   What's the news?   Quelles sont les nouvelles?
nice   gentil (gentille f.)
night   la nuit; le soir
no   non;   No parking!   Défense de stationner!   No Smoking!   Défense de fumer!
nobody   personne; ne . . . personne
noise   le bruit
none   ne . . . aucun
noon   le midi
nor, neither . . . nor   ne . . . ni . . . ni
north   le nord

nose   le nez
not   ne . . . pas; ne . . . point
notebook   le cahier
nothing   ne . . . rien
notice (to)   remarquer
notify (to)   avertir
November   novembre
now   maintenant;   now and then   de temps en temps
nowhere   nulle part
number   le nombre; le numéro

O

obey (to)   obéir
object   l'objet m.
oblige (to)   obliger
observe (to)   observer
obtain (to)   obtenir
occupation   le métier; l'occupation
October   octobre m.
of   de;   of it, of them   en;   I have some (of it, of them).   J'en ai.
offer (to)   offrir
office   le bureau
officer   l'officier
often   souvent;   quite often   assez souvent
oil   l'huile f.
old   vieux, viel (vieille f.);   How old are you?   Quel âge avez-vous?
once   une fois;   at once   tout de suite;   all at once   tout à coup;   once more   encore une fois
one   un, une; on (people, you)   How does one say?   Comment dit-on?
only   seul; seulement; ne . . . que
open   ouvert
open (to)   ouvrir
opera   l'opéra m.
opposite   en face de
or   ou;   either . . . or   ou . . . ou
order   l'ordre m.,   in order to   afin de
order (to)   commander
ordinary   ordinaire
other   autre
otherwise   sinon
our   notre, nos
out   dehors
outside   dehors; hors de
over   au dessus de
overcoat   le pardessus
owe (to)   devoir
own   propre;   his own language   sa propre langue
own (to)   posséder

P

pack (to)   emballer   He packs his bags.   Il fait ses valises.
pain (to)   faire mal à
painting   la peinture
pair   la paire
pale   pâle

pancake   la crêpe
pants   le pantalon
paper   le papier
parcel   le paquet
parcel post   le colis postal
pardon (to)   pardonner
park   le parc
park (to)   stationner (a car)
part   la partie
pass (to)   passer
passenger   le voyageur
passport   le passeport
past   passé;   the past week   la semaine passée
pastry shop   la pâtisserie
pause   la pause
pause (to)   faire une pause
pay (to)   payer
pea   le pois
pear   la poire
pearl   la perle
pedestrian   le piéton
pen   la plume
pencil   le crayon
people   le peuple; les gens; on
perceive (to)   apercevoir
per cent   pour-cent
perfect   parfait;   Perfect!   Parfait!   Très bien!
performance   la représentation; la séance
perfume   le parfum
perhaps   peut-être
permit (to)   permettre
permitted   permis
person   la personne
pharmacy   la pharmacie
photograph   la photographie;   to take a photograph   prendre une photographie
physician   le médecin
pick up (to)   ramasser
picture   le tableau, l'image f.
piece   le morceau; la pièce
pillow   l'oreiller m.
pin   l'épingle f.
pitcher (milk)   le pot au lait
pity: What a pity!   Quel dommage!
place   l'endroit m.; le lieu;   to take place   avoir lieu;   in place of   au lieu de
plane (air)   l'avion
plate   l'assiette f.
play   la pièce de théatre
play (to)   jouer
pleasant   agréable
please (to)   plaire;   (If you) please.   S'il vous plaît.   That pleases me.   Cela me plaît.
pleasure   le plaisir
pocket   la poche
point   le point;   on the point of departure   sur le point de partir
police   la police
policeman   l'agent de police
politely   poliment
poor   pauvre
porter   le porteur
portrait   le portrait

possess (to) posséder
possible possible
poster l'affiche f.
postman le facteur
post-office la poste; le bureau de poste
potato la pomme de terre
pottery la poterie
pound la livre
powder la poudre
practice (to) pratiquer
praise (to) louer
pray (to) prier
precede (to) précéder
precious precieux (euse f.)
prefer préférer; aimer mieux
prepare (to) préparer
present présent; at present actuellement; to be present at assister à
present le cadeau
present (to) offrir, présenter
press (to) presser; to press clothes repasser des vêtements
pretty joli
price le prix
prize le prix
probably probablement; sans doute
produce (to) produire
profession la profession
professor le professeur
profit le profit
program le programme
prohibit (to) défendre
promise (to) promettre
pronounce (to) prononcer
propose (to) proposer
protect (to) protéger
provided that pourvu que
publish (to) éditer
publisher l'éditeur
pull (to) tirer
pullman le wagonlit
punish (to) punir
pupil l'élève m. and f.
purchase l'achat; l'emplette f.
purchase (to) acheter
purchaser l'acheteur (euse f.)
purse le porte-monnaie
push (to) pousser
put (to) mettre; poser; to put on mettre

Q

quality la qualité
quantity la quantité
quarter le quart; le quartier
question la question
question (to) poser des questions
quick rapide
quickly rapidement; vite
quiet tranquille; calme Keep quiet! Restez tranquille!
quiet (to) calmer
quit (to) quitter
quite tout à fait; quite often assez souvent
quote (to) citer

R

radio la radio
railroad le chemin de fer
rain la pluie
rain (to) pleuvoir; It is raining. Il pleut.
raincoat l'imperméable m.
raise lever, élever
rapid rapide
rapidly rapidement
rates le tarif
rather plûtot; rather than plûtot que; I would rather j'aimerais mieux
razor (safety) le rasoir de sûreté
reach (to) arriver
read (to) lire
ready prêt
realize (to) comprendre; se rendre compte de
really vraiment! en vérité
rear (in the) au fond
reason la raison
recall (to) se rappeler (to remember)
receipt la quittance
receive recevoir
recognize (to) reconnaître
recommend (to) recommander
recommendation la recommendation
record le disque (phonograph)
recover (to) se remettre (health)
red rouge
reference la référence; in reference to à propos de
reflect (to) réfléchir
refreshment le rafraîchissement
refund (to) rembourser
refuse (to) refuser
regards: give my regards to faites mes amitiés à
regret (to) regretter
relate (to) raconter
relative le parent
rely upon (to) compter sur
remainder le reste
remark (to) remarquer
remarkable remarquable
remember (to) se rappeler; se souvenir de
remembrance le souvenir
remove (to) enlever
rent (to) louer
repair (to) réparer
repeat (to) répéter
reply la réponse
reply (to) répondre
represent (to) représenter
representative le représentant
request (to) demander
require (to) avoir besoin de
resemble (to) ressembler à
reserve (to) retenir; réserver
reside (to) demeurer
residence la résidence; la maison
respect le respect

respect (to) respecter
responsible responsable
rest le reste (remainder); le repos (repose)
rest (to) se reposer
rested délassé
restless agité
result le résultat
retail: to sell at retail vendre en détail
retain (to) retenir
retire (to) se retirer
return le retour
return (to) revenir (to come back); rendre (to give back); retourner (to go back)
review la révision
rum le rhum
rice le riz
rich riche
ride (to) se promener; in a car, on a bicycle, on horseback en voiture, à bicyclette, à cheval
right droit; to the right à droite
right juste, exact; That's right. C'est exact (juste); You are right. Vous avez raison.
ring l'anneau
ring (to) sonner
river le fleuve
road le chemin; la route
room la chambre
rough rude
round rond
route la route
row le rang
rubbers les caoutchoucs
ruler la règle (measuring)
run courir

S

sad triste; sadly tristement
safe sauf; safe and sound sain et sauf
sailor le marin
sake: for the sake of pour l'amour de
salad la salade
sale la vente
salesgirl la vendeuse
salesman le vendeur
salt le sel
same même; all the same tout de même
sample l'échantillon m.
satisfactory satisfaisant
satisfy contenter, satisfaire
Saturday le samedi
sauce la sauce
saucer la soucoupe
sausage la saucisse
say (to) dire
scarcely à peine
scene la scène
schedule l'horaire m.
school l'école; to school à l'école
scissors les ciseaux m.
sea la mer; at sea en mer

seaport le port de mer
seashore la plage
season la saison
seat la place
seated assis
second le (la) deuxième
see (to) voir
seek (to) chercher
seem (to) sembler; paraître
seize (to) saisir
seldom rarement
sell (to) vendre
send (to) envoyer
sense le sens; common sense le sens commun
sentiment le sentiment
separate (to) séparer
September septembre
serious sérieux (euse f.)
servant la bonne; le (la) domestique
serve (to) servir
set (to) mettre, placer; to set out se mettre en route
several plusieurs
sew (to) coudre; sewing la couture
shake (to) secouer; They shake hands. Ils se serrent la main.
shape la forme
shave (to) se raser
shawl le fichu
shine (to) briller
ship (to) expédier
shipment l'envoi m.
shirt la chemise
shoe le soulier; la chaussure
shoemaker le cordonnier
shop la boutique
shopping (to go) faire des emplettes
short court
shoulder l'épaule f.
shout (to) crier
showwindow la vitrine
show (to) montrer
shut fermé
shut (to) fermer
sick malade
sickness la maladie
side le côté; at the side of à côté de
sidewalk le trottoir
signify signifier
silence le silence
silk la soie; a silk dress une robe de soie
silver l'argent
similar semblable
simple simple
since depuis (time); puisque (because)
sincerely sincèrement; Yours sincerely. Votre tout dévoué.
sing (to) chanter
singer le chanteur; la chanteuse
single seul; célibataire (unmarried)
sir monsieur
sister la soeur

sit (to) être assis; to sit down s'asseoir; Sit down. Asseyez-vous.

size la taille; la grandeur

skin la peau

skirt la jupe

sky le ciel

sleep le sommeil

sleep (to) dormir; to fall asleep s'endormir

sleepy: I am sleepy J'ai sommeil.

slowly lentement

small petit

smell l'odeur f.

smell (to) sentir

smile le sourire

smile (to) sourire

smoke (to) fumer No smoking! Défense de fumer!

snapshot l'instantané m.

snow la neige

snow (to) neiger

so (thus) ainsi; and so forth ainsi de suite

soap le savon

sock la chaussette

soft doux (douce f.)

soldier le soldat

solid solide

some quelque, quelques; des

somebody quelqu'un

someone quelqu'un

something quelque chose

sometimes parfois

somewhere quelque part

son le fils

song la chanson

soon bientôt; sooner plus tôt; as soon as possible le plus tôt possible

sorry: I am sorry Je le regrette

sort la sorte

sound le son

soup la soupe

south le sud; le midi

southern du sud

Spain l'Espagne

Spanish espagnol; l'espagnol (language); l'Espagnol (Spaniard)

speak (to) parler

spend (to) dépenser; passer (time)

spectacle le spectacle

spectator le spectateur

speed la vitesse; at full speed à toute vitesse

spinach les épinards

spirit l'esprit

spit (to) cracher

splendid splendide

spoil (to) gâter

spoon la cuiller; la cuillère

sport le sport

spring le printemps; in spring au printemps

stairs l'escalier

stamp le timbre (postage)

stand (to) être debout; Stand up! Levez-vous!

start (to) commencer

station la gare (railroad)

stay le séjour (visit)

stay (to) rester

steak le bifteck; small steak l'entrecôte m.

steamer le paquebôt

steel l'acier m.

stenographer la sténographe

step le pas

stick le bâton

still calme, tranquille

still encore, toujours; It is still raining. Il pleut toujours.

stocking le bas

stop (to) s'arrêter, cesser; The taxi stops. Le taxi s'arrête.

store le magasin; la boutique

story l'histoire f., l'étage (of house)

straight droit

strange curieux (euse f.)

stranger l'étranger

strawberry la fraise

street la rue

strike (to) battre; frapper

stroll (to) faire une promenade (un tour)

strong fort

student l'étudiant m., l'étudiante f.

studious diligent

study l'étude f.

study (to) étudier

stuff l'étoffe f.

stupid stupide

style le style; in style à la mode

subject le sujet; to change the subject parlant d'autre chose

suburbs la banlieue

succeed (to) réussir

success le succès; la réussite

such tel, telle, tels, telles; such a man un tel homme

suddenly tout à coup

suffer souffrir

sufficient: That's sufficient. Cela suffit.

sugar le sucre

suggest (to) proposer

suit le costume; le complet; l'ensemble m.

suitable convenable

sum la somme

summary le résumé

summer l'été m., in summer en été

sun le soleil

Sunday le dimanche

supper le souper

suppose (to) supposer

sure sûr

surname nom de famille m.

surprise (to) surprendre

surprised surpris

surroundings les environs m.

sweater le chandail

sweet doux (douce f.)

swift rapide

swim (to) nager

sympathetic sympathique

T

table la table; to set the table mettre la table

tablecloth la nappe

tailor le tailleur

take (to) prendre; to take away emporter

talk (to) parler; causer

tall grand

tank le réservoir; to fill the tank with gas faire le plein d'essence

taste le goût

taste (to) goûter

tax l'impôt m.

taxi le taxi m.

tea le thé

telegram le télégramme

telegraph (to) télégraphier

telephone le téléphone

telephone (to) téléphoner

television la télévision

tell (to) dire; raconter

temperature la température

text le texte m.

than que

thank (to) remercier

thanks merci; les remerciements

that ce, cet, cette; celui, celle; cela; qui, que

the le, la, les

theater le théâtre

their leur, leurs

theirs le leur, la leur, les leurs; à eux, à elles

them les, leur; eux, elles

then alors; puis; ensuite

there là; y; violà; There he is! Le voilà! there is (are) il y a; over there là bas

therefore donc

these ces; ceux, celles

they ils, elles

thick épais (épaisse f.)

thing la chose; l'objet

think (to) penser; croire; I think so. Je crois que oui. I think not. Je crois que non.

thirst la soif; I'm thirsty. J'ai soif.

this ce, cet, cette; this one celui-ci, celle-ci; ceci

thoroughly à fond

those ces; ceux, celles

though quoique

thought la pensée; l'idée f.

thousand mil, mille

throat la gorge

throw (to) jeter

thumb le pouce

Thursday le jeudi

thus ainsi

ticket le billet; one way ticket le billet simple, le billet d'aller; round trip ticket le billet d'aller-retour

ticket-window le guichet

time le temps; l'heure f. (hour); from time to time de temps en temps;

What time is it? Quelle heure est-il? to have a good time s'amuser

time: one time une fois; How many times? Combien de fois? At times parfois; sometimes quelquefois

timetable l'horaire f.

tip le pourboire (gratuity)

tip (to) donner un pourboire

tire le pneu (car); spare tire le pneu de rechange

tired fatigué

tiresome ennuyeux

to à, en, vers, pour

tobacco le tabac

today aujourd' hui

together ensemble

tomato la tomate

tomorrow demain; till tomorrow à demain

tone le ton

tongue la langue

tonight ce soir

too aussi (also); trop (too much)

tooth la dent

toothache: I have a toothache. J'ai mal aux dents.

toothbrush la brosse à dents

toothpaste la pâte dentifrice

total le total; le montant

touch (to) toucher

tour le tour; le voyage

tourist le (la) touriste

toward vers; envers

towel la serviette; bath-towel la serviette de bain

town la ville

toy le joujou

traffic la circulation

train le train

tranquil tranquille

translate (to) traduire

travel (to) voyager

traveler le voyageur

tray le plateau

treat (to) traiter

tree l'arbre m.

tremendous enorme

trip le voyage; to take a trip faire un voyage

trouble la difficulté

trouble (to) déranger; inquiéter; Don't trouble yourself! Ne vous dérangez pas!

trousers le pantalon

true vrai

truly vraiment; Yours truly Agréez Monsieur, l'assurance de ma considération distinguée.

trunk la malle

truth la vérité

truthful sincère

try (to) essayer; tâcher

turn (to) tourner; Turn left! Prenez la première à gauche!

twice deux fois

typewriter la machine à écrire

U

ultimately à la fin
umbrella le parapluie
unbelievable incroyable
uncle l'oncle
uncover découvrir
under sous, au-dessous de
undergo (to) subir
understand (to) comprendre
undertake (to) entreprendre
undertaking l'entreprise *f.*
undress (to) se déshabiller
unequal inégal
unexpected inattendu
unfair injuste
unfamiliar peu connu
unfortunately malheureusement
unheard of inouï
unite unir
united uni
United States les États-Unis
university l'université *f.*
unknown inconnu
unless à moins que
unoccupied inoccupé; libre
unpack (to) déballer
unpleasant désagréable
unsatisfied mécontent
until jusqu'à; until now jusqu'à présent
up to jusqu'à
upon sur
upstairs en haut
us nous
use (to) se servir de
useful utile
useless inutile
usher l'ouvreuse *f.*
usual ordinaire; usually d'ordinaire
utensil l'ustensile *m.*

V

vacation les vacances
vain: in vain en vain
valise la valise
valley la vallée
valuable de valeur
varied varié

variety la variété
various divers
vase le vase
veal le veau; veal fricassee la blanquette de veau
vegetable le légume
verify (to) vérifier
very très
vicinity les environs
view la vue
view (to) voir
village le village
vinegar le vinaigre
visit la visite
visit (to) visiter; rendre visite à
visitor le visiteur
visa le visa
voice la voix; in a loud voice à haute voix; in a low voice à demi-voix
voyage le voyage

W

wages le salaire
wait (to) attendre; to wait for attendre
waiter le garçon
wake (to) réveiller; se réveiller
walk la promenade; to go for a walk se promener
walk (to) aller à pied
wallet le portefeuille
wardrobe la garde-robe; l'armoire *f.*
warm chaud; It (weather) is warm. Il fait chaud. I am warm. J'ai chaud.
wash (to) laver; I wash (myself). Je me lave.
washroom le lavabo
watch la montre
water l'eau *f.*
way la manière; by the way à propos
we nous
weak faible
wear porter
weather le temps What's the weather? Quel

temps fait-il? The weather is nice (bad). Il fait beau (mauvais).
week la semaine; twice a week deux fois par semaine
weep (to) pleurer
weigh (to) peser
welcome bienvenu; Welcome! Soyez le bienvenu (la bienvenue)! You're welcome (Don't mention it). Il n'y a pas de quoi.
well bien; Well! Eh bien!
west l'ouest
what (*adj.*) quel, quelle, quels, quelles
what? (*subj. of verb*) qu'est-ce qui?
what? (*obj. of verb*) que? qu'est-ce que?
what? (*obj. of prep.*) quoi?
when quand; lorsque
where où
whether si
which (*adj.*) quel, quelle, quels, quelles
which (*rel. pron.*) qui, que
which (*that which*) ce qui, ce que
which one lequel, laquelle
which ones lesquels, lesquelles
while pendant que
who? qui? qui est-ce qui?
whom? qui? qui est-ce que?
who (*rel. pron.*) qui
whom (*rel. pron.*) que
width la largeur
wife la femme
willingly volontiers
win (to) gagner
windy: It's windy. Il fait du vent.
window la fenêtre
wine le vin
winter l'hiver *m.*
wipe (to) essuyer
wise sage
wish (to) desirer, vouloir
with avec
withdraw (to) se retirer

without sans; to do without se passer de
woman la femme
wonder la merveille
wonderful merveilleux; wonderfully à merveille
wood le bois
wool la laine; a woolen shirt une chemise de laine
word le mot
work le travail; l'oeuvre *f.*
work (to) travailler
worker l'ouvrier
work of art l'objet d'art *m.*
world le monde
worry (to) s'inquiéter; Don't worry! Ne vous inquiétez pas!
worst le mauvais; le pire
worth la valeur
worthy digne
wrap (to) emballer
wrist-watch la montre-bracelet
writer l'écrivain
written écrit
wrong faux (fausse *f.*)
wrong (to be) avoir tort; He is wrong. Il a tort.

Y

year l'an *m.*, l'année *f.*
yellow jaune
yes oui; si; Yes, indeed! mais oui!
yesterday hier; day before yesterday avant-hier
yet encore; not yet pas encore
you vous; tu, te, toi
young jeune
your votre, vos; ton, ta, tes
yours à vous, à toi
yourself vous-même, toi-même

Z

zero le zéro
zoo le jardin zoölogique

A

à to, at, on, in, until

abord: d'abord at first

l'accord m. harmony; d'accord agreed, granted

l'achat m. purchase; aller faire des achats to go shopping

acheter to buy

les actualités newsreel

actuellement now, at present

l'addition f. bill

l'affaire f. business, affair; M. Davis est dans les affaires. Mr. Davis is in business.

l'affiche f. poster

l'âge m. age; Quel âge avez-vous? How old are you?

l'agent agent; l'agent de police policeman

aider to help

ailleurs: d'ailleurs besides

aimer to like, love; aimer mieux to prefer

l'aîné (l'aînée f.) oldest or older son or daughter

ainsi thus, so; ainsi de suite and so forth; etc.

l'air m. air, look, expression; à l'air libre in the open air

ajouter to add, join

aller to go; s'en aller to go away; Comment allez-vous How are you? ça va bien. I am well. Cette robe me va bien. This dress fits me.

l'allumette f. match

alors well, then, in that case, and so

l'amateur m. lover, fancier, devotee

l'ambassade f. embassy

l'ami m. (amie f.) friend

l'amour m. love

amoureux (euse f.) in love

s'amuser to enjoy oneself, have fun; amusons-nous lets have some fun.

l'an m. year

ancien (ienne f.) old, ancient

anglais English; l'anglais English (language); l'Anglais Englishman

L'Angleterre f. England; en Angleterre in England

l'année f. year; l'année scolaire school year

l'anniversaire f. birthday, anniversary

annoncer to announce, advertise

apercevoir to perceive, observe

l'appartement m. apartment

apparaître to appear

appeler to call; s'appeler to be called (named); Comment vous appelez-vous? What is your name? Je m'appelle my name is . . .

l'appétit m. appetite

apporter to bring

apprécier to appreciate

apprendre to learn, teach

s'approcher de to approach, get near, go up to; Je me suis approché de la voiture. I approached the car.

après after, afterwards; après-demain after tomorrow

l'après-midi m. afternoon; de l'après-midi in the afternoon, p.m.

l'arbre m. tree

l'argent m. money, silver

l'arrêt m. stop, halt

s'arrêter to stop; L'autobus s'arrête là-bas. The bus stops over there.

arrière behind, backwards

l'arrivée f. arrival

arriver (à) to arrive (at), reach, happen. Qu'est-ce qui est arrivé? What has happened?

l'art m. art

l'ascenseur m. elevator

l'aspect m. appearance, look

s'asseoir to sit down; asseyez-vous sit down

l'assiette f. dish, plate

assez enough; c'est assez that's enough; assez souvent quite often

assis seated

l'assortiment m. assortment

s'attabler to sit down at table; attablé seated at table

attendre to wait (for); await; en attendant in the meantime

s'atterrir to land; L'avion s'atterre. The plane is landing.

attraper to catch; attraper un rhume to catch cold

l'auberge f. inn

aucun (aucune) none, no one, not any

au dessous de below, under

au dessus de above, over

aujourd'hui today

aussi also, as; moi aussi I too; aussi bien que as well as

aussitôt soon, immediately; aussitôt que possible as soon as possible.

autant que as much (many) as. Je travaille autant que jamais. I am working as much as ever.

autour de around

autre other, another, different; autrefois formerly; quelque chose d'autre something else

avance: d'avance beforehand, in advance

avancer to advance, progress

avant before; avant-hier day before yesterday

avec with

avide eager

l'avion m. airplane; en avion by airplane

l'avocat m. lawyer

avoir to have; quel âge avez vous? J'ai dix ans. How old are you? I am ten years old. avoir peur de to be afraid of; avoir raison (tort) to be right (wrong); avoir envie de to have a mind to; avoir besoin de to have need of; avoir l'intention de to intend to; avoir mal de tête (mal aux dents) to have a headache (toothache)

avouer to confess

l'annonce f. advertisement, announcement

l'annonceur m. announcer

B

les bagages baggage

le bain bath; la salle de bain bathroom

le banc bench

la banlieue suburbs

la barbe beard

le bas stocking

bas (basse f.) low; en bas downstairs; tout bas in a low voice; là bas over there

le bateau boat

le bâtiment building

bâtir to build; nous bâtissons we build

battre to beat

bavard talkative

beau, bel (belle f.) beautiful

beaucoup (de) much, very much, many; beaucoup d'autres many others; beaucoup plus much more; merci beaucoup many thanks

la besogne work, job se mettre à la besogne to set to work

besoin, avoir besoin de to need Nous en avons besoin tout de suite. We need it (have need of it) at once.

le beurre butter

la bibliothèque library, book case

bien well, fine, very; bien sûr surely; assez bien quite well; bien de fois many times

bientôt soon; à bientôt good-bye for the present

bienvenu welcome; soyez le bienvenu (be) welcome!

le bijou (les bijoux) jewel

le billet bill, ticket; le billet d'aller-retour round trip ticket; le billet d'aller (le billet simple) one way ticket

blanc (blanche f.) white

la blanchisserie laundry

bleu blue

la blouse blouse

un bock a glass of beer

le boeuf beef; le boeuf bourguignon Burgundy beef

boire to drink; boire dans la bouteille to drink from the bottle

le bois wood

la boisson beverage, drink

la boîte box; la boîte aux lettres letter box

bon (bonne f.) good; bon marché cheap; c'est bon that's fine

le bonheur happiness

le bord edge; au bord de la mer at the edge of the sea

le besquet grove

la bouche mouth

le boucher butcher

la boucherie butcher's, butcher's store

bouger to move, budge

la boulangerie baker's, baker's shop

bousculé pushed around, jostled

le bout bit, tip, end; faire un bout de toilette wash up a bit

la bouteille bottle

la boutique shop

le bras arm

briller to shine

la brise breeze

le bruit noise

brun brown

le bureau office; le bureau de poste post office
la buvette bar

C

ça (cela) that, it (See Chap. 22 Gram. Notes 2)
cacher to conceal, hide
le cadeau gift
le cadet the younger, young brother, younger son
le cahier notebook; le cahier de musique music book
la caisse case, box; cashier's desk
calculer to figure
calvados brandy of Brittany
le camarade comrade
le camion truck
le camionneur truckman
la campagne the country, countryside; à la campagne in the country
les caoutchoucs rubbers
car for, because, since
la carte menu, map, card; la carte postale postal card
le cas case; en tout cas in any case
casser to break
la cause cause, case; à cause de because of
causer to chat, to talk
ce, cet, cette, ces this, that, these, those (See Chap. 10 Gram. Notes 2)
ceci this (See Chap. 22 Gram. Notes 2)
la ceinture belt
cela (ça) that (See Chap. 22 Gram. Notes 2)
célèbre famous
célébrer to celebrate
celui (celle f.) this one, that one (See Chap. 22 Gram. Notes 1)
le cendrier ashtray
une centaine a hundred, a hundred or so
cependant however
certain certain, sure
cesser to cease, stop
la cesse intermission, respite, stoppage; sans cesse continually
ceux (celles f.) these, those (See Chap. 22 Gram. Notes 1)
chacun (chacune f.) each, each one
la chaise chair; la chaise longue sofa
la chaleur heat
la chambre room; la chambre à coucher bedroom
le champ field
changer to change, revise; changer de l'argent to change money; changer de place to change one's seat
la chanson song

chanter to sing
le chapeau hat
chaque each, every
le château castle
chaud hot, warm; le chaud heat, warmth; il fait chaud it (weather) is warm (hot); j'ai chaud I am (feel) warm
la chaussette sock
la chaussure shoe, footwear; une paire de chaussures a pair of shoes
le chemin road; le chemin de fer railroad
la chemise shirt
cher (chère f.) dear; plus cher dearer
chercher to look for, to seek
chéri (chérie f.) dear; mon chéri, ma chérie my dear
le cheval horse
les cheveux m. hair
chez at the house (home) of, chez moi at my house; chez M. Davis at Mr. Davis' house.
le chien dog
choisir to choose
la chose thing; quelque chose something
le ciel sky
le cinéma cinema, movies
citer to cite, to mention
clair clear
la classe class; en classe in school
la clef key
le coeur heart; par coeur by heart
le coin corner
le colis postal (les colis postaux) parcel post package
la colline hill
combien (de) how much, how many; Combien cela coute-il? How much does this cost?
comique comic
comme like, as, for, how; comme ci comme ça so so; Comme il est tard! How late it is!
commencer to begin
comment how Comment ça va? How are you?
commode comfortable
la compagnie company
complet complete; le complet suit of clothes
comprendre to understand
le compte the bill; faire le compte to add up the bill
compter to intend, to count
compris understood, included
conduire to drive, to conduct, lead
la conférence lecture
la connaissance knowledge, acquaintance; faire la connaissance de to make the acquaintance of, to meet

connaître to know, to be acquainted with
connu known
le conseil advice
conséquent: par conséquent consequently
construire to construct, to build
content happy
continuer to continue, keep on
contre against; par contre on the other hand
contrôler to control, to check
le coq rooster
le corps body, group of people acting together
corriger to correct
le costume costume; le costume tailleur suit (woman's)
le côté side; à côté de at the side of
se coucher to lie down, go to bed
la couleur color; De quelle couleur est . . .? What is the color of . . .?
le coup blow, stroke; tout à coup all of a sudden; un coup de main a helping hand.
couper to cut
courant common, current; au courant well informed
courir to run
le courrier mail
le cours course
court short
le couteau knife
coûter to cost
la coutume custom, habit
la couture dress designing; dressmaking, sewing
le couturier (la couturière) dressmaker, dress designer
couvert covered
la couverture cover; la couverture de lit bed cover
couvrir to cover
la cravate necktie
le crayon pencil
la crème cream
la crêpe pancake
crever to break, to puncture; crever un pneu to have a blowout
crier to cry out
croire to believe, to think; je crois que oui (non) I think so (not)
la croix cross
la cuisine kitchen, cooking
le croissant crescent shaped bun
la cuiller spoon
curieux (euse f.) curious

D

la dame lady
dans in, into
la date date

de of, from, by, with
debout standing; il est (reste) debout he is standing
débrouillard resourceful
découvrir to discover, uncover
décrire to describe
défatigué refreshed, rested
la défense prohibition, defense; Defense de fumer! No smoking! Defense de stationner No parking!
dehors outside, out of doors
déjà already
le déjeuner lunch; le petit déjeuner breakfast
demain tomorrow; à demain until tomorrow; demain matin tomorrow morning
demander to ask, ask for; se demander to wonder
déménager to move
demeurer to reside, to live
la dent tooth; mal aux dents toothache
le départ departure
dépasser to exceed Le poids des bagages dépasse cent livres. The weight of the baggage exceeds 100 lbs.
se dépêcher to hurry
depuis since, for (duration)
dernier (dernière f.) last, final
derrière behind
dès since, from, as early as; dès mon arrivé immediately on my arrival
descendre to descend, go down
désespérer to despair, to be without hope
désirer to desire, want, wish
le dessert dessert
le dessin design, drawing
dessous under, underneath; au-dessous de (prep.) under
dessus over, above au-dessus de (prep.) on, upon
la dette f. debt
devant in front of, before
deviner to guess
devenir to become
le devoir duty; les devoirs homework; faire ses devoirs to do his (her) homework
devoir to owe, to be obliged to, to have to, to be supposed to
difficile difficult
la difficulté difficulty
digne worthy
dîner to dine; le dîner dinner
le diplôme diploma
dire to say, tell; c'est à dire that is to say; dites-moi tell me
distingué distinguished
la distraction recreation

divers various, several, sundry

le doigt finger

dominer to reign, to dominate

le dommage injury; Quel dommage! What a pity!

donc therefore

donner to give

dont of which, of whom, whose

dormir to sleep

la douane the customs, custom-house

le doute doubt; sans doute of course, without doubt

doux (douce f.) gentle, sweet, balmy

le drap cloth, sheet

le droit law, right, duty; droit right, straight; à droite to the right; tout droit straight ahead; la main droite the right hand

durant during

E

l'eau water; l'eau de vie brandy

l'échantillon m. sample

l'éclat m. brightness, glitter; de tout son éclat in all its brilliance

éclater to burst out, to resound

l'école f. school

écouter to listen to; Nous écoutons le professeur. We listen to the teacher.

l'écran m. screen

écrire to write

l'écrivain m. writer

l'effet m. effect; en effet in fact

égaler to equal

égayer to cheer up

l'église f. church

l'élève m. and f. pupil

elle she, it; her; elle-même herself; elles they

l'embouchure f. mouth (of river)

embrasser to kiss

l'emplette f. purchase; faire des emplettes to go shopping

l'employé m. employee, clerk

employer to employ

emporter to carry away, to take away

emprunter to borrow

en in, into, while, on, to; of it, of them; en attendant in the meantime

encadré framed

enchanté enchanted, charmed

encore still, yet, again; encore une fois once more; encore un (une) one more, another; pas encore not yet

l'encre f. ink

l'endroit m. place

l'enfant m. and f. child

enfin finally

ennuyer to bore, annoy

enrhumé: Je suis enrhumé. I have a cold.

ensemble together, whole

enseigner to teach

ensuite then, afterwards

entendre to hear, understand; entendu, agreed, all right; bien entendu of course

entouré surrounded

entre between; entre nous confidentially

l'entrecôte m. small steak

l'entrée entrance, first dish

entreprendre to undertake

entrer (dans) to enter, come in

l'envie f. wish, desire, longing; j'ai envie de dormir I feel like sleeping.

environ about, nearly

les environs m. vicinity, neighborhood, suburbs

s'envoler to fly away

envoyer to send

l'épicier grocer

l'épicerie f. grocery store

épuisé worn out

equivaloir to equal

l'escalier m. staircase

l'Espagne f. Spain

espagnol Spanish; l'espagnol Spanish language; l'Espagnol Spaniard

espérer to hope, hope for, expect

essayer to try, to try on

l'essence f. gasoline; faire le plein d'essence to fill the tank with gasoline

l'est m. east

l'estomac m. stomach; mal à l'estomac stomach-ache

et and

l'étage m. story or floor (of house)

l'étalage m. display

l'état m. state; coup d'état sudden stroke; dans tous ses états terribly excited

l'été m. summer; en été in summer

l'étoffe f. cloth, stuff

l'étoile f. star (of heavens)

étonner to astonish

être to be; être en train de to be in an act of

les étrennes New Years presents

l'étude study; ils font leurs études they are carrying on their studies

l'étudiant m. student

étudier to study

évoquer to evoke

excepté except

excuser to excuse excusez-moi excuse me

l'exemple m. example; par exemple for example

exiger to demand

expliquer to explain

exprimer to express

extra extra; c'est de l'extra its especially good

F

la fabrique factory

facile easy

fâché annoyed

la facilité facility

le facteur postman, railway porter

la faim hunger; j'ai faim I am hungry

faire to make, to do

Il fait ses adieux à son ami. He is saying good-bye to his friend.

Faites mes amitiés à Mme. Picard. Give my regards to Mrs. Picard.

Il fait beau (mauvais). The weather is nice (bad).

Il fait le compte. He adds up the bill.

Je veux faire sa connaissance. I want to meet him.

Ils font leurs devoirs. They are doing their homework.

Elle fait ses emplettes. She is shopping.

Ils font des progrès. They are making progress.

Il fait peser ses valises. He is having his bags weighed.

Il fait le plein d'essence. He is filling up the tank with gasoline.

Cela nous fait plaisir. That pleases us.

Ça ne fait rien. That doesn't matter.

Nous allons faire un voyage. We are going to take a trip.

Nous allons faire visite à mon oncle. We are going to visit my uncle.

le fait act, deed, fact; tout à fait entirely, quite.

fait done (*past participle of faire*)

falloir to be necessary; il faut it is necessary

la famille family; en famille together with the family

fatigué tired

faut: il faut it is necessary

la faute mistake

faux (fausse f.) false

féliciter to congratulate

la femme woman, wife

la fenêtre window

fermer to close

le fermier farmer

la fête holiday, festival

le feu fire, light; le feu d'artifice fireworks

le fichu small shawl

fier (fière f.) proud

la figure face

filer to spin; en filant à toute vitesse running at full speed

la fille daughter; la jeune fille girl

le film film; le film policier detective film; le film de reportage documentary film

le fils son

la fin end; à la fin de at the end of

finir to finish; nous finissons we finish

flatté flattered

la fleur flower; Marché aux Fleurs Flower Market

le fleuve river

la fois time; deux fois two times; combien de fois how many times; encore une fois one more time; quelquefois sometimes

la folie madness; à la folie madly

le fond bottom; au fond in the rear; à fond thoroughly

forcer to force

la forêt forest

la fourchette fork

fort strong, strongly

fournir to furnish

la fourrure fur

le frais coolness, freshness; frais (fraîche f.) cool fresh; il fait frais it is cool

la fraise strawberry

français French; le français French (language); le Français Frenchman; la Française Frenchwoman

frapper to knock, strike

les freins m. brakes

le frère brother

friand de fond of

froid cold; le froid the cold, coldness; il fait froid it (the weather) is cold; j'ai froid I am cold

fumer to smoke; Defense de fumer! No smoking!

G

gagner to gain, win, earn

gai gay

le garçon boy, waiter; le garçon à tout faire office boy

garder to guard, to keep; il garde sa chambre he keeps to his room.

la gare railroad station

le gâteau cake

gauche left; awkward; la main gauche the left hand

les gens people, persons, folk, men

gentil (ille f.) nice, kind

le gigot leg of lamb

la glace ice cream
le goût taste, flavor
grâce: grâce à vous thanks to you
grand big, large, great, tall
la grand-mère grandmother
le grand-père grandfather
gras (grasse f.) fat
le gratte-ciel skyscraper
gris gray
gros (grosse f.) big, large, stout, thick; en gros wholesale
le guichet ticket window
le Guignol Punch and Judy, puppet show

H

s'habiller to dress oneself, get dressed
habiter to live in, to inhabit
l'habitude f. habit, custom; d'habitude usually
s'habituer à to get accustomed to
haut high, loud; à haute voix in a loud voice
la hauteur height
l'herbe f. grass
l'heure f. hour; de bonne heure early; Quelle heure est-il? What time is it?
heureux (euse f.) happy
hier yesterday; hier soir last night; hier matin yesterday morning
l'hiver m. winter; en hiver in winter
l'homme man; l'homme d' affaires businessman
les hors d'oeuvre appetizers
l'huile f. oil, salad oil

I

ici here
l'idée f. idea Quelle bonne idée! What a fine idea!
l'imperméable m. raincoat
importer to matter; n'importe (pas) it doesn't matter
l'ingénieur engineer
intéresser to interest; s'intéresser à to be interested in.
l'intérêt m. interest
isolé isolated
l'itinéraire m. itinerary, route

J

jamais ever; ne . . . jamais never; mieux vaut tard que jamais Better late than never
la jambe leg
le jambon ham
le jardin garden
jaune yellow
jeter to throw
le jeu game

jeune young; la jeune fille girl
la joie joy
joli pretty
jouer to play; jouer à to play (a game); jouer de to play (an instrument)
le joueur gambler
jouir de to enjoy
le joujou toy
le jour day; tous les jours everyday; le Jour de l'an New Year's Day; de jour en jour from day to day
le journal newspaper
la journée the day; toute la journée all day
la jupe skirt
le jus juice; le jus d'orange orange juice
jusque up to, until, as far as; jusqu'à présent up to now; jusqu'ici as far as here

K

le kilogramme kilogram (about 2 1/5 pounds)
le kilomètre kilometer (about ⅝ of a mile)

L

la f. the (See Chap. 3 Gram. Notes 1)
la f. her, it (See Chap. 15 Gram. Notes 2)
là there; là-bas over there
la laine wool; un fichu de laine a woolen shawl
laisser to let, leave
le lait milk
la langue language, tongue
large wide
la largeur width
le lavabo washroom, toilet
laver to wash; se laver to wash oneself
la leçon lesson
le légume vegetable
lendemain the next day
lent slow
le m. the (See Chap. 3 Gram. Notes 1)
le m. him, it (See Chap. 15 Gram. Notes 2)
lequel (laquelle, lesquels, lesquelles) who, whom which (See Chap. 37 Gram. Notes 1); which one? which ones?
les the pl. (see Chap. 3 Gram. Notes 1)
les them (See Chap. 15 Gram. Notes 2)
la lettre letter; les belles lettres literature
leur (leurs) poss. adj. their (See Chap. 13 Gram. Notes 2)
leur indir. obj. pron. (to) them (See Chap. 20 Gram. Notes 2)

lever to raise, lift; se lever to get up, rise; levez-vous stand up
libre free; à l'air libre in the open air
le lieu place; au lieu de instead of; avoir lieu to take place
la librairie bookstore
le linge linen
lire to read
le lit bed; au lit in bed
le livre book
la livre pound
la loi law
loin far; loin d'ici far from here
long (longue f.) long; le long du chemin along the way
la longeur length
longtemps a long time; plus longtemps longer
lorsque when; lorsqu'il est arrivé when he arrived
louer to rent
le loup wolf
lourd heavy
lui indir. obj. pron. (to) him (to) her (See Chap. 20 Gram. Notes 2)
lui independent pron. him (See Chap. 23 Gram. Notes 2, 3)
la lumière the light
la lune moon
le luxe luxury; les articles de luxe luxury articles
le lycée French secondary school

M

ma f. my (See Chap. 13 Gram. Notes 2)
madame lady, madame, Mrs.
mademoiselle young lady, Miss
le magasin store
la main hand; la main gauche left hand; la main droite right hand; à la main gauche (droite) on the left (right); ils se donnent la main they shake hands
maintenant now
mais but; mais oui of course, yes indeed
la maison house, home; à la maison at home; chez moi (vous, etc.) at my (your etc.) home
le maître master, teacher
la maîtresse teacher, mistress
mal badly; le mal pain; j'ai mal à la tête, (mal aux dents, à l'estomac) I have a headache (toothache, stomache-ache); ça fait mal aux yeux it hurts the eyes

malade sick; le (la) malade sick person
malgré in spite of
le malheur misfortune
malheureux (euse f.) unhappy, unfortunate
malheureusement unfortunately
manger to eat
la manière manner
manquer to lack, need; je ne manque de rien I lack nothing; manquer to fail, to miss; Ne manquez pas de faire vos devoirs. Don't fail to do your homework. Vous me manquerez. I shall miss you (Lit. you will be missing to me)
le manteau cloak, coat
le marchand merchant, storekeeper; marchand de nouveautés drygoods merchant
marchander to bargain
la marchandise merchandise
le marché the market; faire son marché to do one's marketing
marcher to walk, to march
le mari husband
marier to marry; se marier to get married
le marin sailor, seaman
le matin morning; du matin in the morning, a.m.
matinal early-rising
la matinée morning
le médecin medical doctor, physician
meilleur better; le meilleur best; meilleur marché cheaper
même same, even, self; la même chose the same thing; tout de même all the same; moi-même myself; même les plus riches even the wealthiest
mener to lead
la mer sea; en mer at sea
merci thanks; merci beaucoup many thanks
la mère mother
la merveille marvel; à merveille wonderfully
merveilleux (euse f.) wonderful
mes my (See Chap. 13 Gram. Notes 2)
le métier trade, business; C'est mon métier That's my trade.
mettre to put, put on; se mettre à table to sit down at table; se mettre en route to set out; se mettre à infinitive to begin to; Il se met à écrire. He is beginning to write.
les meubles furniture
le midi noon; le midi south

mieux *adv.* better; tant mieux so much the better; Ça va mieux I feel better; Mieux vaut tard que jamais. Better late than never.

le milieu middle; au milieu de in the middle of

le miroir mirror

la mode fashion; à la mode in style

moi me, to me, I (See Chap. 23 Gram. Notes 2, 3)

le mois month

moins less, minus; moins de cinq fewer than five

mon (ma, mes) *poss. adj.* my (See Chap. 13 Gram. Notes 2)

le monde world; tout le monde everybody

la monnaie coin, money, change; en monnaie in change

le monsieur gentleman, sir, Mr.; les messieurs gentlemen

la montagne mountain

le montant total

monter to go up, ascend, carry up; monter en voiture to get into the car

la montre watch; la montre-bracelet wrist watch

montrer to show

le morceau piece, morsel

mort dead; la mort death

le mot word

le mouchoir handkerchief

mourir to die; ennuyer à mourir to bore to death

les moyens *m.* means

le mur wall; au mur on the wall

N

naître to be born; né born

nager to swim

la nappe tablecloth

ne: ne . . . pas not; ne . . . jamais never; ne . . . rien nothing; ne . . . plus no longer; ne . . . que only; ne . . . ni . . . ni neither nor; je n'ai qu'un professeur I have only one teacher

nécessaire necessary

la neige snow

neiger to snow

neuf (neuve *f.***)** brand new

le nez nose

ni . . . ni neither . . . nor; ni moi non plus neither do I

noir black

le nom name

le nombre number

non no; non plus neither

le nord north

la note bill, mark; la note d'hôtel hotel bill

notre (nos) our *poss. adj.* (See Chap. 15 Gram. Notes 2)

nouveau (nouvel *before vowel or h***) (nouvelle** *f.***)** new

les nouvelles news; Point de nouvelles bonnes nouvelles. No news is good news. Quelles sont les nouvelles? What is the news?

la nuit night

O

obéir to obey

l'objet d'art *m.* art object

obtenir to obtain

l'occasion opportunity, occasion

s'occuper de to busy oneself with, to take care of; M. Davis s'occupe des enfants. Mrs. Davis takes care of the children.

l'oeuf *m.* egg

l'oeil *m.* eye; les yeux eyes

l'oeuvre *f.* work; le chef d'oeuvre masterpiece

offrir to offer

on one, people, you, we, they; on dit one says; people (they, you, we) say it is said

l'or *m.* gold; la montre d'or the gold watch

l'oreille *f.* ear

oser to dare

ou or; où where

oublier to forget

l'outillage *m.* tool kit

ouvert open

l'ouvreuse *f.* usher

l'ouvrier worker

ouvrir to open

P

le pain bread, loaf of bread; les petits pains rolls

pâle pale

le panier the basket

le pantalon trousers

le paquebot steamer, liner

Pâques Easter

par by, through; par-ici this way; par-ci par-là here and there

le parapluie umbrella

paraître to seem, to appear

parce que because

parcourir to glance through

le pardessus overcoat

pardon pardon me

pardonner to pardon; pardonnez-moi pardon me

pareil (pareille *f.***)** like, equal, similar, such

parfait perfect

parfois at times

parler to speak; parlant d'autre chose speaking of something else, to change the subject

parmi among

la part share, part; de ma part for my part; quelque part somewhere; nulle part nowhere

la partie the part (first, second, etc.); the game

partir (de) to leave; partir en voyage to leave on a trip

partout everywhere

pas, ne . . . pas not; pas du tout not at all; pas encore not yet

le pas step; un faux pas slip, social error

le passeport passport

passer to spend, pass; se passer de to do without; Qu'est-ce qui se passe? What is happening?

pauvre poor

payer to pay; payer ses repas to pay for one's meals

le pays country

le paysage landscape, scenery

le paysan peasant, farmer

la pêche peach; fishing

le pêcheur fisherman

la peinture painting

pendant during; pendant que while

penser (à) to think (of); je pense que oui I think so; Il pense à son ami. He is thinking of his friend.

perdre to lose

le père father; tel père tel fils like father like son

permettre to permit

personne person, nobody

peser to weigh; faire peser to have weighed

petit small, little; petit à petit little by little

peu little, few; un peu plus a little while longer; peu de choses few things; beaucoup de choses many things

peut-être perhaps

la phrase sentence

la pièce room, piece, play

le pied foot; à pied on foot

la pierre stone

pire *adj.* worse

pis *adv.* worse

la place place, seat, square

plaire to please; il plaît it pleases; sil vous plaît please (if it pleases you)

le plaisir pleasure; le plaisir est à moi the pleasure is mine

le plat dish, plate, course

plat flat; être à plat to have a flat

le plateau tray

plein full; faire le plein d'essence to fill the tank

pleurer to weep

pleuvoir to rain; Il pleut à verse. Its raining buckets.

la pluie rain

la plupart (de) most (of), the

majority; la plupart des places most of the places; pour la plupart for the most part

plus more; plus de cinq more than five; non plus either; en plus in addition; plus tôt sooner, de plus en plus more and more; plus on moins more or less

plusieurs several

plutôt rather

la poche pocket

le point point; Il est sur le point de partir He is about to leave ne . . . point not at all; Il ne parle point. He doesn't speak at all.

le poids weight

les pois *m.* peas

le poisson fish

politique political

la pomme apple; la pomme cuite baked apple; la pomme de terre potato

le pont bridge

le port de mer seaport

la porte door

le porte-parapluie umbrella stand

porter to bear, carry, wear; se porter to feel (health); Comment vous portez-vous? How do you feel?

le porteur porter

poser to pose, to put; poser des questions to ask questions

la poste post-office; le mandat-poste money order; poste-restante general delivery

le poste post, station; le poste récepteur radio-set; le poste d'essence gasoline station.

le pot au lait milk pitcher

la poterie pottery

le poulet chicken

pour for, to, in order to, for the sake of

le pourboire tip, gratuity

le pourcentage percentage

pourquoi why

pourtant however

pouvoir to be able, can, may

précise precise, sharp; à cinq heures précises at five sharp

préférer to prefer

premier (première *f.***)** first

prendre to take; prendre des renseignements to get information; prendre le petit déjeuner to have breakfast

près (de) near, close to; à peu près pretty near, more or less

presque almost, nearly

prêt ready

prêter to lend

prier to pray, to beg

le prix price, prize; à prix fixe at a fixed price
le problème problem
prochain next
proche near
produire to produce
le produit product
profond profound
le programme program
le progrès progress; faire des progrès to make progress
le projet project
la promenade walk, stroll; faire une promenade to take a walk; une promenade à bicyclette a bicycle ride
se promener to go for a walk; se promener en voiture to go for a drive
promettre to promise
la propagande propaganda
propos: à propos by the way; à propos du film with reference to the film
propre own, clean, neat; leur propre langue their own language
la puce flea; le Marché aux Puces the Flea Market
puis then
puisque since
punir to punish

Q

quand when
quant à as for, as to; quant à moi as for me
la quantité quantity
la qualité quality
que, qu'est-ce que *interrog. pron. object* what? Que voulez-vous? Qu'est que vous voulez? What do you want?
que *rel. pron. object* whom, that, which; (See Chap. 34 Gram. Notes 1) Voilà le garçon que vous cherchiez. There is the boy you were looking for.
que *conjunction* that, than; Je sais qu'il a raison. I know that he is right. Il est plus grand que moi. He is taller than I.
quel (quelle *f.*) *adj.* what, which; Quelle cravate avez-vous choisie? Which necktie have you chosen? Quel est le prix? What's the price?
quelconque any, whatsoever; un dessert quelconque some sort of dessert
quelque some, any; quelque chose d'autre something else; quelques films some films; quelque part somewhere; quelque peu somewhat; quelquefois sometimes

quelqu'un someone, somebody; quelques-uns some, several
qu'est-ce qui *interrog. pron. subject* what? Qu'est-ce qui est arrivé? What has happened?
qui *interrog. pron. subject or object* who? whom? Qui est-ce? Who is it? Qui cherchez-vous? Whom are you looking for? De qui parlez-vous? Of whom are you speaking?
qui *rel. pron. subject* who (See Chap. 34 Gram. Notes 1); Connaissez-vous l'homme qui demeure ici? Do you know the man who lives here?
la question question; poser des questions to ask questions
une quinzaine two weeks; dans une quinzaine in two weeks (fifteen days)
quitter to leave, take off (*clothes*); Il quitte la chambre. He leaves the room.
quoi what *interrog. pron. with prepositions* À quoi pensez-vous? What are you thinking of? Il n'y a pas de quoi. Don't mention it. You're welcome.
quoique although

R

raconter to tell, to recount
la radio radio
la raison reason; il a raison he is right
le rang row
ramasser to pick up
se rappeler to recall, remember; Je ne me rappelle pas son addresse. I don't recall his address.
rapprocher to bring nearer
rapporter to bring back
le rasoir razor; le rasoir de sûreté safety razor; le rasoir électrique electric razor
recevoir to receive
réchauffer to warm up, to warm up again
recommencer to begin again
recommender to recommend
regarder to look at; dans tout ce que regarde les entêtes in everything that concerns the headings
la règle rule
regretter to regret, be sorry; Je le regrette beaucoup. I'm very sorry.
remarquer to remark, to notice
remercier to thank

remplir to fill; rempli de filled with
remporter to carry back
la rencontre meeting; Je vais à la rencontre de Mme. D. I am going to meet Mrs. D.
se rencontrer to meet each other
rendre to give back, render; rendre visite à to pay a visit to (somebody); rendre service à to do a service to, to aid; se rendre compte de to realize
le renseignement information; prendre des renseignements to ask for information, make inquiries
rentrer reenter, come home
renvoyer to send back
répéter to repeat
répondre to answer, reply
la réponse answer
le repas meal, repast
le repos rest, repose
se reposer to rest
réserver to reserve
respirer to breath
ressembler to resemble, be alike; ils se ressemblent they resemble each other
le reste remainder, rest
rester to remain; rester (être) debout to stand
retard, en retard late; Nous sommes en retard. We are late.
retenir to hold back, retain, reserve; retenir une place to reserve a seat
se retirer to withdraw
le retour return; M. Davis est de retour. Mr. Davis is back
retourner to return, go back
réussir to succeed
réveiller to awaken; se réveiller to wake up
revenir to come back, return
rêver to dream
revoir to see again; au revoir good-bye
la revue magazine
le rhum rum
riche rich
le rideau curtain
rien, ne . . . rien nothing; rien de plus facile nothing easier; de rien or il n'y a pas de quoi you're welcome
rire to laugh; rire de to laugh at
la rive bank (of river)
la rivière stream, river, branch of a river
la robe dress
le rôle role, part
le roman novel
rond round, plump
la roue wheel
rouge red
la rue street

S

sage good, well behaved, wise
sain healthy
la saison season
saisir to seize
sale dirty, nasty
la salle room; salle de classe classroom; salle à manger dining room salle d'attente waiting room
sans without
la santé healthy; A votre santé! Here's to you! Your health!
le salon living room, parlor
saluer to greet
la saucisse sausage
sauf except; sauf (sauve *f.*) safe; sain et sauf safe and sound
sauter to jump
savoir to know; savoir-faire tact, know-how; savoir-vivre good manners
le savon soap
la séance performance
le séjour sojourn
selon according to
la semaine week deux fois par semaine twice a week
sembler to seem, appear
le sens sense, opinion, direction; le bon sens good sense; sens unique one way
le sentiment feeling, sentiment
sentir to feel, perceive, smell; Il se sent chez lui. He feels himself at home.
la serviette napkin; serviette de bain bath towel
servir to serve
seul alone
seulement only; non seulement . . . mais aussi not only . . . but also
si if, whether; sinon otherwise
le siècle century
la soeur sister
la soie silk; une robe de soie a silk dress
la soif thirst; il a soif he is thirsty
le soir evening; ce soir this evening, tonight
le soleil sun
la somme sum
le sommeil sleep; j'ai sommeil I am sleepy
le son sound
son (sa, ses) *poss. adj.* his, her, its
songer (à) to dream (of)
sonner to sound, to ring
la sorte sort, kind
la sortie departure, exit
sortir to go out, leave; il sort de l'ordinaire it's out of the ordinary
la soucoupe saucer
soudain suddenly

souffrir to suffer

souhaiter to wish for, to desire

le soulier shoe

le souper supper

sourire to smile

sous under

se souvenir de to remember; nous ne nous souvenons pas de tous les circumstances. We do not remember all the circumstances.

souvent often; **assez souvent** quite often; **plus souvent** more often

stationner to park; **Defense de stationner!** No parking allowed!

la sténo stenographer

le style style

le stylo fountain pen

le sucre sugar

le sucrier sugar bowl

le sud south

suffire to be sufficient; **cela suffit** that's enough

la suite sequence, result, continuation; **tout de suite** immediately; **et ainsi de suite** and so forth, etc.

suivre to follow

le sujet subject; **au sujet de** about, in the matter of

le supplément supplement, extra; **en supplément** in addition, extra

sur on, upon, over, above, about

sûr sure; **bien sûr** surely

surprendre to surprise

surtout above all, especially

sympathique nice, pleasant

T

le tabac tobacco

tâcher to try

tant so much, so many, so; **tant mieux!** good! so much the better! **tant pis!** so much the worse! **tant d'exercices** so many exercises

tantôt soon; **à tantôt** see you soon

tard late

la tarte tart, pie

la tasse cup

tel (**telle** *f.*, **tels telles**) such, like; **Tel père tel fils.** Like father, like son. **un tel homme** such a man

téléphoner to telephone

le temps time, weather; **de temps en temps** from time to time; **Quel temps**

fait-il? How is the weather. **à temps** in time

tenir to hold, keep; **tiens! well! tenir table ouverte** to keep open house

terminer to finish

la tête head; **mal de tête** headache or **mal à la tête**

le timbre stamp; **le timbre-poste** postage stamp

tirer to draw, pull, fire; **se tirer d'affaires** to get along

le toit roof

tomber to fall

le ton tone

ton, ta, tes *poss. adj.* your (See Chap. 13 Gram. Notes 2)

tort wrong; **Vous avez tort.** You are wrong.

tôt soon, early; **plus tôt** sooner, earlier; **le plus tôt possible** as soon as possible

toucher to touch

toujours always, still; **C'est toujours ça** so much to the good; **il pleut toujours** it is still raining

tourner to turn

tout (**toute** *f.*, **tous, toutes**) all, whole, every; **tout le monde** everybody; **en tout cas** in any case; **pas du tout** not at all; **tout à fait** quite, entirely **tout à coup** all of a sudden

traduire to translate

le trajet flight, trip

le travail work

travailler to work

très very

tremper to soak

triste sad

se tromper to be mistaken

trop too, too much, too many; **trop tard** too late; **trop de livres** too many books; **trop d'argent** too much money

le trottoir sidewalk

trouver to find; **se trouver** to be (somewhere); **Où se trouve mon chapeau?** Where is my hat?

T. S. F. (**télégraphie sans fil**) radio (wireless)

U

l'unité *f.* unity

unir to unite; **uni** united; **les États Unis** the United States

l'usage custom, usage; **L'usage rend maître.** Practice makes perfect.

l'usine *f.* factory

l'ustensile *m.* utensil

utile useful

V

la valeur value

valoir to be worth; **Cela ne vaut rien.** That isn't worth anything.

varier to vary, to change

le veau veal; **la blanquette de veau** veal fricassee

la vedette star (theatre)

le velours velvet

le vendeur (**euse** *f.*) seller, salesman, salesgirl

vendre to sell

venir to come; **venir de** to have just; **La caisse vient d'arriver.** The case has just arrived.

le vent wind; **Il fais du vent.** It is windy.

la vente sale; **en vente** on sale

le ventre stomach

la vérité truth

le verre glass (for drinking)

vers about, towards

verser to pour

vert green

les vêtements clothes

la viande meat

vide empty

la vie life; **l'eau de vie** brandy

vieux, viel (before a vowel or h), **vielle** *f.* old; **le vieux portrait** the old portrait; **le viel arbre** the old tree; **les vieux quartiers** the old sections

vif (**vive** *f.*) alive, living, lively

la ville city, town; **en ville** to the city, downtown; **Mme. Davis va en ville pour faire ses emplettes.** Mrs. Davis goes to town to shop.

le vin wine.

le visage face

la visite visit; **Nous allons lui rendre visite.** We are going to pay him a visit.

visiter to visit; **Nous visiterons tous les musées.** We shall visit all the museums.

vite rapidly, quickly, fast

la vitesse speed; **à toute vitesse** at full speed

la vitrine show window

vivre to live

voici here is, here are; **le voici** here he is; **me voici** here I am; **les voici** here they are

la voie way, thoroughfare; **voie publique** public thoroughfare

voilà there is, are (*pointing*); **there now! behold! that's that! la voilà** there she is

voir to see

la voiture car, carriage; **en voiture** by car; **En voiture!** All aboard!

la voix voice; **à haute voix** in a loud voice

le vol flight; **L'avion prend son vol.** The airplane takes off.

volontiers gladly, with pleasure

votre, vos your *poss. adj.* (See Chap. 13 Gram. Notes 2)

vouloir to want, wish; **Que vent dire ce mot?** What does this word mean? **Voulez vous bien me dire . . . ?** Will you kindly tell me . . . ? **Je voudrais l'acheter.** I should like to buy it.

le voyage voyage, trip; **Bon voyage!** Pleasant journey! **M. Davis est en voyage.** Mr. Davis is on a trip. **le voyage de commerce** the business trip; **le voyage d'agrément** pleasure trip

voyager to travel

le voyageur (**euse** *f.*) traveler, passenger

vrai true; **C'est vrai.** It's true.

vraiment really, truly; **Vraiment!** Really!

la vue sight, view; **Je le connaît de vue.** I know him by sight.

W

le wagon-lit sleeper, pullman; **le wagon-restaurant** dining-car

Y

y there

Z

le zéro zero

ANSWERS

Exercise No. 1

1. qui
2. commerçant
3. dans
4. il y a
5. père
6. mère
7. fils; et
8. s'appellent; et
9. cinq pièces
10. cuisine; salle de bain
11. bureau; rue
12. Il est
13. vingtième
14. toute la journée

Exercise No. 2

1. la
2. une
3. le, la
4. le
5. la
6. une
7. un
8. la
9. la; une
10. l'; le
11. l'; le
12. une; un

Exercise No. 3

1. les chambres
2. les mères
3. les pièces
4. les fils
5. les hommes
6. les salons
7. les Américains
8. les étages
9. les bureaux
10. les personnes
11. les oncles
12. les enfants
13. les commerçants
14. les rues
15. les avenues

Exercise No. 4

1. M. Davis est un commerçant Américain.
2. Il demeure à New-York.
3. Il y a six personnes dans la famille.
4. Il demeure dans une maison particulière.
5. Il y a cinq pièces dans la maison.
6. M. Davis est le père.
7. Mme. Davis est la mère.
8. Le bureau est dans la rue Whitehall.
9. M. Davis prend le train.
10. Il travaille au bureau.

Exercise No. 6

1. qui
2. importateur
3. objets d'art
4. au printemps
5. il désire
6. parler
7. aussi
8. mais
9. c'est pourquoi
10. le professeur
11. un ami de M. Davis
12. rendez-vous
13. Ils parlent
14. rapidement
15. très intelligent
16. un bon professeur

Exercise No. 7

1. est
2. est-il
3. il ne parle pas
4. parle-t-il
5. il apprend
6. il désire
7. il n'étudie pas
8. il sait
9. Ont-ils
10. Il compte
11. faire
12. parler

Exercise No. 8

(1 d) (3 g) (5 c) (7 a) (9 h)
(2 f) (4 b) (6 e) (8 j) (10 i)

Exercise No. 9

1. le français
2. le Français
3. merci
4. aussi
5. peut-être
6. le bureau
7. presque
8. toujours
9. très bien
10. rapidement
11. un peu
12. là
13. de
14. ici
15. grand
16. mais
17. où
18. bon
19. mauvais
20. avec
21. des articles
22. des endroits
23. C'est pourquoi
24. Comment allez-vous?

Exercise No. 11

1. est assis
2. beaucoup de choses
3. Il faut savoir
4. qu'est-ce que c'est que ça?
5. joue; chante
6. au dessus de
7. entre
8. des lettres
9. c'est assez
10. à jeudi

Exercise No. 12

2. au
3. des
4. du
5. à l'
6. à la
7. aux
8. au
9. à l'
10. de la

Exercise No. 13

2. près de la
3. sur le
4. au dessus du
5. entre les
6. autour de la
7. derrière la
8. devant
9. dans la
10. avec, dans le

Exercise No. 14

1. M. Davis est assis dans le salon.
2. M. Picard est assis près de lui.
3. Il y a beaucoup de choses autour de nous.
4. Oui, elle chante bien.
5. Madame Davis joue bien du piano.
6. Il est sur le piano.
7. Il est au mur au dessus du piano.
8. La bibliothèque est devant une fenêtre.
9. Le miroir est entre les fenêtres.
10. Le bureau est près de la porte.
11. Une chaise est près du bureau.
12. Il y a des livres sur la petite table.

Exercise No. 15

(1 g) (3 i) (5 j) (7 l) (9 d) (11 b)
(2 e) (4 h) (6 k) (8 a) (10 c) (12 f)

Exercise No. 16

1. toute la journée
2. s'il vous plaît
3. peut-être
4. Bonsoir
5. en ville
6. C'est pourquoi
7. Comment allez-vous?
8. Où
9. Qu'est-ce que c'est que ça?
10. Qui
11. Qu'est-ce qui
12. Quand

Exercise No. 17

(1 d) (3 i) (5 h) (7 c) (9 j) (11 e)
(2 f) (4 k) (6 g) (8 a) (10 b)

Exercise No. 18

1. devant la maison
2. autour de la table
3. près de la porte
4. derrière le bureau
5. sur le piano
6. Les livres du garçon
7. La mère de la jeune fille
8. Le maître des enfants
9. au mur
10. À qui

Exercise No. 19

1. Qui est M. Davis?
2. Il est un commerçant américain.
3. Où demeure-t-il?
4. Il demeure dans les environs de New-York.
5. Pourquoi apprend-il le français?
6. Il désire faire un voyage en France.
7. Qui est son maître?
8. Son maître est M. Picard.
9. Pourquoi apprend-il rapidement?

10. Il apprend rapidement parce que est intelligent.
11. Combien d'enfants y a-t-il dans la famille Davis (*or* dans la famille de M. Davis)?
12. Il y a quatre enfants.
13. Combien de pièces y a-t-il dans la maison de M. Davis?
14. Il y a cinq pièces, une salle de bain et une cuisine.

Exercise No. 20
Mr. Davis Is Learning French

Mr. Davis is an American business man who imports art objects from France. That is why he wants to make a trip to France in the spring. He wants to talk with his agent. He also wants to visit some interesting places in France. But he does not know how to speak French.

Mr. Davis has a good teacher. He is a Frenchman who lives in New York and who is called Mr. Picard. Every Tuesday and Thursday the teacher takes the train to go to the home of his pupil. There the two gentlemen talk a little in French. Mr. Davis is very intelligent and he learns rapidly. During the first lesson, for example, he learns by heart the greetings and farewells. He knows already how to say, "Good day. How are you? See you soon, and Until tomorrow." He knows already how to say in French the names of many things which are in his living room, and he knows how to answer correctly to the questions, "What is that?" and "Where is . . .?" Mr. Picard is well satisfied with the progress of his pupil and he says, "Very good. That's enough for today. So long."

Exercise No. 21

1. sont importants
2. des verbes
3. Pourquoi
4. Parce que
5. avec lui
6. d'autres pays
7. en bateau ou en avion
8. Combien
9. très rapidement
10. Ça suffit (*or* c'est assez) pour aujourd 'hui

Exercise No. 22

2. ils ne parlent pas
3. nous comptons
4. elles désirent
5. je travaille
6. demeurez-vous?
7. il écoute
8. il ne coûte pas
9. nous causons
10. vous étudiez
11. elles demeurent
12. elle ne visite pas
13. vous commencez
14. importe-t-il
15. Qui parle?
16. Les enfants jouent

Exercise No. 23

2. Paul n'étudie pas . . .
3. Nous ne parlons pas . . .
4. Ils n'écoutent pas . . .
5. ne jouez pas . . .
6. Elle ne désire pas . . .
7. Qui n'étudie pas . . .?
8. Nous ne travaillons pas . . .
9. Elle ne compte pas . . .
10. Vous ne travaillez pas . . .

Exercise No. 25

1. Les messieurs sont assis dans le salon chez M. Davis.
2. M. Picard commence à parler.
3. M. Davis écoute avec attention.
4. M. Picard pose les questions.
5. M. Davis répond aux questions.
6. Oui monsieur, les verbes sont importants.
7. Oui, il importe des objets d'art.
8. Non monsieur, il ne parle pas français.
9. Il désire faire un voyage en France.
10. Il compte visiter la France, le Maroc, et peut-être la Corse.
11. Il va voyager en avion.
12. M. Davis apprend rapidement.

Exercise No. 26

1. ouvre
2. Entrez, monsieur
3. Passez au salon s'il vous plaît
4. Ma fille
5. Avez-vous
6. j'ai
7. Nous sommes
8. l'aîné
9. dix ans
10. la plus jeune
11. Ils causent
12. accepte

Exercise No. 27

1. avez-vous
2. J'ai
3. a-t-elle
4. Elle a
5. Avez-vous
6. Nous n'avons pas
7. as-tu
8. Je n'ai pas
9. ont-elles
10. Elles n'ont pas
11. a
12. a
13. avez-vous
14. J'ai
15. ont-elles
16. ont

Exercise No. 28

1. va-t-il
2. Il va
3. Allez-vous
4. nous allons
5. vont-il
6. va
7. vas-tu
8. va
9. Allez-vous
10. Nous n'allons pas
11. allez-vous
12. Nous allons
13. Comment allez-vous? *or* Comment ça va?
14. Ça va bien

Exercise No. 29

1. est
2. est
3. est
4. est
5. est-il
6. il n'est pas
7. Êtes-vous
8. je suis
9. sont
10. Ils sont
11. sont-ils
12. Ils sont
13. Êtes-vous
14. nous ne sommes pas
15. Nous sommes
16. N'est-il pas

Exercise No. 30

1. M. Picard sonne à la porte.
2. La bonne ouvre la porte.
3. M. Davis attend M. Picard dans le salon.
4. Annette est malade.
5. Oui, elle est enrhumée.
6. Il a quatre enfants.
7. Il y a six personnes dans sa famille.
8. Ils s'appellent Philippe, Jean, Rosette et Annette.
9. Philippe a dix ans.
10. Oui, ils vont à l'école.
11. Il invite M. Picard à visiter son bureau.
12. Oui, il accepte l'invitation.

Exercise No. 31

1. grandes
2. On peut
3. journaux
4. est assis
5. de vous voir
6. J'aime bien
7. Je vois
8. De quelle couleur
9. bleu
10. Mon Dieu!
11. Pas loin d'ici
12. Tant mieux! Allons y!

Exercise No. 32

1. assise
2. petits
3. intelligente
4. jolies
5. commode
6. haute
7. gris
8. diligents
9. bon
10. jolies
11. grands
12. illustrées
13. grande
14. rouge; bleu
15. noires
16. vieux

Exercise No. 33

1. belle
2. bonne
3. belles
4. bonnes
5. blanches
6. longue
7. quel
8. quelles
9. quelle
10. quels
11. toute
12. tous

Exercise No. 34

1. Le bureau de M. Davis est très commode.
2. Les fenêtres du bureau sont grandes.
3. Il y a des affiches illustrées aux murs.
4. Il y a des journaux français sur la table.
5. Le ciel sur l'affiche est bleu.
6. Le soleil est jaune.
7. Comment allez-vous, M. Davis?
8. Très bien, merci.
9. J'ai faim.
10. Moi aussi.

Exercise No. 35

1. Il est au vingtième étage d'un gratte-ciel.
2. Il n'est pas grand.
3. Oui, il est commode.
4. Il y a des affiches illustrées aux murs.
5. Il y a beaucoup de papiers sur le bureau de M. Davis.
6. Près de la porte il y a un petit bureau.
7. Entre les fenêtres il y a une longue table.
8. M. Davis est assis.
9. Le soleil est jaune.
10. Les cheminées sont noires.
11. La colline est verte.
12. Oui, madame, le ciel est bleu.
13. Le château est blanc.
14. Le toit est rouge.
15. Oui, il a faim.

Exercise No. 36

1. Ses parents
2. Son ami
3. Voici
4. n'est-ce pas
5. J'apprends
6. n'est pas difficile
7. Je l'étudie
8. Le français me plaît
9. à merveille
10. Je comprends M. Picard.
11. Vous êtes
12. Pas du tout; la vérité

Exercise No. 37

1. Are you learning French? Yes, I am learning French.—Is Charles learning French? No, he is not learning French.
2. Are you writing a letter? I am not writing a letter.—What are you writing? I am writing the French lesson.
3. What are you reading? I am reading a French newspaper.—What is Anna reading? She is reading a French magazine.
4. Do you understand your teacher when he speaks fast? No, but we understand him well when he speaks slowly.
5. What does Mr. Davis sell? He sells art objects.—Does he sell wholesale or retail? He only sells wholesale.
6. Whom is Mr. Davis waiting for? He is waiting for Mr. Picard.—Where is he waiting for him? He is waiting for him in the living room.

Exercise No. 38

2. Nous apprenons
3. Je comprends
4. Ils lisent
5. Écrivez-vous
6. lisez-vous
7. Je prends
8. Ils ne prennent pas
9. Nous répondons
10. Qui apprend
11. Lit-il
12. Ils ne comprennent pas
13. nous n'écrivons pas
14. Écrivons
15. vendent-ils
16. Lisez
17. Nous attendons
18. Entendez-vous

Exercise No. 39

1. M. Dupont demeure à New-York.
2. Oui. Il parle bien le français.
3. Non, monsieur, ses parents ne sont pas Américains. Ils sont Canadiens.
4. Il sait que M. Davis apprend le français.
5. Il entre un jour dans le bureau de M. Davis.
6. Il salue M. Davis en français.
7. M. Davis apprend à parler, à lire et à écrire le français.
8. Il étudie diligemment.
9. M. Picard est son professeur de français.
10. C'est un bon professeur.
11. Il comprend bien quand M. Picard parle français.
12. Il apprend les mots et les expressions de la vie quotidienne
13. M. Davis va faire un voyage en France.
14. Il espère partir au printemps.
15. M. Dupont dit, "Bon voyage, et bonne chance!"

Exercise No. 40

| (1 c) | (3 a) | (5 i) | (7 j) | (9 h) |
| (2 e) | (4 g) | (6 b) | (8 d) | (10 f) |

Exercise No. 41

1. Je parle français.
2. Ils demeurent aux États-Unis.
3. Nous avons faim.
4. La revue est blanche et noire.
5. Les maisons sont rouges.
6. J'ai quinze ans.
7. Les professeurs posent des questions.
8. Nous répondons aux questions.
9. Il attend son ami.
10. J'écris des lettres.

Exercise No. 42

1. travaillons
2. apprennent
3. ne savez pas
4. écris
5. lisent
6. ne comprends pas
7. étudie
8. prenez
9. attendent
10. ne répondez pas
11. lisez
12. n'attendez pas

Exercise No. 43

1. j'ai faim; je n'ai pas faim.
2. je suis enrhumé; je ne suis pas ...
3. j'étudie la leçon; je n'étudie pas ...
4. j'attends le professeur; je n'attends pas ...
5. je compte voyager; je ne compte pas ...
6. j'apprends à écrire le français; je n'apprends pas ...
7. je lis la revue; je ne lis pas ...
8. j'écris la lettre; je n'écris pas ...
9. je comprends les questions; je ne comprends pas ...
10. j'accepte l'invitation; je n'accepte pas ...
11. je commence à lire; je ne commence pas ...
12. je réponds à la question; je ne réponds pas ...

Exercise No. 44

1. Qui
2. Qui
3. Qui est-ce que
4. qui est-ce que
5. qui
6. qu'est-ce que
7. Qu'
8. Qui
9. Qu'est-ce qui
10. Que
11. Qu'est-ce que
12. Qu'est-ce qui

Exercise No. 45

Mr. Davis already knows the names of all the objects in his house. Now he is beginning to study the verbs because he wants to learn to read, write, and speak in French. He also wants to learn the names of the numbers in French. As he wants to visit his agent in Paris who does not speak English, he wants to learn to speak French as soon as possible. Therefore he needs much practice with people who speak French well. Luckily he has two French friends who are in business near his office in Whitehall Street.

One day Mr. Davis goes to visit these French gentlemen. The

two gentlemen listen with attention while Mr. Davis talks with them in French. After ten minutes of conversation, the gentlemen ask their friend many questions, and they are well satisfied with his progress.

Exercise No. 46

Thursday, April twenty-second at nine o'clock in the evening Mr. Picard arrives at the house of his pupil, Mr. Davis. The oldest son, a boy of ten years, opens the door, and greets the teacher politely. They go into the living room where Mr. Davis usually awaits his teacher.

But this evening he is not there. Mrs. Davis is not there either. Mr. Picard is very much surprised, and he asks the boy, "Where is your daddy?" The son answers sadly, "Daddy is sick. He is in bed because he has a bad cold."

The teacher becomes sad and says, "What a pity! Well, next week we shall study two hours. Until next Tuesday, then. Goodby, little one." The boy answers "Goodby, sir."

Exercise No. 47

1. Ils prennent
2. ces tasses
3. fleurs bleues
4. célèbre
5. chaque région
6. très jolie
7. presque aussi jolie
8. vous connaissez
9. C'est vrai
10. beaucoup de
11. Comme vous dites
12. C'est un plat simple
13. encore une tasse
14. Tout

Exercise No. 49

1. nous disons
2. je vois
3. il ne dit pas
4. il dit
5. dit-il?
6. Que dites-vous?
7. Que voyez-vous?
8. ils voient
9. vois-tu?
10. je ne vois pas
11. ils disent
12. Que disent-ils?
13. elle ne voit pas
14. Voyons
15. Dites-moi

Exercise No. 50

1. ce
2. ces
3. ce
4. ces
5. cette
6. cet
7. ce
8. cette
9. ces
10. cet
11. ces
12. cet

Exercise No. 52

1. Ils sont assis dans la salle à manger.
2. Ils prennent du café avec des gâteaux.
3. M. Davis dit, —Comment trouvez-vous ces tasses et ces soucoupes?—
4. La tasse blanche est de Limoges.
5. La porcelaine de Limoges est célèbre.
6. Il est de Vallauris.
7. Elle est célèbre pour sa poterie.
8. Elle est en Provence.
9. Elle est très jolie.
10. M. Davis connaît bien son métier.
11. Il a des échantillons de poterie ordinaire.
12. Elle est simple.
13. Il accepte encore une tasse de café.
14. Il dit,—Merci bien. Tout est délicieux.

Exercise No. 53

1. Vous savez
2. aussi importante que
3. à quoi
4. Je crois que oui; voulez dire
5. Vous avez raison; sont indispensables
6. Nous avons besoin
7. Sans l'argent; grand' chose
8. En attendant; vous avancez rapidement
9. C'est
10. A jeudi prochain

Exercise No. 54

1. Je veux
2. Je peux (puis)
3. Voulez-vous
4. Pouvez-vous
5. Nous voulons
6. Nous ne pouvons pas
7. Ils ne veulent pas
8. Pouvez-vous
9. Veut-il
10. Peut-elle

Exercise No. 55

a) trente
b) dix
c) cinquante
d) quarante-neuf
e) seize
f) trente-huit
g) dix-sept
h) quinze
i) soixante-deux
j) soixante-huit
k) vingt-quatre
l) treize

Exercise No. 56

a) deux et six font huit
b) dix et sept font dix-sept
c) sept fois huit font cinquante-six
d) neuf fois sept font soixante-trois
e) dix-neuf moins huit font onze
f) dix-huit moins six font douze
g) soixante divisé par dix font six
h) soixante-neuf divisé par trois font vingt-trois

Exercise No. 57

2. Il y a douze mois dans une année.
3. Il y a vingt-quatre heures dans une journée.
4. Il y a soixante minutes dans une heure.
5. Il y a soixante secondes dans une minute.
6. Il y a trente jours dans le mois de septembre.
7. Il y a trente-six étudiants dans la classe.
8. J'ai dix-sept ans.
9. Il a dix-neuf ans.
10. Il y a quinze automobiles dans le garage.

Exercise No. 58

1. Il sait déjà que les noms des choses et des personnes sont importants.
2. Les nombres sont aussi importants que les noms et les verbes.
3. Nous avons besoin de nombres pour le commerce.
4. Il pense tout de suite au commerce.
5. Nous avons besoin de nombres pour téléphoner.
6. M. Davis veut comprendre et employer les nombres correctement.
7. Il avance rapidement.
8. dix, vingt, trente, quarante, cinquante, soixante.

Exercise No. 59

1. Combien de fois; en voyage
2. On; pour acheter des billets
3. dans les grands magasins
4. Connaissez-vous
5. Je le connais
6. vaut
7. à peu près
8. Vous voulez acheter
9. Vous donnez
10. Il me rend

Exercise No. 60

1. What are you doing? I am writing a letter.
2. What is John doing? He is playing piano.
3. What is Mary doing? She is studying the French lesson.
4. What are the girls doing? They are shopping.
5. What are you doing, child? I am playing ball.
6. What is Mr. Martin doing? He is having the baggage weighed.
7. Do you believe this story? I do not believe it.
8. Does your friend believe it? He doesn't believe it either.

Exercise No. 61

a) quatre cents
b) mille
c) sept cent cinquante-trois
d) mille neuf cent soixante quatorze
e) quatre-vingt-quinze
f) soixante-dix-sept
g) quatre-vingt-six
h) soixante et onze
i) six cent soixante-dix
j) quatorze mille cinq cent quatre-vingt-six

Exercise No. 63

1. Je reçois 600 (six cents) francs.
2. Je paye 1500 (quinze cents) francs; or (mille cinq cents)
3. Je paye 20 (vingt) francs.
4. Je reçois 88 (quatre-vingt-huit) francs.
5. J'ai en poche 3,250 (trois mille deux cent cinquante) francs.
6. Oui, monsieur, il est millionaire.
7. Un billet de mille francs a plus de valeur qu'un (than a) billet de cinq dollars.
8. Pas moi, Monsieur; (Not I). or, Je ne sais pas.

Exercise No. 64

1. Savez-vous	6. Ils ne connaissent pas
2. Nous connaissons	7. Je connais
3. Nous ne savons pas	8. Savez-vous (comment)
4. Il sait (comment)	9. Connaissent-ils
5. Je sais	10. savoir

Exercise No. 65

1. Nos	5. ses	9. sa	13. ton;
2. ma	6. vos	10. leurs	mon
3. notre	7. votre	11. notre	14. son
4. leurs	8. son	12. son	15. leur

Exercise No. 66

10 dix	22 vingt-deux	16 seize
20 vingt	44 quarante-quatre	32 trente-deux
30 trente	66 soixante-six	48 quarante-huit
40 quarante	88 quatre-vingt-huit	64 soixante-quatre
50 cinquante	110 cent dix	80 quatre-vingts
100 cent	220 deux-cent vingt	160 cent soixante

Exercise No. 67

1. Nous dînons au restaurant.
2. L'addition pour tout le monde monte à 2700 (deux mille sept cents) francs.
3. Nous laissons 270 (deux cent soixante-dix) francs.
4. Je porte une valise très lourde à la gare.
5. Elle pèse 30 (trente) kilos ou 66 (soixante-six) livres.
6. En France on compte les distances en kilomètres.
7. M. Davis sait changer les kilomètres en milles.
8. M. Davis achète trois paires de gants.
9. Le sujet de la prochaine conversation est les heures de la journée.
10. M. Davis dit, "Mieux vaut tard que jamais."

Exercise No. 68

1. A quelle heure
2. La première séance; quatre heures et demie de l'après-midi
3. d'autres questions
4. la gare
5. demande des renseignements
6. un billet d'aller et retour
7. est-ce que le train part
8. Arrive-t-il
9. de bonne heure
10. Les voici
11. Merci bien or Merci beaucoup
12. A votre service

Exercise No. 69

1. part	4. ne dort pas	7. Je ne sens pas
2. partez-vous	5. sert	8. sortent-ils
3. Nous dormons	6. sentez-vous	9. Je sors
		10. Ne dormez pas

Exercise No. 70

2. dix heures et quart du soir
3. six heures et demie du matin
4. midi
5. quatre heures et demie de l'après-midi
6. sept heures moins vingt du soir
7. à neuf heures du soir
8. quatre heures et dix de l'après-midi
9. huit heures moins le quart du matin
10. neuf heures moins vingt du matin

Exercise No. 71

1. Tout le monde veut savoir quelle heure il est.
2. M. Davis joue le rôle du voyageur.
3. M. Picard joue le rôle de l'employé du guichet.
4. Il désire un billet de première classe.
5. Un billet d'aller et retour coûte 1440 (mille quatre cent quarante) francs.
6. M. Picard joue le rôle d'un employé au cinéma.
7. M. Davis demande des renseignements.
8. Il y a trois séances à ce ciné.
9. Il achète deux billets pour la troisième séance.
10. Il paye quatre cents francs pour ces deux billets.

Exercise No. 72

(1 f)	(3 a)	(5 b)	(7 c)	(9 e)
(2 h)	(4 j)	(6 i)	(8 d)	(10 g)

Exercise No. 73

2. Nous avons besoin d'	8. voulez-vous dire
3. connait son métier	9. nous payons nos repas
4. changer de l'argent	10. Vous avez raison
5. pensez-vous	11. vous avez tort
6. Aimez-vous	12. avez-vous besoin
7. j'ai faim	

Exercise No. 74

(1 c)	(3 a)	(5 g)	(7 b)	(9 1)	(11 i)
(2 h)	(4 d)	(6 k)	(8 e)	(10 f)	(12 j)

Exercise No. 75

2. je veux faire …	7. je dis …
3. je peux acheter …	8. je connais …
4. je porte …	9. je donne …
5. je pars …	10. je sais …
6. je compte …	

Exercise No. 76

2. nous ne calculons pas …	7. nous ne connaissons pas …
3. nous ne trouvons pas …	8. nous n'achetons pas …
4. nous ne lisons pas …	9. nous n'avons pas …
5. nous n'écrivons pas …	10. nous ne savons pas …
6. nous ne dinons pas …	

Exercise No. 77

The Davis Family Drops In On Daddy
(Lit. Makes A Little Visit To Daddy)

It is the first time that the Davis family comes to see Mr. Davis at his office. Mrs. Davis and her four children enter a skyscraper and go up to the twentieth floor in the elevator. Annette, the youngest, who is only five years old is very curious. She asks her mother many questions about the office.

When they arrive at the office the father gets up and says, "What a pleasant surprise! How glad I am to see you!"

The children admire all the objects they see in the office: the typewriter, the articles from Paris, the samples of French ceramics, the French magazines and especially the colored posters on the walls. Everybody is very happy.

Philip the oldest, looks out the large window and sees the blue sky and the sun which is shining. He sees below the automobiles which are passing through the street. From the twentieth floor they seem very small.

The visit over, the whole family goes into a restaurant which is not far from the office. They all eat heartily, especially the boys, because they are very hungry.

Exercise No. 78
The Draught Horse And The Automobile
A Modern Fable

Annette, the youngest of Mr. Davis' children, likes the old fables of Aesop very much. She also likes this modern fable which Mr. Picard has written for her. Here is the fable: "The Percheron and the Automobile."

An automobile is passing along the road and sees a Percheron. The Percheron is a French horse, big and strong. However this Percheron seems very tired He is attached to a heavy cart.

The automobile stops and says to the Percheron, "Good morning. You are going along very slowly. Don't you want to go fast like me?"

"Oh yes, madam. But tell me how is it possible?"

"It is not difficult," says the automobile. "My gasoline tank is full. Drink some and you'll see something!"

Then the Percheron drinks some gasoline. Now he does not go along slowly any more. He does not go fast either. In fact, he does not go at all. He has a stomach-ache.

Poor horse! He is not very intelligent, is he? He does not know that gasoline is good for automobiles but that it is no good at all for horses.

Exercise No. 79

1. J'aime beaucoup voir
2. ne m'intéressent pas
3. Ils adorent
4. tous les vedettes de l'écran
5. Ils les connaissent
6. près de chez vous
7. à pied
8. Nous préférons
9. rester (or être) debout
10. Donc; de bonne heure

Exercise No. 80

1. Je viens
2. Ils ne viennent pas
3. vient
4. viennent
5. venez
6. Venez-vous
7. Nous revenons
8. revient-il
9. Elle ne vient pas
10. venez-vous
11. devenir
12. je veux devenir

Exercise No. 81

1. les
2. la
3. l'
4. les
5. le
6. la
7. le
8. vous
9. nous
10. nous
11. y
12. y
13. vous
14. m'
15. t'

Exercise No. 82

1. M. Davis sait demander des renseignements.
2. Ils préfèrent le théâtre.
3. Ils préfèrent le ciné.
4. Oui, monsieur, ils les connaissent bien.
5. La famille Davis habite une petite ville dans les environs de New-York.
6. Il est près de la maison de M. Davis.

Exercise No. 83

1. Vous savez (comment)
2. un événement important
3. Commençons
4. Comme
5. une date triste
6. une date victorieuse
7. Finissons
8. aussi bien que
9. d'ailleurs
10. Il m'apprend
11. C'est vous
12. Pas du tout

Exercise No. 84

1. finissez-vous
2. Nous finissons
3. choisissez-vous
4. Je choisis
5. punit
6. il n'obéit pas
7. bâtissent
8. Remplissez
9. Ils ne finissent pas
10. remplit
11. choisissons
12. saisir

Exercise No. 85

1. première
2. troisième
3. quatorzième
4. cinquième
5. douzième
6. premier
7. dernière
8. neuvième
9. derniers

Exercise No. 86

1. le dix-huit avril mil sept cent (or dix-sept cent) soixante-quinze
2. le douze octobre mil quatre cent (or quatorze cent) quatre-vingt-douze
3. le vingt-deux fevrier mil huit cent (or dix-huit cent) neuf
4. le premier mai mil neuf cent (or dix-neuf cent) cinquante-six

Exercise No. 87

1. Il apprend vite parce qu'il aime les questionnaires en français.
2. M. Picard va citer quelques dates de l'histoire de France.
3. M. Davis va citer un événement important pour chacune.
4. Il cite la prise de la Bastille.
5. Il cite la bataille de Waterloo.
6. C'est une date triste.
7. Il cite la victoire des Alliés à la fin de la première guerre mondiale.
8. C'est une date gloirieuse pour les Parisiens.
9. Il la connaît bien.
10. Son professeur M. Picard lui apprend à aimer la France.

Exercise No. 88

1. Voyons; la géographie de France.
2. que je vous pose
3. recevoir un prix
4. est situé
5. de café, coton, et sucre
6. le fleuve le plus long
7. beaucoup plus long que
8. plus petit que
9. la montagne la plus haute
10. plus haut que
11. que vous avez raison
12. est terminé

Exercise No. 89

1. je mets
2. Qui met?
3. Pourquoi mettez-vous?
4. Que mets-tu? or Qu'est-ce que tu mets?
5. nous mettons
6. ils ne mettent pas
7. je ne permets pas
8. permet-il?
9. Pourquoi permettez-vous?
10. nous permettons
11. ne permet-il pas?
12. Permettez-moi

Exercise No. 90

1. Are French films better than American films?
2. Some are better, some are worse. In France and in the United States one can see the best and also the worst films. In general I like the French films better.
3. George sings badly. Henry sings worse than George. But William sings worst of all.
4. Philip writes well. But you write better than he. Jane writes best of all.
5. Where do they make the best porcelain? They make it at Limoges.
6. Better late than never.

Exercise No. 91

2. plus aimable que
3. la meilleure plume
4. si bonne que
5. plus grande que
6. le plus diligent
7. la plus jeune
8. plus intéressant que
9. le plus long
10. la plus grande ville
11. plus long et plus large que
12. si mal
13. les meilleurs films
14. la pire (la plus mauvaise)
15. plus de

Exercise No. 92

1. La question est: Sur quel grand fleuve est-ce que la ville de Paris est située?
2. Il est situé à l'embouchure de la Seine.
3. Il est un grand marché de café, coton et sucre.
4. Le Mississippi est plus long et plus large que la Loire.
5. Le Mont Blanc est plus haut que le Mont Whitney.
6. a. M. Dupont est le plus jeune des trois.
   b. M. Arnaud est le plus âgé des trois.
   c. M. Millet est plus âgé que M. Dupont.
   d. M. Dupont est le plus riche.
   e. M. Arnaud est le moins riche.
   f. M. Millet n'est pas si riche que M. Dupont. *or* Il est moins riche que M. Dupont.

Exercise No. 93

1. une journée typique
2. à six heures et demie
3. matinal
4. de bonne heure
5. Que mangez-vous
6. du café, des petits pains et des oeufs
7. Parfois
8. au bureau
9. mon courrier; les réponses
10. Que faites-vous
11. me voir
12. finissez-vous
13. Je quitte
14. Nous nous mettons

Exercise No. 94

2. se	7. se	12. toi
3. se, s'	8. nous	13. vous
4. vous	9. vous	14. me
5. vous	10. s'	15. se
6. se	11. m'	

Exercise No. 95

1. What is your name? — My name is John Martin.
2. At what time do you get up? — I get up at 7 a.m.
3. At what time do you go to bed? — I go to bed at 11 p.m.
4. Do you dress quickly? — Yes, I dress very quickly.
5. How are you? — I'm feeling well, thank you.
6. How is your father? — He is not well. He has a cold.
7. At what time does Mr. Davis sit down at table? — He sits down at table at 7 p.m.
8. Are the boys having a good time playing baseball? — Yes, they are having a very good time.

Exercise No. 96

1. Il se lève à six heures et demie.
2. Il se lave et il s'habille.
3. Il s'habille dans une demi-heure plus ou moins.
4. A sept heures à peu près il se met à table dans la salle à manger.
5. Elle se lève de bonne heure.
6. Ils déjeunent ensemble.
7. Il prend du jus d'orange, du café, des petits pains, et des oeufs.
8. Parfois il mange des crêpes au lieu des oeufs.
9. Il est prêt à partir à sept heures et demie.
10. Il arrive à son bureau à neuf heures.
11. Il prend son déjeuner à une heure.
12. Il mange un sandwich, un café et un dessert quelconque.
13. Des clients viennent le voir dans l'après-midi.
14. Il finit sa journée à cinq heures.

Exercise No. 97

1. bien renseigné
2. tout de même
3. Nous restons
4. son marché
5. des fruits, des legumes, du lait, du beurre, du fromage, et du café
6. des bas et des casseroles
7. stationner
8. à son aise
9. de bons camarades
10. J'ai envie de déménager

Exercise No. 98

1. du, du
2. du; du; des
3. de
4. des
5. des
6. d'
7. de la; de la; des
8. de
9. de l'
10. de

Exercise No. 99

2. Oui, elle en achète.
3. Non, je n'en ai pas.
4. Prenez-en.
5. N'en mangez pas.
6. Il en a trente.
7. Merci. Je n'en veux pas.
8. Oui, ils en ont assez.

Exercise No. 100

1. M. Picard est toujours curieux.
2. Il sait déjà que M. Davis rentre assez tard.
3. La famille Davis ne termine pas son dîner beaucoup avant huit heures et demie.
4. Parce que les enfants ne veulent pas se coucher.
5. Il s'appelle "supermarket."
6. On achète des fruits, des légumes, du lait, du café, des conserves, toutes sortes de viande, et ainsi de suite (etc.)
7. On n'y trouve pas de pardessus.
8. Plusieurs des grands magasins ont des succursales.
9. Ils aiment leurs maîtres d'école.
10. M. Picard a envie de déménager à la banlieue.

Exercise No. 101

(1 i)	(3 f)	(5 g)	(7 c)	(9 b)
(2 e)	(4 h)	(6 a)	(8 j)	(10 d)

Exercise No. 102

1. le fleuve le plus long
2. plus grande que
3. plus fatigué que
4. si grand que
5. plus haut que
6. la plus haute montagne
7. le premier jour
8. le 30 janvier 1956 (mil neuf cent cinquante-six)
9. de la famille
10. mon meilleur ami

Exercise No. 103

1. Do you take coffee or chocolate for your breakfast? I take neither the one nor the other. I drink a glass of water.

2. Do you want cream and sugar in your coffee? I want cream but I do not want any sugar.

8. What do they eat for early breakfast in France? They eat very little; generally rolls and coffee.

4. What do they eat for breakfast in the United States? Usually they begin with orange juice. Then they eat some cereal or other, eggs or ham, often both. Americans are also very fond of pancakes with syrup. Of course there is also coffee, bread or rolls.

Exercise No. 104

2. Non, je ne le préfère pas.
3. Oui, ils les connaissent bien.
4. Oui, nous vous attendons.
5. Je me lève tard.
6. Nous nous couchons à onze heures.
7. Oui, ils s'habillent très vite.
8. Je m'appelle Jean Martin.
9. Nous les finissons à quatre heures de l'après-midi.
10. Oui, ils le finissent maintenant.

Exercise No. 105

1. fatiguée; pareille
2. Ils se mettent à table
3. Ils sont (or restent) debout
4. sont assis
5. de temps en temps; au lieu de
6. attraper un rhume
7. la plupart de
8. à l'heure
9. les bienvenus
10. de bonne heure; tard

Exercise No. 106
A Visit to the Liner Île de France

It is Saturday. Mr. Davis gets up at eight o'clock, and he looks out the window. The sky is blue. The sun is shining. He says to his wife, "Today let's visit the liner Île de France which arrived this morning. I have some goods on board. We'll have a good opportunity to visit the ship."

"Fine," says Mrs. Davis.

At nine o'clock, they leave in the car and in about one hour they arrive at the pier. At the entrance they see a group of boys eating ice cream and talking French.

Mr. Davis greets the boys and he chats a bit with the nearest one. Here is the conversation.

"Good morning, young man. Are you French?"

"No sir, I am American."

"But you speak French very well."

"Well these boys who work on the liner Île de France are my friends and they teach me how to speak correctly. They are my teachers. Besides, I study French in high school and every day I read a few pages of French. By the way, are you French?"

"Thank you for the compliment. No, young man, I am American like you, and like you I am studying French. But I have only one teacher."

"I see. But you speak very well."

"Thanks again. Goodby and good luck."

"Goodby, sir. Hope to see you again."

Mr. Davis goes back to his wife who is waiting for him smiling and they continue on their way for the visit to the steamer.

"Il est sympathique, ce garcon," says Mr. Davis to his wife, and then he translates the sentence because she doesn't understand French.

Exercise No. 107

1. Quel sale temps!
2. Entrez, entrez; trempé
3. votre imperméable
4. Mettez
5. Ça va mieux
6. attraper un rhume
7. on ne doit pas sortir
8. Venez
9. leur apporte
10. Prenez
11. Permettez-moi
12. il pleut toujours

Exercise No. 108

2. nous
3. lui
4. leur
5. leur
6. lui
7. m'
8. lui
9. lui
10. nous
11. nous
12. moi
13. leur
14. lui
15. lui

Exercise No. 109

1. Il pleut à verse.
2. La bonne ouvre la porte.
3. Il le met dans le porte-parapluies.
4. Il les laisse à l'entrée.
5. Ils entrent dans la salle à manger.
6. Ils prennent du thé au rhum.
7. Elle met sur la table des tasses, des soucoupes, une théière pleine de thé un sucrier, des cuillers à thé et une bouteille de rhum.
8. Après elle sort de la salle à manger.
9. M. Davis sert M. Picard.
10. Il y verse du thé avec une portion libérale de rhum.

Exercise No. 110

1. en prenant
2. à pleuvoir
3. il fait chaud
4. il fait très froid
5. il pleut souvent
6. Je préfère (or aime mieux)
7. préférez-vous (or aimez-vous mieux)
8. parlons plutôt
9. de chaleur et de froid
10. doit
11. il fait beau
12. bleu; doux; sourit

Exercise No. 112

2. n'—pas encore
3. ne—jamais
4. n'—pas—non plus
5. ne—rien; ne—rien
6. ne—pas
7. n'—plus
8. ne—pas non plus
9. n'—rien
10. n'—qu'
11. rien
12. pas encore
13. jamais
14. ne—jamais
15. ne—ni—ni

Exercise No. 113

1. Ils parlent du climat.
2. Le climat de la France est quelque peu différent de celui des États-Unis.
3. Il fait chaud. Des fois il fait très chaud.
4. Il préfère l'automne.
5. Il préfère le printemps.
6. Il y a une différence assez marquée entre les saisons en France.
7. Il pleut beaucoup, il fait du vent, le ciel est gris.
8. Le ciel est bleu clair et l'air est doux, embaumé.
9. Il est content parce qu'il va être à Paris au printemps.
10. Il compte partir au mois de mai.

Exercise No. 114

1. nous allons continuer
2. très désagréable
3. qui ont les moyens
4. Est-ce qu'il n'y a pas d'hiver
5. Il ne fait jamais froid
6. Il faut mettre
7. nager le matin
8. On peut voir
9. doit être
10. si vous avez le temps

Exercise No. 115

1. Which pottery do you prefer, that of Vallauris or that of Biot? — I prefer that of Biot.
2. Which hat do you like better? This one or that one? — I prefer that one.
3. Which climate is milder, that of France or that of Canada? — That of France is milder.

4. How do you like these dresses? — I like this one but I find the colors of that one too brilliant.
5. Which seats do you prefer, those in the first rows or those in the rear? — We prefer those in the first rows.
6. What kind of handkerchiefs are you going to buy? — I am going to buy those which are cheapest.

Exercise No. 116

2. ceux
3. celui-là
4. celles-là

5. celles-là
6. ceux-là
7. celui-ci; celui-là

8. celle-ci; celle-là
9. celui
10. cela

Exercise No. 117

1. Ils quittent Paris en hiver parce que l'hiver est désagréable.
2. Ils vont en Suisse ou à la Côte d'Azur.
3. L'hiver est doux. Le soleil brille presque tous les jours.
4. En été il fait plus chaud, mais il y a toujours une jolie brise de mer.
5. Sur la Côte d'Azur on peut nager le matin et faire du ski l'après-midi.
6. On peut voir les montagnes couvertes de neige.
7. Il fait frais pendant la nuit.
8. Il fait très froid dans les montagnes.
9. Les montagnes sont à une distance d'à peu près quatre-vingts kilomètres.
10. M. Davis va tâcher de faire ce petit voyage au mois de juin.

Exercise No. 118

1. la bonne cuisine française
2. un des plus grands plaisirs
3. à déjeuner
4. Cela arrive
5. nous fait cadeau
6. Envoyez à votre femme
7. Je vais vous dire
8. Tout ce qui; de bonne qualité
9. Il faut avoir
10. du beurre, du beurre, et encore du beurre

Exercise No. 119

1. avec moi
2. pour toi
3. chez moi

4. chez nous
5. chez elle
6. sans eux

7. près d'elle
8. autour de nous
9. à nous
10. à elles

Exercise No. 120

1. Lui; Elle
2. Moi
3. moi; nous; eux

4. toi
5. moi
6. lui

7. elle et moi
8. Moi
9. à vous
10. à lui

Exercise No. 121

1. La bonne cuisine française est un des plus grands plaisirs du touriste en France.
2. Oui. Il connaît un peu la cuisine française.
3. Elle nous fait cadeau de beaucoup d'expressions d'usage courant.
4. Il doit faire une liste de ses plats préférés.
5. Vraiment, non. La cuisine française n'est pas compliquée.
6. Le troisième secret est; du beurre, du beurre et encore du beurre.
7. Oui. Il va tout de suite les raconter à sa femme.
8. M. Davis est un mari modèle.
9. M. Davis a un appétit de loup.
10. M. Picard va casser la croûte avec lui.

Exercise No. 122

(1 c)	(3 a)	(5 g)	(7 k)	(9 d)	(11 h)
(2 f)	(4 e)	(6 i)	(8 b)	(10 l)	(12 j)

Exercise No. 123

1. j'ai froid
2. j'ai chaud

3. il fait chaud
4. il pleut beaucoup

5. il fait frais
6. il fait froid
7. un imperméable

8. un pardessus
9. tombe
10. toutes les saisons

Exercise No. 124

(1 d)	(3 a)	(5 i)	(7 e)	(9 j)
(2 f)	(4 g)	(6 h)	(8 b)	(10 c)

Exercise No. 125

1. lui
2. lui
3. l'
4. le
5. la; se
6. moi; vous
7. les
8. la
9. m'
10. leur

Exercise No. 126

1. Je ne connais personne.
2. Nous ne mangeons jamais de viande.
3. Je n'ai qu'un professeur.
4. Elle ne veut plus ce chapeau-là.
5. Jeanne ne va pas encore à l'école.
6. Je ne suis pas fatiguée non plus.
7. Nous n'avons plus de temps.
8. Pourquoi ne dites-vous rien?
9. Nous n'avons ni temps ni argent.

Exercise No. 127

Philip Does Not Like To Study Arithmetic

One day upon returning from school Philip says to his mother, "I don't like to study arithmetic. It's so difficult. Why do we need so many exercises and so many problems? We have calculating machines, don't we? Well, then!"

Mrs. Davis looks at her son and says, "You are wrong, dear (my little one). We can not do without numbers. For example, one always needs to change money, go shopping, estimate distances and . . . and . . ." The mother stops speaking on seeing that Philip is not paying attention to what she says.

"By the way, dear," she continues, smiling, "baseball doesn't interest you either?"

"What an idea! You're joking."

"Well then if the Dodgers have won eighty games and they have lost thirty do you know what percentage of games they have won?"

On hearing this Philip exclaims, "You're right, mother. Numbers, arithmetic and mathematics are very important. I think that now I'm going to study much more."

Exercise No. 128

1. quelques
2. les allumettes; le cendrier
3. très à mon aise
4. Ils se ressemblent
5. partout
6. comme vous dites
7. quelques-unes de ces
8. Les pêcheurs et les marins
9. Les fermiers
10. Les ouvriers des mines
11. Nous n'avons pas besoin
12. ne ressemble pas
13. discuter
14. un roman d'amour

Exercise No. 129

1. étudions, étudiant
2. venons, venant
3. lisons, lisant
4. achetons, achetant
5. voulons, voulant
6. disons, disant
7. choisissons, choisissant
8. finissons, finissant
9. bâtissons, bâtissant
10. connaissons, connaissant
11. apprenons, apprenant
12. appelons, appelant
13. comptons, comptant
14. dormons, dormant
15. mettons, mettant
16. faisons, faisant
17. avons, ayant
18. sommes, étant

Exercise No. 130

1. quelqu'un
2. quelques
3. Quelques-uns
4. Quelques-unes
5. Quelques-unes
6. quelques
7. quelque chose
8. quelques
9. quelques-unes
10. quelqu'un

Exercise No. 131

1. Il va poser quelques questions à M. Picard sur les Français.
2. Il demande si les Français se ressemblent plus ou moins.
3. Oui. Il est vrai qu'il y a de très grandes différences entre tous les Français.
4. Il y a des différences entre les Français à cause de la géographie et aussi à cause de leurs métiers.
5. Les pêcheurs de la Bretagne sont très dévots et très dévoués au Calvados.
6. L'homme du Midi est bavard et blagueur.
7. Non. Il ne ressemble pas trop au montagnard de l'Auvergne.
8. Oui. Les Français aiment beaucoup discuter.
9. Ils sont fiers de leur tradition de démocratie, de philosophie de belles lettres et de science.
10. Ils aiment tous la bonne cuisine et le bon vin.

Exercise No. 132

1. vient de recevoir
2. est en train d'admirer
3. non seulement . . . mais aussi
4. que vous n'aimez pas
5. n'est-ce pas?
6. les beaux arts
7. la peinture, la sculpture, l'architecture
8. Je compte sur le plaisir
9. tout à fait exceptionnel
10. Je vous admire

Exercise No. 133

1. Elle achète
2. Préférez-vous
3. je préfère
4. Répétons
5. J'espère
6. vous levez-vous
7. je me lève
8. on célèbre
9. s'appelle
10. jettent
11. appelle
12. Je lève

Exercise No. 134

1. Il vient de recevoir une grande caisse de marchandise.
2. M. Picard est en train de regarder et d'admirer.
3. Il y a des échantillons de riches étoffes de soie.
4. La belle étoffe de laine est de la maison Dior.
5. M. Picard croit que M. Davis n'aime pas la mode.
6. M. Davis est amateur des arts.
7. Il va voir l'art des grands maîtres.
8. Il éspère visiter aussi les musées de l'art moderne.
9. M. Davis s'intéresse à l'art, à l'histoire et aux belles lettres.
10. Ils vont former une société d'estime mutuelle.

Exercise No. 135

1. la grande fête nationale
2. On célèbre
3. Tout le monde
4. toute la journée; toute la nuit
5. les Guignols
6. J'espère
7. célébrée
8. en dormant
9. Le Jour de l'an
10. les étrennes
11. table ouverte
12. doit être
13. tout le monde quitte Paris
14. par-ci ou par là

Exercise No. 136

1. Il tient
2. Nous obtenons
3. Je ne retiens pas
4. tient table ouverte
5. Nous commençons à travailler
6. changeons-nous
7. prononcez-vous
8. Nous le prononçons
9. Nous ne mangeons pas
10. Nous nageons
11. Nous corrigeons
12. Recommençons

Exercise No. 137

1. on
2. personne ne
3. On
4. rien
5. personne
6. rien
7. Rien
8. Personne
9. personne
10. Personne ne

Exercise No. 138

1. Ils vont parler des jours de fêtes en France.
2. On célèbre le quatorze juillet dans les rues.
3. On danse dans les rues.
4. On vend des beignets chauds, des gaufrettes, des glaces et toutes sortes de friandises.
5. Il y a les petits chevaux de bois, et les Guignols pour les enfants.
6. Il faut dire *la Noël*.
7. On dort parce qu'on a réveillonné toute la nuit.
8. Les enfants reçoivent leurs cadeaux le Jour de l'an.
9. On les appelle les étrennes.
10. La ville est morte.

Exercise No. 139

1. Je voyagerai
2. Je visiterai
3. Il vous faudra
4. Je ferai
5. J'irai
6. Je passerai
7. Je prendrai
8. Je reviendrai
9. mieux que moi
10. sera
11. qui arrive à tout le monde
12. chez soi
13. Laissons
14. J'ai grande envie

Exercise No. 140

1. Where will you go next summer? I shall go to France. When will you leave N.Y.? I shall leave May 31.
2. How much time will you spend in France? I shall spend three months there. Will you travel by plane or by boat? I shall travel by plane.
3. Will you take a trip to Morocco? I shall take a trip to Morocco and perhaps to Corsica also. Will Mr. Picard be able to accompany you? Alas, he will not be able to accompany me.
4. Will you see your agent at Paris? Yes indeed. He will wait for me at the airport. How long will you stay in Paris? I shall stay there two weeks.
5. Will you visit the famous Riviera? Of course I shall visit it. When will you return to the U.S.? I shall return September 1.

Exercise No. 141

1. il visitera
2. je voyagerai
3. nous irons
4. ils n'écriront pas
5. il faudra
6. verrez-vous?
7. ils ne partiront pas
8. nous vendrons
9. ne finira-t-il pas?
10. elle n'apprendra pas
11. il sera
12. viendrez-vous?
13. j'aurai
14. tu n'écouteras pas
15. nous étudierons
16. je ne ferai pas
17. pourrez-vous?
18. irez-vous?

Exercise No. 142

1. Il voyagera en avion.
2. Il verra la Vénus de Milo, la Mona Lisa et la salle de céramique grecque.
3. Il passera par le jardin des Tuileries.
4. Il prendra un taxi à la Place de l'Étoile.
5. Il visitera la Tour Eiffel.
6. Il se promènera au Bois de Boulogne.
7. M. Davis connaît le Paris des guides.
8. On se sent chez soi à Paris.
9. Le soir du quatorze juillet on voit jouer les grandes fontaines à Versailles.
10. M. Davis mangera trois omelettes au Mont-Saint-Michel.
11. Il se trempera dans la mer et dans le soleil à la Côte d'Azur.
12. Il reviendra à Paris par la route des Alpes.

Exercise No. 143

(1 e)	(4 n)	(7 i)	(10 j)	(13 d)
(2 g)	(5 b)	(8 o)	(11 h)	(14 a)
(3 l)	(6 c)	(9 m)	(12 k)	(15 f)

Exercise No. 144

1. la ceinture de cuir   leather belt
2. la robe de soie   silk dress
3. la montre d'or   gold watch
4. la salle de bain   bathroom
5. la chemise de laine   woolen shirt
6. le bureau de poste   post office
7. le voyage d'affaires   business trip
8. le cahier de musique   music book
9. le tissu de coton   cotton cloth
10. le bracelet l'argent   silver bracelet
11. l'objet d'art   art object
12. le chapeau de paille   straw hat

Exercise No. 145

2. Elle coûtera six cents francs.
3. J'irai en France.
4. Je reviendrai aux États-Unis le 31 décembre.
5. Je me coucherai à minuit.
6. Je me lèverai à six heures du matin.
7. Je ne lui dirai rien.
8. Personne n'ira avec moi.
9. Je travaillerai toute la journée.
10. Nous nous rencontrerons à l'entrée du théâtre.

Exercise No. 146

2. Nous n'avons pas besoin de continuer.
3. Elle a l'intention de porter son manteau neuf.
4. Avez-vous envie de m'accompagner?
5. Il fera son possible pour vous aider.
6. Allez-vous faire des emplettes au Marché aux Puces?
7. M. Davis est en train d'ouvrir la caisse.
8. Avez-vous peur de dire la vérité?
9. Allez-vous vous promener au Bois de Boulogne?
10. Vous savez que M. Davis ne s'intéresse pas à la mode.

Exercise No. 147

1. mon chapeau
2. ton manteau
3. sa chemise de laine
4. sa robe de soie
5. notre ceinture de cuir
6. vos gants rouges
7. leur pardessus
8. leur fichu
9. cette robe
10. cette cravate
11. ces gants
12. cette jupe

Exercise No. 148

Mrs. Davis' Birthday

It is March 22, the birthday of Mrs. Davis. She is thirty-five years old today. To celebrate this festive day the Davis family is going to dine in a fine restaurant on 52nd Street in New York.

When they enter the restaurant they see on the table reserved for the Davises a beautiful basket full of white roses. Naturally Mrs. Davis is very much surprised. She thanks and kisses her dear husband warmly.

At the end of a delicious dinner Annette, the youngest, says in a low voice to the other children, "Now!" And each of the four children takes out from under the table a pretty little box. These are presents for their mother.

Annette gives her a silk handkerchief; Rosette, a linen blouse; John, a pair of gloves; and Philip, a woolen shawl.

The following week, Mr. Davis figures out the bill for that day, which follows:

Dinner	14.86
Tip	2.00
Flowers	5.75
Gifts	12.39
Total	35.00

"What a coincidence," says Mr. Davis. "Thirty-five dollars, thirty-five years."

Exercise No. 149

1. à la main
2. vient d'arriver
3. qui suit
4. Je partirai
5. J'ai l'intention
6. très occupé
7. Par conséquent
8. Depuis quelque temps; deux fois par semaine
9. une seule faute
10. Voulez-vous bien

Exercise No. 150

2. recevra
3. Ils sauront
4. Il ne voudra pas
5. courront
6. ne vaudront pas
7. Ils nous devront
8. Ils tiendront
9. Traduirez-vous
10. Nous ne suivrons pas
11. Je ferai
12. Nous pourrons

Exercise No. 151

2. pendant les mois
3. Depuis quand
4. depuis dix ans
5. depuis deux ans
6. depuis trois heures
7. Combien de temps
8. Il y a trois jours
9. Depuis quand demeurez-vous
10. Nous y demeurons

Exercise No. 152

1. Ils sont assis dans le salon chez M. Davis.
2. Il tient deux lettres à la main.
3. Il va lire sa lettre à M. Parmentier.
4. Il partira de New-York le 31 mai.
5. Il passera deux mois en France. *or* Il y passera deux mois.
6. Il restera à Paris trois semaines.
7. Partant de Paris il fera quelques excursions.
8. Il espère voyager au Maroc en avion, et peut-être en Corse.
9. M. Parmentier est très occupé.
10. Il veut faire la connaissance de M. Parmentier.
11. Il écrit d'avance dans l'espoir de pouvoir arranger un rendez-vous.
12. Il y a cinq mois que M. Davis prend des leçons de français.

Exercise No. 153

1. Il est en train de lire
2. J'ai reçu
3. pendant les mois
4. Je compte sur le plaisir
5. que je causerai en français
6. vous feliciter
7. Vous avez connu
8. si je suis fier
9. vous verrez
10. Je pourrai

Exercise No. 154

1. Did Mr. Picard ask Mr. Davis some difficult questions? Yes, he asked some difficult questions. Did Mr. Davis answer well? Yes, he answered all the questions well.
2. When did Mr. Davis write the letter to his agent? He wrote the letter two weeks ago today. To whom did he read a copy of the letter? He read the copy to Mr. Picard.
3. Did Mr. Picard find many mistakes in the letter? He did not find a single mistake. What book helped Mr. Davis a great deal? The book, "Commercial Correspondance," helped him a great deal.
4. Did Mr. Davis appreciate the services of Mr. Parmentier? Yes, he always appreciated his loyal services. What did Mr. Picard say when Mr. Davis finished reading the letter? He said "It is a nice letter."

Exercise No. 155

2. décidé
3. apprécié
4. contribué
5. vendu
6. écrit
7. lu
8. rendu
9. fait
10. entendu; dit
11. fini
12. servi

Exercise No. 156

1. M. Davis a écrit une lettre à son représentant.
2. Il a lu la copie de cette lettre à son professeur.
3. Il n' a pas trouvé une seule faute.

4. M. Parmentier sera à Paris pendant les mois de juin et juillet.
5. Il va rencontrer M. Davis (*or* Il va le rencontrer) à l'aéroport d'Orly.
6. Il va causer en français avec lui.
7. M. Parmentier veut féliciter M. Davis aussi bien que son professeur.
8. Il l'a connu comme représentant sérieux.
9. M. Davis est certain qu'il sera content parmi les Français.
10. Les deux messieurs auront leur dernier rendez-vous mardi prochain.
11. Ils se rencontreront au bureau de M. Davis.
12. M. Picard lui donnera quelques derniers conseils.

Exercise No. 157

1. par la fenêtre ouverte
2. J'ai envie
3. Voulez-vous bien me donner
4. avec plus de formalité
5. chaque homme est digne
6. se connaître l'un l'autre
7. est plus tranquille
8. Avez-vous lu
9. J'ai parcouru
10. Je passerai
11. Vous allez me manquer *or* Vous me manquerez
12. Je serai content

Exercise No. 158

1. parcouru
2. compris; dit
3. mis
4. promis
5. entendu; compris
6. vu
7. couru
8. appris
9. su
10. pris

Exercise No. 159

1. Have you recommended these guides? I have recommended them.
2. Did he write the answer? He wrote it.
3. Where did he find the money? He found it on the desk.
4. Did you understand the question? I did not understand it.
5. Has she learned the proverb? She hasn't learned it.
6. Who reserved the two seats? My father reserved them yesterday.
7. When did you see your friend? I saw her yesterday evening.
8. When did they finish the examination? They finished it at two o'clock.
9. When did the postman bring the letters? He brought them this morning.
10. Did you hear the bell? I did not hear it.
11. Has Mr. Davis scanned all the guide books? He has scanned them all.
12. What letter did he read to Mr. Picard? He read the letter which he received from Mr. Parmentier.

Exercise No. 160

1. Ils se trouvent dans le bureau de M. Davis.
2. Il fait chaud.
3. On entend les bruits de la rue.
4. M. Davis est content de quitter la ville.
5. M. Picard a envie d'accompagner M. Davis. *or* (de l'accompagner)
6. Il répond,—Malheureusement, ce n'est pas possible.
7. On fait les choses avec plus de formalité en France.
8. Chaque homme est digne d'être respecté.
9. Il a remarqué que les affaires se traitent en France avec plus de formalité qu'ici.
10. M. Davis est las d'être bousculé.
11. M. Davis a lu des livres sur la France.
12. M. Picard les a recommandés.
13. M. Picard passera l'été à New-York.
14. M. Davis pensera souvent à M. Picard.
15. Il lui écrira des lettres de temps en temps.

Exercise No. 161

1. Il y a cinq mois
2. Il a appris
3. Il a vraiment travaillé
4. Il a obtenu
5. Il a écrit
6. a promis
7. il doit être
8. ne l'accompagne pas
9. doivent finir
10. a fait
11. Ils montent tous
12. a fait peser ses bagages
13. Il doit payer
14. fait ses adieux à
15. en route

Exercise No. 162

1. il a voulu
2. vous avez ouvert
3. j'ai su
4. a-t-il ouvert?
5. nous avons eu
6. ils ont été
7. je n'ai pas couvert
8. ont-ils su?
9. nous n'avons pas ouvert
10. elle a été
11. a-t-il voulu?
12. j'ai offert

Exercise No. 163

2. illustrées
3. fermées
4. connu
5. cassées
6. levés
7. habillé
8. envoyées
9. reservée
10. perdus

Exercise No. 164

1. Il y a cinq ans qu'il étudie le français.
2. Il a passé beaucoup de temps en conversant avec son professeur M. Picard.
3. Il a appris les règles essentielles de la grammaire.
4. Il a vraiment travaillé dur.
5. Il parle bien le français maintenant.
6. M. Davis a obtenu son billet, son passeport, son visa et son certificat de vaccination.
7. Il a écrit à son représentant.
8. Son représentant lui a promis de le recontrer à l'aéroport.
9. Ils se sont levés à sept heures du matin.
10. Il part à sept heures précises.
11. Chaque voyageur doit faire contrôler son billet et son passeport.
12. Sa famille n'accompagne pas M. Davis en France. *or* (ne l'accompagne pas)
13. Ils doivent finir l'année scolaire.
14. Elle doit rester à New-York pour s'occuper des enfants.

Exercise No. 165

1. obtained **obtenu**
2. left **laisser**
3. been **être**
4. said **dire**
5. finished **finir**
6. wanted **vouloir**
7. received **recevoir**
8. written **écrire**
9. read **lire**
10. learned **apprendre**
11. known **savoir**
12. given back **rendre**
13. put **mettre**
14. obeyed **obéir**
15. seen **voir**
16. eaten **manger**
17. done, made **faire**
18. taken **prendre**
19. listened **écouter**
20. covered **couvrir**
21. understood **comprendre**
22. opened **ouvrir**
23. had **avoir**
24. permitted **permettre**
25. been able **pouvoir**

Exercise No. 166

| (1 g) | (3 a) | (5 c) | (7 d) | (9 b) |
| (2 e) | (4 h) | (6 i) | (8 j) | (10 f) |

Exercise No. 167

1. Avez-vous fait
2. Faites mes amitiés
3. de ma part
4. dans votre propre langue
5. Pardonnez-moi
6. me tirer d'affaires
7. de faire votre connaissance
8. Ils montent en voiture
9. Ils descendent de la voiture
10. a fait ses adieux

Exercise No. 168

2. Il l'a écrite.
3. Il les a appreciés.
4. M. Davis l'a faite.
5. Ils m'ont rendu grand service.
6. Elle a servi du thé au rhum.
7. Je ne l'ai pas comprise.
8. Philippe ne les a pas faites.
9. Nous ne l'avons pas vu.
10. Il a apporté un colis postal.

Exercise No. 169
An Unusual Program At The Movies

This evening Mr. and Mrs. Davis are going to the movies. They don't like the majority of Hollywood films, especially the Westerns in which the cowboys fire shots at everybody and are constantly galloping. Detective pictures don't interest them either.

But this evening there is an unusual program in a theatre very near their home. The picture is called "A Voyage in France." This is a documentary film on the country which our friend Davis is going to visit in a few months. There are scenes representing the history of France, others which show its countryside, its rivers, its mountains, its large cities, etc. That is to say that it is a most interesting film for tourists.

The Davises arrive at the theatre at 8:30. Almost all the seats are taken and so they have to sit in the third row. Mr. Davis does not like this because the movements on the screen hurt his eyes. Fortunately they are able to change their seats after a quarter of an hour, and they take seats in the thirteenth row.

The Davises enjoy this picture very much. They find it absorbing.

On leaving the theatre Mr. Davis says to his wife, "Do you know Alice, I think that I'll get along well in France. I understood almost all that the actors and actresses said."

Exercise No. 170

1. à la salle d'attente
2. tout de suite
3. Il m'a demandé
4. J'ai repondu
5. de faire votre connaissance
6. Le plaisir est à moi
7. Nous avons pris un taxi
8. J'ai pensé à moi-même
9. à vitesse vertigineuse
10. Pas si vite!
11. Je ne suis pas pressé
12. Ni moi non plus
13. reservée pour Davis
14. Quel est le prix
15. Mille francs par jour

Exercise No. 171

1. Did Philip go to the station to meet his father? Yes, he left the house 20 minutes ago. Did his sister Mary go with him? His sister Mary and also his brother Henry went with him.
2. Has Mrs. Davis returned from the city? She has not returned but she will return soon. Why did she go to the city? She went there to do her shopping.
3. Why did Mr. Davis return so late this evening? Many customers came to see him in the afternoon. At what time does he usually leave his office? Usually he leaves at five o'clock sharp, but today he did not leave until a quarter to six.
4. At what time did Mr. Davis leave for the airport? He left at six o'clock in the morning. At what time did he get into the plane? He got into the plane at a quarter to eight.

Exercise No. 172

2. allées
3. né
4. mort
5. devenus; monté
6. retournée
7. partie
8. entrés
9. resté
10. partis; arrivés

Exercise No. 173

1. Il a passé par la douane et il est allé à la salle d'attente.
2. Un bel homme s'est approché.
3. Il a dit, — Pardon monsieur, êtes-vous M. Davis?
4. Il a répondu, — À votre service.
5. Le taxi est allé en ville à toute vitesse.
6. A la fin il a crié, — Je ne suis pas pressé!
7. Le chauffeur a répondu, — Ni moi non plus.
8. Ils sont arrivés à l'hôtel sains et saufs.
9. Il a dit, — Bonjour monsieur. Avez-vous une chambre réservée pour M. Davis?
10. Il a répondu, — Bienvenu à Paris, Monsieur Davis.

Exercise No. 174

1. m'a appelé
2. prendre le thé
3. nous nous sommes arrêtés
4. Je suis monté
5. J'ai sonné; m'a invité
6. s'est approché pour me saluer
7. Je suis content de vous voir
8. Il y a beaucoup de maisons
9. Nous sommes entrés
10. m'a presenté
11. veut être
12. se sont retirés; leurs devoirs
13. Nous nous sommes mis
14. Nous avons parlé (causé)
15. Je suis revenu
16. par les vieux quartiers

Exercise No. 175

2. you went to bed, you lay down
3. he dressed (himself)
4. she enjoyed herself
5. we stopped
6. you approached
7. they met each other
8. they knew each other
9. I did not take a walk
10. he was not mistaken
11. did they not withdraw?
12. did they not sit down?

Exercise No. 176

1. Did the children go to bed early? They went to bed early.
2. Did John get up late? He did not get up late.
3. Did Mary dress quickly? She dressed quickly.
4. Were you mistaken, Charles? I was not mistaken.
5. Did you have a good time, Anna? I did not have a good time.
6. Where did you meet, gentlemen? We met at the office.
7. Did the boys withdraw? Yes, they withdrew.
8. Where did the bus stop? It stopped on the corner over there.
9. Did Mrs. Davis take care of the children? She took care of the children.
10. Did the tourist feel at home in Paris? Like all tourists he felt at home.

Exercise No. 177

1. M. Parmentier a appelé M. Davis par téléphone.
2. Il s'est arrêté à cinq heures.
3. Une petite bonne fraîche a ouvert la porte.
4. M. Parmentier s'est approché pour le saluer.
5. Elle a l'air du dix-huitième siècle.
6. Les messieurs sont entrés dans un grand salon.
7. Ils sont les fils de M. Parmentier.
8. Ils font leurs études au Lycée Condorcet.
9. L'aîné veut être docteur.
10. Ils se sont retirés pour aller faire leurs devoirs.
11. On a parlé de la vie en France.
12. M. Parmentier a recommandé le Marché aux Puces.
13. Mme. Parmentier l'a invité à l'accompagner au Marché aux Fleurs.
14. Il a passé une heure agréable en parlent d'une chose et d'une autre.
15. Il est revenu à pied.

Exercise No. 178

1. me chercher
2. Nous sommes restés
3. sans rien attraper
4. à jeter des pierres
5. Nous avons continué
6. la plus belle place
7. Quelle belle avenue!
8. m'a frappé
9. On y joue
10. On y écrit
11. Les passants
12. Ensuite; notre route
13. m'a quitté
14. J'ai suivi
15. dans la chaise la plus proche

Exercise No. 179

1. Did you understand all that the teacher said? I did not understand all (of it).
2. Did you read the guides that I lent you? I read them with much interest.
3. What is the first secret of good cooking? All that enters into a dish must be of good quality.
4. Can one ski in the mountains? Those who are young and strong do it all the time.
5. What café did you visit today? I visited the Royale-Concorde of which we have spoken.
6. Where are the valises in which I have put my clothes? They are in your room.

Exercise No. 180

1. que
2. ce qu'il
3. qui
4. ce qui
5. qui
6. laquelle
7. dont
8. que
9. tout ce qui
10. que

Exercise No. 181

1. Il écrit sa lettre (*or* il l'écrit) attablé dans le café Royale-Concorde.
2. Il est venu le chercher à l'hôtel.
3. Ils sont restés très longtemps sur le Pont des Arts.
4. Ils ont vu des pêcheurs, des bateaux-mouches, et des enfants.
5. Il pense que cela doit être la plus belle place du monde.
6. Ils se sont attablés pour prendre un café, mais surtout pour se reposer.
7. L'importance du café dans la vie quotidienne l'a frappé.
8. Dans un café on joue aux cartes, aux échecs et au billard.
9. Le café est un deuxième bureau pour les hommes d'affaires.
10. Les passants sont les acteurs et les actrices.
11. Ils ont contemplé l'immense Arc de Triomphe.
12. Il a quitté M. Davis à la Place de l'Alma.
13. Il a admiré la Tour Eiffel.
14. Il est tombé, fatigué, épuisé, et enchanté dans la chaise du café.

Exercise No. 182

1. Vous avez raison
2. me voilà
3. je prends (je bois)
4. les champs et les forêts
5. par la fenêtre
6. Les fermiers; les champs
7. le linge
8. J'ai pris un taxi
9. Presque tout de suite
10. Par ici
11. les oreilles
12. a duré
13. rester pour contempler
14. est poussé; on est tiré
15. On doit suivre

Exercise No. 183

1. What was Mr. Davis doing when you entered the room? He was reading aloud a letter which he had just received from his agent. What was Mr. Picard doing? He was listening to him.
2. What were you doing while the train was crossing the fields and the forests? I was looking out of the window. What did you see (were you seeing)? I saw the peasants who were working in the fields.
3. Were there many vendors at Mount Saint-Michel? There was an army of them. What were they selling? They were selling souvenirs of the Mount.
4. Do you often play tennis? Formerly I played (used to play) almost every day, but this year I have played only once.

Exercise No. 184

1. (criaient et hurlaient) The vendors were calling and yelling when I arrived at the market.
2. (J'écoutais) While I was listening to the radio somebody telephoned me.
3. (nous faisions) When we were doing our homework, they entered our room.
4. (elle descendait) She fell when she was getting out of the car.
5. (allait) When the taxi was going at full speed, I cried, "Not so fast."
6. (il était) We visited him when he was ill.
7. (Il y avait) There were many people at the airport when our plane arrived.
8. (attendions) While we were waiting for the bus, it began to rain.
9. (venions) We met them when we were coming from the movies.
10. (dormaient) Mr. Davis returned while the children were sleeping.

Exercise No. 185

1. Il écrit attablé dans un café.
2. Le métier de touriste demande beaucoup de repos.
3. Le café est dans la ville de Perros-Guirec.
4. Il prend un Calvados.
5. Il regardait par la fenêtre.
6. Il voyait les paysans qui travaillaient dans les champs.
7. Il pouvait voir les femmes qui lavaient le linge.
8. Il a entendu un bruit terrifiant.
9. La tête lui tournait comme une toupie.
10. Il voulait rester pour contempler la sculpture.
11. Il a reçu une impression imposante.
12. Il se tourne vers la Bretagne.

Exercise No. 186

1. Je suis revenu
2. de plus en plus
3. je suis allé
4. Je ne peux
5. la tête
6. Je me suis dit
7. il y a deux heures
8. J'étais
9. Je marchais
10. Je me suis approché
11. étaient
12. Ils riaient
13. ne bougeait
14. Ils ne disait rien
15. n'étaient pas du tout
16. J'ai dit

Exercise No. 187

2. vivait
3. lavaient
4. étaient-ils
5. venait
6. rendions visite à
7. pensait-il
8. descendait
9. revenais
10. montions
11. souriait
12. j'étais
13. s'approchait
14. commençaient
15. mangeait
16. se rencontraient
17. n'avions pas
18. ne voulaient pas
19. Pouviez-vous
20. savait; devait

Exercise No. 188

1. M. Davis est allé au Louvre pour le visiter à fond.
2. Il s'est dit, — Imbécile.
3. Il s'est tourné vers le Jardin des Tuileries.
4. Il a entendu des rires immodérés.

(continued on page 188)

Exercise No. 188 (continued)

5. Il a vu un petit, joli théâtre.
6. Guignol ne bougeait pas.
7. Les enfants éclataient de rire.
8. Il a pris une place à côté d'une toute petite fille.
9. Elle a crié,—Papa.
10. La petit Gringalet était en train de donner de grands coups de tête dans le ventre de Guignol.
11. Non, monsieur les enfants n'étaient pas fâchés.
12. L'enfant a répondu gentiment, — Au revoir, papa.

Exercise No. 189

1. Mr. Davis has left for Paris.
2. His wife remained at home.
3. Mrs. Picard went out one hour ago.
4. She hasn't returned yet.
5. We went up in the elevator.
6. They went down on foot.
7. Why did you return so late, Mary?
8. I went to the market to do my shopping.
9. His grandfather died this morning.
10. My grandmother was born June 5, 1900.

Exercise No. 190

2. rencontrés	7. descendu	12. fait
3. pris	8. reservé	13. demandé
4. sortis	9. née	14. ouvertes; ouver-
5. arrêté	10. mis	tes
6. arrivée	11. dit	

Exercise No. 191

1. (rendrons) Tomorrow we shall pay a visit to the Davis family.
2. (sont allés) Yesterday evening the children went to the movies.
3. (parlait) The pupils were not listening while the teacher was talking.
4. (avez-vous passé) Where did you spend last winter?
5. (verrai) I shall not see them until tomorrow.
6. (jouaient) We were doing our homework while they were playing cards.
7. (pleuvait) They remained at home, because it was raining buckets.
8. (ferez-vous) Will you take a trip to Europe next summer?
9. (a prêté) He lent us five dollars yesterday.
10. (vous vous êtes levé) At what time did you get up this morning?

Exercise No. 192

1. Il pleuvait à verse	7. Nous ne pouvions pas
2. J'étais très content	8. Voulaient-ils voyager *or*
3. quand M. Davis a reçu	Est-ce qu'il voulaient voy-
4. quand mon représentant m'a téléphoné	ager
5. nous allions	9. Elle n'avait pas le temps
6. Je ne savais pas	10. Elle devait

Exercise No. 193

One day Mr. Davis invited the sons of Mr. Parmentier to accompany him on an excursion to Versailles.

It is not very far from Paris and they arrived without any difficulty. On the way to the palace, Mr. Davis had a brilliant idea.

"Let's lunch on the grass in the big park at the edge of the lake. I'm told that it's permitted."

"Wonderful! Let's go."

They entered a grocery to buy some ham, a Camembert cheese and a bottle of red wine. In a bakery next door they bought three long loaves of bread and three eclairs.

"I'm as hungry as a wolf," said the older one as they left the bakery.

"Let's eat right away," said Mr. Davis. "But what to do about utensils?"

"Let's see what there is in our pockets," said the younger one. The two boys unearthed four knives: one brand new, two fairly good and one in a bad state.

"Here they are! And we'll drink out of the bottle."

They entered the Palace through the great iron gate but instead of making the tour they went out to cross the immense garden. The garden with its statues, fountains and groves of trees made a strong impression on Mr. Davis. The two boys were in agreement. The younger one said: "I assure you that the garden is the jewel of Versailles. But the palace bores us to death."

Mr. Davis answered laughing, "We're not obliged to go there."

When they arrived at the lake they sat down on the grass to eat. They talked of one thing and another while eating and Mr. Davis was struck once more by their intelligence. The boys ate like two wolves and they had a wonderful time. All three of them will remember this excursion to Versailles for a long time.

Exercise No. 194

The Avenue of the Opera

We are strolling along the Avenue of the Opera. It is a fine wide avenue which leads from the Tuileries Gardens to the Opera.

There are many people on the avenue. All the tourists meet there. The sidewalks are lined with luxury shops where one can buy all sorts of beautiful things, if one has money: jewels, fine lingerie, gloves, china, blouses, leather goods and also books, for we are in France where people like to read. There is even a small bookstore inside the Opera house, on the second floor.

There is also a well-known café-restaurant, the Brasserie Universelle. Let's go have a beer, shall we? With pleasure.

Exercise No. 195

1. Mr. Davis has noticed that, although French villages differ they all have a Main Street.
2. The street often leads to a square surrounded by trees.
3. Behind the trees are the well arranged shops of the village.
4. The cleaners and dyers shop is painted the color of violet.
5. One can see delicious cakes in the window of the pastry bakery. In the grocery window. In the laundry window.
6. The flies are walking tranquilly on the legs of lamb before the butcher's shop.
7. The city hall, the church and the school are all on the square.
8. The children are well-behaved in France.
9. Mr. Davis gets up early not to miss anything of the street spectacle.
10. First he hears a rooster crowing.
11. A small boy rushes into the street.
12. He suddenly stops to examine something which catches his eye.
13. Our hero returns with a loaf of bread almost as long as he is.
14. It is seven-thirty and Mr. Davis has an appointment with the Parmentier boys to go to Chartres.
15. He will describe the adventures of that afternoon.

Exercise No. 196

1. à une place entourée d'arbres	3. est peinte
2. bien rangées	4. est remplie de gateaux délicieux

5. a pendu ses gigots
6. s'y promènent
7. Au milieu du village
8. des rires et des chansons
9. Pour ne rien manquer du spectacle
10. On dort
11. à se saluer
12. se réveille
13. Ce que les Français mangent
14. Notre héros revient avec un pain
15. Je dois tout de même

Exercise No. 197

1. Did you send the pottery to Mr. Davis? We sent it to him.
2. Do many people meet each other on the Avenue de l'Opéra? All tourists meet each other there.
3. Please send me the French newspapers. We shall send them to you tomorrow.
4. Has the waiter given you the bill? He hasn't given it to me yet.
5. Did you ask the employee for the tickets? I haven't asked him for them yet because he is very busy.
6. How many dishes are there in this case? There are 25 dozen (of them).
7. Did you return the money (to him), which you borrowed from him? I shall return it to him this evening.
8. Has the maid put on the desk the porcelain which Mr. Davis has just received from Limoges? Yes, she has put it there.
9. Will you lend me your umbrella? I shall lend it to you; but please return it to me tomorrow. Many thanks. I shall return it to you tomorrow.
10. Show me, please, the new dress you have bought? I cannot show it to you, because it has not yet arrived from the store.

Exercise No. 198

1. Mr. Davis wanted to be back in time to go to the opera.
2. They had prepared a good lunch.
3. The car was waiting downstairs.
4. He heard a sound that he recognized immediately.
5. They had a flat tire.
6. The young men wanted to help change the tire.
7. There was no jack in the tool kit of the car.
8. The truck driver offered to give them a hand.
9. The truck driver had so much natural dignity.
10. The boys invited him to share their lunch.
11. They ate their chicken and the truckman's ham, and drank the bottle of wine.
12. They said, "This ham is delicious."
13. He said, "My wife does not neglect me."
14. They all said good-bye after lunch.
15. Mr. Davis has to dress to go to the opera.

Exercise No. 199

1. me chercher
2. Ils avaient préparé
3. une nappe, des serviettes, des couteaux, des fourchettes
4. Et nous voilà
5. Tout à coup
6. Nous avons crevé un pneu
7. Il n'y avait pas de cric
8. Personne ne
9. Nous nous sommes assis
10. Bientôt un grand camion
11. un coup de main
12. En tout cas
13. s'est mis à la besogne
14. lui offrir un pourboire
15. déjeuner avec nous

Exercise No. 200

2. Nous avions vraiment travaillé . . . We had really worked hard.
3. Ils n'avaient pas encore obtenu . . . They had not yet obtained their tickets.
4. Avait-il écrit . . . ? Had he written a letter to his friend?
5. Qui avait promis . . . ? Who had promised to meet him at the airport?
6. J'avais oublié . . . I had forgotten my umbrella.
7. Avaient-ils reservé . . . ? Had they reserved a room for Mr. Davis?
8. Aviez-vous lu . . . ? Had you read many guide books?
9. Ses jeunes amis avaient préparé . . . His young friends had prepared a good lunch.
10. N'avait-il pas loué . . . ? Had he not rented a car?

Exercise No. 201

2. Un grand camion s'était approché . . . A large truck had approached rapidly.
3. Nous nous étions assis . . . We had sat down under a large tree.
4. J'étais allé . . . I had gone to the waiting room.
5. Nous n'étions pas sortis . . . We had not gone out together.
6. Ils étaient arrivés . . . They had arrived safe and sound.
7. Le taxi s'était arrêté . . . The taxi had stopped before the hotel.
8. Étiez-vous allé . . . ? Had you gone to the customs office?
9. Nous nous étions dit . : . We had said good-bye to each other.
10. Elles n'étaient pas restées . . . They had not stayed in Paris two weeks.

Exercise No. 202

1. We have good teachers. How do you find yours?
2. Let's go to the post-office in your car. Ours has a flat tire.
3. Please lend me your pen. Mine does not write.
4. I have forgotten my umbrella. Will you lend me yours?
5. You have no jack. Do you want to borrow mine?
6. Louis' bicycle costs more than mine, but mine is better than his.
7. Jane and I bought theatre tickets yesterday. I have mine, but unfortunately she has lost hers.
8. Here are our hats. This one is mine and that one is yours.

Exercise No. 203

1. He had never been a gambler.
2. He had noticed that people were taken up greatly with the National Lottery.
3. He dreamed of winning the first prize.
4. He would have sufficient money to travel all over Europe.
5. His wife would go with him.
6. The children would go to school somewhere in France.
7. Mr. Davis bought a lottery ticket from a young girl at a ticket booth.
8. The next morning he rang for coffee, rolls and the newspaper.
9. Only the newspaper interested him.
10. He stopped breathing and began to look for his ticket.
11. He was making trips to the moon.
12. Mr. Davis had the number 25,000.
13. The prize-winning number was 26,000.
14. Mr. Davis decided that the emotions of the gambler were not for him.
15. He likes a quiet life.

Exercise No. 204

1. Je n'avais jamais été
2. des postes de vente de billets de loterie
3. qu'on s'occupait beaucoup de
4. Je voyais des affiches illustrées
5. Si je gagnais le premier prix
6. Je pourrais acheter
7. l'homme le plus heureux du monde
8. Et voilà comment
9. de bonne heure
10. Je ne m'intéressais qu'au journal
11. Je cherche
12. à peine le tenir
13. C'est un cinq, pas un six
14. en riant de moi-même

Exercise No. 205

2. Il visiterait . . . He would visit France and Italy.
3. Nous apprendrions . . . We would learn French.
4. Ma famille ne m'accompagnerait pas. My family would not accompany me.
5. Elle pourrait acheter . . . She would be able to buy many beautiful things.
6. Aurait-il . . . ? Would he have enough money?
7. Ils achèteraient . . . They would buy some art objects.
8. Seriez-vous . . . ? Would you be satisfied to remain here?
9. Elle ne vous connaîtrait pas . . . She would not know you.
10. Ils ne feraient pas . . . They would not do their homework.
11. Je vous enverrais . . . I would send you the magazines.
12. Ils ne vendraient pas . . . They would not come the next week.

Exercise No. 206

1. Mr. Davis had read a few books on the history of France and on its customs.
2. He was able to describe only a little of what he had seen and learned.
3. He likes the French people especially.
4. He likes their politeness, their marked feeling for the dignity of man, and their keen sense of humor.
5. He thinks life is more quiet in France.
6. He had gotten a different impression in the taxi when he first arrived.
7. He did not have the time to go to Morocco or Corsica.
8. His whole family would accompany him.
9. He is sure he could be a guide to them without any trouble.
10. He is leaving on August 1.
11. He will be glad to telephone Mr. Picard when he returns.
12. He thinks they will spend hours in talking about France, and the Paris they love.

Exercise No. 208

1. They went to the market to shop.
2. The French people made a strong impression on Mr. Davis.
3. He went to the railroad station to ask for information.
4. I shall be able to get along in France because I speak French well.
5. After tomorrow we shall visit Mr. Duval.
6. The young man had already filled the tank and checked the oil.
7. Next summer Mr. Davis will be able to act as guide for his whole family.
8. If Mr. Davis had had more time, he would have taken a trip to Morocco.
9. At the Hotel Quai Voltaire we lacked nothing.
10. After having finished his business matters, Mr. Davis devoted himself completely to recreation.
11. I'm going to write a letter to my agent to let him know the date of my arrival.
12. After saying good-bye we got into the plane.
13. I was thinking of my teacher's advice while the taxi was running at full speed through the streets.
14. Formerly Mr. Davis had his French correspondence translated, but in the future he will translate it himself.
15. The children were amusing themselves throwing stones into the water.
16. If you find the rubbers which I left at your house, return them to me please.
17. I shall not forget to return them to you.
18. I had never seen such a sight.
19. When Mr. Davis was traveling in Europe, Mrs. Davis was taking care of the children.
20. I have never been in France, but I intend to go there next summer.

Exercise No. 209

1. est un commerçant de New-York.
2. un voyage à Paris pour rendre visite à son représentant.
3. faire sa connaissance.
4. il avait appris à bien parler le français.
5. Il avait aussi lu beaucoup de livres.
6. beaucoup de lettres à son ami, le professeur.
7. beaucoup des endroits intéressants dont ils avaient parlé dans leurs conversations.
8. il avait trouvé la vie en France plus tranquille qu'aux Etats-Unis.
9. qui l'avait conduit à son hôtel.
10. La vitesse vertigineuse du taxi.
11. il a bientôt terminé ses affaires.
12. leur politesse et leur sentiment marqué de la dignité de l'homme.
13. il n'a pas eu le temps d'aller ni au Maroc ni en Corse.
14. tant à voir, à faire et à apprendre.
15. des coutumes, de la vie, de la langue et des arts de la France.
16. Il reviendra en France.
17. l'accompagnerait.
18. Il n'a pas gagné le gros lot dans la loterie mais il aura assez d'argent.
19. que M. Davis écrira avant de quitter la France.
20. il invitera M. Picard à dîner en famille.

Exercise No. 210

Nice the Capital of the Côte d'Azur

There are really two cities in Nice: the Italian city and the French city; the old city and the new city. One can walk in the old districts where one hears nothing but Italian, for it is not long ago that Nice became French. In this district they sell macaroni, ravioli, olives, and sausage. The air is perfumed with garlic and tomato sauce. People shout, sing, bargain. This city is entirely Italian.

But close by, crossing the Massena Place, you are in the French city. You walk up Victory Avenue under a row of lofty trees and you admire the magnificent shops. You see cars as long as trains. You see furs on the ladies, wigs on the gentlemen and diamonds on the dogs. It is the city of luxury.

Nice is also a sports center. There is a magnificent tennis club; there is the golf club at Cagnes, nearby; the famous winter sports at Beuil in the mountains; yachting, and sea bathing. It is true that the beach is stony but that does not matter. You go there anyway to worship the sun.

But the city where one is born, where one goes to school, where one earns a living, this city exists too. This city has its commerce: tourism, flowers, perfume, olives, fishing. It has its cultural life: music, which it takes very seriously, the opera, the theatre, lectures and book stores. As in the typical cities of France there is an interest in science, and an interest in art.

But after all the real glory of Nice is its location. It rises from the blue sea to the hills adorned with flower-covered villas up to the foot hills of the mountains covered with snow. The sky is intensely blue like the sea. The air is mild and balmy.

Everything is there to make people happy.